Couvertures supérieure et inférieure
en couleur

N° 53   10 centimes

32 PAGES

LES GRANDS ROMANCIERS FRANÇAIS

L. BOULANGER, éditeur, 90, Boulevard Montparnasse, PARIS

CHARLES NODIER : **MADEMOISELLE DE MARSAN**

Ont paru dans :

LES GRANDS ROMANCIERS FRANÇAIS :

LE FILS DE FAMILLE
Par XAVIER DE MONTÉPIN
Livraisons 1 à 10

LE JEU DE LA MORT
Par PAUL FÉVAL
Livraisons 10 à 21

LA TONTINE INFERNALE
Livraisons 21 à 32

FLEURETTE
HISTOIRE D'UNE BOUQUETIÈRE
Par E. SCRIBE
Livraisons 32 à 44

Après cette charmante histoire, nous continuons par :

REINE
Par JULES LERMINA
Livraisons 45 à 52

Paris.—Imp. Paul Dupont (Cl.)

NOUVELLES

CHARLES NODIER

Nouvelles

MADEMOISELLE DE MARSAN
INÈS DE LAS SIERRAS — THÉRÈSE AUBERT
THÉRÈSE — L'AMOUR ET LE GRIMOIRE
TRILBY — LYDIE

PARIS
L. BOULANGER, ÉDITEUR
90, BOULEVARD MONTPARNASSE

1897

MADEMOISELLE DE MARSAN

MADEMOISELLE DE MARSAN

PAR

CHARLES NODIER

PREMIER ÉPISODE

Les Carbonari

Parmi les anciens émigrés qui m'avaient accueilli à Venise avec bienveillance, en considération de ma qualité de Français, de mes opinions et de mes malheurs, il en était un qui m'inspirait le plus profond sentiment de respect et d'affection. C'était M. de Marsan.

M. de Marsan, dont quelques vieux courtisans se souviennent peut-être, avait été un des plus brillants officiers de la maison militaire de Louis XVI. Sa belle figure, ses belles manières, son esprit, son courage l'avaient fait remarquer dans un temps et dans une cour où ces heureuses recommandations personnelles n'étaient pas fort rares. Il leur dut un avancement rapide qui n'excita aucune réclamation, et un établissement considérable que tout le monde approuva. Sa fille, née en 1788, fut tenue sur les fonts de baptême, au nom de la reine de France, par celle des amies de cette auguste et infortunée souveraine qui jouissait du crédit le mieux affermi à Versailles. La fille de M. de Marsan s'appelait Diana.

M. de Marsan, cassé d'ailleurs par les fatigues de la guerre, était vieux en 1808; il s'était marié à trente-cinq ans et avait perdu trois enfants avant que le ciel lui accordât la fille unique dans laquelle s'étaient enfin concentrées toutes ses affections, Mme de Marsan, attachée au service des Mesdames, sœurs du roi, avait peu survécu à leur établissement à Trieste.

Elle les précéda au tombeau.

Le vieil émigré retirait au moins quelque profit de ses longues infortunes : il était devenu philosophe. Assez riche à son gré d'une aisance modeste, sagement préservée par des précautions prises à propos de la catastrophe universelle, il passait paisiblement le reste de sa vie entre d'agréables études et des distractions sédentaires. Le goût de l'histoire naturelle nous avait subitement rapprochés et j'étais fidèle à son piquet de chaque soir. Aussi sa prédilection pour moi, entre tous les jeunes gens dont il aimait l'entretien, avait pris en peu de temps quelque chose de paterne dont Diana aurait eu le droit d'être jalouse. Je ne me suis jamais aperçu qu'il attachât beaucoup d'importance à cette vanité, réellement assez puérile, qu'on appelle le préjugé de la noblesse, et cependant je suis bien convaincu qu'il regrettait quelquefois que je ne fusse pas noble, au point de faire sur lui-même un certain effort pour l'oublier.

— A vous, monsieur le chevalier, me disait-il un jour en me donnant des cartes.

Et je ne sais dans quelle crypte de mes souvenirs, close depuis vingt ans, je vais retrouver cette historiette frivole.

— Je ne suis pas chevalier, m'écriai-je en riant, avant de les avoir déployées.

— Sur ma foi de chrétien, reprit M. de Marsan, les gentilshommes de ma maison en ont armé plus d'un qui était moins digne de cet honneur.

— Je suppose, répondis-je en me levant pour aller à lui, que ce n'était pas sans leur donner l'accolade !

Et je l'embrassai de grand cœur, car j'ai toujours attaché un prix extrême à l'affection des vieillards.

Il fallait pourtant lui passer un entêtement violent et passionné sur une question qui revenait souvent dans les conversations de ce temps-là. Le nom seul de révolution lui causait une révolution véritable, et quoiqu'il regardât le prochain rétablissement des Bourbons sur le trône de leurs pères comme un événement infaillible, il s'était promis de ne jamais retourner à Paris, dont toutes les pierres lui semblaient baignées encore dans le sang des proscriptions. Cet antipathie contre tous les mouvements politiques du même genre n'épargnait pas les conspirateurs de son propre parti, et, dans sa résignation aux décrets équitables et assurés de la Providence, il blâmait amèrement les insensés qui cherchent à en précipiter l'accomplissement, sans égard aux sages temporisations de la prudence de Dieu. L'idée dont je parle se manifestait si vite et si fréquemment dans ses discours, qu'elle m'avait détourné de bonne heure de lui communiquer tous les secrets de ma turbulente jeunesse, et bien plus encore les rapports que j'avais noués, à mon arrivée à Venise, avec les *Carbonari* et les émissaires de la *Tungend-Bund*, dont le nom ne lui inspirait pas moins d'horreur que celui des jacobins. Il faut convenir, au reste, que je commençais à me sentir quelque tendance pour son opinion, avant même de la connaître, et que je n'étais plus guère retenu dans le périlleux réseau des sociétés secrètes que par l'impossibilité de le rompre sans violence. J'avais vingt-six ans, éprouvés par des adversités presque sans exemple à mon âge, et le goût des occupations douces et des loisirs studieux me rappelait incessamment à un autre genre de vie que je n'aurais jamais dû quitter; mais il arrivait de temps en temps aussi que mes passions orageuses reprenaient le dessus et me replongeaient dans un nouveau chaos d'agitations et de misères dont mon cœur ne pouvait se délivrer qu'en s'attachant fermement à l'espérance de quelque bonheur durable.

C'était ce bonheur que mon imagination insensée s'obstinait à chercher dans l'amour.

Diana de Marsan avait vingt ans, et ne paraissait pas moins; car son teint vif et brillant d'ailleurs mais un peu hâlé, comme l'est en général celui des Vénitiennes, manquait de cette fraîcheur qui est à la peau d'une femme ce qu'est aux fruits recueillis sur l'arbre le duvet fugitif qui les colore. Sa taille, grande et assez robuste, donnait à son aspect quelque chose d'imposant que relevait encore l'expression ordinaire de sa physionomie. On ne savait ce qui l'emportait dans son regard triste et fier, dans le frémissement inquiet et hautain de ses sourcils, dans le mouvement méprisant et amer de sa bouche, de l'habitude d'un chagrin caché ou d'un désabusement dédaigneux. C'est ainsi que le statuaire antique a représenté cette Diane vraiment divine, que le ciseau du sculpteur a fait la digne sœur d'Apollon, comme la mythologie; et cette impression ne m'était pas toute personnelle auprès de Diana; car le plus accrédité des poètes de l'époque lui reprochait à la fin d'un de ses sonnets, d'être formée d'un marbre aussi froid que celui de Velletri. Diana était d'ailleurs, de l'aveu de tout le monde, la plus belle des jeunes filles de Venise.

Le cœur de l'homme, et surtout celui des amants, s'irrite par les difficultés. J'aimai Diana avec d'autant plus d'ardeur peut-être que tout me disait en elle qu'elle ne voulait pas m'aimer. Quant aux suites de ce sentiment, elles n'avaient rien qui fût capable de m'effrayer. La fortune de Diana était trop médiocre pour tenter des prétendants redoutables, et la condition d'un vieux gentilhomme français exilé au bord des lagunes ne promettait pas plus de chances à l'ambition d'un gendre qu'à sa cupidité. Ma position à venir devait au contraire s'agrandir, selon toute apparence, par le triomphe de mon parti, dont M. de Marsan ne doutait pas. J'avais tant hasardé, j'avais tant souffert, et les rois heureux sont si reconnaissants!

Diana ne se méprit pas sur la passion qu'elle m'inspirait : les femmes ne s'y méprennent jamais. Je ne m'aperçus cependant de sa découverte qu'au rembrunissement sinistre de son regard et à la mesure de plus en plus sévère qu'elle gardait envers moi dans ses paroles. Je me serais expliqué cette rigueur toujours croissante de procéder par la différence de nos conditions, car je savais déjà ce que c'est que l'orgueil de la noblesse, et comment il peut affecter les formes de la haine, si Diana eût été informée de cette circonstance, mais j'ai déjà dit que M. de Marsan tenait avec opiniâtreté à m'anoblir, et depuis le jour mémorable où j'avais reçu de lui l'ordre de chevalerie, d'un côté à l'autre d'une table de jeu, le titre de chevalier s'était tellement identifié avec le nom honorable, mais obscur, que j'ai reçu de mes ancêtres, que les Chérin et les d'Hozier n'auraient osé me le contester. Il suffit de connaître le génie hyperbolique des Vénitiens, surtout dans la classe du peuple, pour être sûr d'avance que la politesse des domestiques ne s'était pas arrêtée à si peu de chose. J'étais comte au moins à l'antichambre, et comte illustrissime, si je n'étais que tout juste aussi bon gentilhomme qu'il le fallait au salon. J'avais fini par n'y prendre plus garde, et je subissais sans façon une métamorphose qui humiliait un peu ma franchise et ma modestie, pour ne pas blesser la vanité capricieuse, mais innocente, d'un grand seigneur dans lequel j'avais trouvé un ami.

Je m'étais bien promis de commencer avec Diana par cette explication, quand elle m'aurait donné le moindre signe de condescendance à mes sentiments; mais elle m'en épargna l'embarras. Sa froideur passa rapidement jusqu'à la rudesse, son indifférence jusqu'au dédain. Au bout de quelques jours il n'y eut plus moyen de s'y tromper, et un homme plus convaincu que je ne le fus jamais de son ascendant sur le cœur des femmes, n'aurait pas hésité à renoncer comme moi à des prétentions sans espérance. Quelques jeunes gens de Venise, mieux fondés dans leurs démarches m'avaient déjà montré d'ailleurs l'exemple de ce sacrifice.

Je ne boudai pas. Il ne m'aurait manqué que cela pour être complètement ridicule. Je ne pleurai pas non plus. On ne pleure que lorsqu'il faut perdre l'espoir d'être uni à la femme dont on est aimé. Je m'indignai; je me révoltai contre moi-même, je me rongeai les poings de colère; je prétextai des indispositions, des occupations, des voyages, pour expliquer la rareté de mes visites; je jouai gros jeu, je me battis en duel, et puis je me rejetai avec frénésie dans les complots téméraires dont j'avais cru un mois plus tôt me séparer à jamais. Je me réjouis de l'idée de mourir d'une manière tragique et glorieuse, pour qu'elle eût honte de m'avoir méprisé. Je me berçai dans cette fantaisie furieuse de conspirations, de proscriptions et de supplices, comme dans un rêve d'amour et de volupté. En un mot, je redevins fou.

Nos assemblées se tenaient aux environs de Rialto, dans l'appartement le plus délabré d'un vieux palais qui était lui-même abandonné depuis longtemps, et dont je ne désignerai pas le propriétaire, que sa haute position actuelle dans une cour d'Allemagne a probablement désabusé de nos folles théories populaires. Il n'y paraissait point, mais il en avait laissé la disposition à un de nos chefs, en se retirant dans la campagne de Venise, et peut-être un peu plus loin du danger. Il est presque inutile de dire de quelle espèce d'hommes se composaient ces réunions clandestines.

On peut le deviner sans avoir une grande habitude des trames politiques, et même sans s'être livré à une étude approfondie de l'histoire. Cinq ou six jeunes gens sensibles et généreux, mais aigris par les malheurs de l'humanité et par les excès des tyrans, y tenaient tout au plus une place imperceptible, et, peu à peu détrompés comme moi, ils l'occupaient de jour en jour plus rarement : le reste, c'était ce qu'est partout la foule des ennemis de l'ordre établi, quel qu'il soit; une cohue d'ambitieux sans talents dont les prétentions s'accroissent et s'irritent en raison de leur nullité; des hommes perdus de dettes, de mœurs et de réputation, vils rebuts du pharaon et de la débauche; et quelques misérables cent fois plus vils encore qui n'attendent que l'occasion de vendre au premier pouvoir venu la liste de leurs complices ou de leurs victimes au prix d'un or infâme et d'une ignominieuse impunité. Ce jugement est celui que je commençais à en porter dès lors, mais il était moins général, et surtout moins arrêté dans mon esprit. Il faut avoir revu cela partout pendant le cours d'une trop longue vie, pour être arrivé à y croire.

On conviendra que mon ambition de mort n'était pas tout à fait aussi vainement présomptueuse dans une pareille assemblée que mes projets d'amour auprès de Diana. J'avais des chances, et peu d'hommes, en vérité, auraient consenti à les courir à ma place; car le succès, presque étranger aux destinées de mon pays et à la mienne, ne devait pas même me procurer la faible satisfaction que nous donne un coup de partie dans la main d'un inconnu au jeu duquel nous nous sommes intéressés par hasard. Dans le cas contraire, c'était différent; le bourreau emportait mon enjeu. Cette prodigalité insensée de la vie est l'effet d'une passion sans nom, qui ne peut se faire comprendre que de ceux qui l'ont éprouvée, et il n'y a pas de mal.

Les associations de l'espèce de la nôtre marchaient à découvert dans tout le pays où Napoléon n'avait pas daigné laisser en passant son administration et ses soldats. Elles y agissaient avec liberté, non publiquement avouées par les cabinets, qui n'avaient pas ce courage, mais flattées, enhardies et protégées sous main, avec plus d'astuce que d'habileté, moyennant une certaine réserve mentale dont il serait à souhaiter que le secret fût connu de tous les hommes sincères et dévoués qui engagent leur vie à la défense des couronnes, c'est-à-dire sauf l'intention lâchement préméditée de les sacrifier au besoin à une combinaison de paix. Cette organisation, cependant, aurait été incomplète si elle n'avait pas pénétré jusqu'au cœur des États déjà soumis au grand empereur par les victoires et les traités, et il n'était pas une ville où l'on ne trouvât les éléments nécessaires à son développement. Tel était le but de ces audacieuses propagandes de la liberté européenne qui soulevaient çà et là des barrières d'hommes contre l'oppresseur du monde; postes aventureux d'éclaireurs jetés au-devant de la sainte coalition des peuples dans le camp de l'ennemi, et qui auraient été si puissants s'ils avaient été plus purs. J'abuse jusqu'à un certain point des privilèges du conteur, en introduisant cette page d'histoire dans un petit écrit dont la forme n'annonce qu'un roman ; mais elle ne sera comptée que pour une page de roman par quiconque n'a pas vu l'histoire de près ; et de tous les jugements qu'on en peut porter, c'est celui qui m'inquiète le moins.

Le but primitif du *carbonarisme* de ce temps-là, qui n'avait rien de commun avec celui dont nous voyons aujourd'hui se manifester l'œuvre informe, comme ces monstres gigantesques et hideux qui jaillirent du chaos dans les premières journées de la création, était donc certainement le plus noble qu'une conspiration pût se proposer. Il n'avait pour objet que la pieuse fédération des patriotes de tous les pays contre les progrès d'un insatiable despotisme qui aspirait sans déguisement à la monarchie universelle, et cadastrait l'Europe en préfectures pour la donner à ses capitaines. Cette pensée magnanime avait remué profondément les esprits partout où l'indépendance et le bonheur de la terre natale étaient encore tenus pour quelque chose, mais plus particulièrement l'Italie et l'Allemagne.

Le mouvement imprimé à la pensée des peuples par ces graves questions en avait soulevé d'autres. A force de s'occuper des garanties de l'équilibre universel, on exhumait tous les jours quelques débris des libertés anciennes que les usurpations progressives du pouvoir détruisent lentement, et qui sont une propriété imprescriptible pour les nations. L'occasion était belle pour les réclamer ; et c'est alors qu'arriva ce qui n'était jamais arrivé au monde, et ce qui n'arrivera peut-être plus : une stipulation amiable, solennellement promise entre les populations et les rois, jurée dans les palais, gardée dans les chaumières, et dont les termes synallagmiques étaient, d'une part : *Résistance unanime aux armées de Napoléon ;* et, de l'autre : *Franche et entière reconnaissance des droits politiques anciennement écrits dans tous les États de l'alliance.* Il est possible que ce contrat ne se retrouve pas dans les documents officiels de la diplomatie ; et je ne vois pas que l'histoire en ait beaucoup parlé jusqu'ici. Mais l'histoire ne sait rien en France et ne dit ailleurs que ce qu'on lui fait dire, quand on lui permet de parler. Cette combinaison accidentelle d'intérêts si cruellement trahis par l'évènement, fut, du reste, beaucoup trop passagère pour être saisie dans tous ses détails par les observateurs les plus soudains et le plus avantageusement placés.

On comprend qu'elle avait donné une grande importance à la position des sociétés secrètes devenues, pour la première fois, dans le vieux système européen, une autorité légitime, et qui n'aspiraient pas encore à remplacer toutes les autorités légitimes pour essayer de la tyrannie à leur tour.

Elles n'en profitèrent pas alors. La diffusion des égoïsmes, des ambitions et des vanités se fait sentir trop vite pour cela dans ces tristes conciliabules, empreints de tous les vices de la société mère dont ils se séparent. Deux mois ne s'étaient pas écoulés, que l'unité première était brisée en quatre ou cinq fractions dans la *vendita* suprême et dans toutes celles qui en dépendaient. L'une avait pris les termes du traité dans une acceptation si large, qu'elle n'entendait faire servir la victoire qu'à l'émancipation absolue du peuple et au rétablissement de cette funeste démocratie dont Venise conservait un sanglant souvenir. L'autre, qui ne pouvait manquer de réunir la majorité en recrutant au moment décisif, par l'ascendant de l'intérêt, les hommes indécis et les hommes corrompus, avait fait bon marché à l'Autriche, par un pacte secret, de ces libertés du pays si vainement réservées. Quelques-uns passaient pour entretenir des intelligences mystérieuses avec le gouvernement de Napoléon et se ménager ainsi une transaction dorée en cas de défaite. Le parti le moins nombreux, mais certainement le plus énergique et le plus pur, n'avait engagé sa coopération intrépide et sincère que sous la condition expresse de l'indépendance des États vénitiens et de la restauration de leur ancienne république. Il s'appuyait au dehors sur l'imposante coalition des montagnards, et il avait pour chef un de ces hommes résolus, à longue vue et à puissante exécution, dont le nom seul vaut tout un parti.

Ce chef s'appelait Mario Cinci, surnommé le *Doge*, et c'est à ce parti que des sympathies particulières m'avaient rattaché.

Mario Cinci descendait de cette malheureuse famille romaine dont le crime exécrable n'a cependant pas tari pour elle toutes les sources de la pitié, et qui a fourni l'exemple unique d'un supplice de parricides, arrosé des larmes de la religion, de la justice et du peuple. Le frère cadet de Béatrice, banni à perpétuité des États de l'Église, s'était réfugié dans un vieux château des bords du Tagliamente, où la tradition rapporte qu'il mourut frappé de la foudre dans un âge assez avancé. Une fatalité vengeresse s'était appesantie depuis de génération en génération sur chacun de ses descendants, dont l'histoire chronologique compose une tragédie à plusieurs actes, comme celle des Pélopides. Le dernier était mort sur l'échafaud de la révolution italienne, et de ce sang proscrit par les lois et par le ciel, il ne restait sur toute la terre que Mario Cinci.

La jeunesse de Mario, commencée sous de si funèbres auspices et privée de tout appui dans la société des hommes, avait été violente et redoutée; il semblait même qu'aucun sentiment doux n'en eût tempéré les emportements, car la seule pensée d'être aimées de lui était un sujet de terreur pour les Vénitiennes, qui n'en parlaient qu'avec un mouvement de frisson. Il ne paraissait jamais dans les lieux publics; mais lorsqu'il parcourait une des rues étroites de la ville, ou seul, ou tout au plus accompagné de quelques amis presque aussi mystérieux que lui-même, les hommes les plus aguerris se retiraient de son passage, comme pour se dérober à l'influence de ses regards. Cependant, et ceci était propre à ce caractère étrange, ou à je ne sais quelle sombre impression d'effroi qu'il produisait sans le savoir, on le craignait sans le haïr, ainsi qu'on craint les lions ; et il n'y a pas loin de ce sentiment à ces admirations si exaltées qui deviennent quelquefois un culte. Personne ne pouvait lui reprocher un acte injuste ou une cruauté réfléchie, et on racontait au contraire une multitude d'actions généreuses, mais exécutées sans tendresse et sans sympathies. Souvent il avait sauvé des enfants de la mort en les retirant des flots, et jamais il ne les avait embrassés.

Depuis l'âge de vingt ans, et il en avait alors vingt-huit, sa fortune, épuisée en prodigalités aveugles et en dissipations bizarres et solitaires, l'avait réduit à se retirer dans son triste château de la terre-ferme, avec un seul domestique albanais qui n'avait pas voulu le quitter. Dès lors il ne rentrait de temps en temps à Venise que depuis qu'on voyait reprendre un nouvel aspect, au moins en espérance, aux affaires de l'Italie. On remarquait qu'il y avait passé jusqu'à deux mois de suite, mais on ne connaissait pas sa demeure.

Quoique Mario Cinci fût le chef réel de la *vendita*, où son empire s'accroissait même de son absence, je ne l'avais jamais vu ni à la *vendita*, ni ailleurs, mais je connaissais ces détails par la voix du peuple, qui est plus communicatif à Venise qu'en aucun autre pays.

En effet, Mario Cinci n'avait pas débarqué aux environs de la *Piazetta*, que le peuple en était instruit de tous côtés, le peuple amoureux de l'extraordinaire et qui se prévient volontiers en faveur des caractères qui le dominent et qui l'épouvantent : et il s'élevait alors, dans les groupes du port et de la place Saint-Marc, des conversations presque aussi étranges que l'homme qui en était l'objet.

— Que vient faire ici, disait l'un, ce démon de malheur qui porte les calamités après lui partout où il se présente, et qui n'aborde à Venise que sous le vent de la tempête? Annonce-t-il quelque peste qui a éclaté en Orient, ou une nouvelle guerre sur la mer? Je croyais qu'il avait été foudroyé dans sa tourelle au dernier orage, comme le bruit en a couru; car jamais un Cinci n'a échappé depuis trois cents ans aux fléaux du ciel, au poignard ou à l'échafaud !

— En vérité, répondait un autre, je n'en serais pas fâché, quoiqu'il m'ait fait plus de bien que de mal quand il en avait le moyen; mais parce que je n'en aurais plus le souci, et qu'il faut bien que cela lui arrive tôt ou tard, puisque c'est sa malheureuse destinée. Dieu lui fasse miséricorde en l'autre monde !

— Eh quoi ! s'écriait un troisième qui paraissait plus instruit et autour duquel le groupe se resserrait pour mieux entendre, ne savez-vous pas encore ce qui l'amène? Tout enfant, le noble Mario ne pensait qu'à ressusciter notre vieille république avec son indépendance et son commerce, et ses vaisseaux rois des mers et du monde, et sa foi abandonnée par les mécréants, et la bienheureuse assistance de saint Marc ! Et comme il a plus de courage et de génie dans son petit doigt que tout le peuple d'Italie c'est lui qui nous délivrera des Allemands et des Français, et qui sera notre doge. Vous savez que je ne l'aime point, et je n'ai jamais entendu dire que Mario fût aimé de personne; mais j'atteste Dieu que Mario Cinci sera doge de Venise et rétablira sa prospérité !

Ces propos se répétaient tous les jours; et la populace, qui se tenait avec soin éloignée de Mario, de crainte d'exciter sa colère, criait à son retour: *Vive Mario Cinci ! Vive le doge de Venise !*

Voilà pourquoi on l'avait surnommé le *Doge*, sans que le gouvernement en prît beaucoup d'inquiétude, car Mario ne passait que pour un misanthrope atrabilaire qui méprisait trop l'opinion pour consentir à lui devoir attribuer la moindre importance, et il est possible que ce jugement se trouvât vrai.

Le jour de ma rentrée à la *vendita*, l'assemblée était peu nombreuse, quoique la convocation, qui s'exécutait par un moyen fort ingénieux, et tout à fait impénétrable aux investigations de la police, eût été exprimée dans cette circonstance sous ses formules les plus rigoureuses. Je m'étonnai que tant de monde y eût manqué et que tout le parti de Mario y fût cependant réuni, en présence de ses adversaires les plus implacables; mais je ne tardai pas à comprendre qu'on avait écarté à dessein les indifférents, parce qu'il s'agissait sans doute d'une lutte décisive dont nous pressentions depuis longtemps la nécessité. Il n'était en effet question dans nos débats ordinaires que des griefs imputés à Mario par les hommes de l'association que nous avions le plus de motifs de mépriser, et que j'ai assez caractérisés tout à l'heure. Alors rien n'était oublié de ce qui pouvait nous le faire regarder comme un ambitieux animé par des intérêts personnels, qui n'aspirait à une nouvelle forme de gouvernement que pour rétablir l'éclat de sa maison et venger la mort de son père, et qui couvrait d'un égal dédain ses instruments et ses ennemis. Nous ne répondions d'habitude à ces déclamations odieuses que par le cri du peuple : *Vive Mario Cinci !* et nos discussions n'allaient pas plus loin. Ce qui ne s'expliquait pas pour moi dans cette dernière occasion, c'était la confiance que le parti contraire pouvait fonder dans ses forces contre ce groupe déterminé de jeunes enthousiastes dont l'héroïsme fanatique m'avait seul soutenu dans la foi de nos entreprises. Il est probable que la même idée nous frappa tous à la fois, car, au même instant, tous nos poignards sortirent d'un tiers hors du fourreau, mais nous les laissâmes retomber en criant : *Vive Mario Cinci !* parce que nous étions en nombre presque égal avec ses accusateurs, que notre jeunesse, notre force et notre courage nous donnaient sur eux des avantages certains, et que notre opposition prononcée avec cette énergie menaçante suffisait pour rendre la délibération impossible.

— C'est Mario Cinci que vous voulez ! répondit avec fureur le chef de l'accusation. Eh bien ! vous aurez sa tête !

— Viens la prendre, dit une voix qui s'éleva au même instant à la porte d'entrée, pendant que l'homme qui prononçait ces paroles se hâtait de la refermer soigneusement, et d'en retirer la clef pour la glisser dans les plis de sa ceinture.

Vive Mario Cinci ! répétèrent mes camarades, et nous nous pressâmes à ses côtés pour lui former un rempart si on osait l'attaquer. Je le vis alors pour la première fois, mais je ne pourrais le peindre que bien imparfaitement pour ceux qui ne le connaissent pas et surtout pour ceux qui l'ont connu. L'écrivain qui l'a représenté sous les traits d'un ange de lumière incarné avec toute sa beauté dans le corps d'un Titan, a fait une phrase ambitieuse et rien de plus. Il y avait en lui un autre type que je ne saurais exprimer, celui d'un dompteur de monstres des temps fabuleux, ou d'un géant paladin du moyen âge. Un moment je le crus coiffé comme Hercule de la crinière d'un lion noir; c'étaient ses cheveux.

Il parcourut lentement la salle en se balançant sur ses hanches avec une nonchalance sauvage, s'accouda sur la table des dignitaires en poussant un rire farouche, et répéta : « Viens la prendre ! » La voûte en retentit.

Il se retourna ensuite de notre côté, secoua la tête et croisa les bras.

— C'est que les victimaires ont tout amené, dit-il. Où sont préparées les guirlandes ? Cela ferait certainement un sacrifice agréable à l'enfer, si les pourvoyeurs des démons en étaient où ils pensent ! Donne-moi la main, cher Paolo. Bonjour, Annibal, mon Patrocle et mon Cassius ! Tout à toi, Félice ! à toi, Lucio, dignes et intrépides enfants ! Courage, mon petit Pétrovich ! ta moustache martiale s'épaissit; la poudre la noircira. Qui est celui-ci ? continua-t-il en s'arrêtant d'un pas au-devant de moi ? Je dois le reconnaître à sa grande taille presque aussi élevée que la mienne, ainsi qu'on me l'avait dit. C'est le voyageur français que notre ami Chasteler nous a si vivement recommandé. — Quel dessein vous proposez-vous, jeune homme, dans les événements qui se préparent ?

— De vous servir contre toutes les tyrannies et de mourir avec vous si vous êtes surpris avant l'accomplissement de votre vertueuse entreprise; mais je dois déclarer que je briserai mon épée sur le champ de bataille le jour où les Français y seront.

— Bien, bien, reprit Mario en me regardant fixement. Le lien qui nous unit n'aurait pas été de longue durée si vous m'aviez répondu d'une autre manière. Nous aviserons à vous rendre utile au salut des nations, sans vous commettre avec les gens de votre pays, qui ont d'ailleurs, en résultat, le même intérêt que nous à l'affranchissement général, puisque nous ne voulons pour tous que l'indépendance de tous, et pour nous que les vieilles libertés de Venise. Mais il faudrait quitter Venise, dont les dalles brûlantes couvrent un volcan sous vos pieds, et les Français de votre âge ne passent pas quelques jours dans les murs d'une ville voluptueuse sans s'y livrer à quelques folles amours ; car cette distraction de jeunes filles est votre plus grande affaire, après la gloire et les conquêtes.

— Vous me jugez mal, seigneur Mario. Je n'aspire qu'à m'éloigner de Venise pour toujours, et j'en partirais demain si je le pouvais sans lâcheté, au milieu des dangers qui vous menacent.

— Est-il vrai ?... répondit-il avec un mouvement de joie. Nous en reparlerons tout à l'heure, mais il faut d'abord que je vous rassure, en imposant silence au bourdonnement de ces guêpes qui m'importunent sans m'effrayer, insectes chétifs dont le venin ne fait pas de mal quand on les écrase sur la blessure.

La tempête, que l'arrivée de Mario avait un moment interrompue, venait en effet de reprendre son cours, et il paraissait jusque là le seul qui ne s'en fût pas aperçu.

— Assez, cria-t-il, et qu'on se taise. Je me suis rendu à votre appel, parce que cela me convenait ainsi ; mais ce n'est pas aujourd'hui qu'on me juge. Il me reste auparavant quelques récusations à exercer, et c'est un droit dont je ne ferai usage qu'à la face des Vénitiens, au milieu de la place Saint-Marc.

— Le jour, répliqua le plus acharné de ses ennemis, où tu monteras sur le *Bucentaure*, et où tu jetteras ton anneau à la mer ?

— Pourquoi pas, dit Mario, si j'étais le plus digne, et si c'est le vœu de Venise ? Mais tu t'abuses sur mon ambition, Tadeo, comme sur mon imprévoyance ! Je crains trop les rigueurs de ma justice pour l'exposer à l'épreuve du pouvoir dans une république habitée par des hommes tels que toi. Quant à épouser la mer, c'est une destinée trop illustre pour un Cinci. Le prophète de Ravenne a prédit que le dernier de tous mourrait au passage d'un torrent.

La rumeur s'était accrue aux extrémités de la salle, et nous nous mettions en défense contre une de ces attaques inopinées qui terminent à Venise toutes les altercations violentes, quand Mario éleva la voix encore une fois.

— Paix! de par saint Marc et son lion, si vous ne voulez nous forcer à vous imposer un silence qui ne sera plus troublé que par la trompette du jugement dernier! Je n'ai pas fini de parler! — En ma qualité de grand maître de toutes les *vendita* d'Italie, je dissous la *vendita* de Venise, je romps l'alliance de ses membres comme je romps la bûchette de coudrier taillée de biseau qui nous servait de ralliement, et je vous interdis la communauté du toit et du pain, de l'eau et du sel de mes frères, comme à des apostats et à des parjures. — Que murmurez-vous de mes droits? J'use de ceux que nos règlements m'ont conférés par l'occasion maudite où la majorité d'une *vendita* se trouverait saisie en flagrant délit de trahison, et la preuve de vos trahisons est entre mes mains. La contesterez-vous?

Au même instant, Mario déploya devant eux un papier chargé du sceau de la *vendita*, et il poursuivit:

— Regarde, Tadeo, regarde à ce cadran, où l'aiguille va marquer la vingt-quatrième heure. C'est quand elle sonnera que nous devons être livrés ici aux soldats que tu as mandés, et qui t'apportent, en échange de notre sang, les vils deniers auxquels tu as taxé ta lâche perfidie. Ce sont les conventions écrites de ton marché de Judas!... Ce marché, le voici en original. Le pacha du grand empereur n'en a que la copie, et les noms que tu signalais à nos tyrans y sont remplacés par ceux de ces deux lâches que je vois à tes côtés, et qui ont eu la bassesse d'y souscrire. J'ai eu pitié du reste de tes fauteurs ordinaires, qui s'éloignent déjà de toi en rougissant, et dont la complicité aveugle ne mérite pas d'autre sentiment. — Ne t'alarme pas, Tadeo! Tu n'as pas perdu les infâmes honneurs de cette négociation; elle porte ta signature, et ton accusation pourra conserver un certain crédit si tu parviens à m'arracher avec la vie une pièce tout aussi importante, l'acte par lequel tu t'es engagé, il y a trois mois, à faire massacrer les Français dans Venise, au moment où la guerre éclatera. Cet autre marché d'assassin, le voici en original comme le dernier. Tu t'es étonné, n'est-il pas vrai, qu'une proposition si avantageuse restât sans réponse; mais c'est que tu ne savais pas qu'elle eût passé d'abord dans mes mains, et que je l'avais dérobée à tous les yeux, par respect pour ce titre de Vénitien dont je m'enorgueillirais davantage si je n'avais le malheur de le partager avec toi. Il ne te reste donc pour témoin que ton honnête émissaire, le secrétaire fidèle de tes commandements, un homme de bien qui s'était fait courtier de délations et entremetteur de calomnies pour se dédommager de n'être plus bourreau, un des iniques bandits qui se travestirent en juges pour égorger le vieil André Cinci! Celui-là, tu pourras l'attester dans la vallée des morts, si les abîmes du golfe daignent te le rendre!

Tadeo avait fait un mouvement de rage, mais il s'était contenu en se voyant abandonné.

— La vengeance que je prétends tirer de vous, continua Mario, ne sera pas proportionnée à votre crime. Tadeo sera cru sans doute sur la justification de ses complices, puisqu'on a pu croire Tadeo sur quelque chose; et personne ici n'est tenté de vous arracher à l'ennui d'une indigne et honteuse vie. Si mes bras se plongent encore dans le sang un jour de bataille, c'est parce qu'il sera noble et pur comme le mien, et qu'il ne les salira pas. Allez donc en paix, vivez, jouissez demain comme aujourd'hui de l'air et du soleil, et que le ciel fasse une large part dans sa miséricorde à ceux qui deviendront meilleurs.

En parlant ainsi, Mario fit rentrer la clef dans la serrure, ouvrit la porte qu'ils franchirent en se précipitant les uns sur les autres, et, à leur grand étonnement sans doute, il la referma sur eux. Minuit sonnait : nous n'avions pas fait un pas.

— Que dites-vous, amis, reprit Mario, de cette bande d'aventuriers écervelés qui s'imaginent follement que je les ai introduits dans ce vieux palais sans m'y ménager une sortie inconnue ? Il appartenait à mes pères ; j'y suis né, et je ne m'occupais qu'à en étudier les détours pendant mes heures de récréation, à l'âge où les autres écoliers s'extasient devant les marionnettes de Girolamo, ou se disputent sur la grande place une tranche de *zucca*. Je l'ai perdu d'un coup de dé, s'il m'en souvient, mais je n'avais pas joué mon secret.

Il appuya sa main sur un ressort caché entre les refends de la boiserie gothique, et une porte invisible s'ouvrit.

L'impression que cette scène avait produite en moi enchaînait mes mouvements, comme un de ces rêves fantastiques dont le sommeil est quelquefois fasciné ; et je cherchais dans mon esprit si ce n'était pas à l'occasion de mourir que j'avais désirée tant de fois. Soit résignation, soit stupeur, le bruit des coups de crosse qui ébranlaient la porte un moment plus tard ne m'avait pas fait sortir de la méditation où j'étais absorbé, quand Mario revint subitement sur ses pas, me saisit d'une main de fer, et m'entraîna après lui dans le passage qu'il referma de nouveau avec précaution. Je le suivis sans résistance à travers de longs corridors qu'éclairait à peine devant nous la lampe de son domestique albanais. Nous descendîmes des marches d'escaliers tortueux, nous en remontâmes d'autres, nous parcourûmes des espaces plus larges et plus aérés, mais toujours couverts, nous suivîmes à plusieurs reprises des galeries autrefois somptueuses et encore chargées de noires dorures, mais depuis longtemps solitaires, et nous arrivâmes en quelques minutes de marche à une poterne basse comme un guichet, qui donnait sur un canal. J'entendis encore au loin, de l'un et de l'autre côté, la rame de nos amis et le cri d'avertissement des gondoliers. Je montai sur la gondole de Mario ; et sur sa demande, je lui répondis à voix basse : A l'auberge de la reine d'Angletorre. C'était mon logement. Quand nous fûmes à l'instant de nous quitter, il se leva près de moi à la proue de la barque, et me prit les mains avec une émotion affectueuse qui m'étonnait dans un homme de ce caractère, au moins selon l'idée que je m'en faisais jusqu'alors sur la foi de la multitude.

— Si vous ne changez pas de sentiments, dit-il, et que rien en effet ne vous retienne à Venise, où votre liberté et votre vie ne sont pas en sûreté, nous nous verrons bientôt. Vous me trouverez avant deux mois, le propre jour de sainte Honorine, à la chapelle qui lui est consacrée dans l'église paroissiale de Codroïpo, quand le prêtre donnera la bénédiction de la première messe.

— Il ne me faut que vingt-quatre heures pour préparer mon départ, qui ne peut être trop rapproché au gré de mes souhaits, répondis-je, et comme l'emploi de ces deux mois dépend tout à fait de ma volonté, je vous jure de me trouver fidèlement au jour, à l'heure et au lieu que vous désignez, pour y recevoir vos ordres suprêmes, si la mort ne porte empêchement à l'exécution de ma promesse.

— Je puis mourir aussi, reprit Mario avec une sorte de gaieté, mais cet accident n'annulerait pas nos engagements. Prenez ce morceau de la bûchette de coudrier que j'ai rompue à la *vendita*, et suivez où elle le voudra, et quelle qu'elle soit, la personne qui vous présentera l'autre.

Ensuite il m'embrassa ; je descendis sur le perron de l'hôtel, et la gondole fila sur le canal comme une chauve-souris.

La lumière qui descendait de mes croisées m'annonça que j'étais attendu dans ma chambre. J'y montai précipitamment, et j'éprouvai une surprise qui ne le cédait à aucune de celles de ma journée, quand j'y trouvai M. de Marsan ; non que cette heure avancée de la nuit fût indue à Venise, mais parce qu'il n'y avait aucune raison pour qu'un homme de cet âge et de cette qualité me fît une pareille visite.

— Assieds-toi, me dit-il pendant que je balbutiais quelques mots, et prends le temps de me répondre d'une manière calme et posée. La démarche que je fais auprès de toi, Maxime, doit t'annoncer assez que j'ai besoin de ton attention ; et si tu rends justice à mon amitié, je pense avoir aussi quelques droits à ta sincérité. Je t'ai cru occupé ou absent, parce que j'ai l'habitude de te croire, et je sais cependant que tu n'as pas quitté Venise. Apprends-moi sans hésiter quels motifs t'ont éloigné de ma maison ?

Je sentis que je me troublais, je penchai ma tête sur mes mains et je ne répondis point.

— Ne crains-tu pas, continua-t-il, que j'interprète mal ton silence ? On ne cache à l'amitié que des secrets honteux.

Je tressaillis !

— Non, non, m'écriai je, rien de honteux n'a flétri mon cœur ! mais il y a une autre pudeur que celle de la vertu, et l'aveu d'une témérité absurde que j'ai dérobée à tous les yeux, et que j'aurais voulu me dérober à moi-même, peut coûter un effort pénible à ma vanité. Vous l'exigez pourtant, continuai-je sans relever les yeux vers lui. Prenez du moins pitié des illusions d'un insensé !

« J'aimais Diana ! »

— Diana est assez belle pour être aimée, et il n'y a point de femme dont l'amour te soit interdit. Ta seule faute, Maxime, est d'avoir tenté d'intéresser son cœur dans ta passion sans que je fusse prévenu de tes vues. Mes rapports paternels avec toi demandaient peut-être plus de confiance, je croyais avoir assez fait pour m'en rendre digne. Cette distance qui nous sépare au jugement de la société, penses-tu que j'aie épargné quelque chose pour l'effacer ?...

Dès le commencement de cette phrase, mon courage m'était revenu. J'osai regarder M. de Marsan.

— Intéresser son cœur sans vous prévenir de mes vues !... ah ! cela pouvait m'arriver auprès d'une jeune fille que le monde aurait regardée comme mon égale, avec une femme née pour moi, et dont la main serait tombée dans la mienne à la joie de ses parents ! Mais loin de moi la pensée d'émouvoir un cœur que la raison des convenances ou l'orgueil des rangs peut me refuser! Jamais ma bouche n'a inquiété Diana d'une déclaration, d'un aveu, d'un soupir; si elle se plaint des ennuis que lui a donnés mon amour, c'est qu'elle l'a deviné. A dire vrai, cela n'était peut-être pas difficile.

— Tu ne lui as pas dit que tu l'aimais! Tu ne sais pas si elle aime, et si c'est toi qu'elle aime! Oh! si elle t'aimait!

— Écoute-moi, cependant, car c'est à moi à te rendre franchise pour franchise, et je te dirai tout comme tu m'as tout dit. N'insiste pas! j'en suis sûr! — Diana est mon seul enfant; je l'aime comme mon seul enfant, de toute l'affection que le cœur d'un homme peut contenir, quoique son caractère noble et bienveillant, mais sombre et austère, m'ait procuré peu de ces douces joies dont le bonheur des pères se compose. Toute ma vie s'est passée, depuis sa naissance, à rêver pour elle un établissement honorable; et malgré la médiocrité de ma fortune et l'abaissement passager de ma condition, il s'en est présenté un grand nombre qui auraient fait envie aux familles les plus illustres de l'Italie. Diana les a tous repoussés. Les qualités les plus brillantes, les vertus les plus signalées, les assiduités les plus tendres ont échoué contre l'opiniâtreté de ce caprice farouche que je ne peux m'expliquer, et qui me condamne à voir mourir en elle les espérances de ma vieillesse. Il y a là-dedans, je te l'avoue, un mystère qui m'épouvante et me confond.

— Permettez, mon père, dis-je, et pardonnez-moi de vous interroger à mon tour, car il le faut absolument pour que je parvienne à éclaircir vos doutes et à dissiper vos inquiétudes. Êtes-vous bien sûr que sa tendresse n'appartient pas secrètement à un homme qui a eu des raisons de ne point se faire connaître, ou dont vous avez peut-être vous-même rebuté les prétentions?

— L'idée qui te frappe n'est pas tout à fait nouvelle à mon esprit, répondit M. de Marsan d'un air soucieux; mais la circonstance que tu supposes ne s'est présentée qu'une fois, et si j'ai cru devoir la dissimuler à Diana, c'était pour lui épargner un mouvement d'indignation et d'horreur qui aurait pu devenir fatal à son repos. Tu en jugeras par le nom seul de celui qui osait prétendre...

— Je n'ai pas besoin de savoir son nom, et je sens au bouillonnement de mon sang que je ne l'apprendrais pas sans danger pour l'un de nous deux ? Que diriez-vous cependant, mon noble ami, car le cœur des femmes est rempli d'énigmes impénétrables ; que diriez-vous si l'indigne amant que vous avez rejeté avec tant de dédain était précisément celui qu'elle aurait choisi ?

— Ce que je dirais ! s'écria M. Marsan en se levant de sa chaise avec emportement, je dirais : « Fille indigne de moi, sois maudite à jamais, et que la colère et les vengeances de Dieu s'attachent à toi comme le vautour à sa proie ! Que le reste de tes jours s'écoule dans la solitude et dans le remords ! Que le pain quotidien de tous les hommes se change en gravier sous tes dents !... »

Il allait continuer. J'imposai ma main sur sa bouche, et je le pressai contre moi de l'autre bras.

— Que le Ciel, mon ami, intercepte cette horrible malédiction entre vous et Diana, et la fasse plutôt retomber sur ma tête, qui est dévouée dès l'enfance à toutes les épreuves et à toutes les misères ! Mais il paraît que ma supposition était complètement dénuée de vraisemblance, et je regrette de l'avoir hasardée, puisqu'elle pouvait développer en vous une si vive irritation. — Il ne me reste qu'à savoir, repris-je en souriant pour le distraire de plus en plus de son émotion, quelle part vous m'avez donnée à supporter dans vos chagrins domestiques, et ce qui a pu vous résoudre à exiger d'un cœur faible, mais sans reproche, l'aveu humiliant que je vous ai fait ?

M. de Marsan se rassit.

— Je croyais avoir remarqué que tu aimais Diana, et tu conviens que je ne me trompais pas. Je pensais qu'elle devait t'aimer ; je le pense encore, peut-être parce que je le désire, et que mon propre bonheur est intéressé dans le tien. J'attribuais ses refus au sentiment que tu lui avais inspiré ; ton silence, je l'attribuais à une timidité délicate et défiante, et c'était ce vain obstacle que je me flattais de rompre d'un mot. Sois mon fils par le sang, t'aurai-je dit comme tu l'es, ou peu s'en faut, par l'amitié que je te porte. Voilà tout ce que je voulais. Nos affaires ne me paraissent plus aussi avancées, mais je n'en désespère pas encore. Tu me parlais dans ta dernière lettre d'un projet arrêté de partir après-demain. Il n'y aura pas de mal, si je me trompe sur les dispositions de Diana, car tes peines s'aggraveraient de la déception de nos espérances; et, d'un autre côté, la société où tu vis d'habitude, au moins depuis que tu t'es éloigné de moi, n'est pas bonne par le temps qui court pour un jeune homme déjà suspect au pouvoir. Viens donc dîner demain avec moi, avec Diana. Tu lui feras cet aveu que j'autorise, et duquel dépend notre avenir à tous trois. Qui sait si nous ne devons pas nous réveiller le jour suivant sous un soleil plus favorable que celui qui m'éclaire depuis quelques mois ?

— Hélas! répondis-je, pendant qu'il prenait mon bras pour regagner sa gondole, je n'augure pas tout à fait aussi favorablement que vous de cette démarche, mais si elle ne sert qu'à me convaincre de mon infortune, j'espère au moins inspirer assez d'estime et de confiance à Mlle de Marsan pour obtenir d'elle le secret qui vous touche, et voir se rétablir en vous quittant la tranquilité que vous avez perdue. Quant à ma propre destinée, il y a longtemps que je n'y fonde plus d'aussi douces espérances, et que d'autres épreuves m'ont accoutumé à la résignation. Mais, quel que soit mon sort, il ne changera rien à ma reconnaissance envers vous, et le titre de fils que vous m'avez donné, je le garde pour toujours.

Je n'ai pas besoin de dire que cette nuit se passa dans d'étranges agitations; mais l'espérance eut si peu de part à mes rêves, que j'achevais d'arrêter au point du jour tous les arrangements de mon départ pour le jour suivant et que j'employai la matinée à les régler avec le calme impassible d'un homme dont les résolutions n'ont plus de vicissitudes à subir. J'arrivai enfin chez M. de Marsan, où tout avait un air de fête, car l'excellent vieillard ne voyait dans cette solennité d'adieux que les approches d'un heureux évènement qui allait me fixer à Venise, et l'assurance de son contentement crédule éclatait dans ses regards de manière à m'enhardir à la fois et à me désespérer. Je cherchai ceux de Diana ; ils n'avaient pas changé d'expression, et je me connaissais aux symptômes de l'amour, car j'avais été aimé. Il n'est pas nécessaire d'être bien des fois malheureux pour savoir lire dans le cœur d'une femme, et la plus habile ne m'aurait pas trompé sur ses impressions secrètes ; mais l'antipathie ingénue de Diana avait quelque chose de plus cruel, je ne sais quoi d'accablant et de froid qui me pesait sur le sein comme du plomb.

On me plaça cependant auprès d'elle à table. Je frissonnai d'une émotion mêlée de crainte, et je ne la regardai plus.

Les convives étaient nombreux. La conversation fut longtemps ce qu'elle est à Venise, ce qu'elle est partout, un frivole échange de nouvelles sans importace. Le vin de Chypre l'anima.

— Qu'est-ce donc, dit un des *signori*, que cette nouvelle tentative qui a failli troubler hier la tranquillité de la ville? On dit que la garnison et les sbires ont été sur pied toute la nuit.

— Eh quoi! répondit un autre, ne le savez-vous pas? Un complot d'aventuriers, pour la plupart étrangers, qui se proposaient d'égorger les Français et de changer le gouvernement.

— En vérité, interrompit M. de Marsan, il n'y a qu'à les laisser faire ; leur sagesse est éprouvée et les nations ne peuvent pas choisir de plus dignes législateurs! Cette ivresse des peuples durera-t-elle encore longtemps?

— Heureusement, reprit le second, cela est si misérable qu'une poignée de soldats a suffi pour les disperser, et le bruit de leur conspiration ne parviendra peut-être pas à la Judecque.

— Mais que veulent-ils encore, les malheureux? leur projet échoué ne pourrait-il pas servir de prétexte à quelque nouvelle persécution contre les serviteurs de la vieille dynastie française?

— Nullement! il ne s'agissait que de Venise et de sa république. Savez-vous que, s'ils avaient réussi, nous vivrions aujourd'hui sous le gracieux gouvernement de Mario Cinci, doge de Venise.

— Mario Cinci! dirent tous les assistants.

— Mario Cinci! répéta M. de Marsan, le poing fermé sur le manche de son couteau.

— C'est le dieu de la populace, ajouta un vieillard, et cela fait trembler pour l'avenir!

— Rassurez-vous, au nom du ciel! les bandits s'étaient assurés de précautions si prudentes qu'on n'a pas pu en arrêter un seul; mais on sait par des rapports certains que Mario ne se trouvait point parmi eux, car il se commet rarement aux dangers qu'il fait courir à ces misérables, dont la vie n'est dans ses mains qu'un jouet de peu de valeur. Il se renferme pendant qu'on agit pour lui, dans sa *Torre Maladetta* du Tagliamente, à la grande épouvante des voyageurs, pour s'y livrer sans doute à la fabrication de la fausse monnaie et des poisons, comme toute sa famille de parricides.

— Malédiction! m'écriai-je en me levant, tout cela est horriblement faux! Quiconque vous l'a dit est un calomniateur infâme, plus coupable que l'assassin mercenaire qui vend à la haine des lâches son âme et son stylet! Le projet de ces horribles vêpres vénitiennes dont vous parlez, c'est Mario Cinci qui l'a déjoué, ce sont ses ennemis qui l'avaient conçu. Il n'en a pas coûté de grands efforts aux soldats pour dissiper les conspirateurs; car personne n'ignore maintenant qu'ils ont parcouru un palais désert, et comme ils sont Français, je vous jure que le bruit de leurs pas répété par un écho n'était pas capable de les épouvanter. Le gouverneur de Venise, que j'ai visité ce matin pour le prévenir de mon départ, ne voit dans ce prétendu complot que ce qui y était réellement, la basse spéculation de quelques espions, qui se flattaient d'attirer sur eux des faveurs et des récompenses, la prime du mensonge et l'aumône honteuse de la police, en supposant des crimes pour faire valoir des services. Ceci est la vérité, messieurs ! — Quant à Mario Cinci, je ne sais quels torts de sa jeunesse ont pu attirer sur lui la réprobation universelle ; mais j'avoue que je ne crois pas aux folles haines de la multitude ; et que je ne crois guère davantage aux aveugles colères de la fatalité. Tout ce que je connais de lui me l'a montré comme le plus généreux des hommes. L'injustice de l'opinion qui le poursuit le grandit encore à mes yeux, et je dois vous prévenir, messieurs, au moment de vous quitter pour toujours, que cette conversation ne se prolongerait pas sans porter mon cœur à des mouvements que je voudrais éviter. La cause de Mario Cinci est la mienne : et quel ami subirait sans transport et sans vengeance les injures faites à son ami absent ? Vénitiens, je vous le demande !...

— Ton ami ? dit M. de Marsan. Connaissais-tu Mario ?

— Je ne l'ai vu qu'une fois ; sa voix n'a pas frappé mon oreille pendant cinq minutes, mais je suis plus prompt à me saisir d'une affection, et mes affections ne se démentent jamais.

— Je ne t'avais jamais vu cette exaltation, continua-t-il en se rapprochant de moi, car la conversation générale avait fini, et les invités s'étaient distribués deux à deux dans la grande salle, sans témoigner l'envie de s'entretenir davantage. — Et cependant je ne peux te savoir mauvais gré, ajouta M. de Marsan, des erreurs d'un cœur follement affectueux, qui prend part sans réflexion à la querelle des absents. L'expérience t'apprendra trop tôt qu'il ne faut pas se fier à des apparences imposantes dans le jugement qu'on porte du premier venu, quand il aurait, comme Mario, la taille d'Anthée, qui lutta contre Hercule, mais qui ne reprenait de force qu'en embrassant la boue dont il était sorti. L'imagination dupe le cœur. Je ne t'en parlerai donc pas, quoique cette explosion passionnée ait cruellement tourmenté le mien. Il est question d'autre chose entre nous, et l'intérêt si vif que Diana te témoigne aujourd'hui semble m'annoncer que jamais l'occasion n'a été plus favorable et mes prévisions plus justes. Accompagne-la chez elle, et songe que j'attends mon arrêt du tien!

En effet, et, je l'avouerai, je m'en étais à peine aperçu, tant je me croyais désintéressé dans cette espérance. Diana, qui avait quitté sa place aussitôt que moi, venait de lier sa main à ma main, et, autant que j'en pouvais juger sans l'avoir revue, sa tête se penchait vers mon épaule, presque de manière à la toucher. Je me retournai vers elle, et je vis qu'elle était pâle. Je pressai cette main qui tremblait; je reconduisis Diana, et je la fis asseoir, plus disposé à la quitter qu'à la troubler d'une émotion inutile. J'allais m'éloigner, quand elle me retint. Je m'assis. Nous gardâmes quelque temps le silence; mais ses doigts que tant de fois j'aurais voulu presser au prix de ma vie, s'étaient unis plus étroitement aux miens; ils étaient humides et tièdes. Elle palpitait d'une émotion que je ne comprenais pas : je ne savais si c'était là un sujet de joie ou de désespoir, et cela dura plusieurs minutes, ces longues minutes que vous savez, et que durent les troubles et les inquiétudes de l'amour. Elle parla enfin.

— Maxime, dit-elle, combien je vous aime!

— Prenez garde! m'écriai-je, les mots que vous avez prononcés là sont affreux pour moi, si vous n'en prévoyez pas les conséquences. Vous ne savez peut-être pas, Diana, que je viens vous demander votre main, parce que votre père me l'a promise!...

Elle se leva, marcha, passa devant moi les bras croisés, le front penché, le sein haletant. Elle s'arrêta; elle appuya ses mains sur mes épaules, les croisa derrière mon cou, et me dit d'une voix qui s'éteignait sur ma joue :

— Pauvre Maxime! L'ami de Mario Cinci ne savait donc pas son secret quand il le défendait tout à l'heure?

Je ne répondis point : un voile se déchirait devant mes yeux; mais je ne devinais pas tout.

— Pourquoi, sans cela, continua-t-elle, aurais-je insulté à ta tendresse de bon et digne jeune homme? Ah! cela serait odieux si l'on n'avait pas aimé! mais je l'aimais, vois-tu! mais il était mon âme et ma vie! il en disposait à jamais, et ton amour me remplit de douleur en s'égarant vers moi, qui ne pouvais le payer de retour. Le caractère et l'aspect que je me fis pour te rebuter devaient me rendre haïssable. Je m'en flattais amèrement, parce qu'il fallait pour ton bonheur que je fusse haïe de toi; et comprends ce qu'il m'en coûtait, à moi, Maxime, qui t'aimai du premier jour comme un frère, et qui t'aurais donné volontiers tout un cœur si j'en avais eu deux!... Me pardonneras-tu?

Je restai quelque temps sans parler et sans voir; ensuite je la regardai.

Elle pleurait.

Je baisai ses bras palpitants, et puis ses joues, ses yeux humectés de larmes, et je mêlai mes larmes aux siennes.

— Vous aimez Mario, Diana! c'est un digne choix! Que le ciel vous favorise!

— Je l'aime, dis-tu!... reprit-elle avec force. Mon existence est plus complète que tu ne le crois! je suis sa femme!...

— Sa femme! et votre père, mademoiselle, avez-vous pensé à lui?...

Elle abaissa ses paupières, comme si elle avait été honteuse de me laisser lire dans son âme.

— Mon père!... mon excellent père!... Oh! qu'aux dépens de mes jours la nature prolonge les siens! qu'aux dépens de mon bonheur, elle les embellisse!... Mais quand Mario, prosterné devant lui, cherchait à vaincre son cœur:
— Votre femme! dit mon père; j'aimerais mieux qu'elle fût morte! — Il l'a dit. Mon père m'aura morte comme il l'a souhaité, et Mario m'emmènera vivante.

— Votre raison se trouble, Diana!... Que dites-vous?

— Ce que je dis, l'avenir l'expliquera; mais n'accusez pas ma volonté. Elle ne m'appartient plus. Conservez-moi un souvenir, un souvenir rigoureux si vous le voulez, pourvu qu'un peu d'amitié, cher Maxime, en adoucisse la sévérité... et si ma vie vous intéresse encore, ne craignez pas que j'en dispose sans votre aveu.

— Maintenant l'heure s'approche où il faut... Êtes-vous prête, Anna ?...

Sa femme de chambre entra et vint se placer à côté d'elle.

— Mon père vous attend, Maxime ; allez lui dire que vous m'accompagnez à ma gondole.

Il n'y avait qu'une porte à ouvrir. Il m'attendait les yeux fixes et ardents d'impatience ; je tombai à ses pieds.

— Au nom du bonheur de Diana et du vôtre, mon ami, revenez sur vos injustes préventions contre le noble Mario Cinci ! c'est l'époux que vous devez à Diana pour sauver sa vie...

— Mario Cinci ! cria le vieillard en me repoussant avec dureté... Qu'elle l'épouse et qu'elle meure !... Une parricide de plus dans la famille des Cinci !... Béatrice et Diana !...

Il marchait précipitamment et il m'entraînait sur ses pas, parce que mes mains s'étaient attachées à ses genoux.

Il s'arrêta en me disant : — Va-t'en, traître !... Et ensuite il me regarda en pitié. — Va-t'en, dit-il plus doucement en passant ses deux mains sous mes bras pour m'aider à me relever ; va-t'en, pauvre enfant, et que je n'entende plus parler de tout ce que j'ai aimé, car le reste de mes vieux jours a besoin de solitude et de repos.

Je me retrouvai près de Diana, je lui offris la main sans prononcer un mot, et elle ne m'interrogea pas, car j'avais laissé la porte entr'ouverte dans le trouble de ma démarche, et il était impossible qu'elle n'eût pas entendu.

Quand je la quittai à sa gondole, j'approchai ses doigts de mes lèvres ; elle les retira et se jeta dans mes bras. Un moment après, j'étais seul.

Je suivis longtemps du regard la gondole de Diana entre toutes les autres, et je la reconnaissais de loin, parce qu'elle était ce jour-là, contre l'usage, marquée d'un nœud flottant de rubans cramoisis.

Je me présentai inutilement le même soir chez M. de Marsan. Sa maison était interdite à tout le monde.

Au lever du soleil, par un jour triste et froid de janvier 1809, le petit bâtiment qui me conduisait à Trieste déboucha des lagunes dans la grande mer, qui était haute et houleuse, car la nuit avait été fort mauvaise. Notre patron héla quelques barques de mariniers, qui paraissaient occupés à relever sur la pointe d'un îlot une gondole échouée.

— Quelqu'un a-t-il péri ? s'écria-t-on de notre bord.

— Selon toute apparence, répondit le maître ; mais il est probable que les cadavres ont été emportés par la lame, puisqu'on ne les a pas trouvés sur les acores. Cette gondole sans chiffre et sans nom ne se distinguait d'ailleurs des autres que par ce chiffon de rubans.

Je m'en saisis, je l'attachai à ma chemise, et je défaillis. Je fus longtemps à revenir à moi.

Le lendemain j'étais à Trieste.

DEUXIÈME ÉPISODE

Le Tugend-Bund

La seule particularité de mon premier récit qu'il soit essentiel de vous rappeler maintenant, c'est que j'avais lieu de croire, en arrivant à Trieste, que Diana de Marsan était morte victime d'un naufrage ou d'un suicide. Un billet noué d'un ruban cramoisi comme celui de sa gondole, et que le patron me remit au débarquement, me tira de cette cruelle angoisse. Il n'était pas signé, et je ne connaissais point l'écriture de Diana ; mais il ne pouvait venir que d'elle. J'en rapporterai sans peine les propres expressions, car on doit imaginer que je ne l'ai pas perdu :
« Ne vous alarmez pas, Maxime, des bruits qui pourront vous parvenir : un cœur que vous avez pénétré de recon-

naissance et d'amitié palpite encore pour vous. Un cœur ! il fallait dire deux. On vous engage à n'oublier ni le rendez-vous, ni l'église, ni le signal, et je sens que je suis intéressée aussi à l'accomplissement de votre promesse par un sincère désir de vous revoir. »

Tout s'expliquait ainsi. Le rendez-vous dont il m'était parlé, c'était certainement celui qui devait me réunir à Mario Cinci, dans l'église de Codrolpo, à la chapelle de Sainte-Honorine. Mes inquiétudes s'évanouirent, et je ne songeai plus qu'à me reposer des agitations passées, dans les douces émotions de l'étude, qui devenait déjà le premier de mes plaisirs.

La table d'hôte à laquelle je m'asseyais tous les soirs offrait peu de ressources à la conversation, et j'en étais enchanté. Les convives étaient ordinairement de très dignes gens, fort occupés de leurs affaires, qui me laissaient jouir en paix du bonheur de n'en point avoir, et qui avaient d'ailleurs la complaisance, pour me mettre tout à fait à mon aise, de s'expliquer dans un des cinquante dialectes de l'esclavon, ou dans un des cinquante patois plus impénétrables à mon intelligence, du Frioul, du Tyrol et de la Bavière. Cependant le renouvellement journalier de ces rapports devait finir par établir entre quelques-uns de mes commensaux et moi une espèce d'intimité. Il s'en trouvait deux parmi eux qui parlaient d'ailleurs français avec une grande élégance, et qui étaient plus versés que moi-même dans la technologie des sciences physiques, mon principal objet d'étude et d'affection. Nous fîmes bientôt connaissance.

Le premier était connu à Trieste sous le nom du docteur Fabricius, et c'est ainsi que je le désignerai à l'avenir, quoique j'aie entendu dire qu'il s'appelait autrement. Dans sa vie extérieure, il s'était fait une haute réputation médicale fondée sur des théories singulières, mais extrêmement contestées par les gens qui prétendaient s'entendre à cet art d'hypothèses dont il ne faisait pas fort grand cas.

Le second était un jeune Polonais, nommé Joseph Solbioski, et non Slobieski, comme disent les biographes.

Joseph avait tout ce qu'il faut d'esprit et de cœur pour entraîner une âme moins attirable que la mienne, qui ne demandait qu'à aimer quelqu'un. Je l'aimai tout de suite. Il était à peu près de mon âge ; ce que j'aimais, il l'aimait aussi ; ce que je savais, il le savait mieux. J'étais plus fort et plus grand ; il était plus doux, plus sage et plus beau. On fait avec cela des sympathies indissolubles. Je ne le croyais pas éloigné de mes opinions ; mais une opinion est si peu de chose auprès d'une affection !

Nous nous tenions tous les deux, de crainte de nous contrarier réciproquement, dans une réserve si étroite sur les questions politiques dont le monde était occupé, et j'attachais de mon côté si peu d'importance à m'assurer d'une harmonie de plus dans nos sentiments, tant il suffisait des autres pour nous unir inséparablement à jamais, que je n'essayais pas d'en savoir davantage. Comme celui-ci a obtenu depuis en Allemagne une réputation historique dont le bruit n'est probablement pas venu jusqu'à vous, vous me pardonnerez de vous le faire connaître avec plus de détails au commencement d'un récit où il ne me quittera presque plus. Nous commencerons cependant par l'autre.

Le docteur Fabricius avait près de soixante-dix ans, mais c'était un de ces septuagénaires adolescents d'âme et d'imagination, qui imposent à l'esprit des jeunes leur verve et leur vivacité. Ce qui frappait le plus dans sa singulière physionomie, c'est un type fort prononcé qui n'avait rien d'allemand, et dont le galbe mince, effilé, saillant, tenait plutôt quelque chose de l'andalou ou du maure. Sa maigreur brune et osseuse, qui laissait presque à nu le jeu actif et passionné de ses muscles ; l'*acuitesse* pénétrante de ses yeux ardents et mobiles, dont le disque était un charbon et le regard une flèche ; l'étrange propriété de ses cheveux encore noirs, qui se hérissaient comme spontanément au moindre pli de son front, tout cet ensemble extraordinaire lui donnait quelque chose de l'aspect d'un aigle. J'ai entendu peu d'hommes plus abondants en paroles ; mais son abondance pleine, soutenue, éloquente, même quand elle était diffuse, ne se répandait en épisodes et en figures que par excès de richesses, et s'y complaisait sans s'y perdre. Un homme ainsi organisé ne pouvait pas être entièrement étranger aux grandes pensées qui émouvaient alors l'Europe; mais il s'abstenait avec une sorte d'affectation de tous les entretiens dans lesquels le mouvement naturel des esprits faisait rentrer ces idées en dépit de nous. La préoccupation qui le dominait semblait être un spiritualisme exalté, une théorie spéculative combinée des principes de Swedenborg, de Saint-Martin et peut-être de Weissaupt; mais son enthousiasme très expansif pour les livres d'Arndt, et de quelques autres philosophes *tungend-bundistes*, révélait en lui un profond sentiment de la liberté.

Le docteur ne s'était arrêté à Trieste que pour y régler quelques affaires d'intérêt avec des régisseurs chargés de l'administration de ses biens dans un rayon assez étendu, car on le disait fort riche, ce qu'on n'aurait deviné d'ailleurs ni à la modestie de ses dépenses, ni à la simplicité de ses mœurs. Il n'y avait donc rien de surprenant à le voir souvent en rapport avec des voyageurs venus pour lui, et qui ne résidaient pas. Si je les avais devinés alors, j'aurais eu cependant assez de temps pour les observer, et j'en conserverais un souvenir assez présent pour les peindre; mais j'ai déjà dit qu'il n'existait aucune espèce de contact politique entre mes nouveaux amis et moi. Ces étrangers qui se succédaient chaque jour, c'était Kolb, c'étaient Marberg, les Pélopidas, les Thrasybules du Tyrol; c'étaient les braves frères Woodel, fusillés depuis à Wesel, le 18 septembre de la même année; c'était l'aubergiste André Hofer que je remarquai davantage, parce que je l'avais entendu nommer souvent chez le marquis de Chasteler, à l'occasion des événements de 1808; et celui-là est si connu, que les impressions qu'il m'a laissées n'apprendraient rien à personne, si elles ne différaient un peu de celles que mes lecteurs ont pu prendre dans l'histoire. La célébrité des uns et des autres n'atteignit d'ailleurs à son apogée qu'un mois après le passage d'André Hofer à Trieste, c'est-à-dire à cette mémorable victoire des paysans, dont le Tyrol marque le glorieux anniversaire au 29 février.

J'avais bien formé quelques conjectures sur l'apparition du Samson de Passeyer dans notre méchante hôtellerie de l'*Ours*, mais sans y donner de suite. Il était tout naturel qu'André Hofer, qui, en vertu de sa profession, exerçait une agence d'affaires fort étendue, suivant l'usage du Tyrol, eût des intérêts à démêler avec un propriétaire opulent comme le docteur Fabricius. Quant à la part très active que Joseph Solbioski prenait à leurs négociations secrètes, elle n'était pas plus difficile à expliquer, Joseph étant destiné à devenir le gendre du docteur à une époque assez rapprochée, car *on attendait la future*. J'ai compris depuis que cette expression, qui couvrait un sens mystique dans notre *sergo* des sociétés secrètes, pouvait bien m'avoir caché quelque double sens; mais je suis si peu curieux, et j'étais déjà si porté d'ailleurs à me déprendre de ces mystères, qu'il ne m'est pas arrivé une seule fois d'y saisir autre chose que sa valeur littérale.

Il n'y a guère d'hommes de ces derniers temps dont les Allemands se soient plus passionnément occupés que d'André Hofer, et il n'y a certainement point d'homme qui ait plus dignement justifié leur enthousiasme : les vertus et la piété d'André Hofer l'avaient fait surnommer le *Saint du Tyrol*, comme Cathelineau avait été surnommé quinze ans auparavant le *Saint de l'Anjou;* et nul homme n'a mieux répondu qu'André Hofer, parmi tous ceux que j'ai vus, à l'idée que je m'étais faite de Cathelineau. Il faut cependant que j'accorde d'abord un point important à la critique, c'est que cette opinion ne s'est composée que depuis sur des impressions très légères et très fugitives; car je n'ai vu André Hofer que pendant deux jours, et je ne lui ai pas adressé la parole, par l'excellente raison qu'il savait infiniment peu d'italien, et qu'il ne savait pas un mot de français. L'impression récente de son premier rôle historique m'intéressait cependant à le voir, et celui qu'il joua quelque temps après dans les événements de l'Allemagne força mon esprit à s'en refaire le type physique et moral avec autant de vivacité peut-être que si je n'avais pas perdu un moment de vue le modèle, de sorte que je crois le connaître aussi bien que ceux qui l'ont peint.

Ce qui l'a distingué dans la guerre comme dans l'administration, c'est un profond sentiment moral, poussé, au dire des hommes d'Etat, jusqu'à la puérilité. C'est une philanthropie si douce, qu'il n'avait pas à se reprocher une goutte de sang répandu dans les batailles, où il se portait toujours le premier. Personne ne lui avait vu manier une arme offensive. Dans le monde, c'était une créature simple, bienveillante, riante, aussi affectueuse que peut l'être un géant qui caresse des nains, un vieillard qui se fait enfant avec les enfants. Pour la multitude, André Hofer n'était réellement qu'un bonhomme, et il ne serait encore que cela pour moi s'il n'avait été André Hofer.

J'arrive à Joseph Solbioski, dont le nom me rappelle, ainsi que je l'ai dit, des sentiments plus personnels, et qu'un mois de rapports affectueux m'avait presque donné pour frère. Fils d'un des nobles et malheureux guerriers qui tombèrent dans les guerres de la liberté de Pologne, en 1794, sous les drapeaux de Kosciusko, il avait été adopté, à dix ans, par le docteur Fabricius, et cette alliance probablement fondée sur quelque sympathie politique entre les pères, suffit pour expliquer la forte direction qui avait été imprimée à ses études, sous les yeux d'un des hommes les plus éclairés de l'Allemagne. Solbioski s'exprimait avec une facilité souvent éloquente dans la plupart des langues de l'Europe, et possédait à un degré rare, même parmi les savants de profession, la doctrine et les nomenclatures des sciences physiques et philosophiques, auxquelles l'analyse et la méthode venaient de faire faire de si grandes conquêtes, dans ce pays d'invention et de perfectionnement qui a seul le droit de croire encore à la marche progressive de l'esprit humain. Il était certainement redevable de ces richesses d'instruction à l'heureuse tutelle sous laquelle le hasard l'avait placé, et il en rapportait religieusement les résultats à son père d'adoption; car la tendresse de son âme ne cédait en rien à l'élévation de son esprit. Ce dévouement reconnaissant et pieux contient sans doute le principal secret de sa vie. Son amour pour une des filles du docteur, qui en avait trois, devait faire le reste; mais on sait déjà que je n'étais entré que par hasard dans ces confidences. Le temps seul m'a depuis appris que Joseph Solbioski avait été, dans la campagne de 1808, l'âme des généreuses entreprises d'André Hofer, dont l'intelligence droite et saine, mais peu développée, n'aurait pu suffire à la complication des affaires dans lesquelles l'engageait sa nouvelle fortune, quand il devint, par la force des événements, le chef militaire et politique, le commandant et le législateur du Tyrol; époque presque unique entre toutes les époques, où un homme du peuple, sans lettres et sans ambition, se trouva dépositaire de l'autorité sans l'avoir voulue, et en usa sans en abuser. On n'ignore pas que l'administration d'André Hofer fut comparée alors à celle de Sancho dans l'île de Barataria, et je doute qu'on puisse en faire un éloge plus magnifique et plus complet; car les peuples ne peuvent avoir de meilleur arbitre que le bon sens d'un homme naturel et moral.

La pensée sourit sans doute à quelques-unes de ces lois de circonstance, improvisées par un pauvre aubergiste de village qui a été investi par la guerre, et au milieu d'une ceinture de bataillons ennemis, des droits du suprême pouvoir; mais il se mêle des larmes d'attendrissement à ce sourire, quand on a lu comme nous le texte de ces proclamations paternelles inspirées par un si profond amour de l'humanité. Ce qu'il recommande à ses frères, à ses enfants, traqués dans leurs rochers comme des bêtes fauves, ce qu'il les supplie d'accorder à son amour, car il n'ordonne jamais qu'au nom de l'affection, c'est d'épargner l'effusion du sang étranger, hors du cas légitime de leur défense personnelle; et puis, c'est de sanctifier leurs armes par la prière, par les bonnes œuvres et par les bonnes mœurs. Il y en a une, datée d'Inspruck, où il

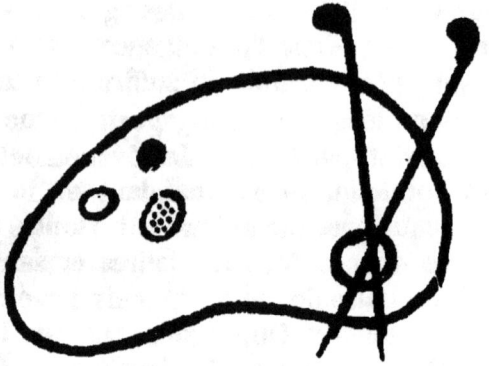

Couvertures supérieure et inférieure en couleur

N° 54　　　　　　　　　　　　10 centimes

LES GRANDS ROMANCIERS FRANÇAIS

32 PAGES

L. BOULANGER, éditeur, 90, Boulevard Montparnasse, PARIS

Ont paru dans :

LES GRANDS ROMANCIERS FRANÇAIS :

LE FILS DE FAMILLE

Par XAVIER DE MONTÉPIN

Livraisons 1 à 10

LE JEU DE LA MORT

Par PAUL FÉVAL

Livraisons 10 à 21

LA TONTINE INFERNALE

Livraisons 21 à 32

Après ce dramatique récit nous continuons par :

FLEURETTE

HISTOIRE D'UNE BOUQUETIERE

Par E. SCRIBE

Livraisons 32 à 44

Paris.—Imp. Paul Dupont (Cl.)

venait d'entrer vainqueur des Bavarois, à la tête de vingt mille paysans, dans laquelle ce géant de quarante ans, que la nature avait organisé comme un autre pour les passions, s'adresse à la piété des femmes, les rappelle à la pudeur antique, et les conjure de cacher leurs seins et leurs bras, suivant le chaste usage de leurs mères. Cela est fort ridicule peut-être; mais cela serait sublime dans Plutarque, à la vie de Scipion, d'Aratus ou de Philopœmen.

Je n'ai pas perdu de vue Solbioski dans cette digression, puisqu'il était, à l'époque où j'ai remonté, secrétaire d'André Hofer. Il y avait entre ces deux nobles créatures une sorte d'identité. C'était un corps et une âme. Qu'on juge par là de Joseph!... Au premier aspect, son teint frais et pur, son regard plein de douceur, son rire toujours affable, quoique souvent amer et mélancolique, ses cheveux longs, blonds et bouclés, n'annonçaient pas le héros des temps difficiles; et cependant l'effet singulier de ses cils, de ses sourcils et de ses moustaches brunes, lui permettait d'animer quelquefois sa physionomie d'une manière imposante. Il acquérait alors cet air de résolution et de fierté qui révèle un grand caractère, mais il aurait fallu plus d'expérience et de perspicacité que je ne me suis jamais piqué d'en avoir, pour deviner un conspirateur dans cet ange aux yeux bleus.

Nous ne parlions donc entre nous qu'amitié, amour, poésie, beauté de la nature réveillée, charmes de la campagne printanière, et tout ce qui enchante un cœur jeune, que le malheur n'a pas entièrement desséché. Cela ne dura pas longtemps. Les affaires du docteur, qui paraissaient se compliquer tous les jours, le forçaient à s'absenter souvent. L'acquisition d'un vieux château dans le voisinage du Tagliamente le retint éloigné près d'une semaine, et il s'en fallait d'autant que le terme de mon rendez-vous fût échu, quand il arriva pour repartir avec Joseph, car il était cette fois accompagné de sa fille, qui descendit avec lui chez un ami. Nos adieux furent tristes, et cependant je cherchais à les prolonger. Il m'en souvient. Joseph et moi nous avions peine à nous quitter,

54ᵉ LIVR.

quoiqu'il sourît avec une sorte de malice à l'idée de notre séparation éternelle, et nous marchions encore bien tard, les bras entrelacés, à la lueur des flambeaux qui éclairaient la place et le péristyle du théâtre, parce que c'était pour le peuple un jour d'ivresse joyeuse et de bruyante gaieté, ce jour du carnaval qui a conservé longtemps tout son attrait dans les États vénitiens. Je me doutais à peine de ce spectacle, moi, pauvre jeune homme que dix verrous tenaient reclus à Paris pendant ces fêtes éblouissantes des riches et des heureux de la cour impériale, que Mme la duchesse d'Abrantès a décrites avec tant de naturel et de grâce; mais il devait avoir un aspect particulier à Trieste, où il faisait foisonner sous les colonnades et à travers les illuminations cette partie casanière de la population qui est aussi un spectacle : les Grecs, les Albanais, les Turcs, dans leurs vêtements si variés et si pittoresques; les jolies filles juives qui percent d'œillades si ardentes et si acérées les anneaux coquets de leur noire chevelure; celles d'Istrie qui s'enveloppent presque tout entières dans leurs longs voiles blancs; le paysan du littoral lui-même, avec ses rubans flottants et sa toilette d'opéra, que la saison permettait ce jour-là, car la soirée était aussi tiède qu'une des plus belles du mois de mai. Je n'ai pas besoin de le dire à ceux qui se souviennent comme moi du carnaval de Trieste en 1809, si quelqu'un s'en souvient. C'était une féerie.

Une femme en domino s'était emparée de ma main et c'était une femme, car j'avais touché la sienne. J'oserais dire qu'elle devait être fort jolie : on sait si bien cela! Joseph, qui s'était entretenu un moment avec nous, avait profité de ce moment de préoccupation pour s'éloigner, et je n'en étais véritablement pas fâché, car le dernier mot de cette dernière entrevue me coûtait beaucoup à lui dire. La conversation de cette inconnue absorba bientôt d'ailleurs toutes mes pensées. Un mystère incompréhensible l'avait fait lire dans ma vie. Le *moi* qu'elle connaissait ne pouvait être connu que d'elle dans ce pays, où j'étais presque étranger à tout le monde, et mon cœur palpita plus d'étonnement que de frayeur, quand elle me dit *adieu* sous mon nom, qui ne pouvait être arrivé, même à Venise, que par la correspondance de mes amis les plus secrets. J'étais sûr que Diana ne l'avait jamais entendu prononcer — à moins que ce ne fût par... — mais Diana était plus grande.

Elle s'échappait; je la retins. La fascination du masque, de la tournure, de la voix, s'était augmentée en un moment de tout ce qu'il y a de saisissant et d'extraordinaire dans une apparition, dans un rêve.

— Je vous suivrai partout, m'écriai-je, ou bien je vous retrouverai si vous essayez de me fuir!

Elle s'arrêta.

— Pourquoi pas, dit-elle en riant; mais ce serait un peu loin, peut-être, et ce ne serait qu'un seul jour. Êtes-vous décidé à me rejoindre partout où je serai... le jour de sainte Honorine?

— Attendez, attendez, madame! le jour de sainte Honorine? Oh! cela n'est pas possible! mon honneur y est engagé!

— Adieu donc, reprit-elle en dégageant ses doigts des miens; allez où votre honneur vous appelle!...

— J'irai! mais ne pourrais-je savoir au moins où je vous reverrais ce jour-là, s'il m'était permis de vous y chercher?

— Où vous me reverriez?... je le veux bien: dans la chapelle placée sous l'invocation de ma sainte patronne, à l'église de Codroïpo, quand le prêtre aura donné la bénédiction de la première messe.

Lorsque je revins à moi, elle s'était cachée dans la foule. Ce rendez-vous, c'était celui que j'avais reçu de Mario Cinci.

Quelques jours s'écoulèrent en nouvelles et solitaires promenades; mais le jour de sainte Honorine, j'étais déjà depuis longtemps arrêté devant la façade de l'église de Codroïpo, quand les portes s'ouvrirent.

Le soleil se levait à peine; la nef était encore humide et noire; quelques lampes qui avaient veillé toute la nuit indiquaient seules la chapelle de la sainte; le sacristain achevait de l'illuminer.

Je n'étais pas dévot, mais j'étais pieux, et jamais une aventure de galanterie, un caprice de volupté ne m'auraient distrait dans un temple de la profonde émotion que m'inspire la maison de Dieu, surtout quand elle est vide, et que l'âme s'y trouve recueillie en présence de son Créateur et de son Maître. J'avais d'ailleurs interprété, d'une autre manière qu'on est porté à le faire en Italie, ce second ajournement. J'étais placé sous l'empire d'une association immense, qui pouvait comprendre des femmes au nombre de ses affidés les plus intelligents et les plus actifs, et ressaisir à propos un adepte tiède ou découragé par les illusions les mieux appropriées à son âge et à son caractère. Je dois dire à mon honneur que je n'en avais pas douté un moment.

J'entrai donc dans la chapelle sans y porter d'autre dessein que de prier et d'y offrir au Ciel le sacrifice de mon aveugle dévouement pour je ne sais quelle parole qui m'avait lié par des sentiments généreux à la cause de la vieille foi et des vieilles libertés. Mes yeux eurent bientôt parcouru l'étroite enceinte. J'étais seul; le sacristain était sorti, le prêtre n'était pas venu, mais le tableau de l'autel resplendissait déjà de son éclat de fête; c'était une heure imposante, un lieu solennel, un beau spectacle pour un chrétien; et toutes les fois que le malheur s'est appesanti sur moi, ou que la solitude m'a rendu à moi-même, je me suis retrouvé aussi sincèrement chrétien que dans les bras de ma mère, quand elle me passa avec orgueil une longue veste de toile d'argent, à compartiments de verroterie rouge et bleue, pour aller recevoir la première fois le bienfait de l'eucharistie, à la paroisse de Saint-Marcelin. — Cette effusion finie, je regardai le tableau : sainte Honorine condamnée à mourir de faim dans un cachot, pâle, échevelée, palpitante, offrant dans ses traits le mélange de la douleur humaine et d'une divine résignation, mais tendant vers moi des bras suppliants, comme pour implorer un secours. Ses yeux avaient des regards, ses lèvres des mouvements ! Qu'elle était touchante et sublime !...

Ce qui me frappa davantage cependant, c'est une de ces ressemblances qu'on est si porté à trouver quand on aime, une ressemblance poignante et mortelle dans la situation où elle avait été saisie, le portrait de Diana ! Heureusement cette image merveilleuse n'était que le chef-d'œuvre du Pordemone.

J'avais froid ; je souffrais de cette émotion, vive comme la réalité. Je me levai ; je marchai sans projet dans la chapelle, dans l'église, où les rayons du jour commençaient à percer les vitraux et à trembloter sur les murailles. Personne ne se mouvait ni en dedans, ni en dehors. Le seul bruit qui troublât le silence des voûtes, c'était celui de mes pas qui retentissaient sur les pavés. Je cherchai à gagner la porte ; je m'appuyai en grelottant sur un baptistère qui est placé à l'entrée. J'écoutai, je crus entendre, j'entendis des gémissements, sans savoir s'ils venaient de la chapelle ou du parvis ; mais je crus un instant que c'était encore la sainte qui pleurait d'angoisse et de faim. Impatient de m'affranchir de ce prestige qui troublait ma raison, je franchis les degrés d'un élan. Les pleurs, les gémissements me poursuivirent dans la rue, déjà entièrement éclairée par le soleil ; je me retournai vers le portail, où j'avais été devancé par mon fidèle Puck, qu'un sentiment de compassion plus qu'humain appelait, caressant et consolant, partout où il entendait des plaintes. Je vous ai parlé de Puck.

Je vis alors une petite fille de treize à quatorze ans, fraîche et jolie comme une rose, et dont les yeux devaient avoir un charme incomparable, quand ils n'étaient pas noyés par des larmes. Elle était assise au haut du grand escalier, près de la porte où je venais de passer, et, le menton appuyé sur sa main, le coude sur son genou, ses cheveux blonds abandonnés à l'air, la pauvre enfant sanglotait amèrement en regardant un petit éventaire déposé devant elle, et que recouvrait un linge plus blanc que la neige.

— Pauvre Onorina! disait-elle.

Au bruit que fit mon chien en s'élançant à son côté, elle changea d'attitude, et, la vue arrêtée sur moi, elle s'écria subitement :

— Achetez, monsieur, achetez ma belle lazagne! étrennez, étrennez la petite marchande.

Je remontai deux ou trois degrés, et je m'assis un peu au-dessus d'elle.

— Qu'avez-vous donc à pleurer, chère petite, puisque votre corbeille est pleine, et qu'il ne paraît pas qu'il lui soit arrivé d'accident?

— Achetez, monsieur, achetez ma belle lazagne! Il n'y a pas de meilleure lazagne à Venise!

Et elle essuyait ses yeux du bout de ses jolis doigts pour paraître plus engageante.

— Je vous demandais, mon enfant, la cause de votre chagrin, et ce qui pourrait le soulager. Répondez-moi avec confiance.

— Oh! du chagrin, monsieur, j'en ai beaucoup! — Achetez, monsieur, achetez ma belle lazagne! — Il faut vous dire que c'est aujourd'hui la fête de sainte Honorine, ma patronne, et que toutes les jeunes filles de Codroipo, dans leurs plus beaux habits de fêtes, vont accompagner sa châsse à la procession,... une châsse superbe, garnie de longs rubans, et chacune d'elles en tient un, qui est assorti par sa couleur aux rubans de sa parure. Ah! cela est bien beau à voir. — Achetez, monsieur, achetez ma belle lazagne! — Ensuite il y en a quatre qui portent deux à deux de grands paniers pleins jusqu'aux bords de violettes, de primevères, et de toutes les fleurs de la saison, et qui s'arrêtent de loin en loin pour en jeter par poignées sur la châsse de sainte Honorine. — Et ce sont les plus sages, les plus jolies, et celles qu'on regarde le plus. J'étais une des quatre l'année passée, et je n'ai mis que ce jour-là ma belle robe de toile de Perse à bouquets. — Achetez, monsieur, achetez ma bonne lazagne!

— Mais la cérémonie va commencer, Onorina! Et pourquoi ne mettez-vous pas aujourd'hui votre belle robe de toile de Perse à bouquets?

— Pourquoi, monsieur, pourquoi? C'est pour cela que je pleure. Mon père s'est remarié, et ma belle-mère m'a dit ce matin, quand je lui ai demandé ma robe : « Il vous sied bien, petite effrontée, de vouloir vous parer comme la châsse de sainte Honorine avant d'avoir commencé votre journée! On vous donnera la robe que vous demandez si vous avez vendu votre lazagne à l'heure de la procession. » — Achetez, monsieur, achetez ma bonne lazagne!

Et elle recommença à pleurer.

— Calmez-vous, mon enfant, il y a des remèdes à tout, et vous avez encore le temps d'aller prendre votre place de l'année passée auprès d'un de ces grands paniers qui sont pleins jusqu'aux bords de violettes, de primevères et de toutes les fleurs de la saison. Je vous jure que vous y serez.

— Ah! vraiment, je n'aurais pas été en peine, reprit-elle, du temps du seigneur Mario Cinci. Il venait tous les mois depuis longtemps s'approvisionner à Codroïpo pour sa maison et pour ses pauvres, et depuis deux mois il y venait jusqu'à deux fois par semaine; il emportait toute ma lazagne, et ne s'en allait jamais sans me laisser quelque bague, quelque épingle, quelque petit bijou, et sans me dire, en me frappant doucement la joue : « Sois sage, Nina, sois sage, ma belle, et tu feras un jour quelque bon mariage, car tu es vraiment aussi gentille que ta pauvre mère. »

— Eh bien, chère Onorina, vous avez maintenant deux raisons de vous consoler et de vous réjouir, puisque Mario Cinci va arriver.

— Comment arriverait-il, s'écria-t-elle, puisqu'il est mort?...

— Mario est mort!

— Vous le connaissez, et vous ne le savez pas? Il y a quinze jours, il était là où vous êtes, et, contre son ordinaire, il avait passé la nuit à Codroïpo chez son ami, le riche docteur Fabricius, pour faire ses dévotions. Je lui vendis toute ma lazagne. — Achetez, monsieur, achetez ma bonne lazagne!

— Elle est achetée. — Continuez, Nina, je vous en prie, et je ne vous retiendrai plus.

Ses yeux s'éclaircirent; ils rayonnèrent. Le contraste que faisait avec la nature de son récit cette innocente joie de jeune fille, si heureuse de remettre une robe de toile de Perse à bouquets, me serra vivement le cœur. Je déposai un sequin sur son éventaire, et je l'écoutai depuis sans la regarder.

— Vous me donnez beaucoup trop, monsieur, et je ne saurais comment changer...

— Je vous donne trop peu, Onorina, mais continuez, continuez seulement!...

— La nuit avait été bien mauvaise; qu'importe! Rien ne pouvait arrêter le seigneur Mario quand il avait mis quelque chose dans son esprit. « Il faut que je traverse le torrent quelque temps qu'il fasse, dit-il au docteur, j'ai des raisons pour cela; d'ailleurs je reviendrai bientôt, et si j'étais retenu, les renseignements que je vous ai donnés vous permettent de vous passer de moi. » Hélas! il ne revint pas, et il ne reviendra jamais!

— Et encore, apprenez-moi du moins, comment cela est arrivé...

— Je vous dirai, monsieur, ce que j'en ai entendu dire. Tous les jours avaient été très doux jusqu'à cet orage; il faisait si beau dans le carnaval! Les neiges s'étaient fondues aux montagnes; les rivières s'étaient grossies, de manière que le Tagliamente, augmenté par la pluie de la veille, était large et houleux comme un bras de mer. Le batelier ne voulut pas s'exposer à passer, mais le seigneur Mario se mit à la rame avec son Albanais, je ne sais si vous le connaissez, et ils allèrent longtemps, longtemps, bien loin, bien loin, sans malheur; mais ils ne furent pas plutôt arrivés au milieu du courant, où est l'endroit dangereux, que voilà la vague qui monte tout à coup à perte de vue, et qui passe sur le bateau, et le bateau qui disparaît. Le seigneur Mario, qui nageait comme un poisson, ne s'en inquiétait guère; mais l'Albanais, qui était un homme vieux de près de quarante ans, se débattait inutilement contre le flot. Les gens qui regardaient de la rive disent que c'était une chose terrible, car le seigneur Mario avait à peine fendu l'eau de quelques brasses qu'il était forcé à retourner pour ressaisir son domestique et pour le ramener avec lui, parce qu'il était si bon et si courageux, le brave homme, qu'il aurait hasardé cent fois sa vie pour celle d'un paysan! — Il y avait une heure que cela durait, et toutes les barques s'étaient avancées aussi près que possible du courant sans y entrer pour leur porter du secours. Alors on vit distinctement l'Albanais s'arracher des bras de son maître, et plonger dans le gouffre à dessein de mourir seul. Oh! le noble Mario était bien capable de gagner le rivage s'il l'avait voulu, mais il plongeait toujours après l'Albanais qui s'obstinait à se renoyer toujours en lui criant des choses qu'on n'entendait pas. Il le ramenait sur le fleuve, il redescendait avec lui, remontait et reparaissait encore, — et enfin on ne les vit plus ni l'un ni l'autre, et jamais leurs cadavres ne se sont retrouvés. On assure dans le pays que cela avait été prédit par le prophète de Ravenne, ou par un autre.

Je laissai pendre ma tête sur mes genoux, et je ne parlai pas, je ne pensai pas.

Onorina me tira doucement par le pan de mon habit.

— Voilà l'heure de la procession qui sonne. — Achetez, monsieur, achetez ma belle lazagne! Il n'y a pas de meilleure lazagne à Venise!...

— Es-tu encore là, petite, et ne t'ai-je pas payée? Va mettre ta robe de toile de Perse et tes rubans avant qu'on ait pris ta place.

— Alors, dit-elle, prenez votre lazagne, monseigneur, car si je reparaissais devant ma belle-mère avec la corbeille et l'argent, elle supposerait, tant elle est méchante, que j'ai gagné ma journée à quelque œuvre de péché.

Et pendant ce temps-là, elle introduisait dans la longue

poche de ma redingote de voyage un sac copieux de lazagne.

— Que veux-tu que je fasse de ta lazagne? lui dis-je en riant malgré moi, je n'en ai pas besoin.

— Et les pauvres, répondit-elle, et les affamés? Mme sainte Honorine mourut à défaut d'un sac de lazagne!

Cette idée me frappa : le tableau du Pordeomno se représenta devant mes yeux comme je venais de le voir. J'éprouvai un invincible désir de le revoir encore : je me levai. Onorina n'y était plus.

La première messe était assez avancée; je m'agenouillai au fond de la chapelle. Après quelques instants de recueillement, je promenai mes yeux sur les fidèles : une poignée de pauvres gens du peuple qui venaient là implorer l'intercession de la sainte et les grâces de Dieu avant de reprendre leurs labours quotidiens, dignes et pieuses familles de l'indigent qui travaille, qui croit, qui prie et qui aime, et auquel le royaume des cieux est assuré, selon mon cœur comme selon l'évangile. Une seule femme, qui se confondait avec la foule par sa ferveur et son humilité, s'en distinguait par une sorte d'élégance d'ajustement, une cape de soie noire à petites dentelles d'argent. Elle passa devant moi quand l'office fut fini, en soulevant négligemment un coin de son voile, et s'arrêta vers la porte après avoir laissé tomber dans chaque tronc une aumône qu'elle cachait de la main.

— Honorine? dis-je à basse voix en m'approchant d'elle pour l'accompagner, comme l'autorise la politesse italienne.

— Honorine Fabricius, répondit-elle gaiement quand nous fûmes arrivés au parvis; et pour mieux me recommander au tendre et touchant intérêt que vous portez à toutes les dames, la fiancée de votre ami Joseph Solbioski. Je vous laisse à deviner les occupations qui le retiennent ce matin aux environs de Codrolpo; mais il vous attend demain matin aux bateaux de Tagliamente, une heure avant le jour, et ce signe singulier qu'il m'a chargé de vous remettre ne vous permettra aucun doute, suivant lui, sur l'autorité de ma mission. Promettez donc, et ne me suivez pas!

Le signe, c'était le fragment de la bûchette mystique que Mario avait rompue à la *vendita;* il était lié, comme la lettre de Diana, d'un petit ruban cramoisi, à la livrée de sa gondole.

Je protestai de mon exactitude par une inclination respectueuse, et Honorine disparut sans peine au milieu de la multitude qui couvrait l'escalier et qui encombrait les rues; car la procession arrivait avec toutes ses magnificences pour venir prendre la châsse. Je cherchai autour des paniers de fleurs la petite Onorina. Elle y était déjà, et superbement vêtue de sa belle robe de toile de Perse à bouquets, et si préoccupée, l'heureuse fille, de sa parure et de sa beauté, que je ne fus pas étonné du tout qu'elle ne prît pas garde à moi; elle avait bien d'autres pensées!...

Je n'étais pas encore arrivé, la nuit suivante, à l'endroit du rendez-vous, que je m'entendis nommer dans l'obscurité par une voix connue. Je m'arrêtai aussitôt et j'embrassai Solbioski.

— Tu ne verras personne ce matin de la famille du docteur, me dit-il; elle est partie hier pour Saint-Veit, sur la rive où nous allons aborder, et M. Fabricius doit seul nous rejoindre demain au château de notre malheureux ami Mario, dont tu ne peux ignorer la destinée. Il a cru devoir faire l'acquisition de ces ruines dont le séjour serait, dit-on, trop sévère pour des femmes. N'impute donc pas notre séparation à quelques insultantes précautions de la jalousie, quoique tu m'aies donné lieu d'en concevoir un peu. Dans peu de jours, mon Honorine recevra de toi un baiser de frère, et la mobilité de ton cœur me promet que tu oublieras facilement un amour contracté sous le masque.

J'allais me justifier. Il m'embrassa de nouveau en riant.

— Écoute des explications plus essentielles, reprit-il, et commence par me pardonner de ne t'avoir pas ouvert toute mon âme dans nos entretiens. Livré par le malheur de ma destinée à ces idées qui ont failli perdre irréparablement la tienne, je te voyais avec plaisir t'en distraire et t'en éloigner pour des études pleines de charme auxquelles tu es appelé par tous les souvenirs de ton éducation et par tous les penchants de ton caractère. Mon père apprit cependant de Mario que tu lui appartenais par un serment; il l'apprit dans une occasion solennelle. C'était la veille du tragique accident qui a ravi à la liberté son épée d'Italie. Ce dernier malheur nous aurait détournés plus que jamais de t'entraîner avec nous dans nos travaux et dans nos dangers, si quelques mots échappés à Mario ne nous portaient à croire que la *Torre Maladetta* cache quelques secrets qui ne sont connus que de toi. Les signaux qu'il t'envoyait, ce bâton rompu, ce ruban, ces couleurs, tout cela est un mystère qui nous reste célé si tu ne nous le découvres, et qui compromettrait peut-être la vie d'une multitude de nos frères, si les recherches auxquelles nous allons nous livrer n'étaient éclairées que par le hasard. C'est ce qui a décidé M. Fabricius à prendre possession du vieux castel des Cinci, où tu ne resteras d'ailleurs qu'autant qu'il le faut pour nous diriger, dans le cas où tu ne répugnerais pas à m'y suivre.

— Te suivre en enfer, s'il le faut, répondis-je; mais ce mystère est impénétrable à ma pensée comme à la tienne. Mario l'a emporté dans le torrent. Il ne me reste, comme à toi, qu'à le deviner.

— Auparavant je te dirai tout ce que je sais.

Et je lui dis tout ce que je savais.

— J'ai entendu parler de cet événement, dit Solbioski après un moment de réflexion. Une femme enlevée! On n'a jamais enlevé femme à Venise, depuis dix ans, qu'on ne soit venu la chercher à la *Torre Maladetta*, mais toujours sans succès. Mario devait ce tribut à sa réputation romanesque et, je pense, un peu fantastique. On y a cherché Diana, qui n'y était point, et on a profité de cette occasion pour visiter les recoins les plus cachés d'une retraite si justement suspecte à nos ennemis. Il n'y a pas deux opinions aujourd'hui sur cette déplorable histoire.

La commémoration même des couleurs de Diana dans le dernier message de Mario ne prouve rien. Ce n'était qu'un appel de plus à ton souvenir ; M{{lle}} de Marsan périt en effet le jour de son départ de Venise, après avoir écrit le billet que tu en as reçu à Trieste, et je suis persuadé que son père en avait acquis de tristes preuves, puisqu'il lui a survécu si peu de jours.

— Son père aussi, m'écriai-je, le père de Diana aussi ! M. de Marsan serait mort !...

— Eh bien, que fais-tu donc ? reprit Solbioski en passant son bras autour de mon corps. Tout doit mourir autour de nous, et avant nous les vieillards, si nous ne dérobons au temps une généreuse mort. Retourne à Codroïpo, mon frère, ou viens avec moi à la *Torre Maladetta*, et je crois que nous serions bien malheureux s'il lui reste ce soir un secret pour nous. Il en est peut-être quelques-uns qui intéressent le sort de nos amis et celui du genre humain.

Je lui répondis en m'élançant sur le bateau ; car nous étions parvenus, en causant, jusqu'à la grève roulante et penchée que l'aube blanchissait déjà.

— Bon courage ! cria le batelier. La passe sera forte ce soir, et monseigneur Mario ne serait pas mort s'il s'y était pris comme ces nobles seigneurs, avant l'heure où le soleil échauffe et fond les glaçons. Ah ! que c'est une saison dangereuse pour le pauvre voyageur ! Mais il s'en souciait bien, lui qui se serait colleté avec le démon, si le démon avait osé se trouver en face de lui sur la terre ! Aussi le démon n'avait garde. Il l'attendait au piège où il l'a pris, pour le malheur des pauvres gens de la contrée. — Voyez, voyez, comme le courant donne déjà ! Ces gros bouillons sont d'un mauvais présage à la soirée. En avant, batelier, en avant !

Et il chanta. Les vagues commençaient, en effet, à se rouler autour de la rame en flocons écumants. Les nuages se débrouillaient de plus en plus, et quand nous fûmes sortis du courant pour rentrer dans les eaux mortes, le soleil luisait déjà gaiement à leur surface, en les marbrant devant nous de larges losanges d'un vert foncé, encadrés de filets tremblants d'un jaune d'or. Quelques oiseaux de mer, qui remontent jusque-là au temps des grandes eaux, les rasaient de leurs ailes, et le lieu du débarquement se déployait triste, sévère, profond, sous la lumière horizontale qui gagnait graduellement le rivage. Solbioski, accablé de veilles, s'était assoupi contre moi, et j'étais seul à jouir de ce spectacle, quand un nouvel incident le changea. La barque tourna subitement sa proue sur un point que je n'avais pas encore remarqué. L'horizon y était fermé par un roc immense en forme de cube, que surmontait un donjon très élevé, mais dont le sommet ruineux s'inclinait comme la tête d'un géant blessé à mort. Les vastes murailles qui l'avaient appuyé autrefois, dégradées par le temps, par la foudre et par le canon, ne se soudaient plus que par quelques pierres à ses épaules inégales, et s'étendaient de part et d'autre comme des bras fatigués qui allaient reposer leurs larges mains sur les angles de la montagne. Ce qui me frappa le plus, c'est qu'un balcon arrondi, seul vestige de sa plate-forme qui fût resté suspendu sur l'abîme, paraissait avoir été adapté à ce séjour de terreur dans des années de paix et de joie. J'en étais assez près alors pour distinguer tous ces détails, et pour comprendre que ces bâtiments et leur base devaient s'isoler du monde entier, à toutes les crues du Tagliamente. Nous débarquions alors, et nous n'avions pas plus de vingt toises à parcourir avant de gagner les degrés taillés dans le roc qui conduisaient au château. Le batelier reprit brusquement le large, après nous avoir quittés.

Le sol se composait d'énormes galets roulés, ovales ou ronds, qui noircissent là depuis des siècles sous l'action alternative de l'air et des eaux, mais dont un grand nombre sont relevés de taches hideuses par les lichens couleur de sang. Le pied a peine à s'y affermir, car il n'y a point de route tracée, et la crainte des invasions quelquefois subites du Tagliamente, dans ce long défilé entre la rivière et la montagne, en éloigne moins les paysans riverains que d'anciennes et formidables superstitions. Le domestique de Solbioski, chargé de notre mince bagage, ne s'y engageait qu'avec une sorte de terreur. Puck ne m'y précédait pas à son ordinaire. Il m'y suivait en hurlant.

Le silence de Solbioski me fit penser qu'il n'était pas tout à fait dégagé de ce sommeil du matin qui venait de le ressaisir, à la suite, sans doute, de bien des jours de fatigues et d'émotions.

— Où allons-nous, mon ami ? dis-je en le pressant par le bras pour assurer mutuellement notre marche.

— Me le demandes-tu ? dit-il en tournant sur moi un regard abattu, car il n'avait pas tardé à partager mon impression. Nous allons à la *Torre Maladetta* et la *Torre Maladetta*, la voilà !

TROISIÈME ÉPISODE

La tour Maladetta ou la famine

Depuis l'acquisition que le docteur avait faite de la *Torre Maladetta*, elle était occupée par un de ses régisseurs que j'avais vu à Trieste, homme petit de taille et de capacité, fort claudicant de la jambe droite et du jugement, singulièrement exagéré en doctrines politiques, — c'est le propre des sots, — extraordinairement méticuleux en exécution, mais plus retors dans les affaires d'intérêt qu'on n'aurait pu l'attendre de son intelligence. Je n'aurai guère d'occasion d'en parler, et il suffira de savoir qu'il s'appelait Bartolotti.

A notre arrivée, M. Bartolotti n'était point au château. La peur l'en avait délogé depuis trois jours.

— La peur, signora Barbarina, dit Solbioski à la vieille et inamovible concierge, en apprenant cette nouvelle de sa bouche, la peur, dites-vous ! Et quelle peur peut-on éprouver à la *Torre Maladetta*, si ce n'est celle d'être un jour écrasé dans sa chute ? Mais elle dure depuis si longtemps, menaçant de tomber toujours, et tant de générations sont couchées à ses pieds, qu'il faut espérer qu'elle restera debout au moins aussi longtemps que nous.

— Ce n'est pas tout à fait cela, répondit la vieille après nous avoir fait asseoir dans le vaste parloir du rez-de-chaussée : il y a bien d'autres choses à dire sur cette noble habitation à laquelle je suis accoutumée depuis l'enfance ; car mes pères ont toujours vécu ici, et le premier était venu de Rome avec le premier Cinci. Maintenant m'y voilà restée seule, décrépite et penchée comme la tour, et sans laisser personne qui prenne le soin de jeter un pauvre drap de mort sur mes os ! Le Tagliamento nous recouvrira, la tour et moi, et tout sera fini. Que le Ciel fasse paix à ceux qui ont, comme nous, une bonne conscience ! Mais je ne me rappelle plus ce que je vous disais tout à l'heure ? Ah ! j'ai vu bien des événements dans la *Torre Maladetta*, si ce n'est dans ces derniers temps, que je suis devenue infirme et cassée, et qu'il me reste à peine la force de marcher du parloir à la porte, et de revenir de la porte au parloir, tant je suis accablée d'âge et d'ennuis. Depuis quelques années, je n'étais plus rien au château ; l'Albanais de monseigneur entrait toujours le premier, me prenait brutalement les clefs, car il était impérieux et téméraire comme son maître, et me soutenant de la main pour hâter la marche, il me renfermait ici à double tour, en me criant de sa grosse voix : « Bonne nuit, Barbarina ! les femmes de votre âge ne sont plus bonnes qu'à dormir ! » Je vous demande, messeigneurs, si c'est ainsi qu'on traite une vieille domestique, née de pur sang romain, qui nous a veillé au berceau, et qui nous a porté si souvent dans ses bras jusque sur les créneaux pour voir les étoiles de plus près. C'était l'idée qui tourmentait le sommeil de monseigneur quand il était petit, et sa mère, la pauvre signora, déjà bien malade au lit, me criait : « Que faites-vous donc, Barbarina, que vous ne portez pas Mario sur les créneaux pour voir les étoiles? Voulez-vous le laisser mourir de sa crampe et de sa colère? » Alors je l'enveloppais de son drap, et je le recouvrais de ma cape ou du manteau de son père, et je montais, je montais jusqu'au donjon; mais il y a plus de vingt ans qu'on n'y monte plus. Et c'était un contentement quand il voyait les étoiles! Il ne parlait pas encore, mais il avait des cris pour les nommer toutes. Hélas! ce n'est pas de la terre qu'il les voit aujourd'hui, mon malheureux enfant!

— Voilà qui est bien, Barbarina; mais ceci s'éloigne un peu de notre sujet. Nous jugions d'abord, par le commencement de votre récit, que vous aviez eu à vous plaindre des procédés de Mario.

— Me plaindre de monseigneur Mario! ô mon Dieu! ai-je dit cela? Ce n'est pas sa faute s'il était devenu triste et sauvage! Mais il ne me disait plus ses chagrins comme du temps qu'il était tout jeune. Il n'avait de confiance que dans son Albanais. Quand je lui en faisais reproche, il s'arrêtait devant moi et croisait les bras en riant, et cela me faisait plaisir de le voir rire. « Brava, brava, Barbarina! Je n'agirai plus sans vous consulter : mais c'est à condition que vous ne vous laisserez manquer de rien, que vous vivrez ici comme une châtelaine, et que vous vous coucherez de bonne heure. Quant à vous enfermer chez vous, c'est une précaution qui regarde votre sûreté et la mienne. » Et là-dessus il me baisait sur le front en riant encore, et il me prenait sous les deux bras pour m'asseoir dans mon fauteuil.

— Arrivons donc, Barbarina, au sujet de la peur de M. Bartolotti!...

— Eh bien, répondit Barbarina, ne croyez-vous pas qu'il y ait de quoi, quand on n'en a pas l'habitude? Vraiment, pour moi, je n'y prends plus garde! Mais ces bruits sourds qu'on entend sous les voûtes, comme si on voulait les renverser; mais ces cris plaintifs qui partent de tous les côtés des ruines, tantôt ici, tantôt là; mais ces deux dames noires qui déploient, en signe de désolation, des écharpes rouges et blanches sur le balcon de l'ancienne plate-forme, avec des gémissements à fendre le cœur ! — Vous n'êtes pas sans savoir, messieurs, le nom de la signora Lucrezia et de la signora Béatrice Cinci ?

— Oui, oui ; nous connaissons cette histoire ; mais elles sont mortes depuis plus de deux siècles.

— Mortes en effet, et c'est pour cela qu'elles reviennent où ne pourraient venir des vivants ; car aucun être vivant ne parviendrait maintenant, ni du dedans ni du dehors, au balcon de la plate-forme, s'il n'avait les ailes d'un oiseau. Je les avais bien entendues deux fois déjà dans ma trop longue vie, quand Felippino Cinci, le grand-père de Mario, fut tué à coups de stylet sur la place Saint-Marc, et puis quand son père André eut la tête coupée par arrêt de justice, en face de l'arsenal, mais jamais leurs gémissements n'avaient été plus douloureux, à ce qu'on assure, que depuis la mort de mon très digne seigneur, le noble Mario ; et cela est bien naturel, puisqu'il est le dernier de leur race. Enfin, Dieu soit loué d'avoir épuisé sa colère ! Ces pauvres âmes n'auront plus rien à pleurer !

— Il suffit, dis-je à Barbarina ; nous savons, ma chère dame, tout ce que nous voulions savoir. Un de ces enfants qui nous ont guidés ira chercher M. Bartolotti au village voisin, où il s'est réfugié. Ton domestique, ajoutai-je en me retournant vers Solbioski, prendra soin de nous préparer des lits, s'il est possible, dans la chambre que cette bonne femme lui indiquera, et de s'assurer aux environs de provisions suffisantes avant l'invasion totale du Tagliamente. Nous enfin, nous profiterons du jour, si tu m'en crois, pour tout parcourir et pour tout voir. Ou je me trompe étrangement, ou ceci en vaut la peine.

La distribution de l'intérieur ne nous offrit rien qui méritât d'être remarqué. De vieilles parois, de vieilles boiseries, des meubles caducs, des tapisseries en lambeaux, tout l'aspect délabré d'une vieille maison qui s'écroule faute de soin ou d'argent ; pas un endroit où cacher un crime ou une bonne action ! Puck, qui furetait avec plus d'habileté que moi, se coucha en bâillant.

Quand cette perquisition inutile fut terminée, nous redescendîmes sur le rocher.

— Maintenant, fais le tour de cette enceinte, dis-je à Solbioski, pour reconnaître les parts les plus accessibles, car c'est de l'extérieur que doivent venir les auteurs mystérieux de ces épouvantes, si elles sont fondées sur quelque chose de réel. Pendant ce temps-là, je visiterai soigneusement ces murailles, et je saurai s'il y a effectivement moyen d'y pénétrer.

Leur approche était fort difficile à la base, à cause des nombreuses dégradations qu'elles avaient souffertes et des énormes amas de décombres qui s'y étaient accumulés ; mais à l'endroit où leur déclivité ruineuse, augmentée de siècle en siècle, faisait pendre les deux pans latéraux vers le sol, on les gravissait presque aussi aisément qu'une échelle inégale et hasardeuse prolongée entre deux abîmes. C'était un jeu pour mes habitudes de naturaliste, mon pied de montagnard, et mes yeux exercés à sonder les précipices les plus effrayants sans crainte de vertige. Ainsi, je m'engageai dans cette route extraordinaire sans regarder derrière moi, et sans prendre garde au croulement, jusqu'au lieu d'où s'élevait le donjon, sur un entablement plus commode et mieux conservé que le reste. Je n'avais pas oublié que cette partie de la tour penchait beaucoup à la vue depuis le Tagliamente, et je profitai de cette inclinaison pour en atteindre le sommet, en introduisant successivement mes mains et mes pieds dans tous les endroits où la chute d'une pierre avait laissé un espace vide. Je fus bientôt debout sur le front chancelant de ce colosse que j'avais mesuré avec effroi le matin.

Le spectacle qu'on embrassait de cette hauteur était si large et si profond, que, malgré toute mon assurance, je sentis ma tête prête à tourner. Je m'étais trouvé souvent sur des sommets plus élevés, mais solides au pied, et tout au plus perpendiculaires au regard. Celui-ci tremblait presque sous mon poids, et il surplombait d'une manière horrible la vallée du Tagliamente. Je m'assis sur un tas de pierres formé des débris du parapet, que le temps y avait amassés confusément, et je détournais les épais moellons un à un, dans l'intention d'affermir mes pas sur une surface plus unie. Quand j'en eus relevé un assez grand nombre à mes côtés, j'essayai de marcher pour découvrir de là dans tout son ensemble immense le tableau qui se développait devant moi. J'entendis résonner sous le fer de mes bottes une sorte de bruit métallique, et je me baissai avec empressement, afin de savoir d'où il pouvait provenir. J'écartai de la main quelques pierres qui m'embarrassaient encore : c'était une trappe. Je me rassis pour continuer à déblayer et pour dégager entièrement cette trappe dont je voyais déjà deux côtés. Il me semblait important de m'assurer si elle était retenue à l'intérieur, ou seulement arrêtée par sa propre pesanteur dans l'encadrement de dalles où l'ouverture qu'elle fermait avait été ménagée. Je comprenais cependant que l'inclinaison progressive de la tour, en la surchargeant d'un fardeau énorme sur le côté même où ses charnières devaient se fixer, en avait probablement rendu le jeu impossible ou très difficile, et le long temps depuis lequel son simple mécanisme était resté sans exercice, au moins selon toutes les apparences, avait nécessairement contribué aussi à la souder dans son champ. Je l'eus bientôt tout à fait découverte, mais je ne portais d'autre outil que le ciseau et le marteau du minéralogiste, qui ne quittaient jamais ma ceinture. J'introduisis mon ciseau dans la fente que je jugeai opposée aux ferrures, et je produisis sans trop d'efforts, à ma grande satisfaction, un déplacement de quelques lignes. Il n'en fallait pas davantage pour me convaincre que la trappe n'était fixée en dedans ni par gonds ni par verrous, et que ce moyen de nous introduire dans la tour serait infaillible, s'il pouvait jamais nous devenir nécessaire. Ensuite, je redescendis lentement, en assurant mes pieds avec précaution sur chacun des degrés accidentels de cette ruine, pour contempler d'espace en espace les modifications que le moindre changement apportait au tableau général, à mesure que je tournais le front du donjon ; suivant quelquefois du regard le long ruban du

Tagliamente, qui bouillonnait toujours, bleu, moiré de vagues blanches, rapide et sonore, mais encore éloigné des bases du rocher; tantôt le reposant sur la tour brune, solitaire et carrée, de Saint-Veif, sœur plébéienne de la noble tour de Saint-Marc; tantôt l'égarant au loin sur les lagunes aux canaux d'un vert mat et vitreux, comme ceux dont les bimbelotiers ornent les paysages en relief qu'on donne aux enfants, à travers d'innombrables îlots tout rougissants de bourgeons printaniers.

Mon absence fut assez longue pour donner des inquiétudes, car Solbioski était revenu sur ses pas de son voyage circulaire, en s'arrêtant à l'endroit où il lui devenait impossible de le continuer, et M. Bartolotti rentrait au château. Puck, qui avait retrouvé ma trace, gémissait lamentablement sur la dernière pierre des murailles inférieures, et regardait la tour en pleurant.

J'arrivai. J'échangeai rapidement quelques détails avec Solbioski. La découverte de la trappe du donjon le préoccupa sérieusement. Nous convînmes d'envoyer son domestique en observation sur le seul point pénétrable qu'il eût remarqué, pour nous mettre à l'abri d'une incursion inattendue, et nous nous rendîmes dans la salle commune au banquet fort modeste que nous avions fait préparer. La nuit commençait à tomber, mais la lune était superbe.

M. Bartolotti paraissait si inquiet, si gêné, si péniblement attentif sur la chaise longue où nous l'avions placé par honneur, que le commencement du repas se ressentit malgré nous de sa tristesse. Au bout de quelque temps, cependant, nous nous regardâmes, Sobiolski et moi, comme pour nous demander si nous sympathisions aux dispositions mélancoliques de son esprit, et nous partîmes d'un éclat de rire. Cette boutade nous détourna des idées noires qu'inspirait assez naturellement ce triste séjour, et auxquelles semblait se conformer l'appareil d'une salle incommensurable où nos trois lits étaient disposés de distance en distance comme des couches funèbres, imparfaitement éclairées par les deux minces flambeaux de la table où nous étions assis. Toutefois, notre conversation retomba d'elle-même, comme c'est l'usage, sur les idées que nous avions le plus à cœur d'éviter, mais en se soutenant sur ce ton badin qui est la bravoure des esprits forts.

Solbioski se leva enfin, et, me tendant son verre avec solennité pour le choquer contre le mien : « Je bois, dit-il, à l'éternel repos de la famille des Cinci, et de tous les morts qui ont jamais habité ces redoutables murailles ! Que le ciel s'ouvre un jour à leurs mânes tragiques, et qu'en attendant la terre des tombeaux leur soit légère ! »

J'allais répondre à sa provocation, car c'était le moment de nous coucher, et les fatigues de la journée nous en faisaient sentir le besoin, quand un choc violent ébranla les voûtes sous nos pieds. Nous restâmes un instant sans parler.

— Ce n'est rien, reprit Solbioski ; le Tagliamento monta sans doute et vient frapper les fondements de la tour par une voie souterraine qu'il s'est faite.

— Cela est probable, répondis-je en me dirigeant du côté de la fenêtre ; mais il était visible que le Tagliamento n'avait pas pris le moindre accroissement. Je le vis blanchir à la même distance qu'auparavant contre les mêmes rochers.

Pendant ce temps-là, le même bruit s'était renouvelé plusieurs fois, suivi de gémissements semblables à la plainte d'un agonisant. Puck en arrêt, l'œil en feu, les oreilles dressées, l'accompagnait à chaque reprise d'aboiements douloureux. M. Bartolotti, pâle comme un spectre, se choquait les dents d'épouvante.

— Il y a certainement ici, et non loin de nous, repris-je alors, quelque chose d'extraordinaire qu'il nous importe de connaître. Cette pièce est de toutes parts enceinte par les murailles, mais sur quoi repose-t-elle ? Si je ne me trompe, le bruit vient d'en bas.

Au même instant, je soulevai le vieux tapis qui couvrait le sol, et je ne découvris sur les quatre coins qu'un enduit de pouzzolane fermement cimenté, dont j'eus peine à faire voler quelques éclats en le frappant de mon ciseau à coups de marteau redoublés. Je le pénétrai enfin dans toute son épaisseur, et je ne m'arrêtai qu'au roc nu.

— Le rocher! m'écriai-je, le rocher! Plus rien que le rocher! Oh! ce mystère est horrible!

Solbioski se rapprocha de moi, me saisit fortement les bras et m'entraîna dans l'embrasure de la croisée.

— Ce mystère, dit-il, l'humanité nous fait un devoir de l'approfondir; mais nous n'en trouverons l'explication que dans la tour. J'ai remarqué ici tout ce qui peut nous être utile pour tirer parti de la découverte que tu as faite ce matin, et je t'attends à minuit pour cette expédition, au pied des ruines par lesquelles tu es parvenu au donjon. Songe seulement que nous ne pourrions mettre cet homme faible dans le secret de notre entreprise sans achever de le briser de terreur, et qu'il conviendrait mieux de le rassurer par une insouciance affectée!

— Nous sommes bien fous, continua-t-il en venant se remettre à table, de nous laisser émouvoir par de fausses apparences qui s'éclaircissent assez d'elles-mêmes. Le docteur Fabricius, qui fréquente depuis longtemps ce château, et qui en connaît les détours les plus cachés, a jugé à propos d'exercer notre résolution par une épreuve d'un genre nouveau, comme c'est l'usage dans le *Tugend-Bund*, parce qu'il nous réserve probablement pour cette nuit les honneurs de la haute initiation à laquelle aucun de nous trois n'est encore parvenu, si M. Bartolotti n'est toutefois de la confidence, et je serais assez porté à le croire un des acteurs essentiels de cette scène, au talent parfait avec lequel il vient de jouer les émotions de la peur, si difficiles à contrefaire pour un brave tel que lui. Heureusement des cœurs comme les nôtres ne se laissent pas vaincre à des prestiges de roman, et nous portons défi de ce verre de Sebenico, préparé pour un toast, à tous les périls qui peuvent alarmer une âme d'homme.

Bartolotti, flatté et fier d'être flatté, comme le sont ordinairement les gens de peu de cœur et de peu d'esprit, avait repris en effet assez d'assurance pour présenter son verre sans trembler au flacon de Solbioski, et pour le laisser arroser d'un rouge-bord horizontal dont il ne tomba pas une goutte.

J'avouerai que l'hypothèse rencontrée si à propos par Solbioski n'était pas dépourvue pour moi de toute vraisemblance, et qu'elle me faisait comprendre assez distinctement l'absence extraordinaire du docteur, au moment où la crue du Tagliamente pouvait rendre la *Torre Maladetta* inaccessible pendant plusieurs jours. Nous arrivâmes donc à rivaliser de bravades, comme si tous les synodes et toutes les *vendite* de l'Allemagne et de l'Italie nous avaient entendus, au point de couvrir tous les bruits qui se seraient élevés sous nos pieds, et nous nous jetâmes au lit plus ou moins tranquilles; mais avec cette différence que Solbioski et moi, qui ne destinions pas cette nuit au sommeil, nous ne quittâmes point nos vêtements.

Quand le silence se fut rétabli, j'écoutai plus attentivement que je n'avais encore fait. Le choc retentissant avait cessé de se faire entendre; mais je saisissais de temps à autre une plainte lamentable comme le glas d'une cloche éloignée, et Puck, à demi endormi, traînait sur ce murmure le murmure douloureux d'un chien qui rêve.

Solbioski sortit enfin le premier, ainsi que nous en étions convenus, pour se munir du levier et des autres instruments qu'il jugeait nécessaires à notre investigation nocturne. Peu de temps après, je me glissai au dehors en retirant doucement la porte sur moi, pour que Puck ne se hasardât pas à me suivre dans une route interdite à son courage et à sa fidélité. Je gagnai la pente des murailles; et je n'attendis qu'un moment. Joseph me rejoignit avec tout l'équipage nécessaire à de pareilles aventures, contenu dans un sac de chasseur. Nos ceintures étaient garnies chacune de deux pistolets, et la mienne d'un bon poignard, outre le ciseau et le marteau accoutumés. Je marchais devant, la lanterne sourde au poing. Joseph, moins aguerri à de tels chemins, s'appuyait derrière moi sur la forte barre de fer qui devait nous servir à soulever la trappe. L'accès du donjon, qui était, en apparence, la partie la plus périlleuse de notre voyage, offrait cependant peu de difficultés sous la lumière pleine et pure de cette nuit resplendissante.

Après quelques efforts, notre marche, enhardie par les premiers obstacles, se ralentit un peu. J'entendais moins distinctement les pas de Joseph à la suite des miens. Je me retournai et je vis qu'il reprenait haleine. J'ai dit que nous étions déjà fatigués par les courses du matin. Je l'encourageai de la voix : il monta; mais je m'arrêtai bientôt à mon tour. Nous ne gagnions pas trois ou quatre toises sur la hauteur que l'espace ne s'approfondît en apparence à droite et à gauche dans une proportion qui n'avait plus de rapport avec nos progrès réels. Je n'étais pas accoutumé au vague de ces clartés en la nuit qui dérangent tous les calculs de la vue en changeant la forme, la couleur et la distance des objets de comparaison. Les fossés n'avaient plus de fond, et la tour dressée sur nos têtes n'avait plus de sommet. Les moindres renfoncements étaient redoutables à voir, les moindres inégalités périlleuses, et les débris que nous laissions çà et là derrière nous avaient l'air de se dresser à notre poursuite comme des têtes menaçantes. A mesure que l'horizon devenait plus large et plus clair, le penchant que nous gravissions semblait devenir plus sombre et plus étroit; la région inférieure que nous venions de quitter, inondée du jour lunaire, paraissait infinie et vide comme le ciel; et la voix furieuse du Tagliamento, toujours croissant, qui mordait ses rivages en criant, parvenait seule à nos oreilles de tous les bruits de la terre. C'était affreux comme une vision.

Nous fûmes heureux, je l'avouerai, de nous asseoir sur le petit ressaut du donjon, quoiqu'il n'eût pas plus de saillie qu'il n'en fallait pour nous appuyer commodément contre la tour, à cent cinquante pieds au-dessus du sol. Il était temps : la dernière pierre sur laquelle Joseph eut appuyé son pied s'ébranla, roula, en entraîna cent autres dans sa chute. Elles arrivèrent en bas avec un fracas de tonnerre.

— Voilà notre chemin détruit, me dit-il en se pressant soudainement contre moi.

— Le voilà renouvelé, repris-je, et beaucoup plus aisé à parcourir au retour. Tu sais mieux que moi, mon frère, que toutes les constructions coniques ou pyramidales qui s'éboulent sous l'action du temps ou les efforts de l'homme ne font qu'étendre leur pente et qu'élargir leur base. Ce sont des accidents pareils qui nous ont permis de monter jusqu'ici.

— Tu as raison, répondit Solbieski, mais la tour, cette horrible tour, comprends-tu un moyen de t'y élever?

J'étais à vingt pieds au-dessus de lui avant de lui avoir répondu, et il me suivait alternativement, de vide en vide ou de degré en degré, selon que la tour présentait des intervalles ou des reliefs à la clarté de ma lanterne tournée sur la muraille, en glissant ses mains dans tous les endroits que mes pieds abandonnaient, ou en les appuyant sur toutes les saillies où ils s'étaient reposés. Parvenu près du sommet, je le débarrassai de son levier et du reste de ses ferrements, et je les jetai dans l'intérieur du donjon, où il arriva presque aussitôt que moi, quoiqu'il ne se fût pas exercé comme moi le matin aux difficultés de cette ascension extravagante.

La retraite n'était peut-être pas aisée, mais nous n'y pensâmes guère. Nous étions au-dessus de la *Torre Maladetta*, et nous nous embrassâmes en riant, sur ce donjon où il est permis de croire que personne n'avait jamais ri. Nous nous trouvions si bien au milieu de cet air élastique et frais qui jouait dans nos cheveux! Il faisait si beau! la nuit était si douce! le serein si suave et si caressant! et lui, mon Joseph, il ouvrait son cœur à un si bel avenir! Ce fut une courte mais délicieuse causerie entre la terre et le firmament, comme celle de deux enfants du ciel, j'osai le penser, qui se seraient posés en volant sur la *Torre Maladetta*.

— Pardonne, dit-il, si je t'ai affligé de ma joie; Honorine est là, continua-t-il en me montrant Saint-Veit, dont la tour se dessinait à l'horizon sous nos pieds comme une frêle colonne de basalte noire, et j'oubliais que si Diana était restée au nombre des vivants, elle ne t'appartiendrait pas.

— Viens, lui répondis-je en l'embrassant encore, et laissons là mes faiblesses et mes douleurs. Quelqu'un souffre dans cette tour.

Nous introduisîmes facilement le levier sous la trappe à l'aide de mon ciseau. Bientôt, — et qui pourrait exprimer notre joie ? — nous entendîmes les charnières gémir sous leur axe rouillé. La lourde porte se souleva et s'appuya presque verticalement contre les pierres dont je l'avais débarrassée dans mon premier voyage au donjon. Ma lanterne plongée dans la crypte, au moyen d'une ficelle à laquelle je me hâtai de la suspendre, s'arrêta sur un terrain solide, à six pieds de profondeur.

Je descendis ; je promenai la lumière sur tous les points, sur tous les côtés rentrants de l'entablement, et je finis par me trouver placé au-dessus d'un escalier en hélice, beaucoup moins dégradé que l'extérieur.

— Attends, attends, criai-je à Solbioski, nous arriverons, ou je me trompe étrangement, à connaître ce que nous avons tant d'intérêt à savoir.

Il aurait inutilement tenté de me suivre, car je dus disparaître en achevant de parler. La tige de la volute était si serrée dans son tambour qu'on ne découvrait nulle part plus de deux degrés à la fois de sa profonde spirale, et qu'à force de tourner sur elle je sentis mon cœur défaillir et mes yeux se troubler. Je me laissai tomber, étourdi à demi, sur le dernier pas, à une espèce de parvis qui surmontait un escalier plus large et parfaitement direct, où trois hommes auraient pu passer de front. Je fus frappé alors, en le suivant de l'œil jusqu'en bas, d'une lueur inattendue, que je regardai d'abord comme un reste d'éblouissement. Un peu remis, je fis passer ma lanterne derrière la longue colonne de la vis, et je regardai de nouveau. Ce n'était plus une illusion ; c'était le ciel, le ciel avec le bleu velouté de la lune, si magnifique et si doux au milieu des ténèbres de cet affreux édifice !

— La lune et le ciel, dis-je en remontant avec empressement, la lune et le ciel ! une issue ! une issue ! la tour est ouverte !

— Une issue, répondit Joseph, oh ! pourrions-nous sortir d'ici sans redescendre ces murailles !

Au même instant il s'élança, mais il était à peine à mes côtés que la trappe de fer retomba sur nous, en ébranlant de l'épouvantable commotion de sa chute la ruine chancelante du donjon, qui en retentit dans toute sa hauteur.

— Qu'ai-je fait ? dit-il, nous voilà prisonniers, et pour jamais, dans la *Torre Maladetta;* car tous les instruments qui pourraient servir à notre salut, je les ai laissés en dehors.

— Mais ne t'ai-je pas annoncé, Joseph, que j'avais trouvé une issue, une issue facile et sûre que tu n'as pas remarquée ce matin ?

— J'ai vu, reprit Solbioski d'un ton soucieux, tout ce que l'homme peut découvrir de l'extérieur de cette tour, et si elle a quelque entrée ruineuse et inaccessible sur les rives du Tagliamento, oses-tu espérer que le Tagliamento ne soit pas débordé ?

— Viens, viens, m'écriai-je en l'entraînant, et ne t'abandonne pas à des inquiétudes inutiles. En quelques moments nous serons sortis. Vois plutôt, regarde, regarde...

— Ah ! dit Solbioski, c'est le ciel ! c'est le côté de Saint-Veit ! et la plage était haute encore !

Nous descendîmes une douzaine de degrés du nouvel escalier en nous tenant embrassés, en haletant d'espérance, car il n'y avait plus de crainte. Je voulais arriver plus vite encore ; je courais.

— Arrête ! cria Joseph, et il me saisit de toute sa force ; ne vois-tu pas, malheureux, que l'escalier est rompu ?

Nous nous assîmes alors. Je laissai filer avec précaution deux brasses de la ficelle qui soutenait ma lanterne.

— Bon, bon, repartis-je, rompu ! dis plutôt interrompu à dessein ; car le mur de revêtement qui a remplacé les degrés paraît d'une construction bien plus nouvelle que le reste du bâtiment. Mario s'en est sans doute avisé pour empêcher les communications du dehors avec l'intérieur de son château. C'est au reste une sotte précaution, car un enfant descendrait d'ici sans danger, et tu vois que les degrés ne cessent pas de se prolonger au delà de ce court intervalle. Ils descendent jusqu'à cette porte de lumière qui nous rend à la liberté.

— Un enfant descendrait d'ici, répondit Solbioski ; mais le mur est neuf, comme tu le disais tout à l'heure, et un homme n'y monterait pas. — Reviens, Maximo, reviens. Quatre bras vigoureux peuvent soulever cette trappe... nous ne l'avons pas essayé. Demain nous nous ferons suivre de Frédéric, que j'ai mal à propos éloigné, et qui est entreprenant et robuste. Nous nous amuserons mieux de nos précautions et de nos ressources ; nous indiquerons notre itinéraire à quelques voisins courageux que nous attirerons au château à force d'argent, si le débordement ne nous en a pas encore séparés, et nous n'exposerons pas notre vie à des périls sans remède, et peut-être sans utilité.

Nous n'avions calculé ni l'un ni l'autre l'effet d'une action produite par les quatre bras vigoureux dont parlait Solbioski, à une toise de notre point d'appui commun. La trappe s'ébranlait sous nos efforts, mais il aurait fallu d'autres bras au bout des nôtres pour la soulever et pour la replacer d'aplomb auprès des pierres contre lesquelles nous l'avions d'abord appuyée. Mon ciseau ne nous prêtait qu'un secours de peu de valeur, et nous n'avions pas tenté deux ou trois essais que, brisé près du manche, il tomba inutile à mes pieds. Je me gardai bien de hasarder à cette entreprise impuissante la pointe de mon poignard : elle pouvait nous servir à quelque chose.

Nous redescendîmes sans nous parler, et nous étions un moment après au bas de la muraille qui coupait si brusquement l'escalier. Je m'assurai qu'il serait impossible d'atteindre des mains à cette hauteur, si nous étions forcés à revenir ; mais la lune brillait toujours, et sa lumière, plus vive encore et plus étendue à mesure qu'elle approchait de son coucher, inondait tous les bas degrés au point qu'on les aurait comptés facilement. L'espace extérieur était sans bornes.

Il y avait là une vingtaine de pas que nous descendîmes avec une insouciance presque joyeuse. Mais là aussi la route était fermée, et la hauteur de la coupure aurait été effrayante si le poids des constructions supérieures ne lui eût donné un peu de penchant.

— Presque rien, mon ami, presque rien, je te le jure! quinze ou dix-huit pieds tout au plus, et nous allons être libres! et nous n'avons plus d'autre moyen de sortir vivants de la *Torre Maladetta;* car le retour est impossible. Vois le ciel! vois le jour qui va paraître! On n'entend pas même d'ici le bruit du Tagliamente, et c'est le côté de Saint-Veit!

Je lui disais déjà cela du pied de la muraille. Il tomba près de moi et courut à la lumière.

— Oh! mon Dieu! s'écria-t-il, perdus, perdus à jamais. Ceci n'est pas une issue, ou c'est l'issue de la vie à la mort! c'est le balcon de la plate-forme détruite, ce balcon où apparaissaient Lucrèce et Béatrix, et dont Barbarina nous disait ce matin ou hier que nul être vivant ne peut y parvenir s'il n'a des ailes!..... Et il faudrait en effet des ailes pour remonter cette tour ou pour en descendre! Maxime, nous sommes perdus!

Je m'avançai, je me penchai sur le balcon : son élévation était immense, parce qu'elle dominait à pic sur le côté le plus profond de la grève. Pour comble de malheur, le Tagliamente ne s'était pas arrêté dans sa crue; il montait, montait toujours. Je m'assis sur les dalles et reposai ma tête dans mes mains.

Après un moment de réflexion, je revins à moi; car si je cède au découragement avec facilité, je ne tarde pas non plus à trouver de bonnes raisons pour reprendre confiance dans ma destinée. Solbioski n'était pas sorti de son abattement.

— Notre position est fâcheuse, repris-je; elle est périlleuse, si tu veux; mais il s'en faut de beaucoup qu'elle soit désespérée.

— Et qui pourrait nous en tirer, malheureux que nous sommes! As-tu des ailes?

— Calme-toi et ne me refuse pas un moment d'attention. Notre disparition presque fantastique de la salle où nous étions couchés portera sans doute au dernier degré les épouvantes de Bartolotti; mais l'imagination de cet homme n'est pas de celles qui accordent un grand empire au merveilleux. J'ai observé que la nature de ses craintes était plus positive, et je suis sûr qu'il attribuera une cause naturelle à notre absence. Il n'agira pas, à la vérité, je n'y compte pas plus que toi, mais il parlera. Les portes ne tarderont pas à s'ouvrir, car le jour va se lever, et l'on ne sortira du château que pour venir à notre recherche. Puck m'a suivi hier, le pauvre animal, autant qu'il a pu me suivre, jusque vers la base du donjon; il indiquera le chemin que nous avons tenu, et qu'un éboulement récent fera aisément reconnaître; car plus d'une de ces pierres noires et moussues, qui ont croulé sous nos pas, présentera au soleil alors une de ses faces qui n'en avait jamais été frappée. M. Fabricius sera probablement arrivé; il a un vif intérêt à nous rejoindre; et les progrès du torrent qui s'augmente à vue d'œil le décideront sans doute à partir de bonne heure de Saint-Veit, avant d'être séparé de nous pour plusieurs jours. Tu connais son activité, sa résolution et son courage. D'une autre part, le bon Frédéric, que tu avais placé en observation au delà des parties basses que les eaux menacent d'envahir, n'attendra pas leur irruption pour nous rejoindre; il l'aura calculée avec sa pénétration ordinaire, et il ne sera pas resté en sentinelle perdue à un poste qui n'a plus besoin d'être gardé, quand la *Torre Maladetta* va être enfermée par l'inondation. Il arrivera au sommet du donjon tout aussi aisément que nous; les degrés y sont marqués si visiblement que je les ai retrouvés de nuit. La découverte de notre levier, de notre sac et de nos instruments abandonnés près d'une trappe mobile, achèvera de le diriger.

« Il ne lui manquera pour nous délivrer d'ici à lui tout seul, que deux ou trois brasses de corde qu'il se procurera sans peine au château, et nous reverrons, à midi, de la grande salle de compagnie, le soleil qui commence à gravir l'horizon, car notre trajet a été plus long que je ne l'avais pensé. Rassure-toi donc, mon ami, et ne crains pas que la Providence nous abandonne.

— Ainsi tu comptes donc, reprit Solbioski en hochant la tête, sur l'arrivée de M. Fabricius, parce que le Tagliamento n'est pas débordé, et sur l'arrivée de Frédéric, parce que le Tagliamente débordé!

Je sentis la portée de cette objection.

— Je compte, Joseph, sur l'une ou sur l'autre.

« Et puis, dis-je en reprenant brusquement ma lanterne, rien ne prouve jusqu'ici que ce reste d'esplanade ne communique pas à quelque chose. Ce n'était pas du haut de la tour qu'on amenait les dames à ce balcon merveilleux que l'art d'un architecte du moyen âge avait ouvert pour le plaisir des yeux, en face d'une des plus belles pages de la nature pittoresque. Je garantis qu'avec un peu d'attention... — Et tiens plutôt! cette embrasure est étroite comme une meurtrière, mais elle est ouverte et praticable.

Ouverte en effet pour le passage d'un homme de profil, et si étroite dans sa longueur que je sentis mon cœur battre violemment à la pensée que le moindre tassement des ruines pouvait nous fermer à jamais l'entrée de ce trou, pendant que nous en cherchions la sortie. Nous y avions déjà fait plus de cinquante pas, quand tout à coup les pavés solitaires qui composaient un à un toute sa largeur descendirent une pente glissante et rapide, où j'avais peine à affermir mes pieds. La lanterne étendue du bras droit, je fixais un regard inquiet et oblique sur le court espace qu'elle éclairait à mon côté. Je m'arrêtai brusquement à une ouverture cylindrique où se terminait cette voie mystérieuse avec ses murailles latérales qui achevaient de se refermer derrière dans un angle impénétrable. C'était une hélice du même genre que celle que nous avions parcourue, mais qui n'était propre qu'à recevoir le corps d'un homme. Il n'y avait pas lieu d'hésiter,

Couvertures supérieure et inférieure
en couleur

N° 55 10 centimes

32 PAGES

Les Grands Romanciers Français

CHARLES NODIER : MADEMOISELLE DE MARSAN

L. BOULANGER, éditeur, 90, Boulevard Montparnasse, PARIS

Ont paru dans :

LES GRANDS ROMANCIERS FRANÇAIS :

LE FILS DE FAMILLE
Par XAVIER DE MONTÉPIN
Livraisons 1 à 10

LE JEU DE LA MORT
Par PAUL FÉVAL
Livraisons 10 à 21

LA TONTINE INFERNALE
Livraisons 21 à 32

FLEURETTE
HISTOIRE D'UNE BOUQUETIÈRE
Par E. SCRIBE
Livraisons 32 à 44

REINE
Par JULES LERMINA
Livraisons 45 à 52

Paris.-Imp. Paul Dupont (Cl.)

et j'y engagerai un de mes pieds avec précaution; il se fixa sur un degré solide, et nous nous plongeâmes dans cet abîme en frémissant de rencontrer un obstacle, car le mouvement de retour aurait été difficile à exécuter.

Nous parvînmes enfin à une vaste salle assez régulièrement bâtie, dont nous nous empressâmes de toucher les parois. Les parties inférieures étaient prises dans le roc vif. Nous étions, à n'en pas douter, dans les souterrains du château, et à peu de toises, suivant nos conjectures, au-dessous des constructions habitables.

Cette pièce, d'un aspect imposant et sombre, n'offrait de remarquable d'ailleurs qu'un puits creusé dans son centre, et qui avait dû coûter d'incroyables travaux pour être prolongé jusqu'au niveau des eaux de la plaine. Un seau vide, mais humide encore, était appuyé sur le rebord; la corde qui le soutenait à sa poulie n'était pas entièrement desséchée à l'endroit où elle se renouait à son anse de fer.

— Quelle preuve te faut-il de plus, dis-je à Solbioski, que ce lieu est habité?

— Je n'en doutais pas à mon départ, répondit-il tristement, mais ce n'est pas sans inquiétude que je m'attends à rencontrer ses habitants.

Pendant que nous disions cela, j'avais détourné une vieille portière de drap noir, qui était suspendue à la muraille au moyen d'une tringle appuyée sur des crampons; elle fermait une salle plus spacieuse encore que celle par laquelle nous avions pénétré dans ces horribles cachots.

Là tout annonçait en effet la demeure d'une famille... ou le repaire d'une bande qui le négligeait depuis longtemps. Ses quatre côtés étaient garnis de fauteuils à l'antique d'une grande proportion; une cheminée assez difforme, dont le canal paraissait aboutir au-dessus des grèves du Tagliamente, à la base des murailles, était surmontée d'une glace de Venise, dont le reflet m'effraya, tant l'aspect de l'homme est redoutable pour l'homme isolé qui manque de l'appui des institutions et de la société. Une découverte plus rassurante pour moi fut celle des doubles girandoles de bronze qui garnissaient les deux montants, et qui étaient encore chargées de bougies intactes, mais noircies par l'humidité et par le temps. Cet appareil, si extraordinaire dans un tel endroit, me remplit d'une joie d'enfant qui s'augmenta de beaucoup lorsque j'eus regardé la lanterne sourde. Elle n'avait qu'un moment à luire, et tant de troubles différents que nous venions d'éprouver nous avaient fait oublier le plus sérieux de nos dangers. Nos torches et nos briquets étaient restés dans le sac abandonné sur le donjon. La mèche, penchée sur un enduit de cire qui s'était amassé autour de la bobèche, ne jetait plus que de petites aigrettes blanches et bleues, qui dansaient sur elle comme si elles allaient la quitter, et ne la ressaisissaient que par une sorte de fantaisie. Je m'emparai de deux bougies, et avec quel soin je fis rouler sur sa brochette la vitre de cristal bombée qui célait notre trésor, pour que l'agitation de l'air n'achevât pas de nous le ravir! Avec quelle tremblante anxiété je rapprochai le coton de ce faible reste de flamme prêt à s'évanouir! Avec quelle volupté je le vis s'incendier d'une large lumière, et la communiquer de bougie en bougie, car j'allumai tout pour m'assurer que le jour au moins ne nous manquerait pas. Tout brillait, tout resplendissait autour de moi; mais les coins éloignés de la salle, où la clarté ne se faisait de moins en moins sentir que pour s'éteindre tout à fait dans les ténèbres, en paraissaient encore plus obscurs et plus formidables. J'y plongeais la vue avec horreur, quand un cri déchirant partit derrière moi. Je me retournai, et Solbioski tomba le front sur ma poitrine, en liant ses mains tremblantes à mon cou.

— Là, là, me dit-il en me montrant du doigt tourné derrière lui la partie de la salle qui nous était opposée, c'est là.

— Eh! quoi encore, mon ami?... Tu ne m'as pas même dit ce que tu crois avoir vu.

— Un cadavre! un cadavre! le corps d'une femme assassinée!

Je pris une des lumières. C'était un cadavre, en effet,

une femme en robe noire, étendue sur une couche basse, et dont les bras traînaient sur la pierre. Je les relevai, je la replaçai dans son lit sanglant sans remarquer cependant sur elle d'autres blessures que celles de ses poings mutilés qu'on aurait crus broyés à demi sous les dents d'une bête féroce. J'exprimai cette conjecture tout haut.

— Vois, Maxime, vois, reprit Solbioski en déployant un des rideaux blancs qui pendaient sur elle et en m'y montrant l'empreinte des cinq doigts teints de sang..., les bêtes féroces de la *Torre Maladetta* ont des mains!

— Joseph, lui dis-je avec autant de calme que pouvait m'en permettre cette scène de terreur, et pardonnez-moi si je suis forcé d'en prolonger encore les angoisses, Joseph, ce n'est point ici l'infortunée créature dont nous avons entendu les cris hier au soir, il n'y a guère plus de douze heures. Tout l'aspect du cadavre annonce que la vie n'en est pas retirée depuis moins de trois jours. Il y avait d'ailleurs deux dames noires sur la plate-forme, et il n'y en a qu'une là. Selon toute apparence, nous avons une victime à sauver.

— Mais en quel endroit te promets-tu de la découvrir, puisque tout est parcouru ?

— Tout, jusqu'ici. Elle est derrière cette autre portière qui avoisine la cheminée et que j'ai remarquée en éclairant cette pièce.

Nous armâmes nos pistolets, nous détournâmes la portière, nous entrâmes dans une troisième salle.

Celle-ci différait beaucoup des précédentes par sa décoration. Le roc à hauteur d'appui et la muraille qui le surmontait y avaient été revêtus avec soin d'un stuc frais et brillant encore dont l'application ne pouvait pas être antérieure aux plus belles années de la jeunesse de Mario. D'espace en espace, de longs pans d'étoffes veloutées ou de papiers peints variaient à la manière vénitienne la monotonie du fond. Cinq ou six bons tableaux de bons maîtres, placés entre des porte-manteaux en bronze agréablement ciselés, relevaient encore l'apparence de ce triste séjour, qu'on avait du moins cherché à rendre aimable.

Quelques instruments de musique à l'usage des femmes et un complet mobilier de toilette chargé de livres d'imagination et de poésie épars au milieu des rubans, des dentelles et des parfums, indiquaient assez sa destination. L'alcôve était garnie d'un lit élégant qu'on avait négligé de refaire et dont le froissement annonçait qu'il devait avoir été récemment occupé.

La cheminée était large et haute, suivant l'usage ancien, mais travaillée avec art et assez richement ornée. La pendule de l'horloge et l'aiguille du cadran immobiles. Déjà, depuis quelques jours sans doute, on avait oublié, dans ce lieu de douleur, de mesurer le temps. Les quatre candélabres qui garnissaient les deux extrémités de la tablette ne portaient point de lumières, mais, dans la moitié, les bougies avaient fini de mourir; dans l'autre, elles n'avaient pas été allumées. Cette précaution m'avertit de la nécessité de ménager celles qui restaient à ce souterrain, dans lequel nul rayon du jour ne pouvait jamais pénétrer et où la nuit absolue devait être horrible. J'allumai deux bougies des candélabres, j'en conservai une dans ma main et je me hâtai d'éteindre toutes celles que j'avais imprudemment enflammées en traversant la chambre de la morte. Je revins ensuite prendre part aux explorations inquiètes de Solbioski, dont aucune circonstance rassurante n'avait détourné les funestes pressentiments. Il était plongé en silence, dans un fauteuil au coin du foyer, où les débris de quelques tisons, depuis longtemps refroidis peut-être, avaient noirci dans les cendres.

— Il n'y a plus rien, me dit-il, plus rien que ce cabinet exhaussé où l'on parvient par ces degrés et que j'ai visité d'un coup d'œil. C'est là probablement que cette malheureuse prisonnière rangeait ses provisions, mais elles sont si complètement épuisées qu'il ne reste pas une indication qui puisse faire connaître l'endroit où elle déposait son pain. Le bûcher seul est garni.

— Le bûcher! répondis-je en courant à l'escalier. Eh bien! du feu, du feu! Le froid, la fatigue, le sommeil ont tellement abattu mes sens que je ne saurais, sans un moment de repos, retrouver ma présence d'esprit et ma fermeté. Du feu, Joseph, un grand, et nous rêverons quelque moyen de salut, car la nuit m'a toujours porté conseil !

J'avais déjà passé dans ses mains je ne sais combien de tronçons d'un pin résineux qui ne demandait qu'à pétiller, quand, en soulevant brusquement une bûche de plus, je frappai de son extrémité, par mégarde, le plafond de cette soupente ; il rendit un son métallique dont le retentissement extraordinaire me surprit, et nous nous regardâmes, Sobiolski et moi, comme pour nous consulter mutuellement.

— Oui, oui, me dit-il en répondant à ma pensée, tu ne t'es pas trompé. Nous avons déjà entendu ce bruit ; c'est celui qui s'est renouvelé hier à plusieurs reprises sous la grande salle du château.

Je m'élançai sur la pile de bois et je frappai de mon marteau à la même place : le bruit se répéta plus intense et plus facile à reconnaître.

— Ceci est évident, m'écriai-je. Regarde, on n'a pas même pris la peine de déguiser aux yeux l'enchâssement de cette trappe, et c'est par là que cette malheureuse femme est descendue, car il n'y a certainement point d'autre issue au pied de la tour. L'âge qu'elle annonce, d'ailleurs, autant que j'ai pu en juger par le regard d'effroi que j'ai jeté sur elle, ne lui aurait pas permis d'escalader les murailles, et si nous ne savions de Barbarina elle-même que, depuis vingt ans, on n'est pas monté au donjon, l'état dans lequel j'ai trouvé les ruines que j'ai visitées le premier ne me laisserait pas la possibilité d'en douter. Seulement, il ne s'agit plus ici d'une trappe mobile comme celle à laquelle nous devons la funeste conséquence de ces mystères. Celle-ci est solidement fermée en dehors sous ce tapis qui couvre un revêtement de pouzzolane, au moyen duquel on est parvenu à la dissimuler habilement. C'est sur ce point qu'il faut agir, car c'est de là que doit arriver notre délivrance, et je ne doute pas qu'on nous entendra !

— Qui nous entendra ? dit Joseph en me regardant douloureusement. Bartolotti qui s'est enfui, Frédéric qui n'est pas revenu, M. Fabricius à qui le Tagliamento a fermé le passage ? Barbarina peut-être ? Tu ne t'es pas avisé toi-même de soulever ce tapis dans toute son étendue, et tu veux qu'on s'en avise ?

Pourtant nous attaquâmes la trappe de manière à ébranler la tour jusqu'à son sommet, et rien ne nous répondit.

Nous redescendîmes, nous attisâmes un feu large et ardent, nous nous mîmes à disposer les matelas du lit aux deux côtés du foyer, et cela sans nous parler. Seulement, nous remontions de temps à autre pour renouveler nos efforts contre cette voûte sonore, mais inébranlable, où toutes nos percussions inutiles grondaient sur nous comme une menace et comme un arrêt de mort. Dans le silence que nous gardions après chaque tentative, je crus saisir un murmure de plainte ou une voix d'agonie. Je me baissai, car cela était parti de mes pieds ; je vis quelque chose alors qui ressemblait à un second cadavre. J'y touchai en frissonnant : c'était une femme étendue sur la face à l'extrémité du bûcher avec une pièce de bois dans ses mains. Je la soulevai, je l'emportai entre mes bras, je la déposai sur une des couches que nous avions préparée, j'écartai les longs cheveux qui recouvraient son visage pour m'assurer qu'elle existait encore ; mais ses yeux étaient fermés, et le peu de vie qui restait à ses lèvres convulsives était aussi affreux à voir que la mort... Et quand Solbioski eut rapproché de nous la lumière, je sentis que ma vie elle-même allait s'échapper : mes sens se troublèrent, mes jambes défaillirent, mon âme fut près de s'anéantir. Cette femme mourante ou morte, c'était Diana !

— Diana ! Diana ! m'écriai-je en tombant à genoux auprès d'elle et en portant sa froide main à ma bouche.

— Tout s'explique, maintenant, dit Solbioski : Mario, justement soupçonné de l'enlèvement de Mlle de Marsan, n'avait trouvé d'autre moyen de la soustraire aux recherches que de la cacher jusqu'à nouvel ordre dans ces souterrains, avec sa femme de compagnie. Comme des approvisionnements inaccoutumés auraient décelé son secret, il avait multiplié, pour y suppléer, ses petits voyages à Codroipo. Il est mort au retour, et ces deux infortunées sont mortes de faim dans cette prison, où nous allons mourir !...

— Mortes ? repris-je. Diana n'est pas morte ! Elle vit ! elle ne mourra pas ! La chaleur de ce foyer commence à la ranimer !

— Tant pis ! répondit amèrement Solbioski. Hélas ! il vaudrait mieux qu'elle fût morte ; nous ne pouvons que prolonger sa triste agonie par des secours cruels. Avec quoi la nourriras-tu ?...

— Malédiction du ciel ! dis-je en me relevant et en parcourant la salle à pas précipités dans un accès de frénésie et d'horreur. La Providence est donc sourde comme le néant ! Point de salut pour Diana !...

— Et point de salut pour nous ! répéta Solbioski, dont la voix lugubre retentissait sur la mienne comme le répons mélancolique du trappiste : « Frère, il faut mourir ! »

Mes mains se crispaient, pendantes sur mon habit ; c'était ma redingote de voyage : une des poches repoussa ma main.

— Ah ! criai-je avec ivresse, elle ne mourra pas !... J'ai bien dit qu'elle ne pouvait pas mourir ! Grâces te soient rendues, Onorina ! Pauvre Onorina, que le Ciel te protège ! Mon Dieu, pardonnez-moi ! Sainte Honorine, priez pour nous !...

— Que dis-tu, mon ami ? Le désespoir trouble ta raison ! Ta tête s'égare ! Calme-toi !...

— Sainte Honorine, priez pour nous ! Diana ne mourra pas ! Voilà de l'eau, du feu, des vases et de la lazagne.

Ce qui suivit immédiatement n'a pas besoin d'être raconté. Notre étonnement religieux et reconnaissant, nos élans d'amour pour la Providence, un instant méconnue, qui nous envoyait ce bienfait miraculeux ; notre empressement à secourir Diana, nos précautions pour la ramener à la vie par des transitions habilement ménagées et qui n'eussent rien de dangereux, tout cela se comprend bien mieux que cela ne pourrait jamais s'écrire.

Au bout d'une heure, son pouls battait avec lenteur, mais avec régularité ; le sang, ranimé dans ses veines, était remonté à ses lèvres pâles ; sa bouche respirait, son cœur palpitait sous ma main, ses yeux s'ouvrirent ; elle les promena vaguement sur toute l'enceinte, les arrêta un moment sur moi sans montrer de surprise, et les referma en soupirant.

Je ne devinais que trop ce qu'elle avait cherché, et je tremblais de deviner ce qu'elle avait compris.

Nos soins continuèrent autant qu'il le fallait pour nous rassurer sur son existence, et nous oubliâmes alors quelles faibles espérances nous restaient d'entretenir ce souffle fugitif que nous venions de ranimer. L'âme de l'homme se laisse relever dans les circonstances les plus extrêmes par de si trompeuses joies ! Elle a si grand besoin de croire à un lendemain, de se ressaisir d'une illusion, et c'est cela qui fait vivre !

Diana, depuis sa résurrection, avait paru cependant incapable d'articuler une parole. Son regard fixe et morne, qui s'était à demi dégagé des ténèbres de la mort sans perdre cette expression, n'avait pas même réfléchi une pensée, une émotion intérieure. Une seule fois elle pressa ma main en détournant sa bouche des aliments dont elle ne sentait plus le besoin, ferma les yeux de nouveau, mais sans témoigner de douleur ; et puis elle s'endormit.

Après avoir regarni le foyer et renouvelé les flambeaux, nous cédâmes aussi au sommeil ; il dura longtemps.

Je m'éveillai le premier, et il le fallait, car tout allait s'éteindre. Diana reposait dans un calme profond et qui paraissait doux. Je m'en approchai autant que cela était nécessaire pour entendre sa respiration et sentir la tiédeur de son haleine. Je plaçai ensuite à sa portée, sur un petit meuble éclairé de deux lumières, ce qui restait de la lazagne, et, muni de ma lanterne, je regagnai en silence l'escalier du balcon. Je ne pouvais m'imaginer qu'on n'eût fait aucune démarche pour nous retrouver, et je craignais seulement que les perquisitions ne se fussent arrêtées à cette galerie étroite où il n'était effectivement pas naturel de chercher un passage.

Rien ne répondit à mes conjectures. Il n'y avait point de changement : on n'était pas venu.

Le soleil avait déjà passé le point du ciel qu'il occupe à midi. La journée de la veille, dont nous n'avions vu que l'aube, devait avoir été belle. La fonte des neiges continuait. Le Tagliamente inondait ses rivages ; il remontait en vagues blanches et retombait en vapeur contre le pied du rocher. La campagne qui nous séparait de Saint-Veit disparaissait tout entière sous un lac immense au milieu duquel sa tour se dressait comme un mât immobile. Je pensais que M. Fabricius n'avait pas pu se mettre en chemin.

Solbioski ne s'informa pas des motifs de mon absence, et je ne lui en parlai point. Il avait le temps d'apprendre que notre espoir le mieux fondé s'était évanoui.

— Malheur, malheur ! dit-il en s'asseyant sur sa couche. La nuit t'a-t-elle porté conseil, comme tu l'espérais ?

— Elle m'a conseillé, mon ami, de ne compter que sur nous. La trappe de ce cabinet ne peut s'ouvrir, et si elle cédait sous nos efforts, elle nous laisserait une nouvelle difficulté à vaincre ; car l'ouvrage de maçonnerie qui pèse sur elle cache dans sa construction quelque artifice que nous ne pouvons pénétrer. — Le chemin le plus court, c'est le plus long. — Il faut regravir cet escalier de désespoir, et pour cela il faut une échelle que nous aurons bientôt fabriquée. Il y a dans les dossiers de ces fauteuils que nous avons remarqués en entrant, il y a dans leurs traverses des montants et des échelons qui n'ont besoin que d'être ajustés assez solidement pour nous porter tour à tour. Les instruments que Mario a recueillis en désordre dans les coins du bûcher pour le service de son foyer, suffisent à ce travail, auquel suffiraient la pointe et le tranchant de mon poignard, le superflu de la ficelle qui soutient notre lanterne, et peut-être nos bras, nos bras seuls ! Quant à la trappe, nous la soulèverons sans peine. J'ai observé qu'un des barreaux du balcon ne demandait qu'un effort pour être déchâssé de sa soudure, et un trait de cette petite scie à main qui est pendue à la cheminée réduira notre échelle à la proportion nécessaire pour nous élever jusqu'à la porte rebelle qui n'a résisté à nos efforts que parce que nous l'attaquions de trop bas. Du courage seulement, car il n'y a point de temps à perdre.

— En effet, dit-il, cette ressource est la dernière, l'unique ressource qui nous reste, si le Tagliamento est débordé...

Ensuite il s'assit sur son lit, essuya son front, pâlit et me dit : « J'ai faim. »

— Ces premières irritations du besoin restent longtemps sans se renouveler quand on les a vaincues la première fois ; c'est une grâce d'état pour les prisonniers et les acteurs des guerres civiles. Pense que dans quelques heures nous pouvons être délivrés.

Et je me hâtai de distribuer entre nous les différentes parties de notre travail.

Oh ! ce travail fut bien long ! Nous étions également inexpérimentés à la besogne, et la rigueur de notre apprentissage s'augmentait de notre affaiblissement toujours croissant. Indépendamment des distractions nécessaires que nous donnaient, de temps en temps, les légers repas de Diana, dont j'avais divisé en très petites portions la lazagne presque épuisée, nous étions pris alternativement de langueurs et de défaillances qui faisaient tomber nos outils de nos mains. Nous en vînmes enfin à bout, s'il est permis de regarder comme un ouvrage terminé les objets informes et grossiers que nous avions si peu solidement ébauchés. Nous nous trouvâmes heureux cependant !

Après cela, nous disposâmes tout dans l'appartement pour le temps que devait, selon nous, durer notre absence, et nous gagnâmes le balcon avec des difficultés que multipliaient à chaque pas les embarras de notre équipage.

Qui le croirait ? Les heures qui avaient paru si longues à mon impatience étaient plus nombreuses encore que je ne l'aurais pensé. L'ouverture de la plate-forme était éclairée par le jour, par un jour nouveau, par le soleil du troisième midi. Je m'étonnai d'avoir tant souffert et d'avoir mesuré si mal la longueur de mes souffrances. La douleur marche vite.

Solbioski se hâta de courir au balcon. Je n'avais plus rien à y apprendre, et je m'arrêtai derrière lui.

— Le Tagliamento est débordé, dit-il en laissant retomber sa tête sur sa poitrine.

— Qu'importent le Tagliamento et ses débordements! répondis-je. Nous allons au donjon et non au rivage.

Et alors je tentai d'ébranler le barreau que j'avais senti vaciller, que j'aurais probablement détaché la veille, si je l'avais voulu. Il résista. Mon sang se figea dans mes veines; car, sans le secours d'un levier, tous les autres préparatifs de notre entreprise devenaient inutiles. Comme j'en cherchais un qui fût plus mal affermi, comme je le cherchais sans le trouver, et sans faire connaître à Solbioski le sujet de mon inquiétude, un corps long, dur et arrondi, roula sous mes pieds; c'était un barreau qui était tombé de lui-même aux secousses de l'orage ou à la suite des dégradations du temps. Je m'en emparai et je le traînai après moi de degré en degré, parce qu'il était lourd. Nous montâmes lentement, à pas tardifs, à stations multipliées; car le courage nous manquait, même pour nous délivrer.

Nous nous reposâmes un moment au-dessous des degrés qui aboutissaient à l'escalier à vis, pour scier notre échelle à la hauteur de la trappe. Nous laissâmes le reste, qui en était la plus longue partie, sur le terre-plein de la dernière muraille, et nous arrivâmes au sommet.

Nous nous assîmes encore; nous nous embrassâmes; nous échangeâmes quelques paroles d'encouragement, nous en avions besoin.

Enfin, le dos tourné à une paroi d'où notre levier pouvait agir dans tous les sens avec facilité, nous nous affermîmes de commun sur les bâtons de notre courte échelle, que nous avions eu soin de choisir robustes et solides, parmi les mieux enclavés dans leurs mortaises. Nous courbâmes nos épaules sous la porte de fer qui nous séparait du ciel et de la vie, et introduisant peu à peu la pointe de notre barre aiguë au point où les rebords de la trappe s'appuyaient mal hermétiquement sur son cadre, nous fîmes peser à son extrémité opposée l'effort de nos quatre mains réunies, avec le peu de vigueur que nous prêtait l'espérance — ou le désespoir.

Les charnières crièrent comme la première fois ; la trappe bâilla et s'ouvrit à laisser passer un homme ; la pleine lumière du matin pénétra dans la tour par gerbes éblouissantes, avec l'air pur et vif de cette région élevée.

— Nous sommes sauvés ! m'écriai-je. Un moment encore, et nous sommes sauvés !

Au même instant, toutes les pierres qui entouraient la trappe, ébranlées par son mouvement, se précipitèrent sur elle avec un épouvantable fracas ; elle retomba comme la foudre et nous chassa violemment au loin sur les dalles.

— Nous ne sommes pas sauvés, répondit Solbioski en m'entourant de ses bras ; je te l'avais bien dit : nous sommes perdus !

Nous restâmes quelque temps en silence au bruit des ruines qui continuaient à s'amasser sur notre tête, car l'ébranlement s'était communiqué aux parties les plus chancelantes du parapet du côté où il s'inclinait sur le front penchant du donjon, et les pierres qui le couronnaient tombaient et roulaient toujours.

Je pensai, sans le craindre, qu'il allait crouler tout entier et nous anéantir. — Mais le bruit cessa enfin pendant que les profondeurs du bâtiment le répétaient encore dans leurs échos. La tour vibra un moment comme un peuplier dont le tonnerre a frappé la cime, ou comme une pendule chassée par le doigt, qui rétrécit peu à peu l'arc de ces oscillations. Et puis tout fut muet et immobile.

Notre lanterne, heureusement close, n'avait pas été éteinte par la commotion. Je la repris avec une apparence de sécurité sur laquelle j'avais peine à me faire illusion à moi-même, et saisissant la main de Solbioski :

— Viens, lui dis-je, rien n'est désespéré encore. Cette catastrophe se fera ressentir jusque dans la cour du château, où des fragments des murailles seront tombés du sommet. Leur direction naturelle est de ce côté. L'accident qui nous accable fera deviner nos efforts, notre position, nos dangers. Sois assuré qu'au moment où je te parle la trappe inférieure est ouverte. Viens, au nom du ciel qui ne nous abandonnera pas.

Solbioski arrêta sur moi un regard où se confondaient une incrédulité douloureuse et une triste dérision.

Je détournai les yeux, et je l'entraînai sur mes pas dans l'escalier tournant.

Nous descendîmes sans nous parler. Notre échelle s'ajusta facilement à la première muraille, malgré la diminution que nous lui avions fait subir pour en soustraire l'échelette que nous venions de laisser au sommet. A la seconde coupure de l'escalier direct, elle se trouva beaucoup trop courte. C'était un inconvénient facile à prévoir si nous avions prévu que nous devions revenir. Je n'y avais pas pensé. Nous eûmes peine à y atteindre, en nous suspendant à nos mains affaiblies et tremblantes, après de longues et timides précautions. Enfin nous arrivâmes, comme à un lieu de refuge, au balcon inaccessible du Tagliamento.

Il était nuit. La lune, épaissement voilée, ne jetait qu'une faible clarté sur le torrent, mais il se rapprochait visiblement de son lit; le vent de *Bora* qui soufflait avait refroidi la température, et tari pour quelques jours l'urne des débordements. Les nuées rapides et sifflantes fouettaient autour de nous un *givre* piquant. J'osai m'en réjouir avec toute l'expansion qui me restait pour exprimer un sentiment d'espérance.

— Il fait froid, dis-je; les neiges ne fondront plus; le Tagliamento s'éloigne, la grève est libre. Si le docteur Fabricius n'est pas arrivé aujourd'hui à la *Torre Maladetta*, il y arrivera certainement demain.

— Et qu'importe à notre salut qu'il y arrive demain? dit Solbioski en s'évanouissant dans mes bras.

Je fis d'abord des efforts impuissants pour le rappeler à la vie qui paraissait l'avoir tout à fait quitté. Enfin il se ranima de lui-même un instant, et un instant après défaillit de nouveau. Peu à peu ces deux états devinrent alternatifs et mesurés par des périodes presque égales. Je compris que le même symptôme menaçait de m'atteindre à mon tour, et qu'il était temps d'arriver à l'appartement encore si éloigné de Diana. J'en calculai la distance avec épouvante. La lumière était d'ailleurs près de sa fin, car je n'avais pas imaginé le matin qu'il fût nécessaire de me précautionner pour le retour, dont je n'aurais pas même compris la possibilité. Des études physiologiques, faites d'ailleurs avec assez de soin sous des maîtres illustres, ne m'avaient laissé, chose étrange, aucune notion positive sur le temps pendant lequel l'homme peut se passer d'aliments. Je m'étonnais de vivre encore.

Hélas! il m'est facile de vous épargner les détails de cet interminable trajet; mais j'essaierais inutilement de vous soustraire à la douleur de les deviner. Vous vous rappelez ce corridor étranglé qui paraissait plutôt avoir été pratiqué pour des couleuvres que pour des hommes. Vous vous rappelez ce puits étroit et profond, antre spiral qui ne promettait qu'un tombeau. C'est là que vous suivrez sans moi, de la pensée, deux mourants qui se traînent à lentes reprises à travers des espaces presque impénétrables à l'agilité, à la force et à la patience. Combien cela dura, qui pourrait le dire? Combien de fois, accablés d'une fatigue sans but et sans espérance, nous répétâmes-nous: « C'est assez, il est aussi bon de mourir ici! » — Combien de fois, ranimés par je ne sais quelle vigueur de l'âme que donne l'amour de la vie, redoublâmes-nous d'efforts pour atteindre inutilement le sol d'un autre sépulcre! Nous étions parvenus, tantôt marchant, tantôt rampant à la chambre de la morte, quand notre lumière jeta subitement un éclat plus vif, et s'éteignit.

— Sommes-nous arrivés? me dit Solbioski en se couchant sur le rocher. Pourquoi ne vois-je plus rien?

— Nous ne sommes pas arrivés, répondis-je, et nous

n avons plus de feu ; mais la seconde portière sera facile à trouver, si je ne me trompe, en suivant de la main le tour des murailles. Attends-moi, mon frère, attends-moi.

Je me glissai alors en chancelant le long des froides parois, me reposant de temps à autre sur mes genoux pour reprendre haleine.

Un meuble en saillie me détourna. Incapable de le suivre dans toute sa longueur sans être appuyé, j'étendis mes mains pour retrouver le mur qui ne pouvait pas être éloigné ; je le cherchais sans y atteindre. Une idée horrible traversa mon esprit ; le pied me manqua, et je tombai sur le cadavre.

— Est-ce là ? cria Solbioski ; as-tu laissé tomber la portière ? Pourquoi ne vois-je pas ?

— Ce n'est pas encore ici, répondis-je en grelottant de terreur ; attends-moi, Joseph, attends-moi.

Je repris mon affreuse route dans cette épouvantable obscurité, dont aucune des nuits de la terre ne peut donner l'idée. Après bien du temps, la portière céda sous mes doigts ; je la tirai brusquement. Tous les feux étaient éteints.

— Pourquoi as-tu fermé la portière sur moi ? dit Solbioski. Tu es arrivé et je ne vois pas. Hélas ! m'abandonnes-tu ?

Je ne prononçai pas une parole. Une minute de délai pouvait achever de nous perdre. Je me dirigeai vers le foyer en me soutenant à droite et à gauche sur les couches où nous avions reposé le second jour, je le fouillai de mes mains.

— O bonheur ! m'écriai-je avec une sorte d'extase ; encore, encore cela !...

— La trappe est-elle ouverte ? reprit Solbioski. La trappe est ouverte ! Maxime, ne m'abandonne pas !

— Une étincelle, mon ami, une étincelle et des charbons ! — Et la chambre s'éclaira.

Je crus retourner à la vie ; je conduisis ou plutôt je traînai sur mon lit mon pauvre Joseph, dont l'agonie était plus hâtive que la mienne.

J'allai ensuite à Diana; ses yeux étaient ouverts et fixes comme à l'ordinaire, mais plus brillants, plus ardents, plus météoriques; son teint était enflammé; son pouls battait avec désordre et précipitation.

— A-t-elle tout mangé? dit Solbioski en se soulevant péniblement sur ses mains.

— Oui, lui répondis-je, tout mangé! mais la fièvre préserve de la faim : le peuple dit qu'elle nourrit.

Il se laissa retomber.

Je voulais tenter un dernier moyen de frapper l'attention des habitants du château, s'il lui en restait encore. Mais je craignais qu'il ne produisît sur Diana, réveillée à l'improviste, une émotion mortelle, et je lui fis part à haute voix de manière à être entendu distinctement de Solbioski, de toutes les particularités de notre situation, en lui laissant à deviner le nom des amis absents dont nous attendions notre délivrance, pour qu'elle pût se consoler au moins dans la pensée que Mario vivait encore. Elle me regardait fixement et immobile à ma voix, comme si elle m'avait écouté avec une attention réfléchie. Je le pensai d'abord. Quand j'eus fini de parler, elle ne me répondit pas du moindre signe, elle se retourna du côté opposé et parut s'endormir.

Je dégageai de la ceinture de Solbioski les deux pistolets dont il était armé. Je remontai sous la trappe sonore du cabinet, et je fis double feu. Après un moment d'interruption, je renouvelai l'explosion des deux miens, et je prêtai l'oreille aux bruits extérieurs.

Il me sembla que j'entendais un murmure confus, comme un bruit de trépignements et de voix; mais depuis deux ou trois jours ces bruissements sans cause offusquaient si souvent mon ouïe et mon cerveau, que je n'étais plus capable de distinguer de la réalité les illusions de mes sens malades.

Je voulais cependant profiter de cette chance d'être entendu, — c'était la dernière. — Je soulevai un tronçon de pin pour en frapper la trappe encore une fois; je l'exhaussai de quelques pieds au-dessus du sol, et je le laissai retomber. Je me baissai pour le reprendre et le soulever encore, et je ne le trouvai plus.

Je descendis alors à pas incertains vers la cheminée pour ranimer le foyer et renouveler notre luminaire funèbre. J'y employai tout ce qui restait à ma portée de bois et de bougies ; je savais qu'il ne nous en fallait pas désormais davantage. Une heure, des heures peut-être se passèrent à ce travail, et j'en mis une encore à me glisser dans le suaire qu'aucune main ne devait recoudre sur moi. — C'était fini pour jamais.

Solbioski se retourna de mon côté, et me dit d'une voix qui s'éteignait : « Quel jour est-il ? »

Je pensai que ce devait être le commencement du cinquième, mais je ne répondis pas.

Le temps se partagea dès lors entre d'incroyables souffrances et les langueurs anéantissantes où je croyais que ma vie allait m'échapper. Il y avait des moments de prestige où tous les objets prenaient un aspect fantastique et capricieux, comme la décoration d'un spectacle ou les apparitions du sommeil. Les ombres des murailles éloignées se mouvaient, se détachaient, se mêlaient avec des formes étranges et gigantesques, s'embrassaient, se liaient les unes aux autres et tournaient autour de moi, pressées, confuses et hurlantes. Les flammes des bougies bondissaient si haut sur les flambeaux que j'avais peine à les suivre. Des voix connues s'introduisaient dans mon oreille comme un souffle, ou retentissaient au-dessus de ma tête avec un rire moqueur et insultant. Si je fermais les yeux pour me dérober à ces fascinations, la dernière perception qu'une liaison inexplicable d'idées avait portée à mon esprit se prolongeait d'une manière indéfinie dans ma pensée. C'était un chant borné, un refrain monotone, un vers grec ou latin à l'assourdissante mélopée, la reprise d'un virelai ou d'une rotondille, dont l'obstination importune semblait s'attacher à moi pour l'éternité, comme cette terrible mouche hippobosque qui revient toujours avec une précision infaillible à l'endroit d'où on l'a chassée.

Quelquefois je passais d'un évanouissement délirant au

sommeil, et la scène changeait alors d'une manière étrange. Il y avait dans mes rêves de l'air, du soleil, des femmes et des fleurs. Je me trouvais tout à coup dans des assemblées joyeuses, où l'on ne s'occupait que de plaisirs et de festins. Des tables splendides se chargeaient de mets délicats, que j'essayais d'atteindre, et qui se convertissaient dans ma bouche en sable insipide ou amer. Onorina revenait partout avec son petit éventaire comblé de lazagne appétissante. « Achetez, monsieur, disait-elle, achetez ma bonne lazagne et mon fin vermicelle de Padoue! cela peut servir dans l'occasion, et il n'y en a pas de meilleur à Codroipo. » Mais quand je voulais me précipiter sur sa lazagne, mes mains ne pouvaient s'étendre pour la saisir, ni mes dents spongieuses s'affermir pour la broyer...

Puis je sortais en sursaut de mes songes, au bruit d'une plainte déchirante qui se traînait encore longtemps sur mon réveil.

— Qu'est-ce donc que cela! m'écriai-je une fois de toute la force qui me restait.

— Rien, répondit Solbioski. C'est probablement Mme de Marsan qui meurt.

— Mon Dieu, repris-je, prenez pitié de moi! Sainte Honorine, priez pour nous!

Ce temps-là ne peut pas se calculer, car quelquefois aussi mon sommeil était morne et long. Je me rappelle qu'il arriva un moment où, en ouvrant les yeux, je n'aperçus plus de clarté. C'était cette nuit finale, cette nuit éternelle, que j'avais prévue avec tant d'horreur, et retardée avec tant de soin le jour précédent, ou la veille, ou un autre jour encore auparavant. C'étaient mes dernières ténèbres. — J'entrepris de me lever. — Je ne pus pas!

— Voilà qui est bien, dis-je à part moi. Tout est fini. Ceci est la mort!

Et je me rajustai pour mourir; mais en essayant d'étendre mon bras pour y reposer ma tête, je l'appuyai sur un bras froid.

— Qui est là? murmurai-je en frissonnant, comme si la rencontre d'un assassin avait pu m'effrayer. Un assassin, hélas! un assassin ! Il n'y en avait point de si cruel qui n'eût rompu son pain avec moi !

— C'est moi, répondit Solbioski, dont la force plus promptement abattue que la mienne s'était plus longtemps conservée. Ne tremble pas! n'aie pas peur ! Je ne veux pas te faire de mal. Je n'ai besoin que de ton poignard.

— Que peut-on faire ici d'un poignard ? Croirais-tu qu'il y eût des hommes cachés dans les souterrains de la tour ?

— Non. Il n'y a que des cadavres; mais il y en a un dont l'obstination à vivre me fatigue, et dont j'ai le droit de me débarrasser. Donne, donne ton poignard, et bois mon sang; on dit que cela soutient la vie. Qui sait ? Le Tagliamente est peut-être redescendu entre ses rivages. M. Fabricius est peut-être revenu.

Je jetai mon poignard aussi loin que j'en fus capable. J'étais bien sûr que nous n'irions pas l'y chercher. Cette pensée, je l'avais eue.

— Mon frère, dis-je en pleurant, tu es couché sur le roc; viens, viens jusqu'à moi. Joseph, ne me quitte pas! Mon Dieu, ayez pitié de nous !

Je ne sais si je l'attirai à moi ou si je me rapprochai de lui, mais nous finîmes par nous toucher.

— Honorine! s'écria-t-il, pauvre Honorine! la jeune fiancée qui prépare ses rubans et ses bouquets ! Honorine qui était si bonne et si belle! Et toi, Maxime, que j'aimais et que je ne verrai plus ! Oh! si le jour seulement nous avait encore éclairés une fois! Mais il y a trop loin d'ici, et le balcon est trop élevé... Jamais ! jamais.

J'étais frappé d'un vertige accablant. Quand Joseph ne parla plus, je cherchais à me pencher vers lui pour m'assurer qu'il respirait encore. Il se détourna de moi avec un affreux gémissement. J'entendais des bruits vagues; je les perdais comme s'ils n'avaient pas été. J'essayais de les ressaisir. Enfin ma pensée m'échappa tout à fait. Je retombais dans le vague de mes rêves. Je revis ces festins que j'avais quittés, et la petite Onorina criant sa lazagne, et sainte Honorine me tendant des bras consolateurs du fond du tableau fantastique du Pordenone.

Cependant les bruits revenaient toujours. C'était le pic, c'était la sape, c'était le Tagliamente qui passait, en gémissant, sur la tour; c'était la mine qui la faisait sauter; c'était Onorina tout en larmes, au seuil de l'église, qui ne cessait de répéter : « Achetez, monsieur, achetez ma bonne lazagne ! Il n'y en a pas de meilleure à Codroipo ! » Je dormais.

Lorsque je revenais à moi, je disais à Solbioski : « Dors-tu ? » et il ne me répondait point.

Ma stupeur devint peu à peu plus profonde. Je perdis le souvenir du temps, et des lieux, et de moi-même. Je me demandais vaguement : « Où suis-je ? » et ma mémoire était un abîme où je ne pouvais me retrouver.

Je finis par ne plus penser. L'ouïe seule m'apportait encore des sensations incomplètes et confuses, des cris, des lamentations, un fracas de cataractes et de tempêtes. J'essayais d'y répondre par des lamentations et par des cris, pour me mettre à l'unisson de cette nature souffrante qui allait mourir, et la voix me manquait.

L'horloge de l'éternité ne suffirait pas à mesurer de pareilles heures. Quand elles furent passées, je me trouvai quelque part, dans un endroit où le jour venait du ciel. C'était peut-être un matin. Je refermai les yeux aussitôt que je les eus ouverts, parce que le soleil les blessa. Ma bouche était moins ardente, mes organes moins languissants. Quelques sucs savoureux récréaient mon palais, et je les goûtais encore. Je sentais au moins mes souffrances. Je m'imaginai que je vivais.

— Ceci vaut mieux, dis-je en moi-même. Il faudrait rester et mourir comme cela.

Je regardai de nouveau, parce qu'un nouveau breuvage doux et substantiel avait encore ranimé ma vie. C'était là un spectacle bien étrange ! Une salle si vaste et où je ne m'étais jamais éveillé, qui n'était pas de la maison de mon père, qui n'était pas de mon auberge, qui n'était pas de ma caserne, qui n'était pas de ma prison ! Le sol surtout m'étonnait. Il était profondément remué et couvert de laves éparses. Il y avait seulement au milieu une large ouverture carrée qui semblait communiquer à un caveau.

— La *Torre Maladetta!* criai-je, la *Torre Maladetta!* la trappe est ouverte! Diana, Joseph, Anna, venez à moi, venez! j'ai trouvé un chemin! Oh! ne tardez pas à venir, il y en a déjà tant de morts!

— Personne n'est mort qu'Anna, me répondit le docteur Fabricius, qui était appuyé sur le chevet de mon lit. Il était trop tard.

— Fabricius! mon ami, mon père, dis-je en saisissant sa main. Et Diana? Et Joseph?

— Ils sont vivants! Mais te voilà mieux maintenant, continua-t-il, et je puis m'expliquer avec toi. Il le faut, car le temps nous presse. Tu connaîtras plus tard les obstacles qui ont retardé ta délivrance. Aujourd'hui ce récit nous ferait perdre des instants trop précieux. Les espérances du monde se sont anéanties en peu de jours. Des succès brillants ont enivré les partisans et les armées de Napoléon La cause de l'indépendance des peuples n'est pas perdue : elle ne le sera jamais sans doute; mais il n'est peut-être pas réservé à ma vieillesse de jouir de son triomphe. Ma tête et celle de Joseph sont menacées, mises à prix. A la première lueur de salut que j'ai reconnue pour lui, je me suis hâté de le faire transporter dans un lieu sûr d'où il regagnera notre Allemagne. Elle n'appartient pas encore tout entière au tyran. La *Torre Maladetta* ne peut manquer d'être incessamment investie; je ne devais pas la quitter tant que je ne t'avais pas rappelé à la vie. Le moment de nous séparer aussi est venu. Te sens-tu la force de partir?

— Joseph! mon cher Joseph! il m'avait dit que nous ne nous reverrions jamais!... Diana, mon ami, où est-elle?

— Diana vivra. Le temps, plus puissant que mes secours, la fera probablement sortir de l'état de mutisme et d'aliénation où elle est restée plongée jusqu'ici. Aucun mot ne s'est échappé de sa bouche, aucune émotion ne s'est peinte sur son visage, même quand la nouvelle femme de chambre que je lui ai donnée lui a présenté ce matin la robe de deuil qu'elle doit porter comme veuve et comme orpheline.

Je comptais sur cette secousse; je m'y étais confié en désespoir de tous les remèdes. Seulement, sur la proposition que je lui ai faite de se retirer jusqu'à nouvel ordre à l'*Annunziata* de Venise, où elle a des compatriotes, et, je crois, des parentes, elle a paru me répondre par un signe de consentement; et depuis, son agitation inquiète et empressée a manifesté souvent le besoin qu'elle éprouve de quitter cette tour qui doit lui rappeler de si affreux souvenirs.

— J'arrive à ce qui te concerne personnellement. Le désir que Mario témoignait de te revoir ici s'explique facilement par un récit que Solbioski tenait de toi-même, et qu'il m'a communiqué hier. Le spectacle de ce qu'il appelait son bonheur, l'infortuné jeune homme! était le moindre prix dont il pût reconnaître ta généreuse amitié. Un autre motif était venu se joindre à celui-là, si j'en juge par cette lettre de Chasteler qui le charge de te faire savoir que ton mandat d'arrêt est levé en France, et que l'avis a dû en parvenir aux autorités vénitiennes. Aucun fait nouveau n'a pu te compromettre dès lors, et rien ne s'oppose à ce que tu retournes enfin dans les bras de ton père. Ta sûreté l'exige comme ton bonheur; car si tu étais surpris dans la *Torre Maladetta*, où des circonstances si cruelles ont dissimulé ton séjour, tu ne saurais échapper à la proscription qui frappe ses derniers habitants. Je sais ce que tu veux me dire, mais cette preuve aveugle d'un dévouement inutile ne ferait qu'embarrasser notre malheur d'un malheureux de plus. Tu as d'ailleurs une mission plus sacrée à remplir aujourd'hui. L'état de Diana ne permet pas qu'elle soit abandonnée à elle-même pour gagner sa dernière retraite, et où pourrais-je, au milieu des tristes soucis que m'inspire ma propre famille, lui trouver un ami plus fidèle et plus sûr que toi? Cherche donc à reprendre des forces dans un repas plus abondant et plus solide, et dispose-toi à partir ce soir avec elle, quand le soleil sera couché, pour que rien n'indique à la vigilance de nos espions l'endroit d'où tu seras sorti. Tu trouveras un bâtiment tout préparé à Porto-Gruaro; et Diana est attendue au couvent.

« Maintenant, continua-t-il en me pressant dans ses bras, va, mon fils, et souffre que je m'occupe de mes pressantes dispositions sans attendrir notre séparation par de plus longs adieux. Tout vieux que je sois, je ne renonce pas à te voir encore; mais, quoi qu'il arrive, conserve ton cœur à tes amis et ta vie à la liberté.

Aussitôt que la nuit fut entièrement tombée, et elle était obscure, car la lune ne brillait plus, un domestique du docteur vint m'avertir que la voiture était prête, et me dirigea vers l'endroit où je devais la prendre. J'y montai, et je m'assis en face de deux femmes que je ne vis point. Deux heures après, nous étions à Porto-Gruaro; quelques minutes encore, et nous voguions sur les lagunes. J'avais offert ma main à Diana pour monter sur le bateau; et sa main, fortement liée à la mienne, ne l'avait point abandonnée. Elle ne parlait pas, mais elle soupirait, rêvait et se rapprochait quelquefois de moi en tressaillant, comme si elle avait été saisie d'une peur subite. Cette scène est vague à ma mémoire, et cependant je ne me la rappelle jamais sans frissonner. Elle avait quelque chose du trajet de deux ombres sur la barque des enfers, mais de deux ombres qu'un arrêt anticipé condamne à deux destinées différentes, et qui vont se séparer pour l'éternité. Je m'étais endormi toutefois enfin au bruit monotone de la rame, qui battait les flots en cadence, et au chant mélancolique des bateliers.

Je ne m'éveillai qu'au moment des vagues qui annonçaient la pleine mer. Le soleil était plus beau que je ne l'eusse vu jamais, le soleil que j'avais cru ne jamais revoir. L'azur du golfe se déroulait sous lui comme un autre ciel, et Venise, avec ses hauts frontons, ses tours, ses dômes et ses clochers, rayonnait à son aspect comme si elle avait été son palais. La plaine immense des eaux était comme un grand parvis de lapis au-devant de la cité miraculeuse. Je croyais sommeiller encore, car j'avais presque oublié de vivre et de jouir de ma vie. La main de Diana reposait toujours dans la mienne; je me retournai vers elle pour savoir si elle partageait mon enchantement et si elle renaissait ainsi que moi à cette brillante résurrection de la nature. Son regard sans mouvement n'exprimait que le désespoir silencieux que j'y avais lu dans la *Torre Maladetta*. Je me rappelai que, parmi ces faîtes pompeux qui s'éclairaient tour à tour en passant du rose le plus tendre au vermillon le plus vif, et de cette nuance à celle du feu, illuminés comme pour un jour de joie, elle pouvait reconnaître celui de la demeure de son père. Je me rappelai que, moins de trois mois auparavant, le même bâtiment peut-être avait sillé sur les mêmes flots, en la transportant éperdue d'amour sur le cœur de Cinci. Tout cela se représenta vivement à ma pensée ; je contins ma folle expansion ; je cessai d'être heureux et ravi, je retombai avec une angoisse inexprimable dans les tristesses du monde réel.

Ma main s'était relâchée, car je ne comprenais pas qu'elle eût été si longtemps entrelacée à ses doigts. Je ne sais si Diana m'entendit. Pourquoi pas ? Il y a tant de choses dans ce langage ! Mais elle me retint. Je la regardai, et je crus voir passer un sourire douloureux sur ses lèvres comme un éclair sur un nuage.

Nous débarquâmes au milieu du peuple agissant et tumultueux des gens de mer.

— Hélas ! dit un *nicolotto* qui était debout sur le rivage en attendant un fardeau, c'est la galiote du brave Cinci, celle qu'il a donnée de ses deniers aux pauvres mariniers du Gruaro. Mais le brave Cinci n'y est plus !

— Tais-toi, lui dis-je de manière à couvrir sa voix et en glissant un sequin dans sa main. Prends les paquets qu'on va te donner et porte-les à l'*Annunziata* ; mais ne parle pas, sur ta tête !

Heureusement, la vague attention de Diana était distraite alors par les soins empressés de deux converses qui l'attendaient depuis le point du jour et qui n'avaient tari, les dignes filles, de glorification sur la piété et sur la sainteté de leur couvent, que depuis qu'elles avaient cru comprendre que Diana était folle et qu'elle était muette.

Elles marchèrent devant nous en faisant rouler sous

leurs doigts agiles les grains polis du rosaire jusqu'au seuil de la sainte maison. La porte s'ouvrit et on nous introduisit cérémonieusement dans le parloir.

L'abbesse était Française. Elle avait été belle parmi toutes les belles et jeunes femmes de l'émigration, et son nom, qui n'est plus écrit que sur une tombe, pauvre Claire!... suffirait seul à sa gloire mondaine, si de telles vertus avaient encore quelque chose de commun avec le monde. Elle me prit les mains avec abandon, avec tendresse, quoiqu'il y eût d'autres sœurs présentes, parce que nous nous étions connus enfants.

— Je sais, cher Maxime, dit-elle, tout ce dont notre sœur bien-aimée vous est redevable. Vous aurez un jour votre récompense, mon fils, si vous la cherchez dans le ciel. Adieu!

Pendant ce temps-là, Diana m'avait regardé avec plus d'attention, comme si elle apprenait seulement à me reconnaître, et puis elle s'était replongée dans sa pensée. Je m'éloignai lentement.

— Maxime! Maxime! s'écria-t-elle enfin d'une voix nette et forte; adieu, Maxime! adieu pour jamais!

Au même instant, deux portes se fermèrent : celle qui la cloîtrait dans cette maison d'asile et de paix, et celle qui me rejetait, pour y périr, au milieu des troubles et des anxiétés de la vie.

Je marchais sous un soleil ardent, sans but et presque sans pensée. Mon front brûlait. Des idées confuses s'entrechoquaient dans mon esprit; mes jambes mal affermies se dérobaient sous moi. Quand j'arrivai à mon hôtel ordinaire, je tombai d'accablement et de douleur, et je perdis connaissance.

Je passai les trois mois suivants dans les alternatives de délire et d'inerties morales d'une fièvre ataxique. Je n'ai su que depuis et par le rapprochement des dates combien cela devait avoir duré. Je ne me rappelle rien.

Je me trouvai enfin en état de partir de Venise le 16 juillet. Mes forces étaient loin d'être rétablies; mais j'avais hâte de me soustraire aux cruelles impressions que tous les objets dont j'étais entouré renouvelaient incessamment dans mon âme. Je sortis à dix heures, quoique l'embarcation ne dût être prête qu'à midi.

Je m'assis, selon mon ancien usage, au-devant du café Florian, dans la galerie de la tour, et je demandai du chocolat.

Il y avait foule à mes côtés ; on lisait les journaux avec empressement, et toute l'insouciance que pouvait m'inspirer le profond affaiblissement de mes facultés ne m'empêcha pas de prêter à ce qui se passait une vague attention. Depuis plus de cent jours, à cette époque mémorable où tous les jours fournissaient une page à l'histoire, j'étais aussi étranger aux événements de la terre que si la trappe de la *Torre Maladetta* ne se fût pas rouverte sur moi. Je savais tout au plus, par quelques paroles du docteur Fabricius, que les espérances de la liberté étaient à peu près perdues pour l'Allemagne comme pour la France, et je m'en souvenais par hasard.

Je jetai donc un regard sur la feuille : c'était le *Courrier de Trieste*, de l'abbé Coletti.

On se rapprochait à l'envi pour entendre les dernières lignes du *Bulletin*. J'écoutai.

« La victoire remportée le 6 courant à Wagram, par les armes de l'empereur, dit le lecteur italien avec son accentuation pittoresque et sa déclamation mimique, a détruit pour toujours l'espoir des ennemis de la France et du genre humain.

« Jamais la magnanimité de S. M. I. et R. ne s'est manifestée avec plus d'éclat que dans cette occasion ; elle a couvert de son indulgence les égarements des peuples. Les lois ne frapperont que les factieux.

« Le château où se rassemblaient les conspirateurs, et qui appartenait à Cinci, dit Marius, et surnommé le *Doge de Venise*, a été rasé. On a trouvé dans les souterrains une multitude de cadavres.

« Un infâme agent d'intrigues, nommé Fabricius, mais dans lequel on croit reconnaître l'illuminé Hooschmann, complice d'Arndt, de Halm et de Chasteler, est parvenu à s'échapper jusqu'ici. On est à sa poursuite.

« La tête du lâche et hypocrite André Hofer est mise à prix. Ce monstre, couvert de crimes, ne se dérobera pas au châtiment qui lui est dû.

« Son secrétaire, Joseph Solbiosky, aventurier bohémien, se disant Polonais, a déjà été saisi. Solbiosky est un bandit rusé, féroce, et d'une force peu commune : il en sera fait prompte justice. »

— Solbioski, dis-je en moi-même, Solbiosky féroce et rusé! et les misérables ne savent pas même son nom!

Je me mordais les poings de rage et de désespoir. Oh! pourquoi n'étais-je pas mort à la *Torre Maladetta!*

— Attendez, attendez, messieurs, dit le lecteur en souriant; il y a un petit *post-scriptum* du rédacteur :

« Ce matin 13 juillet, à dix heures et demie précises, au bout de la pointe Saint-André, le traître Joseph Solbiosky a été fusillé en présence d'une population innombrable; ce misérable a montré quelque courage. »

FIN

Documents manquants (pages, cahiers...)
NF Z 43-120-13

N° 56

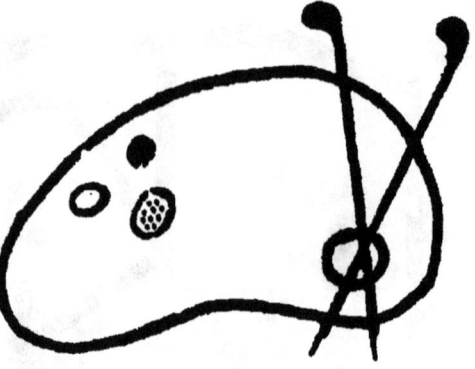

Couvertures supérieure et inférieure en couleur

Ont paru dans :

LES GRANDS ROMANCIERS FRANÇAIS :

LE FILS DE FAMILLE
Par XAVIER DE MONTÉPIN
Livraisons 1 à 10

LE JEU DE LA MORT
Par PAUL FÉVAL
Livraisons 10 à 21

LA TONTINE INFERNALE
Livraisons 21 à 32

FLEURETTE
HISTOIRE D'UNE BOUQUETIÈRE
Par E. SCRIBE
Livraisons 32 à 44

REINE
Par JULES LERMINA
Livraisons 45 à 52

Paris.—Imp. Paul Dupont (Cl.)

INÈS DE LAS SIERRAS

INÈS DE LAS SIERRAS

PAR

CHARLES NODIER

I

— Et toi, dit Anastase, ne nous feras-tu pas aussi un conte de revenants?...
— Il ne tiendrait qu'à moi, répondis-je; car j'ai été témoin de la plus étrange apparition dont il ait jamais été parlé depuis Samuel; mais ce n'est pas un conte, vraiment! C'est une histoire véritable.
— Bon! murmura le substitut en pinçant les lèvres; y a-t-il quelqu'un aujourd'hui qui croie aux apparitions?
— Vous y auriez peut-être cru aussi fermement que moi, repris-je, si vous aviez été à ma place.
Eudoxie rapprocha son fauteuil du mien, et je commençai :
C'était dans les derniers jours de 1812. J'étais alors capitaine de dragons en garnison à Gironne, département du Ter. Mon colonel trouva bon de m'envoyer en remonte à Barcelone, où se tenait, le lendemain de Noël, un marché de chevaux fort renommé dans toute la Catalogne, et de m'adjoindre pour cette opération deux lieutenants du régiment, nommés Sergy et Boutraix, qui étaient mes amis particuliers. Vous permettrez, s'il vous plaît, que je vous entretienne un moment de l'un et de l'autre, parce que les détails dans lesquels j'entrerai sur leur caractère ne sont pas entièrement inutiles au reste de mon récit.

Sergy était un de ces jeunes officiers que nous donnaient les écoles, et qui avaient à vaincre quelques préventions, et même quelques antipathies, pour être bien vus de leurs camarades. Il en avait triomphé en peu de temps. Sa figure était charmante, ses manières distinguées, son esprit vif et brillant, sa bravoure à toute épreuve. Il n'était point d'exercice dans lequel il n'excellât, point d'art dont il n'eût le goût et le sentiment, quoique son organisation délicate et nerveuse le rendît plus sensible au charme de la musique. Un instrument qui chantait sous des doigts habiles, et surtout une belle voix le remplissaient d'un enthousiasme qui se manifestait quelquefois par des cris et des larmes. Quand c'était une voix de femme, et que cette femme était jolie, ses transports allaient jusqu'au délire. Ils m'avaient souvent inquiété sur sa raison. Vous jugerez aisément que le cœur de Sergy devait être accessible à l'amour, et presque jamais, en effet, on ne l'aurait trouvé libre d'une de ces passions violentes dont la vie d'un homme paraît dépendre; mais l'heureuse exaltation de sa sensibilité le défendait elle-même contre ses excès. Ce qu'il fallait à cette âme ardente, c'était une âme ardente comme elle, avec laquelle elle pût s'associer et se confondre; et bien qu'il crût la voir partout, il ne l'avait jusque-là rencontrée nulle part. Il résultait de là que l'idole de la veille, dépouillée du prestige qui l'avait divinisée, n'était plus qu'une femme le lendemain, et que le plus passionné des amants en était aussi le plus mobile. Pendant ces jours de désabusement, où il retombait de toute la hauteur de ses illusions dans l'humiliante conviction de la réalité, il avait coutume de dire que l'objet inconnu de ses vœux et de ses espérances n'habitait pas la terre; mais il le cherchait encore, sauf à se tromper encore comme il avait fait mille fois. La dernière erreur de Sergy avait été produite par une petite chanteuse assez médiocre, attachée à la troupe de Bascara, qui venait de quitter Gironne. Deux jours entiers, la virtuose avait occupé les plus hautes régions de l'Olympe. Deux jours avaient suffi à l'en faire descendre au rang nité, pour inspirer ton génie, chante, Inès, chante encore! chante toujours!

— Je dansais aussi, reprit-elle en appuyant languissamment sa tête sur l'épaule de Sergy; mais comment danser sans instruments? — Merveille! ajouta-t-elle tout à coup. Quelque démon favorable a glissé des castagnettes dans ma ceinture... — Et elle les dégagea en riant.

— Jour irrévocable de la damnation, dit Boutraix, vous voilà donc venu! Le mystère des mystères est accompli! Le jugement dernier s'approche! Elle dansera!

Pendant que Boutraix achevait de parler, Inès s'était levée et débutait par des pas graves et lentement mesurés, où se déployaient avec une grâce imposante la majesté de ses formes et la noblesse de ses attitudes. A mesure qu'elle changeait de place et qu'elle se montrait sous des aspects nouveaux, notre imagination s'étonnait, comme si une belle femme de plus avait apparu à nos regards, tant elle savait enchérir sur elle-même dans l'inépuisable variété de ses poses et de ses mouvements. Ainsi, par des transitions rapides, nous l'avions vue passer d'une dignité sérieuse aux transports modérés du plaisir qui s'anime, puis aux molles langueurs de la volupté, puis au délire de la joie, puis je ne sais à quelle extase plus délirante encore, et qui n'a point de nom; puis elle disparaissait alors dans les ténèbres lointaines de la salle immense, et le bruit des castagnettes s'affaiblissait en proportion de son éloignement, et diminuait, diminuait toujours, jusqu'à ce qu'on eût cessé de l'entendre en cessant de la voir; puis il revenait de loin, s'augmentait par degrés, éclatait tout à fait quand elle reparaissait subitement sous des torrents de lumière à l'endroit où elle était le moins attendue, et alors elle se rapprochait de nous au point de nous effleurer de sa robe, en faisant claqueter avec une volubilité étourdissante les castagnettes réveillées, qui babillaient comme des cigales, et en jetant çà et là, au travers de leur fracas monotone, quelques cris perçants, mais tendres, qui pénétraient l'âme. Ensuite, elle s'éloignait encore, s'enfonçait à demi dans l'ombre, paraissant

Documents manquants (pages, cahiers...)
NF Z 43-120-13

DE LA PAGE 353
A LA PAGE 387

N° 56

et disparaissant tour à tour, fuyant à dessein sous nos yeux, et cherchant à se laisser voir; et, ensuite, on ne la voyait plus, on ne l'entendait plus, on n'entendait plus qu'une note éloignée et plaintive comme le soupir d'une jeune fille qui meurt; et nous restions éperdus, palpitants d'admiration et de crainte, en attendant le moment où son voile, emporté par le mouvement de la danse, viendrait flotter et s'éclairer à la lumière des flambeaux; où sa voix nous avertirait du retour par un cri de joie, auquel nous répondions sans le vouloir, parce qu'il faisait vibrer en nous une multitude d'harmonies cachées. Alors elle revenait, elle tournait sur elle-même, comme une fleur que le vent a détachée de son rameau; elle s'élançait de la terre, comme s'il avait dépendu d'elle de la quitter pour toujours; elle y redescendait, comme s'il avait dépendu d'elle de n'y pas toucher: elle ne bondissait pas sur le sol; vous auriez cru qu'elle ne faisait qu'en jaillir, et qu'un arrêt mystérieux de sa destinée lui avait défendu d'y toucher autrement que pour le fuir. Et sa tête, penchée avec l'expression d'une caressante impatience, et ses bras, gracieusement arrondis en signe d'appel et de prière, paraissaient nous implorer pour la retenir. Sergy céda, quand j'allais y céder, à cet attrait impérieux, et l'enveloppa dans les siens.

— Reste, lui dit-il, ou je meurs!...

— Je pars, répondit-elle, et je meurs si tu ne viens!... Ame d'Inès, ne viendras-tu pas?

Elle tomba demi-assise sur le fauteuil de Sergy, les mains nouées autour de son cou, et, pour cette fois, elle avait décidément cessé de nous voir.

— Écoute, Sergy, continua Inès. En sortant de cet appartement, tu verras à ta droite un corridor long, étroit, obscur. (Je l'avais remarqué en entrant.) Tu le suivras longtemps, avec précaution, sur des dalles toutes rompues. Marche, marche toujours! Tu ne te rebuteras pas des détours infinis qu'il doit présenter à ta vue; il n'y a pas moyen de s'égarer. Tu descendras les degrés par lesquels il s'abaisse, d'étage en étage, vers les souterrains. Il en manque quelques-uns; mais l'amour franchit aisément ces obstacles qui n'ont pas retardé, pour venir te trouver, les pas d'une faible femme. Marche, marche toujours! Tu arriveras ainsi à un escalier tortueux, encore plus délabré que le reste, mais où je te guiderai, car tu me trouveras au-dessus. Ne t'inquiète pas de mes hiboux, car ils sont, depuis longtemps, mes seuls amis. Les hiboux entendent ma voix, et, par les soupiraux entr'ouverts du sépulcre où j'habite, je les renverrai aux créneaux avec tous leurs petits. Marche, marche toujours! Mais, viens, et ne tarde pas... Viendras-tu?

— Si j'irai? s'écria Sergy. Oh! plutôt la mort éternelle que de ne pas te suivre partout!...

— Qui m'aime me suive, répondit Inès en poussant un éclat de rire effrayant.

Au même instant, elle ramassa son linceul, et nous ne la vîmes plus; l'obscurité des parties éloignées de la salle nous l'avait cachée déjà pour toujours.

Je me jetai au-devant de Sergy, et je le saisis fortement. Boutraix, rendu à lui par le péril de son camarade, était venu me seconder. Bascara lui-même se leva.

— Monsieur, dis-je à Sergy, comme votre aîné, comme votre ancien de service, comme votre ami, comme votre capitaine, je vous défends de faire un pas! Ne vois-tu pas malheureux, que tu es ici responsable de notre vie à tous? Ne vois-tu pas que cette femme, trop séduisante, hélas! n'est que le magique instrument dont se sert une troupe de bandits cachée dans cet affreux repaire, pour nous séparer et pour nous perdre? Oh! si tu étais seul et libre de disposer de toi-même, je comprendrais ton funeste égarement, et je ne pourrais que te plaindre; Inès a tout ce qu'il faut pour justifier un pareil sacrifice. Mais songe qu'on n'espère nous réduire qu'en nous isolant, et que si nous devons mourir ici, nous devons mourir autrement que dans une embûche grossière, en vendant cher notre vie aux assassins! Sergy, tu nous appartiens avant tout, tu ne nous quitteras pas!

Sergy, dont la raison paraissait combattue par une foule

de sentiments contraires, me regarda fixement, et tomba sans force sur son fauteuil.

— A nous, maintenant, messieurs, continuai-je en tournant péniblement la porte sur ses gonds rouillés. Amassons ces vieux meubles en barricades pour nous en faire un rempart. Pendant qu'il s'ébranlera sous une attaque presque infaillible, nous aurons le temps de nous mettre sur nos gardes et de tenir nos armes prêtes. Nous sommes en état de résister à vingt brigands, et je doute qu'ils soient ici.

— J'en doute aussi, dit Boutraix, quand ces précautions furent prises, et que nous nous retrouvâmes autour de la table près de laquelle s'était enfin assis Bascara, un peu rassuré par notre air de résolution. Les mesures dont le capitaine vient de s'aviser sont conseillées par la prudence, et le guerrier le plus intrépide ne fait rien d'indigne de sa bravoure en se mettant à l'abri des surprises; mais l'idée qu'il se forme de ce château me paraît dénuée de toute vraisemblance ; une bande de scélérats n'occuperait pas impunément, au temps où nous vivons, sous la terreur de nos armes, et au milieu de l'activité infatigable de notre police, les ruines d'un vieux bâtiment à une demi-lieue d'une grande ville. C'est une chose plus impossible que toutes celles dont nous avons nié tantôt la possibilité.

— En vérité, lui dis-je en raillant ; pensez-vous, Boutraix, que Voltaire et Piron seraient de cet avis ?

— Capitaine, répliqua-t-il avec une froide dignité dont je ne l'aurais jamais cru capable, et que lui inspirait sans doute la nature des idées nouvelles auxquelles son esprit commençait à s'ouvrir, — l'ignorance et la présomption de mes jugements méritaient cette ironie, et je ne m'en offenserai point. J'imagine que Voltaire et Piron n'expliqueraient guère mieux que moi ce qui s'est passé tout à l'heure sous nos yeux; mais, quoi qu'il en soit de cet événement et de tout ce qui peut le suivre, vous me permettrez de penser que les ennemis auxquels nous avons affaire maintenant n'ont pas besoin de trouver des portes ouvertes.

— Ajoutez à cela, dit Bascara, qu'un semblable expédient est indigne des voleurs les plus maladroits. Vous envoyer cette Inès si bien apprise, que vous regardez comme leur complice, c'était éveiller votre attention et non pas la distraire. Leur supposerez-vous la pensée qu'il ait pu se trouver un homme assez fou (j'en demande bien pardon au seigneur Sergy) pour suivre un fantôme dans une tombe ; et s'il est impossible de compter sur un pareil résultat, à quoi bon les frais de cette prodigieuse apparition, qui n'aurait servi qu'à vous avertir ? N'était-il pas plus naturel de vous laisser passer la première partie de la nuit dans l'aveuglement d'une folle confiance, et d'attendre le moment où, surpris par le sommeil et par le vin, vous ne leur donneriez plus que la peine de vous égorger sans péril, si vos dépouilles, assez légères et plus propres à les déceler qu'à les enrichir, eussent offert un appât bien tentant à leur cupidité ? Je ne vois, quant à moi, dans cette explication, que l'effort d'un esprit incrédule qui s'obstine contre l'évidence et qui aime mieux croire aux calculs de sa fausse prudence qu'aux miracles de Dieu.

— Fort bien, repris-je, seigneur Bascara, on ne saurait mieux raisonner, et je reviens à votre avis. Mais si cette explication n'est pas bonne, êtes-vous sûr que je ne vous en tiens pas une autre en réserve ? Vos sens paraissent assez reposés maintenant pour l'entendre, et le calme parfait qui a succédé à vos terreurs, si promptement dissipées, me fournira, au besoin, une preuve de plus. Vous êtes comédien, seigneur Bascara, et très bon comédien, je vous en réponds ; vous l'avez mieux prouvé cette nuit que vous fîtes jamais à Gironne. Cette merveilleuse cantatrice, cette danseuse incomparable que vous tenez probablement en réserve pour l'ouverture du théâtre de Barcelone, ne la connaissez-vous pas ? N'aurait-il pas été piquant d'en faire l'essai, dans une scène admirablement conduite, sur la sensibilité irritable de trois amateurs passionnés, dont l'enthousiasme peut servir de garantie à vos succès à venir ? Votre vanité espagnole ne se serait-elle pas amusée en même temps, avec trop de complaisance, à l'espoir d'inspirer quelque mouvement d'inquiétude et de crainte à trois officiers français ? Qu'en dites-vous, monsieur ?

— Ah ! ah ! dit Boutraix souriant et achevant de vider son verre, car il ne cherchait encore qu'un prétexte à redevenir un grand philosophe comme autrefois; qu'en dites-vous, mauvais plaisant ?...

Sergy, qui n'était pas sorti jusqu'alors de son abattement rêveur, releva vers nous un œil moins triste et moins égaré. L'idée de retrouver Inès sur la terre des vivants avait apporté quelque adoucissement à sa douleur ; il entrevoyait l'espérance de la rappeler parmi nous et de la revoir encore. Il écouta.

Bascara haussa les épaules.

— Permettez, continuai-je en lui prenant la main ; cette plaisanterie n'est pas d'assez mauvais goût pour nous irriter, et nous y avons pris trop de plaisir pour vous en faire un crime. J'ajouterai même, sans crainte d'être démenti par mes camarades, que chacun de nous paiera volontiers sa place à la répétition ; maintenant, la comédie est jouée, et vous nous en devez le secret comme à d'honnêtes gens qu'on ne mystifie pas impunément, et dans lesquels un homme tel que vous est heureux de trouver des amis. Expliquez-vous avec franchise, détruisons ces barricades ridicules, et faites rentrer Inès ! Je vous préviens que toute réticence prolongée au delà des bornes que notre politesse a bien voulu y mettre deviendrait une injure sanglante, et que vous paieriez chèrement ! Pourquoi ne répondez-vous pas ?

— Parce qu'il est inutile de répondre, dit Bascara. Un seul moment de réflexion vous aurait épargné la peine de m'interroger. Je m'en rapporte à vous-même.

— Réellement, monsieur ! Mais encore ? Il me semble que j'ai été assez précis.

— De la précision soit, répliqua Bascara. Mais la vraisemblance, où est-elle ? Écoutez plutôt. N'est-il pas vrai que vous m'avez rencontré ce matin dans la voiture d'Estevan ? n'est-il pas vrai que vous y avez pris place à côté de moi ? n'est-il pas vrai que je ne pouvais vous y attendre ? n'est-il pas vrai que je ne vous ai pas quitté un moment depuis ?

— Cela est vrai, dit Sergy.

— Cela est vrai, dit Boutraix.

— Continuons, dit Bascara. La tempête inopinée qui nous a surpris en sortant de Gironne, avais-je pu la prévoir ? avais-je pu prévoir que nous n'arriverions pas aujourd'hui à Barcelone ? avais-je prévu que l'auberge de Mattaro serait pleine ? avais-je prévu que vous formeriez le projet téméraire de coucher dans ce château de Ghismondo dont le seul aspect fait dresser les cheveux sur la tête des voyageurs ? n'ai-je pas combattu cette résolution de toutes mes forces, et suis-je venu ici autrement qu'en cédant presque à la force ?

— Cela est vrai, dit Boutraix.

— Cela est vrai, dit Sergy.

— Attendez, continua Bascara. Dans quel dessein aurais-je organisé cette prodigieuse intrigue ? Dans le dessein d'essayer sur trois officiers de la garnison de Gironne les débuts d'une cantatrice, d'une danseuse comme celle que vous venez de voir. (Il vous plaît de l'appeler ainsi, et je ne m'y oppose pas.) Vraiment, mes seigneurs, vous faites trop d'honneur à la munificence d'un pauvre régisseur de province, en supposant qu'il donne de pareilles représentation *gratis*. Oh ! si j'avais une actrice comme Inès (la miséricorde du Seigneur puisse-t-elle descendre sur elle !) je me garderais bien de l'exposer à gagner un rhume mortel sous les voûtes humides de ce château de malédiction, ou une entorse dans leurs ruines. Je me garderais bien de la conduire à Barcelone, où il n'y a pas d'eau à boire depuis la guerre, quand elle ferait ma fortune dans une saison à la *Scala* de Milan, ou à l'Opéra de Paris. Et que dis-je, dans une saison ! dans une seule soirée, dans un seul air, dans un pas ! La Pédrina de Madrid, dont on a tant parlé, quoiqu'elle n'ait paru qu'une fois, et se réveilla, dit-on, le lendemain, avec les trésors de la couronne, la Pédrina elle-même pouvait-elle en approcher ?

Une chanteuse, vous l'avez entendue ! une danseuse qui n'a pas touché un instant le parquet de ses pieds !...

— Cela est vrai, dirent ensemble Sergy et Boutraix.

— Encore un mot, ajouta Bascara. Mon calme subit vous a surpris, et pourquoi pas, puisqu'il m'a étonné moi-même ? Je le comprends, maintenant. L'impatience avec laquelle Inès s'est retirée annonçait que le moment de l'apparition était fini, et cette idée a soulagé mon esprit. Quant à la raison pour laquelle les trois damnés n'ont pas paru comme à l'ordinaire, c'est une question plus difficile, mais à laquelle je ne prends d'autre intérêt que celui de la charité chrétienne. Elle conserve plus particulièrement, selon toute apparence, ceux qui les ont représentés.

— Alors, dit Boutraix, que Dieu veuille prendre pitié de nous !

— Étrange mystère ! m'écriai-je en frappant la table du poing, car je m'étais rendu à ces raisons. Qu'est-ce donc, je vous le demande, que nous avons vu tout à l'heure ?...

— Ce que les hommes voient très rarement dans cette vie, répondit Bascara, son rosaire à la main, ce qu'un très grand nombre d'hommes ne verront pas dans l'autre, une âme du purgatoire.

— Messieurs, repris-je avec assez de fermeté, il y a ici un secret qu'aucune intelligence humaine ne peut pénétrer. Il est caché sans doute dans quelque fait naturel dont l'explication nous arracherait un sourire, mais qui échappe à la portée de notre raison. Quoi qu'il en soit, il nous importe à tous de ne pas prêter l'autorité de notre témoignage à des superstitions indignes du christianisme comme de la philosophie. Il nous importe surtout de ne pas compromettre l'honneur de trois officiers français dans le récit d'une scène fort extraordinaire, j'en conviens, mais dont l'énigme dévoilée tôt ou tard risquerait fort de nous livrer, un jour, à la dérision publique. Je jure ici sur l'honneur et j'attends de vous le serment de ne jamais parler en toute ma vie de ce qui s'est passé cette nuit, tant que les causes de ce bizarre événement ne me seront pas clairement connues.

— Nous le jurons aussi, dirent Sergy et Boutraix.

— Je prends le divin Jésus à témoin, dit Bascara, par la foi que j'ai en sa sainte Nativité dont on célèbre à l'heure qu'il est la glorieuse commémoration, de n'en jamais parler qu'à mon directeur, sous le sceau du sacrement de la Pénitence ; et que le nom du Seigneur soit célébré dans tous les siècles !

— *Amen*, reprit Boutraix en l'embrassant avec une effusion sincère. Je vous prie, mon cher frère, de ne pas m'oublier dans vos prières, car je ne sais malheureusement plus les miennes...

La nuit s'avançait. Un sommeil inquiet vint nous surprendre tour à tour. Je n'ai pas besoin de vous dire de quels rêves il fut agité. Le soleil se leva enfin dans un ciel plus pur que nous n'aurions pu l'espérer la veille, et, sans nous dire un seul mot, nous gagnâmes Barcelone, où nous fûmes arrivés de bonne heure.

— Et puis après ? demanda Anastase.

— Après ? Qu'entends-tu par là, je te prie ? Le conte n'est-il pas fini ?

— Je ne sais pourquoi il me semble qu'il y manque quelque chose encore, dit Eudoxie.

— Que voulez-vous que je vous dise ? Deux jours après, nous étions de retour à Gironne, où nous attendait un ordre de départ pour le régiment. Les revers de la Grande Armée forçaient l'Empereur à réunir l'élite de ses troupes dans le Nord. Je m'y retrouvai avec Boutraix, qui était devenu dévot depuis qu'il avait parlé en propre personne à une âme du purgatoire, et avec Sergy, qui n'avait plus changé d'amour depuis qu'il était tombé amoureux d'un fantôme. Au premier feu de la bataille de Lutzen, Sergy était à côté de moi. Il fléchit tout à coup et laissa reposer sa tête, frappée d'un plomb mortel, sur le cou de mon cheval.

— Inès, murmura-t-il, je vais te rejoindre ! Et il rendit le dernier soupir.

Quelques mois plus tard, l'armée rentra en France, où d'inutiles prodiges de valeur retardèrent, sans l'empêcher, la chute inévitable de l'Empire. La paix se fit alors, et un grand nombre d'officiers déposèrent pour jamais les armes. Boutraix s'enferma dans un cloître où je pense qu'il est encore; je me retirai dans l'héritage de mes pères, que je n'ai pas envie de quitter. Voilà tout.

— Ce n'est pas là, dit Anastase d'un air boudeur, toute l'histoire d'Inès. Tu dois en avoir su davantage ?

— Cette histoire est très complète dans son genre, répondis-je. Vous m'avez demandé une histoire de revenant, et c'est une histoire de revenant que je vous ai racontée, ou bien il n'en fut jamais. Tout autre dénouement serait vicieux dans mon récit, car il en changerait la nature.

— Mauvaise défaite, dit le substitut. Vous cherchez à vous sauver d'une explication par une subtilité. Raisonnons un peu, s'il vous plaît, car la logique est de mise partout, même dans les contes de revenant. Vous avez pris avec vos camarades l'engagement solennel de garder un silence absolu sur l'événement de la nuit de Noël, tant que le fait de l'apparition ne vous serait pas clairement expliqué; vous vous êtes même soumis à cette obligation par serment, et je m'en souviens bien; car je n'ai dormi qu'au commencement de la narration, qui, par parenthèse, traînait quelque peu en longueur. Or, vous n'avez pu être dégagé de cette espèce de contrat synallagmatique (c'est ainsi qu'on l'appelle en droit) que par l'éclaircissement conditionnel sur lequel il était fondé; à moins qu'il ne vous plaise de supposer que vous en avez été affranchi par la mort de l'un des contractants et par l'entrée en profession de l'autre, laquelle peut être considérée, à la vérité, comme une espèce de mort; mais je vous préviens que ce déclinatoire ne peut être admis dans l'espèce, ce que je vous prouverai à loisir si vous persistez dans vos conclusions. Donc vous êtes dans le cas flagrant d'infraction à l'engagement contracté, si la condition qui le résout n'a pas été accomplie.

— Je vous prie, monsieur le substitut, répliquai-je, de m'épargner ce procès, à moi qui n'en eus de ma vie. Je suis parfaitement en règle sur les termes de mon contrat, que j'aurais pu me dispenser d'alléguer, si je n'avais pas voulu tout dire. Mais l'histoire qu'on réclame, c'est une autre histoire ; la pendule marque minuit et davantage : voulez-vous me permettre de laisser le mot du logographe suspendu pendant un mois, comme celui du vieux *Mercure de France ?*

— J'estime, reprit le substitut, qu'il peut y avoir lieu à ajourner, si cela convient à ces dames.

— D'ici là, continuai-je, votre imagination peut s'évertuer à chercher l'explication que je lui promets. Je vous avertis toutefois que c'est ici une histoire véritable, du commencement à la fin, et qu'il n'y a dans tout ce que je vous ai raconté ni supercherie, ni mystification, ni voleurs...

— Ni revenant ? dit Eudoxie.

— Ni revenant, repartis-je en me levant et en prenant mon chapeau.

— Ma foi, tant pis ! dit Anastase.

II

— Mais si ce n'était pas une véritable apparition, dit Anastase aussitôt que je fus assis, apprends-nous ce que c'était ? Il y a un mois que j'y réfléchis, sans trouver d'explication raisonnable à ton histoire.

— Ni moi non plus, dit Eudoxie.

— Je n'ai pas eu le temps d'y penser, dit le substitut ; mais autant que je m'en souviens, cela tirait furieusement au fantastique.

— Il n'y a cependant rien de plus naturel, répondis-je, et tout le monde a entendu raconter ou vu de ses propres yeux des choses plus extraordinaires que celles qui me restent à vous apprendre, si vous êtes disposés à m'écouter encore une fois.

Le cercle se resserra un peu, car dans les longues veillées d'une petite ville on n'a rien de mieux à faire que de prêter l'oreille à des contes bleus pour attendre le sommeil. — J'entrai en matière

Je vous ai dit que la paix était faite, que Sergy était mort, que Boutraix était moine, et que je n'étais plus rien qu'un petit propriétaire à son aise. Les arrérages de mes revenus m'avaient rendu opulent, et un héritage qui arriva sur le tout m'enrichit d'un superflu ridicule. Je résolus de le dépenser en voyages d'instruction et de plaisirs, et j'hésitai un moment sur le choix du pays que j'irais visiter; mais ce ne fut qu'une feinte de ma raison qui luttait contre mon cœur. Mon cœur me rappelait à Barcelone, et ce roman formerait, si c'était ici sa place, un accessoire beaucoup plus long que le principal. Ce qu'il y a de certain, c'est qu'une lettre de Pablo de Clauza, le plus cher des amis que j'eusse laissés en Catalogne, acheva de me décider. Pablo épousait Léonore, Léonore était la sœur d'Estelle, et cette Estelle dont je vous parlerai peu était l'héroïne du roman dont je ne vous parlerai pas.

J'arrivai trop tard pour la noce; elle était faite depuis trois jours, mais elle se continuait, suivant l'usage, en fêtes qui se prolongent quelquefois au delà des douceurs de la lune de miel. Il n'en devait pas être ainsi dans la famille de Pablo, qui était digne d'être aimé d'une femme parfaitement aimable, et qui est heureux aujourd'hui comme il espérait l'être alors. Cela s'est vu de temps en temps; mais il ne faut pas s'y fier. Estelle m'accueillit comme un ami regretté qu'on désirait de revoir, et mes rapports avec elle ne m'avaient pas donné lieu d'en attendre davantage, surtout après deux ans d'absence, car ceci se passait en 1814, dans l'intervalle de cette courte paix européenne qui sépara la première Restauration du 20 mars.

— Nous avons dîné de meilleure heure qu'à l'ordinaire, dit Pablo en rentrant dans le salon où j'avais ramené sa femme; le souper nous dédommagera; mais il fallait laisser une heure aux soins de la toilette, et il n'y a personne ici qui ne veuille assister, dans les loges que j'ai retenues, à la représentation peut-être unique de la Pedrina. Cette virtuose est si fantasque! Dieu sait si elle ne nous échappera pas demain!

— La Pedrina ? dis-je par réflexion. Ce nom m'a déjà frappé une fois, et dans une circonstance assez mémorable pour que je n'en perde jamais le souvenir. N'est-ce pas cette chanteuse extraordinaire, cette danseuse encore plus extraordinaire, qui disparut de Madrid après une journée de triomphes, et dont on n'a jamais retrouvé les traces ? Elle justifie sans doute la curiosité dont elle est l'objet par des talents qui ne souffrent aucune comparaison sur aucun théâtre ; mais je t'avoue qu'un événement singulier de ma vie m'a tout à fait blasé sur ce genre d'émotions, et que je ne suis nullement curieux d'entendre ou de voir la Pedrina elle-même. Permets-moi d'attendre sur la Rambla l'heure de nous réunir.

— A ton aise, répliqua Pablo. Je croyais cependant qu'Estelle comptait sur toi pour l'accompagner ?

Estelle revint en effet, et s'approcha de moi au moment de partir. J'oubliais que je m'étais promis de ne jamais revoir une danseuse, de ne jamais entendre une cantatrice, après Inès de Las Sierras, mais je me croyais sûr, ce jour-là, de ne voir et de n'entendre qu'Estelle.

Je tins longtemps parole, et je serais fort embarrassé de dire ce qu'on joua d'abord. Le bruit même qui avait annoncé l'entrée de la Pedrina n'était pas parvenu à m'émouvoir : je restais calme et les yeux à demi voilés de ma main, quand le silence profond qui avait remplacé cette émotion passagère fut rompu tout à coup par une voix qu'il ne m'était pas possible de méconnaître. La voix d'Inès n'avait jamais cessé de résonner à mon oreille ; elle me poursuivait dans mes méditations, elle me berçait dans mes songes ; et la voix que j'entendais, c'était la voix d'Inès !

Je tressaillis, je poussai un cri, je m'élançai sur le devant de la loge, les regards arrêtés sur le théâtre. C'était Inès, Inès elle-même !

Mon premier mouvement fut de chercher, de recueillir autour de moi toutes les circonstances, tous les faits qui pouvaient me confirmer dans l'idée que j'étais à Barcelone, que j'étais à la comédie, que je n'étais pas comme tous les jours, depuis deux ans, la dupe de mon imagination ; qu'un de mes rêves habituels ne m'avait pas surpris. Je m'efforçai de me ressaisir à quelque chose qui pût me convaincre de la réalité de ma sensation. Je trouvai la main d'Estelle, et je la pressai avec force.

— Eh bien ! dit-elle en souriant, vous étiez si sûr d'être prémuni contre les séductions d'une voix de femme ! la Pedrina prélude à peine, et vous voilà hors de vous !...

— Êtes-vous certaine, Estelle, répliquai-je, que ce soit ici la Pedrina ! Savez-vous précisément si c'est une femme, une comédienne, ou si c'est une apparition ?

— En vérité, reprit-elle, c'est une femme, une comédienne extraordinaire, une chanteuse comme on n'en a jamais entendu, peut-être, mais je n'imagine pas que ce soit rien de plus. Votre enthousiasme, prenez-y garde, ajouta-t-elle froidement, a quelque chose d'inquiétant pour ceux qui vous aiment. Vous n'êtes pas le premier, dit-on, que sa vue aurait rendu fou, et cette faiblesse de cœur ne flatterait probablement ni votre femme, ni votre maîtresse.

En achevant ces paroles, elle retira tout à fait sa main, et je la laissai échapper ; la Pedrina chantait toujours.

Ensuite elle dansa, et ma pensée, emportée avec elle, se livra sans défense à toutes les impressions qu'elle voulait lui donner. L'ivresse universelle cachait la mienne, mais elle l'augmentait encore ; tout le temps qui s'était écoulé entre nos deux rencontres avait disparu à mes yeux, parce qu'aucune sensation du même genre et de la même puissance n'était venue me rappeler celle-là ; il me semblait que j'étais encore au château de Ghismondo, mais au château de Ghismondo agrandi, décoré, peuplé d'une foule immense, et les acclamations, qui s'élevaient de toutes parts, bruissaient dans mes oreilles comme des joies de démons. Et la Pedrina, possédée d'une frénésie sublime que l'enfer seul peut inspirer et entretenir, continuait à dévorer le parquet de ses pas, à fuir, à revenir, à voler, chassée ou ramenée par des impulsions invincibles, jusqu'à ce que, haletante, épuisée, anéantie, elle tomba entre les bras des comparses, en proférant avec une expression déchirante un nom que je crus entendre et qui retentit douloureusement dans mon cœur...

— Sergy est mort! m'écriai-je en pleurant à chaudes larmes, les bras étendus vers le théâtre...

— Vous êtes décidément fou, dit Estelle en me retenant à ma place, mais calmez-vous enfin ! elle n'y est plus.

— Fou! repris-je à part moi..., cela serait-il vrai? aurais-je cru voir ce que je n'ai pas vu? ce que j'ai cru entendre, ne l'entendais-je pas en effet? Fou, grand Dieu! séparé du genre humain et d'Estelle, par une infirmité qui me rendra la fable publique! Château fatal de Ghismondo, est-ce là le châtiment que tu réserves aux téméraires qui osent violer tes secrets? Heureux mille fois Sergy d'être mort dans les champs de Lutzen!

Je m'abîmais dans ces idées quand je sentis le bras d'Estelle se lier au mien pour sortir du spectacle.

— Hélas! lui dis-je en tremblant, car je commençais à revenir à moi, je dois vous faire pitié, mais je vous ferais plus de pitié encore, si vous connaissiez une histoire qu'il ne m'est pas permis de raconter ! Ce qui vient de se passer n'est pour moi que la prolongation d'une illusion terrible, dont ma raison ne s'est jamais totalement affranchie. Permettez-moi de rester seul avec mes pensées, et d'y remettre, autant que j'en suis capable, un peu d'ordre et de suite. Les plaisirs d'une douce conversation me sont interdits aujourd'hui; je serai plus calme demain.

— Tu seras demain comme il te plaira, dit Pablo, qui venait de saisir ces dernières paroles en passant auprès de nous, mais tu ne nous quitteras certainement pas ce soir. Au reste, ajouta-t-il, je compte plus, pour t'y décider, sur les instances d'Estelle que sur les miennes.

— Serait-il vrai, reprit-elle, et consentiriez-vous à nous donner le temps que vous destinez sans doute à vous occuper de la Pedrina ?

— Au nom de Dieu, m'écriai-je, ne prononcez plus ce nom, chère Estelle, car le sentiment que j'éprouve ne ressemble à aucun des sentiments que vous pourriez soupçonner, si ce n'est peut-être à la terreur. Pourquoi faut-il que je ne puisse pas m'expliquer davantage?

Il avait fallu céder. Je m'étais assis au souper sans y prendre part, et, comme je m'y attendais, on n'avait parlé que de la Pedrina.

— L'intérêt que cette femme extraordinaire vous inspire, dit tout à coup Pablo, a quelque chose de si exalté que l'on comprendrait à peine la possibilité de l'augmenter encore. Que serait-ce donc pourtant, si vous connaissiez ses aventures, dont une partie s'est, à la vérité, passée à Barcelone, mais dans un temps où la plupart d'entre nous n'y étaient pas établis! Vous seriez obligés de convenir que les malheurs de la Pedrina ne sont pas moins surprenants que ses talents.

Personne ne répondit, car on écoutait; et Pablo, qui s'en aperçut, continua ainsi:

— La Pedrina n'appartient point à la classe d'où sont ordinairement ses pareils, et dans laquelle se recrutent ces troupes nomades que leur destinée dévoue aux plaisirs de la multitude. Son nom véritable a été porté, dans des temps reculés, par une des familles les plus illustres de la vieille Espagne. Elle s'appelle Inès de Las Sierras.

— Inès de Las Sierras! m'écriai-je en me levant de ma place dans un état d'exaltation difficile à décrire; Inès de Las Sierras! Il est donc vrai? Mais, sais-tu, Pablo, ce que c'est qu'Inès de Las Sierras? sais-tu d'où elle vient, et par quel effrayant privilège elle se fait entendre sur un théâtre?

— Je sais, dit Pablo en souriant, que c'est une rare et infortunée créature, dont la vie mérite au moins autant de pitié que d'admiration. Quant à l'émotion que te cause son nom, elle ne saurait m'étonner, car il est probable qu'il t'a frappé plus d'une fois dans les lamentables complaintes de nos *Romanceros*. L'histoire qu'il retrace à la mémoire de notre ami, poursuivit-il en s'adressant au reste des assistants, est une de ces traditions populaires du moyen âge, qui furent probablement fondées sur quelques faits réels, ou sur quelques apparences spécieuses, et qui se sont maintenues de génération en génération dans le souvenir des hommes, jusqu'au point d'acquérir une espèce d'autorité historique. Celle-ci, quoi qu'il en soit, jouissait déjà d'un grand crédit au XVIe siècle, puisqu'elle força la puissante famille de Las Sierras à s'expatrier avec tous ses biens, et à profiter des nouvelles découvertes de la navigation, pour transporter son domicile dans le Mexique. Ce qu'il y a de certain, c'est que la fatalité tragique dont elle était poursuivie ne se relâcha pas de sa rigueur dans d'autres climats. J'ai entendu assurer souvent que depuis trois cent sans tous ses chefs sont morts par l'épée.

« Au commencement du siècle dont nous parcourons la quatorzième année, le dernier des nobles seigneurs de Las Sierras vivait encore à Mexico. La mort venait de lui enlever sa femme, et il ne restait qu'une fille âgée de six ou sept ans, qu'il avait nommée Inès. Jamais des facultés plus brillantes ne s'étaient annoncées dans un âge plus tendre, et le marquis de Las Sierras n'épargna rien pour la culture de ces dons précieux qui promettaient tant de gloire et tant de bonheur à sa vieillesse. Trop heureux en effet, si l'éducation de sa fille unique avait pu absorber tous ses soins et toutes ses affections; mais il sentit bientôt le funeste besoin de remplir d'un autre sentiment encore le vide profond de son cœur. Il aima, il crut être aimé, il s'enorgueillit de son choix; il fit plus: il se félicita de donner une autre mère à sa belle Inès, et lui donna une implacable ennemie. La vive intelligence d'Inès ne tarda pas à saisir toutes les difficultés de sa nouvelle position. Elle comprit bientôt que les arts, qui n'avaient été jusque-là pour elle qu'un objet de distraction et de plaisirs, pouvaient devenir un jour sa seule ressource. Elle s'y livra dès lors avec une ardeur qui fut couronnée par des succès sans exemple, et au bout d'un très petit nombre d'années, elle ne trouva plus de maîtres. Le plus habile et le plus présomptueux des siens se serait honoré d'en recevoir des leçons: mais elle paya cher ce glorieux avantage, s'il est vrai que, dès cette époque, sa raison, si pure et si brillante, vaincue par des fatigues obstinées, parut s'altérer graduellement, et que des égarements momentanés aient commencé à trahir le désordre de son intelligence, au moment où elle semblait n'avoir plus rien à acquérir.

« Un jour, le corps inanimé du marquis de Las Sierras fut rapporté dans son hôtel. Il avait été trouvé, percé de coups, dans un endroit écarté, où il ne s'était présenté d'ailleurs aucune circonstance qui fût propre à jeter quelque lumière sur le motif et l'auteur de ce cruel assassinat. La voix publique ne tarda cependant pas à désigner un coupable. Le père d'Inès n'avait point d'ennemi connu, mais avant son second mariage il avait eu un rival signalé dans Mexico par l'ardeur de ses passions et la violence de son caractère. Tout le monde le nomma dans l'intimité de sa pensée; mais ce soupçon universel ne put être converti en accusation, parce qu'il n'était justifié par aucun commencement de preuve. Toutefois les conjectures de la multitude acquirent une nouvelle force quand on vit la veuve de la victime passer, au bout de quelques mois, dans les bras de l'assassin, et si rien ne les a éclairées depuis rien du moins n'en a diminué l'impression. Inès resta donc solitaire dans la maison de ses aïeux, entre deux personnes qui lui étaient également étrangères, qu'un instinct secret lui rendait également odieuses, et auxquelles la loi avait aveuglément confié l'autorité par laquelle elle supplée à celle de la famille. Les atteintes qui avaient quelquefois menacé sa raison se multiplièrent alors d'une manière effrayante, et personne n'en fut surpris, quoiqu'on ignorât généralement la moitié de ses malheurs.

« Il y avait à Mexico un jeune Sicilien qui se faisait nommer Gaëtano Filippi, et dont la vie antérieure semblait cacher quelque mystère suspect. Une légère teinture des arts, un habit séduisant, mais frivole, des manières élégantes qui trahissaient l'étude et l'affectation, ce vernis de politesse que les honnêtes gens doivent à leur éducation, et les intrigants au commerce du monde, lui avaient ouvert l'accès de la haute société que la dépravation de ses mœurs aurait dû lui interdire. Inès, à peine âgée de seize ans, était trop ingénue et trop exaltée à la fois pour pénétrer au-dessous de cette écorce trompeuse. Elle prit le trouble de ses sens pour la révélation d'un premier amour.

« Gaëtano n'était pas embarrassé par la difficulté de se faire connaître sous des titres avantageux; il savait l'art de se procurer ceux dont il avait besoin, et de leur donner toute l'apparence d'authenticité nécessaire pour fasciner les yeux les plus habiles et les plus expérimentés. Ce fut en vain, cependant, qu'il demanda la main d'Inès. La marâtre de cette infortunée avait formé le projet de s'assurer de sa fortune; et il est probable qu'elle n'aurait pas été scrupuleuse sur le choix des moyens. Son mari la seconda de son côté avec un zèle dont il lui déroba sans doute le mobile secret. Le misérable était amoureux de sa pupille, il avait osé le lui déclarer quelques semaines auparavant, et il se promettait de la séduire. C'était là le chagrin profond qui aggravait si cruellement, depuis quelque temps, les mortels chagrins d'Inès.

« Il en était de l'organisation d'Inès comme de toutes celles que le génie favorise à un degré supérieur. Elle joignait à l'élévation d'un talent sublime la faiblesse d'un caractère qui ne demande qu'à se laisser conduire. Dans la vie de l'intelligence et de l'art, c'était un ange. Dans la vie commune et pratique, c'était un enfant. La simple apparence d'un sentiment bienveillant captivait son cœur, et quand son cœur était soumis, il ne restait point d'objections à sa raison. Cette disposition de l'esprit n'a rien de funeste, quand il se trouve placé dans d'heureuses circonstances, et sous une sage direction : mais le seul être dont Inès pût reconnaître l'empire dans le triste isolement où la mort de son père l'avait laissée, n'agissait sur elle que pour la perdre ; et c'est là un de ces horribles secrets que l'innocence ne soupçonne point! Gaëtano la décida, presque sans efforts, à un enlèvement dont il faisait dépendre le salut de sa maîtresse. Il n'eut guère plus de peine à convaincre Inès que tout lui appartenait, d'un droit légitime et sacré, dans l'héritage de ses ancêtres ; ils disparurent ; et, au bout de quelques mois, abondamment munis d'or, de bijoux, de diamants, ils étaient tous deux à Cadix.

« Ici le voile se souleva ; mais les yeux d'Inès, encore éblouis par les fausses lueurs de l'amour et du plaisir, se refusèrent longtemps à voir la vérité tout entière. Cependant, le monde au milieu duquel Gaëtano l'avait jetée, l'effrayait quelquefois par la licence de ses principes ; elle s'étonnait que le passage d'un hémisphère à l'autre pût produire de si étranges différences dans le langage et dans les mœurs ; elle cherchait, en tremblant, une pensée qui répondît à la sienne dans cette foule de bateleurs, de libertins et de courtisans qui composaient sa société habituelle, et elle ne la trouvait pas. Les ressources passagères qu'elle devait à une action sur laquelle sa conscience n'était pas tout à fait rassurée, commençaient d'ailleurs à lui échapper, et la tendresse hypocrite de Gaëtano semblait diminuer avec elles. Un jour, elle le demanda inutilement à son réveil, elle l'attendit inutilement la nuit suivante ; le lendemain, elle passa de l'inquiétude à la crainte, et de la crainte au désespoir ; l'affreuse réalité vint enfin mettre le comble à ses misères. Il était parti, après l'avoir dépouillée de tout, parti avec une femme ; il l'avait abandonnée, pauvre, déshonorée, et, pour dernier malheur, livrée à son propre mépris. Ce ressort de noble fierté qui réagit contre l'infortune dans une âme sans reproche, finit de se rompre dans celle d'Inès. Elle avait pris le nom de Pedrina pour se soustraire aux recherches de ses indignes parents. « Pedrina, soit ! dit-elle avec une résolution amère ; honte et ignominie sur moi, puisque ainsi l'a voulu ma destinée ! » Et elle ne fut plus que la Pedrina.

« Vous comprendrez facilement que je cesse de la suivre dans tous les détails de sa vie ; elle ne les a pas donnés. Nous ne la retrouverons qu'à ce mémorable début de Madrid, qui la plaça si promptement au premier rang des virtuoses les plus célèbres. L'enthousiasme fut si véhément et si passionné, que la ville entière retentit des applaudissements du théâtre, et que la foule qui l'avait accompagnée jusque chez elle de ses acclamations et de ses couronnes, ne consentit à se dissiper qu'après l'avoir revue une fois encore à une des croisées de son appartement. Mais ce n'était pas le seul sentiment qu'elle eût excité. Sa beauté, qui n'était, en effet, pas moins remarquable que ses talents, avait produit une impression profonde sur un personnage illustre, qui tenait alors entre ses mains une partie des destinées de l'Espagne, et que vous me permettrez de ne pas désigner autrement, soit parce que cette anecdote de la vie privée n'est pas suffisamment éclaircie par ma conscience d'historien, soit parce qu'il me répugne d'ajouter une faiblesse, d'ailleurs assez excusable, aux torts vrais ou faux dont la mobile opinion du peuple accuse toujours les rois déchus. Ce qu'il y a de certain, c'est qu'elle ne reparut plus sur la scène, et que toutes les faveurs de la fortune s'accumulèrent, en peu de jours, sur cette aventurière obscure dont les provinces voisines avaient vu, pendant un an, la honte et la misère. On ne parla plus que de la variété de ses toilettes, que de la richesse de ses bijoux, que du luxe de ses équipages ; et, contre l'ordinaire, on lui pardonna cependant assez facilement cette opulence soudaine, parce qu'il y avait très peu d'hommes parmi ses juges qui ne se fussent trouvés heureux de lui donner une fois davantage. Il faut ajouter à l'honneur de la Pedrina, que les trésors qu'elle devait à l'amour ne s'épuisèrent pas en fantaisies stériles. Naturellement compatissante et généreuse, elle chercha le malheur pour le réparer ; elle alla porter des secours et des consolations dans le triste réduit du pauvre et au chevet du malade ; elle soulagea toutes les infortunes avec une grâce qui ajoutait encore à ses bienfaits ; et, quoique favorite, elle se fit aimer du peuple. Cela est si aisé quand on est riche !

« Le nom de la Pedrina faisait trop de bruit pour ne pas parvenir jusqu'aux oreilles de Gaëtano, dans l'endroit obscur où il cachait sa honteuse vie. Le produit du vol et de la trahison, qui l'avait soutenu jusque-là, venait de manquer à ses besoins. Il regretta d'avoir méconnu les ressources qu'il pouvait tirer de l'avilissement de sa maitresse. Il osa concevoir le projet de réparer sa faute à quelque prix que ce fût, et même au prix d'un crime nouveau. C'était ce qui lui coûtait le moins. Il comptait sur une habileté trop souvent exercée pour lui inspirer quelque défiance. Il connaissait le cœur d'Inès, et le malheureux n'hésita pas à se présenter devant elle.

« La justification de Gaëtano paraissait impossible au premier abord, mais il n'y a rien d'impossible pour un esprit artificieux, surtout quand il est secondé par l'aveugle crédulité de l'amour ; et Gaëtano n'était pas seulement le premier homme qui eût fait palpiter le cœur d'Inès, il était le seul qu'elle eût aimé. Tous les agréments auxquels ses sens s'étaient abandonnés depuis avaient laissé son âme vide et indifférente ; et par un privilège fort rare, sans doute, mais qui n'est pas sans exemple, elle s'était perdue sans se corrompre. Le roman de Gaëtano, tout absurde qu'il fût, n'eut pas de peine à obtenir le crédit de la vérité. Inès avait besoin d'y croire pour retrouver quelque apparence de son bonheur évanoui, et cette disposition d'esprit se contente des moindres vraisemblances. Il est probable qu'elle n'osa pas même hasarder les objections qui se présentaient en foule à sa pensée, dans la crainte d'en rencontrer une qui resterait sans réponse. Il est si doux d'être trompé sur ce qu'on aime, quand on ne peut pas cesser d'aimer !

« Le perfide n'avait d'ailleurs négligé aucun de ses avantages. Il arrivait de Sicile où il était allé disposer sa famille à permettre son mariage. Il avait réussi. Sa mère elle-même avait daigné l'accompagner en Espagne, pour hâter le moment de voir une fille chérie dont elle s'était formé l'idée la plus flatteuse. Quelle horrible nouvelle l'attendait à Barcelone ! Le bruit des succès de la Pedrina lui était parvenu avec celui de son crime et de son ignominie. Était-ce là le prix qu'elle avait réservé à tant d'amour et à tant de sacrifices ? La première idée, le premier sentiment dont il se fût trouvé capable, était la résolution de mourir, mais sa tendresse l'avait encore emporté sur son désespoir. Il avait caché à sa mère son triste secret; il avait volé à Madrid pour parler à Inès, pour lui faire entendre, s'il en était temps encore, le cri de l'honneur et de la vertu; il était venu pour pardonner, et il pardonnait! Que vous dirai-je? Inès, noyée de larmes; Inès, égarée, palpitante, éperdue de remords, de reconnaissance et de joie, tomba aux pieds de l'imposteur; et l'hypocrisie triompha presque sans efforts d'un cœur trop sensible et trop confiant pour la deviner. Ce changement subit de rôle et de position, qui donnait au coupable tous les droits de l'innocence a peut-être de quoi étonner. Mais, demandez plutôt aux femmes! il n'y a rien de plus commun.

« Les soupçons d'Inès durent cependant se réveiller quand elle vit Gaëtano plus empressé à charger sur la voiture préparée pour leur départ, des trésors dont elle ne pouvait, sans rougir, se rappeler l'origine, qu'à l'enlever elle-même à ses criminelles amours. Inutilement elle insista pour tout abandonner. Elle ne fut pas entendue.

« Quatre jours après, une voiture de voyage s'arrêtait à Barcelone, devant l'hôtel de l'Italie. On en vit sortir un jeune homme élégamment vêtu, et une dame qui paraissait se dérober avec soin aux regards des voyageurs et des passants. C'était Gaëtano et la Pedrina. Un quart d'heure après, le jeune homme sortit, et se dirigea vers le port.

« L'absence de la mère de Gaëtano ne confirmait que trop les craintes qu'Inès avait commencé à concevoir. Il paraît qu'elle prit assez d'empire sur sa timidité pour les exprimer sans détours, quand il fût rentré dans son appartement. Il est du moins certain qu'une discussion violente s'éleva entre eux, dès le soir, et se renouvela plusieurs fois dans la nuit. Au point du jour, Gaëtano, pâle, défait, agité, fit transporter plusieurs caisses par les domestiques à bord d'un vaisseau qui devait mettre à la voile dans la matinée, et s'y rendit lui-même avec une cassette plus petite qu'il avait enveloppée dans les plis de son manteau. Arrivé au bâtiment, il congédia les gens qui l'avaient suivi, sous prétexte de quelques arrangements qui le retenaient encore, les paya largement de leurs peines, et leur recommanda de la manière la plus expresse de ne pas troubler le sommeil de Madame avant son retour. Cependant une grande partie de la journée s'écoula sans que l'étranger eût reparu. On apprit que le navire faisait route, et un des hommes qui avaient accompagné Gaëtano, troublé d'un sombre pressentiment, fut tenté de s'en assurer. Il vit disparaître les voiles à l'horizon.

« Le silence qui continuait à régner dans la chambre d'Inès, au milieu des bruits de la maison, devenait inquiétant. On s'assura que sa porte n'avait pas été fermée à l'intérieur, mais en dehors, et la clef n'était pas restée à la serrure. L'hôte ne balança point à l'ouvrir d'une double clef, et un spectacle horrible s'offrit à ses yeux. La dame inconnue était couchée sur son lit dans l'attitude d'une personne qui dort, et on aurait pu s'y tromper, si elle n'avait été baignée dans le sang. Elle avait eu le sein percé d'un coup de poignard pendant son sommeil, et l'arme de l'assassin était encore dans la blessure.

« Vous me pardonnerez facilement de n'avoir pas insisté sur ces épouvantables détails. Ils furent connus dans le temps de la ville tout entière. Ce qui est encore ignoré des personnes même que le sort de cette infortunée toucha le plus, car il y a peu de jours qu'elle est en état de recueillir et de mettre en ordre les souvenirs confus de son histoire, c'est que la malheureuse victime de ce forfait, c'est la sublime Pedrina dont Madrid ne perdra jamais la mémoire, et que la Pedrina, c'est Inès de Las Sierras.

« Je reviens à mon récit, continua Pablo. Les témoins accourus à cette scène d'horreur, et les médecins qu'on y avait appelés sur-le-champ, ne tardèrent point à reconnaître que la dame étrangère n'était pas morte. Des soins déjà tardifs, mais empressés, lui furent rendus avec tant de succès qu'on parvint à réveiller en elle le sentiment et la vie. Quelques jours cependant se passèrent dans des alternatives de crainte et d'espérance qui excitèrent vivement la sympathie publique. Un mois après, le rétablissement d'Inès paraissait tout à fait affermi : mais le délire qui s'était manifesté dès le moment qu'elle avait recouvré la parole, et qu'on attribuait alors à l'action d'une fièvre ardente, ne céda ni aux remèdes ni au temps. La pauvre créature venait d'être ressuscitée pour la vie physique, mais elle restait morte à la vie intelligente. Elle était folle.

« Une communauté de saintes femmes l'accueillit, et lui continua les sollicitudes attentives dont son état avait besoin. Objet de tous les égards d'une charité presque providentielle, on dit qu'elle les justifiait par une douceur à toute épreuve, car son aliénation n'avait rien de la fougue et de la violence qui caractérisent ordinairement cette affreuse maladie. Elle était d'ailleurs fréquemment interrompue par des intervalles lucides qui se prolongeaient plus ou moins, et qui donnaient de jour en jour un espoir plus fondé de sa guérison; ils devinrent assez fréquents pour qu'on se relâchât beaucoup de l'attention qu'on avait portée d'abord à ses moindres actions et à ses moindres démarches; on s'accoutuma peu à peu à la laisser abandonnée à elle-même pendant les longues heures de l'office, et elle mit cette négligence à profit pour s'évader : l'inquiétude fut grande et les recherches furent actives; leur résultat parut d'abord assez heureux pour promettre un succès prochain. Inès avait été remarquée dès les premiers jours de son voyage vagabond par l'incomparable beauté de ses traits, par la noblesse naturelle de ses manières, et aussi par le désordre intermittent de ses idées et de son langage. Elle l'avait été surtout par la singulière physionomie de son accoutrement, composé au hasard des restes élégants, mais flétris, de sa toilette de théâtre, lambeaux de quelque éclat et de peu de valeur que le Sicilien avait dédaigné de s'approprier, et dont l'assortiment bizarre, emprunté à l'appareil du luxe, faisait un contraste singulier avec le sac de toile grossière duquel Inès avait chargé son épaule pour y recevoir les charités du peuple. On suivit ainsi ses traces jusqu'à une petite distance de Mattaro; mais à cet endroit de la route, elles s'effacèrent totalement, et sur quelque point qu'on se dirigeât dans les alentours, il fut impossible de les retrouver. Inès avait disparu à tous les yeux deux jours avant Noël, et quand on se rappela la profonde mélancolie où son esprit paraissait plongé toutes les fois qu'il était parvenu à se dégager de ses ténèbres habituelles, on n'hésita pas à penser qu'elle avait mis fin elle-même à ses jours en se précipitant dans la mer. Cette explication se présentait si naturellement à l'esprit, qu'on fut à peine tenté d'en chercher une autre. L'inconnue était morte, et l'impression de cette nouvelle se fit sentir pendant deux jours. Le troisième jour, elle s'affaiblit comme toutes les impressions, et le lendemain on n'en parla plus.

« Il arriva dans ce temps-là quelque chose de fort extraordinaire qui contribua beaucoup à distraire les esprits de la disparition d'Inès et du dénouement tragique de ses aventures. Il existe aux environs de la ville où l'on avait perdu ses derniers vestiges un vieux manoir en ruines connu sous le nom de château de Ghismondo, dont le démon a, dit-on, pris possession depuis plusieurs siècles, et dans lequel la tradition lui fait tenir tous les ans un cénacle pendant la nuit de Noël.

« La génération actuelle n'avait rien vu qui fût capable de prêter quelque autorité à cette superstition ridicule, et on ne s'en inquiétait plus; mais des circonstances qui ne se sont jamais expliquées lui rendirent ses droits en 1812. Il n'y eut pas lieu de douter cette fois que le château maudit fût habité par des hôtes d'exception qui s'y livraient sans mystère à la joie des banquets. Une illumination splendide éclata dès minuit dans ses appartements si longtemps déserts, et porta dans les hameaux voisins l'inquiétude et l'effroi. Quelques voyageurs attardés, que le hasard conduisit sous ses murailles, entendirent des bruits de voix étranges et confuses auxquelles se mêlaient par moments des chants d'une douceur infinie. Les phénomènes d'une nuit orageuse, et telle que la Catalogne ne s'en rappelait point de pareille dans une saison aussi avancée, ajoutaient encore à la solennité de cette scène bizarre, dont la peur et la crédulité ne manquèrent pas d'exagérer les détails. Il ne fut bruit le lendemain et les jours suivants, à plusieurs lieues à la ronde, que du retour des esprits dans la maison de Ghismondo, et le concours de tant de témoignages qui s'accordaient sur les principales circonstances de l'évènement finit par inspirer à la police des alarmes assez fondées. En effet, les troupes françaises venaient d'être appelées de leurs garnisons pour aller fortifier au loin les débris de l'armée d'Allemagne, et l'instant pouvait paraître favorable au renouvellement des tentatives du vieux parti espagnol, qui commençait d'ailleurs à fermenter d'une manière très sensible dans nos départements mal soumis. L'administration, peu disposée à partager les croyances de la populace, ne vit donc dans ce prétendu conciliabule de démons fidèles à leur rendez-vous anniversaire, qu'une assemblée de conspirateurs tout prêts à déployer de nouveau le drapeau de la guerre civile. Elle ordonna une visite exacte du manoir mystérieux, et cette perquisition confirma, par des preuves évidentes, la vérité des bruits qui l'avaient rendue nécessaire. On retrouva tous les vestiges de l'illumination et du festin, et on put conjecturer, au nombre des bouteilles vides qui garnissaient encore la table, que les convives avaient été assez nombreux. »

A ce passage du récit de Pablo, qui me remettait en mémoire la soif inextinguible et les libations immodérées de Boutraix, je ne pus contenir un éclat de rire convulsif qui l'interrompit longtemps et qui contrastait d'une manière trop bizarre avec les dispositions où il m'avait vu au commencement de l'histoire, pour ne pas lui occasionner une vive surprise. Il me regarda donc fixement, en attendant que je fusse parvenu à réprimer l'essor de ma gaieté indiscrète, et me voyant plus calme, il continua :

— L'assemblée tenue par un certain nombre d'hommes, probablement armés, et certainement montés, car il était resté aussi des fourrages, était devenue une chose démontrée pour tout le monde ; mais aucun des conjurés ne fut trouvé au château, et on se mit inutilement sur leurs traces. Jamais le moindre éclaircissement n'est arrivé à l'autorité sur ce fait singulier, depuis l'époque même où il a cessé d'être répréhensible, et où il y aurait autant d'avantage à l'avouer qu'il y avait alors de nécessité à le taire. La troupe qui avait été chargée de cette petite expédition, se disposait à partir, quand un soldat découvrit dans un des souterrains une jeune fille étrangement vêtue, qui paraissait privée de la raison, et qui, loin de l'éviter, s'empressa de courir à lui, en prononçant un nom qu'il n'a pas retenu : « Est-ce toi ? lui cria-t-elle. Combien tu t'es fait attendre !... » — Amenée au grand jour et reconnaissant son erreur, elle se prit à fondre en larmes.

« Cette jeune fille, vous savez déjà que c'était la Pedrina. Son signalement, adressé quelques jours auparavant à toutes les autorités du littoral, leur était parfaitement présent. On s'empressa donc de la renvoyer à Barcelone, après lui avoir fait subir, dans un de ses moments lucides, un interrogatoire particulier sur l'événement inexplicable de la nuit de Noël; mais il n'avait laissé dans son esprit que des traces extrêmement confuses, et ses témoignages, dont on ne pouvait suspecter la sincérité, ne firent qu'augmenter les embarras déjà fort compliqués de l'information. Il parut seulement démontré qu'une préoccupation étrange de son imagination malade lui avait fait chercher dans le manoir des seigneurs de Las Sierras un asile garanti par les droits de la naissance; qu'elle s'y était introduite avec difficulté, en profitant de l'étroit passage que ses portes délabrées laissaient entre elles, et qu'elle y avait d'abord vécu de ses provisions, et, les jours suivants, de celles que les étrangers y avaient abandonnées. Quant à ceux-ci, elle paraissait ne point les connaître; et la description qu'elle faisait de leurs habillements, qui ne sont propres à aucune population vivante, s'éloignait tellement de toutes les vraisemblances, qu'on l'attribua sans hésiter aux réminiscences d'un songe dont son esprit confondait les traits avec ceux de la réalité. Ce qui semblait plus évident c'est qu'un des aventuriers ou des conjurés avait fait une vive impression sur son cœur, et que le seul espoir de le retrouver lui inspirait le courage de vivre encore. Mais elle avait compris qu'il était poursuivi, qu'il était menacé dans sa liberté, dans son existence peut-être, et les efforts les plus assidus, les plus obstinés, ne purent lui arracher le secret de son nom.

Ce dernier endroit de la narration de Pablo venait de me rappeler sous un aspect tout à fait nouveau le souvenir d'un ami dont j'avais reçu le dernier soupir. Mon sein se gonfla, mes yeux se remplirent de larmes, et j'y portai brusquement la main pour cacher mon émotion aux personnes qui m'entouraient. Pablo s'arrêta comme la première fois, et attacha sur moi ses regards avec une attention encore plus marquée. Je pénétrai facilement le sentiment qui l'occupait, et j'essayai de le rassurer par un sourire.

— Tranquillise ton cœur d'ami, lui dis-je avec expansion, sur les alternatives d'attendrissement et de gaieté que me fait éprouver ta singulière histoire. Elles n'ont rien que de naturel dans ma position, et tu en conviendras toi-même quand j'aurai pu les expliquer. Continue cependant, et pardonne-moi de t'avoir interrompu, car les aventures de la Pedrina ne sont pas finies.

— Il s'en faut de peu de chose, reprit Pablo. Elle fut ramenée dans son couvent, et placée sous une surveillance plus étroite. Un vieux médecin, très versé dans l'étude des maladies de l'esprit, que d'heureuses circonstances ont, depuis quelques années, conduit à Barcelone, entreprit sa guérison. Il s'aperçut d'abord qu'elle offrait de grandes difficultés, car les désordres d'une imagination blessée ne sont jamais plus graves, et, pour ainsi dire, plus incurables, que lorsqu'ils résultent d'une peine profonde de l'âme. Toutefois, il insista, parce qu'il comptait sur un auxiliaire qui se montre toujours habile à soulager la douleur, le temps qui efface tout, et qui est le seul éternel au milieu de nos plaisirs et de nos chagrins passagers. Il voulut y joindre la distraction et l'étude; il appela les arts au secours de sa malade, les arts qu'elle avait oubliés, mais dont l'impression ne tarda pas de se réveiller plus puissante que jamais dans cette admirable organisation. Apprendre, dit un philosophe, est peut-être se souvenir. Pour elle, c'était inventer. Sa première leçon fit passer les auditeurs de l'étonnement à l'admiration, à l'enthousiasme, au fanatisme. Ses succès s'étendirent avec rapidité; l'ivresse qu'elle faisait naître la gagna elle-même. Il y a des natures privilégiées que la gloire dédommage du bonheur, et cette compensation leur a été merveilleusement ménagée par la Providence; car le bonheur et la gloire se trouvent rarement ensemble. Enfin elle guérit et fut en état de se faire connaître de son bienfaiteur dont je tiens ce récit. Mais le retour de sa raison n'aurait été pour elle qu'un malheur nouveau, si elle n'eût retrouvé en même temps les ressources de son talent. Vous imaginez bien que les offres ne lui manquèrent pas, dès qu'on eut appris qu'elle était décidée à se consacrer au théâtre. Déjà dix villes différentes menaçaient de nous l'enlever, quand Bascara est parvenu à la voir hier et à l'engager dans sa troupe.

— Dans la troupe de Bascara? m'écriai-je en riant. Sois sûr qu'elle sait maintenant à quoi s'en tenir sur les redoutables conspirateurs du château de Ghismondo.

— C'est ce que tu vas nous faire comprendre, répondit Pablo, car tu parais fort au fait de ces mystères. Parle donc, je t'en prie.

— Il ne saurait, dit Estelle d'un ton piqué. C'est un secret qu'il ne peut révéler à personne.

— Cela était vrai il n'y a qu'un moment, repartis-je; mais ce moment a opéré un grand changement dans mes idées et dans mes résolutions. Je viens d'être dégagé de mon serment.

Je n'ai pas besoin de vous dire que je racontai alors ce que je vous racontais il y a un mois, et ce que vous me dispensez sans peine de vous raconter aujourd'hui, même quand vous n'auriez pas un souvenir bien présent de ma première histoire. Je ne suis pas capable de lui prêter assez d'attrait pour la faire écouter deux fois.

— Vous êtes du moins assez logicien, dit le substitut, pour en tirer quelque induction morale, et je vous déclare que je ne donnerais pas un fétu de la nouvelle la plus piquante, s'il n'en résultait aucun enseignement pour l'esprit. Le bon Perrault, votre maître, savait faire sortir de ses contes les plus ridicules de saines et graves moralités.

— Hélas! repris-je en levant les mains au ciel, de qui me parlez-vous là? D'un des génies les plus transcendants qui aient éclairé l'humanité depuis Homère! Oh! les romanciers de mon temps et les faiseurs de contes eux-mêmes n'ont pas la prétention de lui ressembler. Je vous dirai même entre nous qu'ils se tiendraient fort humiliés de la comparaison. Ce qu'il leur faut, mon cher substitut, c'est la renommée quotidienne qu'on obtient avec de l'argent, et l'argent qu'on parvient toujours à gagner bien ou mal, quand on a de la renommée. La morale, suivant vous si requise, est le moindre de leurs soucis. Cependant, puisque vous le voulez je vais finir par un adage que je crois de ma façon, mais qu'on trouverait peut-être ailleurs en cherchant bien, car il n'y a rien qui n'ait été dit :

> Tout croire est d'un imbécile,
> Tout nier est d'un sot.

Et, si celui-là ne vous convient pas, il me coûte peu d'en emprunter un autre aux Espagnols, pendant que je suis sur leur terrain :

> De las cosas mas seguras,
> La mas segura es dudar.

— Cela veut dire, chère Eudoxie, que, de toutes les choses sûres, la plus sûre est de douter.

— Douter, douter! dit tristement Anastase. Beau plaisir que de douter! Il n'y a donc point d'apparitions?...

— Tu vas trop loin, répondis-je; car mon adage t'enseigne qu'il y en a peut-être. Je n'ai pas eu le bonheur d'en voir; mais pourquoi cela ne serait-il pas réservé à une organisation plus complète et plus favorisée que la mienne?

— A une organisation plus complète et plus favorisée! s'écria le substitut. A un idiot! à un fou!

— Pourquoi pas, monsieur le substitut? Qui m'a donné la mesure de l'intelligence humaine? Quel est l'habile Popilius qui lui a dit: « Tu ne sortiras pas de ce cercle! » Si les apparitions sont un mensonge, il faut convenir qu'il n'y a point de vérité plus accréditée que cette erreur. Tous les siècles, toutes les nations, toutes les histoires en rendent témoignage; et sur quoi faites-vous reposer la notion de ce qu'on appelle la vérité, si ce n'est sur le témoignage des histoires, des nations, des siècles? J'ai, d'ailleurs, sur ce sujet, une manière de penser qui m'est tout à fait propre, et que vous trouverez probablement fort étrange, mais dont je ne peux me départir: c'est que l'homme est incapable de rien inventer; ou, pour m'exprimer autrement, c'est que l'invention n'est en lui qu'une perception innée des faits réels. Que fait aujourd'hui la science? A chaque nouvelle découverte, elle justifie, elle authentique, si l'on peut s'exprimer ainsi, un des prétendus mensonges d'Hérodote et de Pline. La fabuleuse girafe se promène au Jardin du Roi. Je suis un de ceux qui y attendent incessamment la licorne. Les dragons, les vouives, les endriagues, les tarasques, ne font plus partie du monde vivant; mais Cuvier les a retrouvés dans le monde fossile. Tout le monde sait que la harpie était une énorme chauve-souris, et les poëtes l'ont décrite avec une exactitude qui ferait envie à Linné. Quant à ce phénomène des apparitions dont nous parlions tout à l'heure, et auquel je reviens volontiers...

J'allais y revenir en effet, et avec de longs développements, car c'est une matière sur laquelle il y a beaucoup à parler, quand je m'avisai que le substitut s'était endormi.

FIN

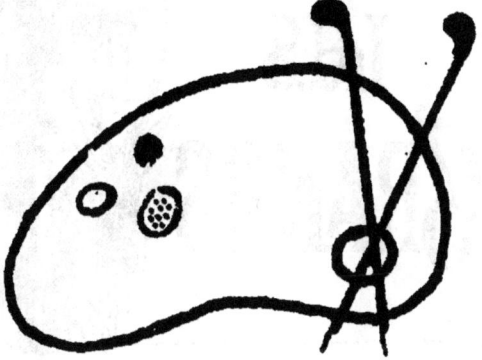

Couvertures supérieure et inférieure
en couleur

N° 53 — 10 centimes

32 PAGES

LES GRANDS ROMANCIERS FRANÇAIS

CHARLES NODIER : NOUVELLES

L. BOULANGER, éditeur, 90, Boulevard Montparnasse, PARIS

Ont paru dans :

LES GRANDS ROMANCIERS FRANÇAIS :

LE FILS DE FAMILLE
Par XAVIER DE MONTÉPIN
Livraisons 1 à 10

LE JEU DE LA MORT
Par PAUL FÉVAL
Livraisons 10 à 21

LA TONTINE INFERNALE
Livraisons 21 à 32

FLEURETTE
HISTOIRE D'UNE BOUQUETIÈRE
Par E. SCRIBE
Livraisons 32 à 44

REINE
Par JULES LERMINA
Livraisons 45 à 52.

Paris.-Imp.PAUL DUPONT(Cl.)

THÉRÈSE AUBERT

38ᵉ LIVR.

THÉRÈSE AUBERT

PAR

CHARLES NODIER

Je m'appelle Adolphe de S..., je suis né à Strasbourg, le 19 janvier 1777, d'une famille noble dont j'étais le dernier rejeton. J'ai perdu mon père dans l'émigration. Ma mère a péri dans une maison de détention pour les suspects ; je n'ai ni frères, ni sœurs, ni parents de mon nom. J'ai dix-sept ans et demi depuis quelques jours, et rien n'annonce que cette courte existence puisse se prolonger. J'en dirai même la raison plus tard, quoique ma position n'intéresse plus personne. Aussi, ce n'est pas pour le monde que j'écris ces lignes inutiles ; c'est pour moi, pour moi seul ; c'est pour occuper, pour perdre de tristes et désespérants loisirs qui seront heureusement bien courts ; c'est pour ouvrir une voie plus facile aux sentiments qui m'oppressent, pour soulager mon cœur si le souvenir est un soulagement, ou pour achever de le briser.

J'avais suivi mon père à quatorze ans ; je venais de le perdre à seize. J'étais rentré à Strasbourg, rapportant pour tout bien son dernier adieu, ses derniers conseils, l'exemple de son dévouement, de son courage, de ses vertus privées, et je ne sais quelle émulation de malheur qui relève l'âme. Je cherchais ma mère ; on ignorait jusqu'à sa fosse. Nos biens n'étaient plus à nous. Nos parents étaient errants ou morts. Nos anciens amis auraient craint de me reconnaître : et probablement il y en avait parmi eux qui ne m'auraient plus aimé ; j'étais si à plaindre ! J'avais eu pour professeur de grec un moine qui s'appelait le père Schneider, et pour maître de musique un virtuose qui s'appelait M. Edelmann. L'un et l'autre avaient embrassé avec violence le parti de la révolution ; je m'informai d'eux cependant, parce que je les avais vus s'honorer de l'amitié de mon père, et que leur pitié, à eux, était ma dernière ressource. Le premier venait d'être lié aux poteaux de l'échafaud dans un mouvement populaire ; je passai sur la place d'armes ; je le reconnus pâle, défiguré, sanglant. La clameur publique l'accusait des forfaits les plus odieux ; mais il avait été mon maître, il m'avait peut-être aimé ; j'aurais volé à lui si je n'avais craint que ma tendresse ne le chargeât d'un crime de plus. Je pleurai amèrement en cachant mon visage. M. Edelmann avait été arrêté le même jour. Quelques mois après, m'a-t-on dit, il est tombé, à Paris, sous cette faux terrible de la révolution qui n'épargne pas ses enfants.

Mon dernier assignat avait été changé contre un peu de pain. Il faisait très froid, la journée s'avançait, et je ne savais où me retirer. Je me souvins que, dans une petite ville assez voisine, j'avais passé quelques jours de mon enfance chez la jolie hôtesse de... Ma reconnaissance, hélas ! n'ose pas la nommer. Comme elle était connue par son attachement à ce qu'on appelait les *aristocrates*, c'était dans sa maison que nous avions couché, mon père et moi, la nuit qui précéda notre émigration. J'employai à ce voyage tout ce qui me restait de forces. J'arrivai à la nuit obscure ; je gagnai avec précipitation le cabinet de Mme T.... et je me jetai, ou plutôt je tombai à ses pieds, car je ne pouvais plus me soutenir. « Au nom de la charité, lui dis-je, un peu de vin pour se remettre, un peu de paille pour se reposer, à votre petit Adolphe ! Je meurs, s'il faut que je passe encore cette nuit dans la neige ! » Elle m'embrassa et pleura ; et comme ses larmes l'embellissaient ! Ensuite, elle me recommanda d'être prudent et me conduisit dans une chambre écartée où il y avait trois lits. J'étais seulement prévenu que je n'avais rien à redouter de mes voisins. C'étaient des compagnons de malheur, mais je ne les connus pas ce jour-là. J'avais à peine achevé mon léger repas que tous mes sens furent liés par le sommeil. Quand je rouvris les yeux, il faisait jour.

Mes camarades m'embrassèrent en frères; le nom de mon père ne leur était pas étranger. Nos sentiments étaient les mêmes ; notre fortune, notre destinée étaient communes ; ils m'offraient d'ailleurs quelque chose de plus que des consolations ; ils parlaient de grands dangers à courir, de quelque gloire à mériter. Ils voulaient changer mon sort, et j'étais jaloux déjà de partager le leur, quel qu'il fût. L'amitié doit être un sentiment délicieux à toutes les époques et dans toutes les conditions de la vie ; mais, entre de jeunes âmes froissées par de nobles malheurs, c'est presque une religion.

L'un de ces messieurs avait dix-huit à vingt ans. C'était un jeune homme d'une figure affable, mais sérieuse ; plein de calme et de résolution, d'énergie et de présence d'esprit. Il s'appelait Forestier, et je crois qu'il était fils d'un cordonnier de Saumur ou de Chollet, je ne sais pas lequel. L'autre, qui avait pour lui la plus grande déférence, était de deux ou trois ans plus jeune et se nommait le chevalier de Mondyon. Quoiqu'il fût tout au plus de mon âge, il était beaucoup plus développé que moi. Ma petite taille, mes yeux bleus, la couleur un peu ardente de mes cheveux bouclés, la fraîcheur d'un teint animé que je tiens de ma mère et qui caractérise nos Alsaciennes, me donnaient, à mon grand regret, quelque chose de féminin et de timide qui m'avait souvent exposé, sur mon passage, aux soupçons et aux railleries des voyageurs mal élevés. « En vérité, dit Mondyon avec un ton de gaieté expansive qui ne l'abandonnait jamais, nous aurons peine à persuader au général que ce nouveau camarade ne soit pas une jeune fille déguisée. — Je le détromperai de cette erreur, lui répondis-je, sur le premier champ de bataille où il y aura du sang à répandre pour le service du roi. » Forestier sourit et me serra vivement la main ; Mondyon, qui craignait de m'avoir mortifié, me sauta au cou,

Ces deux officiers venaient de se montrer avec le plus grand éclat dans les premières affaires de la Vendée. Leur intelligence, leur zèle, leur courage éprouvé, leur jeunesse même qui repoussait à leur égard jusqu'au soupçon d'une mission importante, et peut-être décisive, les avaient fait préférer par le brave La Rochejacquelin, pour être envoyés auprès des princes de la maison de Bourbon. Ils étaient arrivés à leur armée au moment où l'on s'occupait d'établir avec la France des communications qui pouvaient la sauver, et ils avaient eu la généreuse témérité de réclamer ce nouvel emploi, plus fertile que cent batailles en dangereux hasards. Déjà la partie la plus importante de leurs instructions était remplie, et le succès le plus heureux, un succès même inattendu, et dont tous les résultats ne sont probablement pas perdus pour la génération à venir, avait couronné leurs entreprises. Il ne leur restait plus, pour reprendre à travers la France le chemin de la Vendée, qu'à recevoir les passeports qui leur étaient promis par un des chefs du parti de l'intérieur. Ces papiers arrivèrent peu de jours après; les liens de notre amitié avaient continué de se serrer dans l'intimité de notre solitude. Nous jurâmes que la mort seule nous séparerait les uns des autres. La bonne Mme T... nous procura des uniformes de volontaires, nous munit de quelques provisions pour notre voyage, et nous fit promettre de revenir la voir un jour, si nous échappions aux périls presque inévitables qui nous menaçaient. Je n'en doutais pas; les premières chances de la vie n'étonnent point l'âme, elles l'enhardissent. Tout est vaste, illimité comme l'avenir et l'espérance, pour un homme que l'espérance n'a pas encore trompé, qui n'a pas encore vu de près cet avenir si enchanteur, et qui ne l'a pas vu dépouillé de tous ses prestiges, réduit à toutes ces misères, pauvre et vide comme le néant. Tout réussit au gré de nos souhaits; nous arrivâmes sous le drapeau blanc, non sans obstacles, mais sans accident, et nous pûmes alors nous estimer heureux, si c'est un bonheur d'échapper au mal présent qui nous frapperait le cœur plein de sentiments doux et d'illusions agréables, pour tomber avec un cœur flétri, desséché par la douleur, sous l'empire du désespoir et de la mort.

Je passe sur ces évènements avec rapidité. Quoiqu'ils me rappellent des noms chers à ma reconnaissance, à mon amitié, je sens que le récit m'en fatigue. Je ne peux plus m'expliquer l'intérêt qu'on attache à l'inutile conservation d'une vie pénible, les soins qu'on prend pour la retenir, les vaines dissipations d'esprit dans lesquelles on se plaît à consumer ses jours. Je sens qu'il n'y a réellement dans l'existence que quelques heures, quelques instants fugitifs ; que lorsqu'ils sont passés, irréparablement passés, tout fait mal dans les images de ce temps qui ne reviendra plus. Ce n'est pas seulement de l'amertume, c'est du dégoût ; c'est quelque chose qui rend la mémoire à charge, et qui fait désirer l'apathie de la brute qui sent peu, qui ne sent pas, ou qui oublie vite. La même raison me rendrait impossible la narration détaillée des faits militaires dont j'ai été le témoin. Je comprends que ces réminiscences, si indifférentes dans la foule des riens qui usent nos années, aient un certain charme pour l'âme heureusement servie de son organisation ou de son destin qui n'a rien éprouvé de plus vif ; mais je n'écris pas une histoire. Je suis pressé de sortir de ces détails stériles qui contraignent, qui oppressent mon cœur. Il me faut un autre air, un autre horizon où mes pensées puissent s'épanouir en liberté et commencer à participer à cette immensité qui s'ouvre devant moi. Qu'il me suffise de dire que cinq ou six actions d'éclat m'avaient mérité, malgré mon extrême jeunesse, l'estime de l'armée royale, la confiance de mes chefs et le commandement d'une compagnie, quelques semaines avant la déroute du Mans.

J'avais reçu plusieurs blessures dans les affaires antérieures ; quelques-unes n'étaient pas tout à fait fermées ; les fatigues des jours précédents pesaient encore sur moi. Pour comble de maux, je perdis mon cheval d'un coup de feu, et mon épée fut rompue près de la garde, dès le commencement de l'affaire. Il faut avoir vu le désordre de l'armée, le tumulte et la confusion du peuple, il faut avoir été témoin de cette journée de désastres, pour s'en former quelque idée ; les plus braves de nos soldats erraient au hasard dans les rues, cherchant inutilement à se rallier, et augmentant de leurs mouvements incertains, de leurs cris de terreur et de rage, de tous leurs efforts sans objet, l'horreur de notre situation ; enfin, je parvins à en rassembler quelques-uns autour de moi, au bas d'une rue escarpée dont la hauteur était occupée par un poste de républicains qui se hâtaient de l'encombrer de tous les débris qui se présentaient sous leurs mains. Je m'y jetai avec ardeur, en courageant ma petite troupe du geste et de la voix ; l'ennemi s'ébranlait et paraissait disposé à nous laisser la place ; mais, en l'abandonnant, il poussa vers nous, avec une violence augmentée par la rapidité de la pente, quelques-uns de nos chars d'artillerie qui obstruaient le passage : un de leurs timons me frappa dans l'estomac, et me renversa mourant sur un monceau de morts, où je passai la nuit sans autre sentiment qu'une perception confuse de douleur. La fraîcheur du matin développa cette impression et la rendit plus distincte ; mes idées reprirent un peu d'ordre, un peu de netteté ; je revins à moi, le jour était levé. J'entendais une rumeur vague qui s'éloignait, qui se rapprochait tour à tour, qui me laissait de temps en temps reconnaître quelques sons, distinguer quelques paroles. Elles étaient accompagnées du cliquetis des baïonnettes qui se heurtaient dans la marche. C'était évidemment les républicains ; je pensai qu'ils parcouraient tous les quartiers pour surprendre ceux d'entre nous qui s'étaient cachés, ou pour compter les morts. Il n'y avait pas une maison qui ne fût fermée avec le plus grand soin ; mais, parmi les objets qui avaient servi à barricader la rue, je remarquai une échelle, je la dressai contre une muraille ; j'arrivai au toit au moment où une décharge de fusils brisait le dernier échelon sous mes pieds ; je n'étais pas atteint, mais je n'étais pas sauvé. Je passai de ce toit à un autre ; et, toujours poursuivi, toujours en évidence, je parvins au détour de la rue avant les soldats qui rechargeaient leurs armes, et que cette opération avait retardés. Dans l'angle même, je me trouvai auprès d'une fenêtre dont le volet mal attaché céda au premier effort, et je tombai d'un saut au milieu d'une chambre dont l'aspect annonçait la demeure du pauvre. Une jeune fille poussa un cri ; elle était couchée :

— Ne craignez rien, lui dis-je, sauvez un pauvre brigand, et Dieu vous récompensera.

En prononçant ces mots, je m'étais jeté sur son lit, et j'avais retourné sur moi une partie de sa couverture. Mon chapeau était resté sur les morts ; j'avais passé dans ma ceinture le tronçon de mon épée ; mes cheveux qui étaient très longs, tombaient épars sur mes épaules. Les soldats entrèrent, s'approchèrent du lit, regardèrent dessous, parcoururent la chambre et revinrent à nous. Je fermai les yeux et je cachai sous le drap mon front noirci du feu et souillé de la poussière de la bataille.

— Voilà qui est bien, dit l'un d'eux, je connais celle-ci : c'est Jeannette.

— La blonde est sa jeune sœur, reprit l'autre ; le brigand n'est pas ici.

La porte se referma enfin sur eux ; il en était temps pour ma compagne dont les dents se choquaient de terreur.

Il n'y avait peut-être pas un moment à perdre pour éviter le retour ; j'étais déjà debout derrière le rideau qui séparait le pied du lit de Jeannette de l'intérieur de la chambre. Quelques mots rapidement échangés avec ma protectrice avaient suffi pour la décider à me sacrifier un de ses deux habits complets ; et, malgré la nouveauté du travestissement, il ne me coûta que quelques minutes. mon costume était simple, mais propre ; mes cheveux étaient relevés avec peu d'art, sous une cornette que Jeannette aurait mieux posée : mais toutes les toilettes de ce jour-là pouvaient se ressentir du désordre et des terreurs de la veille ; enfin le hâle de mon visage n'était plus disparate avec mes atours ; le soleil brûle la peau comme la fumée du canon. Après m'être assuré, d'un seul regard, sur un fragment de miroir suspendu à la muraille, qu'il ne m'était pas impossible de faire illusion aux soldats mêmes qui m'avaient vu de près dans la mêlée, je me hâtai d'envelopper ma veste gris de fer avec le cœur et l'épaulette qui la décoraient, mes pistolets, mon poignard et le reste de mon équipage dans le mouchoir rouge qui me servait d'écharpe un moment auparavant; je le passai à mon bras. Je me rapprochai du lit de Jeannette, je la forçai à recevoir quelques pièces d'or, qui étaient la juste moitié de ma petite fortune, et que sa main repoussait, puis j'imprimai sur ses joues et sur son front un baiser de reconnaissance plus expressif que toutes les paroles. J'arrivai au pied de l'escalier quand les soldats qui me poursuivaient achevaient leurs infructueuses recherches. Ils ne me remarquèrent pas.

Je ne connaissais point la ville; j'y marchais au hasard, en cherchant une issue du côté par où il me semblait que devaient être sortis mes camarades; enfin, j'apercevais la campagne et je me croyais déjà près de la liberté, quand un soldat abattit devant moi le canon de son fusil, et me força à reculer de deux pas.

— Halte-là! me dit-il, la jeune fille! On ne passe pas sans se faire connaître. Entrez au bureau.

J'obéis. Ce bureau était un vaste dépôt, où se trouvaient déjà réunis une foule de femmes gémissantes, d'enfants en pleurs, dont quelques-uns avaient été séparés de leurs mères, peut-être pour toujours, dans le trouble de la déroute, et qui attendaient là, dans une anxiété horrible, ce qu'il plairait aux vainqueurs de décider de leur sort.

— Es-tu aussi une brigande? me dit un homme d'une physionomie féroce, dont le cœur s'était sans doute épanoui de joie en voyant tomber sous son pouvoir une victime de plus.

— Non, lui dis-je.

— Où est ton passeport?

— Je n'en ai point. Je suis la fille du meunier de P...,

qui est mort en défendant la République contre les brigands, et comme nous sommes une famille nombreuse et pauvre, j'étais venu au Mans pour y chercher du service. Je suis arrivée au milieu des événements d'hier ; la peur m'a saisie ; je me suis cachée jusqu'au matin, et je cherchais à retourner d'où je viens. Voilà tout.

— Du meunier de P..., reprit mon interrogateur, cela est possible. Qu'on la mène au président Aubert, dit-il en se retournant ; il est de ce village ; et, si elle ne nous induit pas en erreur, il la reconnaîtra.

Le président était au bout de la salle. Il était tourné. Des panaches à trois couleurs flottaient sur son chapeau ; un ruban à trois couleurs, en sautoir, descendait de ses épaules. Il parlait avec action, et, à ce qu'il me parut, avec violence. J'eus le sentiment d'une mort prochaine. Mon cœur se serra pendant une seconde ; mon front se mouilla de sueur ; je laissai glisser mon paquet ; il allait m'échapper quand je me raffermis. Il ne s'agissait, au pis aller, que de mourir ; et quel intérêt, quelle affection pouvaient me rattacher à la vie? J'entendis avec assez de calme l'homme qui me conduisait répéter le mensonge que je venais d'inventer, ou, plutôt, si j'éprouvais quelque émotion, elle ne provenait plus que de la honte d'avoir menti pour racheter des jours dont le souverain Juge devait bientôt me demander compte. Le président Aubert avait repris les mêmes mots d'une voix émue et inquiète. Il se retourna brusquement de mon côté, et fixa sur moi un regard triste, dont je n'oublierai jamais l'expression. Cet état d'incertitude ne fut pas long. Sa physionomie, qui était noble et tendre, mais qui portait l'empreinte d'un souci habituel, s'éclaircit rapidement.

Il sourit avec douceur, et me frappa la joue du revers de la main, en me disant affectueusement :

— C'est donc toi, pauvre Antoinette ! Tu dois avoir eu grand'peur.

Cette main, avec quel transport de reconnaissance et de respect j'y aurais imprimé mes lèvres, si j'avais pu le faire sans perdre mon bienfaiteur ! Il dut lire dans mes regards une partie de ce que j'éprouvais. Quant à moi, j'acquérais au même instant des idées singulières et nouvelles. Je concevais pour la première fois qu'il n'y a point de nuance d'opinion, si absolue qu'on puisse la supposer, qui exclue entièrement l'humanité et la justice. Je me blâmais intérieurement de la sévérité trop générale de certains jugements que j'avais portés jusqu'alors sur la foi des préventions et des passions des autres. Je me promettais de consulter avant tout, dans ma conduite à venir, les règles générales de la bienveillance et de la pitié, avant de m'abandonner à l'injuste impression des haines de parti. Pendant que je faisais ces réflexions, M. Aubert avait écrit et scellé un petit billet. Il me le donna.

— J'ai pensé, dit-il, que, puisque tu es disposée à prendre du service, il est plus convenable que tu entres auprès de ma fille que partout ailleurs. La mort de sa mère a laissé dans son cœur comme dans le mien un vide qu'une tendre intimité peut seule remplir. Sa grand'mère est infirme et malade. Trop d'isolement m'inquiète pour son bonheur, et je me proposais depuis longtemps de lui donner une compagne de son âge. Tu as de l'éducation, des mœurs, la recommandation d'un nom honnête. Ma Thérèse te recevra et t'aimera en sœur. Tu sais peut-être que nous habitons, depuis la guerre, notre petite ferme de Sancy, près de la Sarthe. Comme tu peux n'en pas connaître le chemin, et que ton âge et ton sexe ont besoin de protection pour un voyage de quatre lieues, ce brave homme te conduira. Il a, pour passer sans obstacle, l'autorité nécessaire.

J'avais les yeux baissés. Je tremblais de laisser lire dans ma physionomie ce qui se passait en moi. Quand je me hasardai à regarder du côté du président, il avait repris sa conversation, et ne paraissait plus s'occuper d'autre chose.

Que la protection de Dieu s'attache à tous les jours qui te sont comptés! dis-je dans la profondeur de mon cœur; qu'elle s'étende sur ta famille et sur tous ceux que tu aimes! et, s'il ne t'est pas donné de jouir sur la terre, dans ce temps de corruption et de cruauté, de tout le bonheur que tu mérites, puisse la bonté céleste le mesurer dans une autre vie, dans une vie éternelle, sur les vœux que je fais pour toi !

Je partis avec mon guide. J'éprouvai quelque embarras de l'entretien que j'aurais à soutenir avec lui, dans un pays où je ne connaissais ni les personnes, ni les lieux, et où la moindre maladresse pouvait trahir mon imposture et remettre mon salut en question ; mais je ne tardai point à m'apercevoir que cet homme ne jouissait pas sans motif de la confiance de M. Aubert. Quelques mots d'une bienveillance vague, qui n'annonçaient pas le dessein d'une explication, mais qui me faisaient concevoir qu'elle serait sans danger, si par hasard ma conversation la faisait naître, achevèrent de me rendre une parfaite tranquillité. Peu à peu, nous réunissions d'ailleurs autour de nous de pauvres paysans que la crainte des armées avaient chassés de leurs foyers, et qui se hâtaient de les rejoindre avec leurs enfants dans leurs bras. Les propos sans liaison de ces bonnes gens m'instruisaient cependant d'une partie de ce qu'il était nécessaire que j'apprisse. Ils me confirmaient dans l'idée que je m'étais faite de la journée de la veille et de ses suites ; ils me démontraient l'impossibilité de rejoindre les débris des troupes royalistes, et l'inutilité de cette tentative qui n'aurait servi d'ailleurs, en cas de succès, qu'à embarrasser leur retraite d'un proscrit de plus ; ils me faisaient apprécier le bonheur de trouver un asile pour quelques jours, en attendant une occasion plus facile de me réunir à mes malheureux camarades ; le bonheur de me trouver surtout dans la maison de M. Aubert, dont quelques circonstances développaient de plus en plus à mes yeux le généreux caractère. Il résultait de tout ce que j'entendais, comme de tout ce que j'avais présumé d'abord, que M. Aubert, engagé dans les premiers mouvements de la révolution par irréflexion ou par enthousiasme, avait continué à suivre sa marche par raison ou par vertu, pour tirer au moins quelque parti de la juste influence d'une âme droite et sensible sur l'aveugle multitude, et pour faire servir ce qui lui restait de cette popularité fugitive qui n'est fidèle qu'aux excès, à secourir, à sauver quelques malheureux. Je n'avais pas compté jusque-là ce genre de dévouement et de courage au nombre de ceux qui peuvent honorer l'humanité ; mais je n'en fus que plus disposé à l'apprécier. Je supposai même qu'il était peut-être moins rare qu'on ne l'imaginerait au premier abord ; qu'il y avait dans les rangs des méchants beaucoup d'hommes qui ne restaient confondus avec eux que par l'excès d'une abnégation sublime, et qu'en faisant une grande part à l'erreur et à la faiblesse, il restait probablement fort peu de méchants dans le sens absolu du mot. Ces idées reposaient mon cœur ; elles adoucissaient le sentiment de ma vie, elles jetaient du charme sur toutes les impressions que je recevais des objets extérieurs ; et l'instinct du bien-être qui faisait palpiter mon sein s'augmenta encore à la vue de la petite ferme de Sancy. Jamais mes regards ne s'étaient arrêtés sur un tableau plus agréable. Hélas ! aujourd'hui même, je trouve une sorte de plaisir à me le rappeler, comme si mon existence rétrogradait jusqu'au jour où je l'aperçus pour la première fois, et que ce qui s'est passé depuis fût encore de l'avenir.

Sancy ne se compose que de trois ou quatre maisons, parmi lesquelles on distingue celle de M. Aubert à ses quatre cheminées blanches et à l'étendue de ses jardins. On y arrive par un sentier tortueux, tracé pour une seule personne sur le revers d'une petite côte aride, mais extrêmement pittoresque, dont toute la surface est hérissée de rochers qui affectent les formes les plus bizarres et les plus variées. Quelques buissons de ronces, de houx, de genévriers, et des mousses de différentes couleurs sont la seule végétation qu'on y remarque pendant la plus grande partie de l'année ; mais, au printemps, elle rachète sa pauvreté accoutumée par un luxe tout à fait extraordinaire. Elle se charge de violettes, de primevères jaunes, et d'une quantité innombrable de ces jolies anémones dont la tige penchée se plaît dans les lieux obscurs, sous le frais abri des roches humides. Cette parure éphémère disparaît aux premières ardeurs du soleil de mai. Au sommet de la montagne, sur une petite esplanade de verdure d'où l'œil s'égare au loin dans des plaines délicieuses, s'élevait une croix de pierre que l'on avait déjà ébranlée, mais que l'on n'avait pu abattre. Elle se soutenait entre les pierres auxquelles sa base était liée par de fortes bandes de fer, quoique penchée au point qu'elle paraissait depuis le bas suspendue sur la pente du précipice, et elle ajoutait à la singularité de cet aspect sauvage l'aspect d'une ruine miraculeuse. Un joli ruisseau, qui coule entre deux rangs de saules, et qui va à un quart de lieue plus loin se perdre dans la Sarthe, baigne le pied de cette colline, qu'il embrasse tout entière et dont son murmure anime seul la muette solitude. Au delà se déploient des campagnes riantes, coupées d'espace en espace avec une grâce infinie par de petits coteaux boisés, ou par des bouquets d'arbres solitaires qui se dessinent sur le fond du paysage comme des îles de verdure. L'œil égaré entre leurs contours agrestes et cependant harmonieux se plut à y retrouver de temps à autre la trace brillante, argentée, du ruisseau ou des parties de la rivière qui, interceptée à tout moment par de nouveaux objets, n'offre que l'apparence de quelques lacs placés à dessein dans la perspective pour en augmenter la variété. Leurs bords semés de hameaux annoncent d'ailleurs cette douce prospérité dont le sentiment s'éveille si agréablement dans le cœur d'un voyageur ami des hommes, à la vue d'un groupe de petites maisons blanches entourées d'arbres fruitiers : spectacle consolateur qui lui fait oublier un moment la hideuse misère et la cruelle opulence des villes.

Quand j'arrivai à Sancy, la saison était bien avancée, et quelques traits de ce tableau, altérés par les premières influences de l'hiver, manquaient à la perfection de son ensemble ; mais je les ai rassemblés depuis autour de la première idée que je m'en étais faite, et qui m'avait causé une sorte d'extase. En effet, je n'avais jamais éprouvé jusqu'alors une profonde impression de plaisir à la vue de la nature; elle m'avait quelquefois étonné, elle ne m'avait pas encore ravi. Mon cœur fortement dilaté ne s'était jamais senti comme emprisonné dans mon sein, comme tourmenté du besoin de s'élancer hors de moi pour embrasser la création; et pourtant cette jouissance si nouvelle pour lui ne comblait pas les désirs immenses qu'il venait de concevoir. Il prenait possession sans obstacle de tout cet infini qu'il commençait à découvrir; mais, en se repliant sur lui-même, il s'étonnait de se trouver si vide encore et de ne rapporter de ses conquêtes qu'une curiosité insatiable et des inquiétudes inconnues. Il se demandait si c'était là tout ce qui lui était donné, et il palpitait d'une impatience indéfinissable, qui était pleine de soucis et de charmes. Ma gorge se serrait, mes paupières se mouillaient de larmes, je ne sais quel murmure bruissait à mes oreilles, quelle clarté mobile et décevante éblouissait mes yeux. Depuis plus d'un an, j'avais vécu au milieu des distractions de la guerre, occupé de soins continuels, entouré de périls toujours renaissants. J'attribuai l'état singulier où je me trouvais à l'effet de la solitude; mais je comprenais mal qu'elle pût produire ainsi dans mon imagination et dans mes organes des désordres qui approchaient du délire. Cette incertitude me suivit jusqu'à la ferme où elle devait cesser. Mon conducteur m'introduisit dans la chambre de Thérèse, à qui je remis la lettre de son père. Au moment où elle me regarda, mon cœur se remplit, l'univers était complet.

Thérèse avait un peu moins de seize ans. Ce n'était pas la plus belle des femmes; mais c'était la seule femme qui m'eût fait comprendre le bonheur d'aimer et d'être aimé; car je le compris d'abord, non sans m'étonner qu'un sentiment si puissant, si tyrannique, qui absorbait si complètement toutes les facultés de ma vie, eût eu si peu de chose à faire pour les soumettre. Je me suis souvent demandé depuis s'il en était ainsi parmi les autres hommes, mais je n'ai pu l'apprendre d'eux. Cette impression fut subite comme la pensée, subite comme le regard que Thérèse laissa tomber sur moi, et qui était animé d'une si touchante bienveillance que la vue du ciel ouvert n'aurait pas réjoui mon âme d'une volupté plus vive et plus pure. Je dis son regard parce que je ne sais point d'autre expression pour peindre cette émanation d'un feu doux qui s'échappe entre les cils d'une femme aimée, et dont le contact bouleverse le cœur et fait tourner le sang dans toutes les artères. La paupière de Thérèse n'était pas tout à fait rabaissée sur la lettre de son père, que je savais déjà que ma destinée lui appartenait à jamais. J'osai la regarder alors, parce qu'elle ne me regardait plus ; et j'étais si faible pour mon bonheur, que je redoutais presque le moment où sa lecture finirait. Je ne me sentais pas la force de supporter à si peu de distance deux émotions dont la première avait suffi pour inonder tous mes sens d'une félicité enivrante. Les biens de l'existence me semblaient mal répartis. J'aurais voulu distribuer l'excès de mes sentiments et de mes illusions sur toutes les années qui me restaient à vivre, ou bien j'aurais voulu qu'ils s'accumulassent jusqu'au point de m'accabler, et que mon cœur brisé de délices s'anéantît dans sa joie. Cette dernière idée prévalut et je commençai à me nourrir de la contemplation de ses traits ; je m'efforçai de les graver ineffaçablement dans ma mémoire, de me les approprier tous, de manière qu'aucun évènement ne pût m'en priver à l'avenir, et que, s'il m'était réservé de mourir d'une mort si accomp'ie en douceur, cette image, identifiée à ma dernière pensée, l'occupât seule pendant l'éternité entière. Thérèse était d'une petite taille, mais on ne s'en apercevait que par comparaison, parce que la nature n'avait jamais donné à des formes plus gracieuses des proportions plus remarquables par leur élégance et leur harmonie. Ses cheveux noirs, qui étaient rattachés avec simplicité sur le sommet de la tête, laissaient à découvert un front plus blanc que l'ivoire ; deux boucles seulement s'arrondissaient de l'un et de l'autre côté comme pour en relever l'éclat. Elle n'avait pas un coloris animé ; mais la moindre impression vive le faisait naître, et ce charme fugitif n'en était que plus enchanteur. Il en résultait un caractère de beauté qui n'était pas moins fait pour l'âme que pour les yeux. Cet avantage, qui n'est dans les autres femmes que le signe accoutumé de la jeunesse et de la santé, paraissait dans Thérèse un privilège particulier du sentiment. Dès le premier regard, on la trouvait charmante; mais on ne savait pas à quel point elle était digne d'être aimée, tant qu'on ne l'avait pas vue rougir d'une douce émotion. La même facilité à sentir et à exprimer embellissait toutes les parties de sa physionomie de cet attrait indéfinissable qu'on sent mieux qu'on ne peut le décrire, et qui se renouvelle si vite que l'œil attentif de l'amour même ne le saisit pas toujours. C'était quelquefois le transport d'une gaieté si franche et si ingénue, l'expression du bonheur facile d'un enfant content de peu de chose; c'était plus souvent je ne sais quelle tristesse indéterminée qui ne semblait pas se nourrir d'un objet réel, et qui s'égarait dans des pensées étrangères aux lieux, aux temps, aux circonstances où elle venait à se manifester. Il est possible que la mélancolie ne soit pas dans tous les êtres sensibles l'effet du souvenir des peines passées. Pourquoi ne serait-elle pas quelquefois une disposition involontaire du cœur à essayer les peines qui le menacent, et un avis de s'y préparer? Son cou était extrêmement délié, et cédait presque à tout moment sous le poids de sa tête qui retombait alors penchée sur une de ses épaules avec un abandon plein de grâces. Cette habitude était probablement un défaut, mais un défaut dont aucune perfection n'aurait pu remplacer le charme, tant il s'y rattachait d'idées tendres et délicates! Au reste, ce ne sont là que des réminiscences, et non un portrait. J'ai voulu parler d'elle, et non pas substituer à cette vive image qu'elle a laissée dans mon cœur, et que nul effort humain ne saurait faire passer dans l'esprit et dans le cœur des autres, une esquisse imparfaite qui se décolore, qui s'efface sous ma plume. Ah! ce n'est point ainsi que je l'ai vue, ou plutôt je ne l'ai jamais vue assez distinctement pour entreprendre de la peindre! Il y avait sur ses traits un voile lumineux qui m'en dérobait tous les détails, et, maintenant encore, je ne me rappelle son visage que dans le vague de cette vapeur éblouissante dont il était enveloppé.

Mon premier abord avait inspiré à Thérèse un intérêt affectueux, mais familier. Elle m'avait souri avec une cordialité franche où se révélait toute la bonté de son cœur. A mesure qu'elle lisait, ses dispositions, sans changer tout à fait de nature, prenaient un autre caractère. Quelque embarras, qui augmentait à chaque ligne, se développait sur sa figure. La timidité paraissait gêner l'effusion d'âme que cette lettre lui inspirait. Son sein palpitait; ses joues s'étaient vivement colorées. On voyait qu'elle cherchait à retenir des larmes prêtes à jaillir de ses yeux. Quand elle eut fini, elle vint à moi, me prit la main avec expression, jeta au feu l'écrit de son père, après y avoir appliqué ses lèvres; et, relevant le doigt sur sa bouche, elle me regarda d'un air d'intelligence.

— Mademoiselle, me dit-elle, comptez sur tous les soins...

Elle me regarda de nouveau et, remarquant mon émotion, elle passa un de ses bras autour de mon cou.

— Si l'amitié peut vous dédommager de vos peines, reprit-elle, si du moins elle peut les adoucir, vous ne serez pas tout à fait malheureuse.

Mes joues se mouillèrent de pleurs de reconnaissance; mon cœur donnait le change à son trouble, en se livrant sans réserve à ce sentiment. Je sentais mes genoux faillir; mes lèvres s'attachèrent à sa main, un feu inconnu s'en échappait et se répandait dans mes veines. Toutes ces impressions étaient aussi nouvelles pour moi, que si j'avais fait le premier essai de l'air, de la lumière et de la vie. Je voulais parler, je balbutiais des mots confus comme un homme qui rêve. Enfin, elle se laissa tomber dans mes bras en disant:

— Oh! si tu savais comme je t'aime déjà... — elle m'aimait, elle l'avait dit! — Apprends-moi ton nom, continua-t-elle, ou celui que tu veux qu'on te donne.

Cette question et ce langage me rappelèrent que je passai pour une femme, et tout le prestige de mon bonheur s'évanouit. Ma vie auprès de Thérèse n'était plus qu'un rôle, et ce rôle était le seul qui me convînt chez la fille de mon bienfaiteur. Mon cœur profitait d'ailleurs un peu de sa méprise, et je jouissais de l'idée qu'elle pourrait garder de moi quelque tendre souvenir si je ne la détrompais pas.

— Je m'appelle Antoinette, lui répondis-je en rougissant.

Je cédai au mouvement qui m'entraînait vers elle. Nous marchâmes les bras enlacés jusqu'à la chambre de sa grand'mère qui était assise au coin du feu dans une chaise longue à pupitre. Un livre d'Heures était ouvert devant elle et occupait toute son attention. Thérèse s'avançait à petits pas pour la surprendre; et, quand elle fut auprès d'elle, elle lui sauta au cou en posant une de ses mains sur ses yeux :

— Voilà une bonne malice, petite espiègle, lui dit la vieille Mme Aubert ! Crois-tu que je ne te reconnaîtrais pas, quand même je serais aveugle, et je le serai bientôt, car mes yeux s'affaiblissent tous les jours; mais je ne confondrai pas ta jolie petite main avec celle d'une autre.

En disant cela, elle l'embrassa; Thérèse s'était retournée de mon côté avec un air soucieux. Je crus deviner qu'elle regrettait d'avoir fait naître dans l'esprit de sa grand'mère une pensée qui pouvait l'attrister, celle que l'âge affaiblissait ses yeux et qu'elle les perdrait bientôt. Dans tous les cas, cette impression avait été bien passagère. Mme Aubert venait de m'apercevoir; Thérèse se rapprocha d'elle, et lui parla à demi-voix avec beaucoup de chaleur. Pendant ce temps, Mme Aubert levait les yeux au ciel, me regardait d'un air attendri, prenait la main de Thérèse, cherchait la mienne et pleurait. Je fléchis le genou, je me prosternai, je l'entendis me bénir, et sa bénédiction ne m'alarma point; car je me trouvai la force de m'en rendre digne.

Je ne peindrai pas ma situation pendant les premières semaines que je passai près de Thérèse. Elle avait quelque chose de si embarrassant que je concevrais à peine que j'aie eu la force de m'y maintenir si longtemps, si je ne me rappelais combien j'avais à redouter qu'elle cessât.

C'était une espèce d'ivresse qui troublait toutes mes facultés, et dont l'effet le plus doux était d'en suspendre souvent l'usage. Accablé sous le poids de ces émotions de toutes les minutes qui se succédaient, qui se multipliaient sur mon cœur, je cédais quelquefois à un accablement qui n'était pas sans charmes, et que je me trouvais heureux d'entretenir. Cependant une idée pénible venait interrompre de moment en moment cette espèce de sommeil où j'allais me plonger. Thérèse et son généreux père étaient trompés. Je n'étais point ce que je paraissais être, et je nourrissais une passion qu'ils pouvaient un jour désavouer tous les deux. Cette idée me devint d'autant plus insupportable, il faut le dire, car la misère de nos sentiments se mêle à ce qu'ils ont de plus élevé, que je consentais avec peine à être aimé pour un autre, à dérober sous un habit de femme cette tendresse à laquelle il faudrait renoncer un jour, à tromper un cœur qui me donnait tout et auquel je n'offrais qu'un objet idéal, qu'un vain fantôme dont l'apparence allait s'évanouir et lui être ravie par une séparation pire que la mort ; car il est moins cruel de perdre par la mort un être qu'on aime que d'en être désabusé. J'étais donc décidé à tout dire à Thérèse, et cependant la faiblesse de mon âme m'arrêtait ; je craignais qu'en cessant d'aimer Antoinette qui n'existerait plus pour elle, elle cessât d'aimer Adolphe qu'elle n'avait point connu. Je me persuadais, je ne sais pourquoi, que ces caresses innocentes que je devais à mon travestissement seraient le dernier bonheur de ma vie, et qu'aussitôt que je lui aurais avoué mon secret, je la perdrais pour jamais. Balancé entre le besoin d'être aimé de Thérèse et le besoin plus impérieux de ne tromper ni l'amitié de Thérèse ni la confiance de son père, je n'avais cependant pas à hésiter. Je cherchais une occasion, ou plutôt je l'attendais en tremblant. Elle ne tarda pas à se présenter.

Thérèse avait une amie qui demeurait à une demi-lieue de la ferme, dans un petit château agréablement situé qu'on voyait depuis la montagne de la Croix, et dont les vergers en amphithéâtre étaient couronnés par une plate-forme plantée de cerisiers. Au bas s'étendait un joli jardin baigné par le ruisseau qui venait un peu plus loin, à travers un vallon creux ombragé de jeunes hêtres, arroser les coteaux de Sancy. Le sentier profondément encaissé dans une gorge étroite serpentait entre deux collines peu élevées, mais qui se développaient sur un long espace. La vue n'y était distraite que par un petit nombre de maisons éparses, presque toutes délaissées à cause de la guerre, un moulin abandonné sous une chute d'eau qui avait tari, les restes d'une chaumière incendiée qui laissait encore apercevoir, entre ses pans de murailles noircis, les vestiges du foyer domestique autour duquel se passèrent tant d'agréables veillées; enfin quelques huttes pyramidales bâties en lave, où se réfugient après leurs travaux les gens qui viennent tirer de la pierre des carrières voisines. Ce sentier devint notre promenade accoutumée, parce que l'amie de Thérèse se trouvait ordinairement à moitié chemin. Elle s'appelait Henriette de F... et elle était noble; mais, quoique le malheur des circonstances eût plutôt augmenté qu'affaibli en elle le sentiment de la naissance et la fierté du caractère, il était impossible de trouver dans le commerce de la vie une âme plus simple et plus dépouillée de prétention. Son âge était un peu plus avancé que le nôtre. Son nom, son éducation, ses manières semblaient lui donner quelque avantage qu'elle s'efforçait toujours de perdre, et qui lui devenait à charge dès qu'il était remarqué. Elle avait un genre de coquetterie qui doit être rare. Elle ne faisait de frais que pour être plus simple. Elle était d'ailleurs si naturelle dans ses sentiments, si franche dans son abandon, qu'on s'accoutumait tout de suite à être aimé d'elle, et que l'on comprenait qu'elle fût aimée de Thérèse. L'amitié de Thérèse était bien son plus grand charme à mes yeux; mais je sentais qu'un homme qui n'aurait jamais vu Thérèse pouvait être heureux de l'amour d'Henriette. Moins jolie que Thérèse, elle était cependant fort bien, quoique sa physionomie manquât d'ensemble et d'harmonie. Jamais des traits plus mélancoliques n'ont été animés par une expression de joie si extraordinaire. Il est vrai que cette expression était très fugitive, mais elle était si fréquente qu'elle aurait pu passer pour habituelle sans le contraste qu'elle produisait. Son regard étincelant de gaieté, qui s'obscurcissait tout à coup et devenait fixe et sombre, son rire jeté à de courts intervalles, et qui faisait place au silence, à l'immobilité la plus morne, une alternative étrange d'exaltation et d'abattement, rendaient l'idée de cette joie importune et pénible. On devinait, je ne sais pourquoi, que derrière l'illusion passagère qu'elle se faisait, il y avait un malheur caché.

Un jour... les premières influences du printemps commençaient à se faire sentir dans la campagne ; de petites fleurs blanches, façonnées en coupes déliées qui échappent presque à la vue, s'épanouissaient entre les pierres dont le sentier est bordé ; la douce odeur de la violette révélait sa présence sous les buissons, et l'air, échauffé des rayons du soleil renaissant, se peuplait d'une foule d'insectes qui n'apparaissaient un moment que pour mourir, mais qui répandaient dans ce tableau le mouvement de la vie ; nous avions le cœur ouvert à toutes les douces impressions de cette saison de renouvellement et de bonheur, quand nous aperçûmes Henriette. Pour la première fois, sa physionomie était immobile ; elle nous regardait, elle soupirait ; elle ne riait pas comme à l'ordinaire du premier objet qui frappait son imagination si facile à exciter, notre conversation même ne l'occupait point. Elle semblait vivre ailleurs, et d'une autre pensée. Cette position devint bientôt embarrassante pour nous trois ; le cœur de Thérèse surtout se brisait sous le poids d'une contrainte si nouvelle. Elle n'y résista pas longtemps ; les yeux mouillés de larmes, et le bras jeté autour de l'épaule d'Henriette, elle lui dit :

— Tu as du chagrin ?

— Oh ! beaucoup ! répondit Henriette en pleurant aussi ; mais tu ne le comprendrais pas.

— Eh quoi ! reprit Thérèse, est-il un de tes chagrins que je ne puisse pas comprendre ?

Cette fois Henriette sourit amèrement :

— Je le crois bien si tu n'as pas aimé.

— Peux-tu me le demander? N'aimé-je pas ceux qui m'aiment. N'aimé-je pas mon père? Ma pauvre mère, ô mon Dieu! ne l'aimais-je pas? Et mon autre mère, suis-je quelque part plus heureuse qu'auprès d'elle? Mais toi, ingrate, je ne t'aime pas, n'est-il pas vrai? Voilà comme tu me juges!... Antoinette ne me traiterait pas si cruellement. Elle sait bien que je l'aime.

— Voilà tout? dit froidement Henriette.

— Voilà tout, continua Thérèse avec un peu d'étonnement. Oh! je sais bien, s'écria-t-elle du ton d'une réminiscence singulière qui ne revient que par hasard à l'esprit, tu veux parler d'un autre sentiment, de l'amour, n'est-ce pas? Saurais-tu ce que c'est que l'amour, dis-le moi, je t'en supplie?

Henriette secoua la tête.

— Qu'importe, au reste? reprit Thérèse, je me suis toujours persuadée que les peintures passionnées qu'on en fait dans les livres et dans les romances ne sont qu'un abus sans conséquence du privilège connu des poètes. Je sais très bien, quel que soit le mari que mon père me donnera ou qu'il me permettra de choisir, que je ne l'aimerai pas mieux que toi... ou que toi, ajouta-t-elle en se retournant de mon côté, et en attachant sur moi un regard plus fixe.

— Vous me le promettez? lui dis-je.

— Oui, je te le promets.

Je pris sa main, et j'en couvris tour à tour ma bouche et mes yeux pour ne pas lui laisser apercevoir mon trouble. J'avais déjà sur son cœur un droit qui ne pouvait plus m'être disputé, et Adolphe commençait à participer au bonheur d'Antoinette.

— Heureuse de penser ainsi, dit Henriette, il est inutile aujourd'hui que tu en saches davantage ; et ce sentiment que tu ignores, puisses-tu ne le connaître jamais que par ses douceurs! Voici maintenant ce que tu demandes. J'ai perdu mon père, comme tu sais ; mais j'ai un frère dont je dépends, et qui prend un intérêt plus vif à mon bonheur qu'au sien même ; car il a succédé pour moi à la tendresse comme aux devoirs d'un père. Depuis longtemps, sur les témoignages avantageux qu'on rendait d'un de nos parents, il avait formé le projet de m'unir à lui, en supposant toutefois que cet arrangement pût me convenir. Les événements de la guerre avaient retardé l'accomplissement de son dessein, sans le lui faire oublier, et même sans contrarier entièrement ses vues. Mon cousin était tout au plus de mon âge ; il commençait avec honneur une carrière éclatante, et il ne pouvait qu'être avantageux pour lui de la poursuivre pendant quelques années, avant notre mariage ; de mon côté, je ne hâtais point de mes désirs le moment de cette union ; je n'avais jamais vu mon cousin, mon cœur était libre, et comme le tien, ma chère Thérèse, il ne se croyait pas capable d'éprouver jamais de sentiment plus vif que l'amitié. Je craignais même, s'il faut te le dire, le moment où la volonté d'un époux, seul arbitre de ma vie à venir, pourrait me ravir à mon heureuse solitude, à nos jolis bosquets, à nos rendez-vous, à nos jeux. Cependant, je ne pus me défendre d'une vive curiosité, lorsque, après la déroute du Mans, mon frère, arrivé précipitamment au château, nous annonça que nous y verrions le soir même un jeune officier échappé comme par miracle aux désastres de cette journée, et que c'était le chevalier de Mondyon.

— Le chevalier de Mondyon ? m'écriai-je.

— Eh bien, oui, dit Thérèse, il n'y a rien d'extraordinaire là-dedans.

— C'est le nom de mon cousin, reprit Henriette qui n'avait pas encore remarqué mon étonnement. Il arriva enfin, et j'essaierais inutilement de te peindre l'impression que me fit sa vue. Je sentis que mon existence entière allait dépendre de celle que je produirais sur lui. Elle passa mon espérance. Les nœuds que la convenance avait formés furent resserrés par la sympathie la plus vraie. Une seule inquiétude, mais elle était affreuse, troublait le charme de ces moments de bonheur. Peut-être elle en augmenta le prix, en leur donnant une ivresse qui manque sans doute à l'amour, quand on le goûte avec sécurité, sans rien craindre des hommes et de l'avenir. Mondyon était poursuivi; chaque témoin de sa présence pouvait être un délateur; chaque instant de notre félicité trop rapide pouvait être le dernier; chaque jour, celui de son arrestation et de sa mort. Je le pressai moi-même de hâter son départ, et de rejoindre les corps errants de l'armée.

— Reste-t-il des corps d'armée organisés? lui dis-je.

— On l'assurait, répondit Henriette en me regardant avec surprise.

— Et où sont-ils? Je vous prie de me l'apprendre.

— En vérité, Antoinette, interrompit Thérèse, je ne sais pas où tu vas chercher tes questions? — Que devint ton cousin?

— Tu penses bien que mon frère ne négligeait rien pour nous procurer des renseignements positifs sur la situation des Vendéens et sur les moyens de les rejoindre. Avant-hier enfin, il nous apporta la nouvelle qu'en effectuant leur retraite, ils avaient dispersé les républicains sur quelques points rapprochés, et qu'il en était un où le passage restait libre.

— Et ce point, vous le connaissez?

— Ce fut la question du chevalier. Il n'y avait pas un moment à perdre. Ils montèrent à cheval et partirent après de courts adieux, que je tremblais, hélas! de prolonger; car une minute de retard pouvait laisser à l'ennemi le temps de leur dérober cette dernière espérance de salut. Mon pressentiment n'était pas mal fondé, puisque le domestique qui les a accompagnés jusque-là ne s'est échappé qu'avec peine, au retour, entre les colonnes républicaines qui reprenaient possession de tout le pays et fermaient toutes les issues.

— Possession de tout le pays, et il y avait un passage, murmurai-je entre mes dents, et Mondyon était dans ce château, et Adolphe ne l'a pas su!...

— Voilà qui est singulier! reprit Henriette. Il regrettait cet Adolphe dont tu parles, il le nommait souvent, il espérait quelquefois le retrouver... Te serait-il connu ?

— Très connu !

— Très connu ! dit Thérèse ; et vous rougissez, et vous tremblez comme Henriette quand elle parle de son cousin... Je vous sais mauvais gré de m'avoir fait des secrets...

Je souris de sa méprise et la conversation changea d'objet en ce moment. Quand nous arrivâmes chez Henriette, la nuit commençait à tomber, et nous ne nous arrêtâmes point. Nous revînmes à la ferme en hâtant le pas, afin que notre absence trop prolongée n'inquiétât pas Mᵐᵉ Aubert ; et, préoccupés tous les deux de notre conversation avec Henriette, nous marchions sans nous parler. Mon sang bouillonnait à la pensée que Mondyon avait été si près de nous, qu'il avait habité cette maison où j'entrais tous les jours, et que c'était là qu'il avait trouvé une occasion de rejoindre l'armée, occasion qui ne se présenterait peut-être jamais pour moi, à qui elle serait d'autant plus difficile que ma position à l'égard de Thérèse alarmait mon cœur de la honte d'une fraude et de la crainte d'une ingratitude. Dans le désordre où cette idée me jetait, j'avais tellement précipité ma marche que Thérèse ne pouvait plus me suivre. Nous avions déjà passé la grille par laquelle les jardins de M. Aubert s'ouvrent sur la campagne, mais nous étions encore loin de la maison. A l'entrée d'un petit jardin, dont Thérèse faisait ses délices, elle se reposa sur une pierre brute qu'on y avait placée en forme de siège, et autour de laquelle elle prenait plaisir à entretenir les mousses parasites qui croissent parmi les rochers de la montagne. Je revins sur mes pas et je remarquai qu'elle était accablée.

— Tu ne penses qu'à cet Adolphe, me dit-elle d'un air de reproche ; et, depuis que nous avons quitté Henriette, j'ai vu que tu ne t'occupais plus de moi.

— Chère Thérèse ! m'écriai-je, que tu es injuste, et comme tu me soupçonnerais peu de te préférer cet Adolphe, dont le nom m'est échappé, si je pouvais te le faire connaître ! Que dis-je ? Ne faut-il pas que tu le connaisses enfin, que tu l'aimes pour lui, que tu lui pardonnes d'avoir été aimé si longtemps pour une autre !

— Il y a là-dedans, reprit Thérèse, quelque chose que je ne comprends point, je ne sais quoi qui m'étonne et qui m'effraie. Ne me laisse pas dans cette incertitude ; elle est plus pénible qu'un chagrin réel.

— Thérèse, tu ne sais pas que tout mon bonheur dépend d'un seul mot ! Je puis tout perdre ou tout gagner ; car ma vie entière est dans ton amour que tu vas peut-être m'enlever ; cependant, ce mot qui décide irrévocablement de mon sort... et du tien, il est de mon devoir de le dire ; et si je meurs de ta colère ou de ton indifférence, je mourrai du moins digne de ton estime.

— Achève.

— Je ne suis pas Antoinette, je suis Adolphe !

Et je tombai à ses genoux en saisissant ses mains qui se dérobèrent aux miennes ; elle poussa un grand cri et s'enfuit.

Je n'ai pas besoin de dire que cet aveu changea subitement tous nos rapports ; depuis ce moment, Thérèse ne me regardait plus qu'avec un œil inquiet comme si elle avait craint de trouver en moi un ennemi, et qu'elle se défiât des sentiments que je pouvais lui inspirer. L'expression si naïve et si familière de ses traits était devenue sérieuse et même sombre. Souvent quand mes yeux rencontraient les siens, et qu'ils les forçaient pour ainsi dire à rester fixés sur moi par l'ascendant qu'exerce un amour fortement senti sur la personne qui l'inspire, le nuage de douleur qui les obscurcissait me causait une sorte de regret et de crainte. Je me trouvais heureux d'occuper sa vie et même de faire naître dans son cœur l'idée des orages qu'éprouvait le mien ; mais la pensée que ce pouvait être pour elle un malheur de m'aimer brisait quelquefois mon âme, qui n'avait point de force contre les chagrins de Thérèse. Mes dangers ne m'avaient jamais causé autant d'inquiétude que mon bonheur. Je désirais bien que Thérèse fût émue, mais je tremblais qu'elle ne souffrît. Aussi j'évitais avec soin, je croyais du moins éviter tout ce qui était propre à lui rappeler notre situation réciproque, et ce que je lui avais dit de mon amour. Tout en brûlant de l'impatience d'être seul avec elle, je me félicitais qu'une personne étrangère vînt se mêler à nos promenades et à nos entretiens; et, aussitôt que cet étranger était arrivé, je désirais de nouveau qu'il s'en allât, quoique bien décidé à ne rien dire à Thérèse et à ménager son repos. Quand nous restions ensemble, sa réserve s'augmentait, et elle s'éloignait doucement, de manière à ne plus me toucher; aussi cela ne lui arrivait que par méprise, dans un moment de distraction ou en faisant quelque mouvement involontaire. Alors elle se retirait encore plus loin, et son air devenait bien plus soucieux. Quant à moi, comme je ne comptais que sur ces hasards qui survenaient rarement, je m'étais fait une étude de les multiplier, parce que c'était mon seul bonheur. Avec quelle attention j'épiais dans ses yeux la moindre de ses volontés pour prévenir, pour surprendre le moindre de ses gestes, pour faire concourir avec lui une heureuse maladresse qui rapprochait ma main de sa main, mon pied de son pied, ma bouche de son épaule ou de son cou! Combien de fois, sous le prétexte de lui présenter une fleur de son jardin, ou bien de lui rendre son ouvrage qu'elle avait laissé tomber, j'ai frémi en touchant ses doigts tremblants, dont l'impression légère allait éveiller dans mes veines un sentiment inexprimable de plaisir! Il y avait, de sa chambre à celle de sa grand'mère, un corridor étroit qu'elle parcourait à tout moment et où je ne manquais jamais de m'arrêter aussitôt que je pouvais présumer qu'elle allait venir, parce qu'il y avait peu si peu de place pour deux personnes, qu'il était impossible qu'elle y passât sans m'effleurer; et à mesure qu'elle s'approchait, je recueillais les forces de mon cœur pour supporter la volupté de ce froissement si rapide et si délicieux. Ce hasard me paraissait une faveur, parce que je pensais qu'elle aurait pu l'éviter ou passer autre part, et qu'il n'était d'ailleurs pas concevable selon moi qu'une émotion semblable ne se communiquât pas un peu à la personne qui la faisait naître. J'avais une espèce de certitude qu'une femme dont on serait haï ne produirait pas le même effet sur l'homme qu'elle toucherait en passant, quelque amour qu'il eût pour elle, ou qu'elle ne le toucherait pas ainsi. J'avais remarqué aussi que sa voix n'était plus la même quand elle me parlait, et j'étais si persuadé que l'amour qui a tant de mystère avait jusqu'à un accent, jusqu'à une mélodie qui lui était propre, qu'elle ne m'adressait jamais la parole pour me dire les choses les plus indifférentes, que je ne tremblasse de joie comme si ces riens avaient un autre sens que celui qu'elle y attachait, comme si j'étais convenu avec elle d'une clef qui m'expliquerait son langage. Cet état était si peu naturel, ce secret si facile à pénétrer, que mon déguisement lui-même ne me rassurait pas, et quel es témoignages de son amitié obligée pour Antoinette me donnaient autant d'inquiétude que si c'était à Adolphe qu'elle les eût adressés. Au reste, ils me donnaient de la jalousie aussi, et je n'étais pas moins tourmenté de ses prévenances devant le monde, qu'affligé de ses froideurs quand nous étions seuls. J'avais besoin d'être moins aimé, ou de l'être davantage. Ma position était fausse partout; j'étais Adolphe pour Thérèse quand on nous voyait, parce qu'alors elle ne trouvait pas de danger à me laisser voir ce qu'elle éprouvait; quand nous nous retrouvions ensemble, je ne l'étais plus. Cette idée était si pénible, qu'au moment où elle m'oppressait, j'aurais quelquefois préféré une complète indifférence, mais plus souvent je préférais de souffrir.

De tous les endroits où j'aimais à cacher mon chagrin, il n'y en avait point que je préférasse au jardin de Thérèse, et dans le jardin de Thérèse, au rocher sur lequel elle était assise quand je lui avais fait l'aveu qui l'éloignait de moi. Comme elle s'en était aperçue, elle y venait beaucoup moins souvent, de peur de m'y rencontrer, ou bien elle affectait de s'en détourner par un long circuit et d'aller se promener plus loin dans une allée solitaire où je ne l'apercevais que d'espace en espace entre les massifs des bosquets et des vergers. Il y avait déjà plusieurs semaines que cela durait, et j'étais à mon ordinaire demi-couché sur le banc, le visage couvert de mes mains, quand je sentis les doigts d'une femme s'imposer sur mon cou avec douceur, mais avec une sorte d'autorité, comme si elle avait voulu me prescrire de ne pas la regarder, car elle avait à me dire des choses dont l'aveu l'embarrassait. Je reconnus facilement Thérèse, et je restai immobile en sanglotant, parce que je pleurais quand elle était venue. Elle commença et suspendit plusieurs fois la phrase qu'elle venait d'arranger, et puis elle m'apprit d'une voix émue et tremblante que nous allions nous quitter. Son père, qui n'avait pas cessé de me prendre pour une jeune fille, pensait avoir trouvé un moyen de me faire rejoindre mes parents, ou l'armée à laquelle ils étaient attachés, et que j'avais dû suivre avec eux. Il se flattait de me mettre en tout cas à l'abri des poursuites et des persécutions; il m'attendait au Mans, et une lettre transmise par un homme affidé (c'était celui qui m'avait conduit à Sancy) en avait apporté la nouvelle. Après cela Thérèse croyait me devoir des consolations; elle s'attendait à mon désespoir, et quand, hors d'état de me soutenir, je laissai retomber ma tête sur le rocher, elle m'enveloppa de ses bras et m'appela de mon nom d'Adolphe.

— Adolphe ? lui dis-je. O mon Dieu ! suis-je du moins Adolphe pour toi ?

— Adolphe, mon Adolphe ! répondit-elle.

— Adolphe, m'écriai-je en me levant et en arrachant le bandeau qui attachait mes cheveux ! l'Adolphe de Thérèse ! Prends garde, car ce mot est un lien irrévocable, un engagement pour toute la vie.

— Toute la vie !

— Tu m'aimes donc ?

Elle me regardait d'un air interdit; ses lèvres étaient pâles, elles tremblaient; sa physionomie entière avait changé.

— Si je t'aime ! dit Thérèse.

Je crus mourir, et qu'il eût été doux de mourir alors !

Cependant l'intention de son père était une loi. Le lendemain tout fut prêt pour mon départ, et nos adieux devaient être le plus beau moment de ma vie, car elle avait promis de m'accompagner jusqu'au-dessus de la montagne.

Nous montâmes donc le sentier de la Croix, au-dessus duquel nous étions convenus de nous quitter, parce qu'elle se plaignait d'être un peu malade depuis deux jours, et que je craignais qu'elle se fatiguât ; mais le temps était si doux, l'air si serein, la nature si brillante de verdure et de fleurs, que je ne pus m'opposer à lui laisser continuer sa promenade jusqu'à une côte pittoresque et ombragée d'arbustes de toute espèce que nous visitions souvent ensemble. Au sommet d'un chemin montant et assez difficile qui conduisait à de vieilles murailles ruinées depuis des siècles, qui de là se divisait en mille sentiers à travers des halliers coupés par le hasard, dont les compartiments confus formaient une sorte de labyrinthe, et qui aboutissait de bocage en bocage à une route de traverse, il y avait, sous quelques buissons d'églantiers, un petit lieu de halte et de délassement, où nous nous étions souvent arrêtés avant qu'elle me connût pour Adolphe, et où nous avions passé plusieurs fois des moments si doux à causer de tout ce qui l'intéressait, de son père, de sa mère, du passé, de l'avenir ! Cet endroit était couvert, comme je l'ai dit, par des rosiers sauvages, dont nous nous étions promis de cueillir les premières fleurs, et dont nous venions de temps en temps épier les développements, moi pour elle, elle pour moi, parce que nous rivalisions d'impatience pour nous apporter l'un à l'autre les premiers tributs de la nouvelle saison. Depuis l'éclaircissement que j'avais été obligé de donner à Thérèse, nous ne faisions plus de ces promenades, et il y avait déjà longtemps que nous n'avions vu la butte des rosiers. Quand Thérèse y arriva, elle témoigna je ne sais quel trouble, et recula d'un pas. Je compris son étonnement, ou pour mieux dire son effroi, et je fus près d'abord d'y céder comme elle. Cependant, je pris sa main, je la conduisis

Couvertures supérieure et inférieure
en couleur

CHARLES NODIER : NOUVELLES

L. BOULANGER, éditeur, 90, Boulevard Montparnasse, PARIS

Ont paru dans :

LES GRANDS ROMANCIERS FRANÇAIS :

LE FILS DE FAMILLE
Par XAVIER DE MONTÉPIN
Livraisons 1 à 10

LE JEU DE LA MORT
Par PAUL FÉVAL
Livraisons 10 à 21

LA TONTINE INFERNALE
Livraisons 21 à 32

FLEURETTE
HISTOIRE D'UNE BOUQUETIÈRE
Par E. SCRIBE
Livraisons 32 à 44

REINE
Par JULES LERMINA
Livraisons 45 à 52

Paris.—Imp. Paul Dupont (Cl.)

jusqu'au lieu où elle avait coutume de s'asseoir, et sur lequel les jeunes pousses de la haie retombaient déjà en longues guirlandes. Je m'y arrêtai ; et, comme je remarquai qu'elle hésitait :

— Vois-tu, lui dis-je, les églantines sont écloses ; c'est moi qui les ai aperçues le premier.

— Le premier !... dit-elle.

Je savais bien que notre position était changée ; mais ce mot me le rappela d'une manière presque douloureuse ; nous allions nous quitter bientôt, peut-être pour toujours, et il était cruel de sa part de me reprocher le bonheur que j'avais dérobé à sa confiance. Ma physionomie dut même exprimer ce sentiment, car elle me dit en souriant :

— Puisque c'est toi qui les as vues, donne-moi une de ces églantines ; je la garderai toute ma vie.

Je cueillis quelques églantines, et je vins m'asseoir à côté d'elle. Je les répandis sur ses genoux, sur son mouchoir, sur ses cheveux. Elle en prit une, la regarda longtemps, me regarda ensuite d'un air sombre, et l'effeuilla par mégarde. Je lui en présentai une autre, mais je recueillis les feuilles qui tombaient sous ses doigts ; et, à mesure que je les saisissais, je les appuyais sur ses lèvres, je les reprenais après elle, et je les portais sur les miennes, tout humides encore du côté que ses lèvres avaient touché. Pendant quelques minutes, je jouis de cet artifice sans qu'elle s'en aperçût ; mais aussitôt qu'elle le surprit, elle parut s'en alarmer. Elle me disputa la feuille que je lui avais ravie, elle refusa celle que je lui présentais.

— Eh quoi ? lui dis-je, quand nous allons nous séparer, Dieu sait combien de jours, de mois ou d'années, tu ne permettras pas à ton Adolphe, que tu ne reverras peut-être plus, de chercher l'impression de ta bouche sur les débris d'une églantine ? Oh ! je crois en vérité que mon cœur est innocent comme le tien ; mais je ne comprends rien aux idées des hommes, s'il y a un crime entre nous quand un baiser de la bouche de Thérèse est transporté sur celle de son Adolphe par une feuille de rose. D'ailleurs, penses-y bien, je vais le dire à ton père, et je suis sûr de le dire sans rougir. Un jour enfin... si je ne meurs pas à la guerre, tu m'accorderas des baisers plus doux...

— J'aime à te croire, me dit-elle, mais il est possible que cela soit mal aujourd'hui, cela est même vraisemblable, puisque je suis mal à mon aise, que je tremble et que j'ai peur. Je serais plus tranquille si je n'avais pas déjà quelque chose à me reprocher.

— Et crois-tu, repris-je, que mon cœur soit plus paisible lui-même ? C'est l'effet, n'en doute pas, de ce sentiment inconnu dont Henriette nous parlait il y a deux mois, et que nous éprouvons comme elle. Au reste, Henriette sait aimer ! Elle ne refuserait pas à Mondyon le bonheur d'attacher sa bouche à une petite fleur qu'elle aurait pressée contre la sienne.

— Et moi, dit Thérèse, je ne t'aime donc pas ?...

Elle prit une feuille de rose sur mes lèvres et la mit entre ses dents. Je la rapprochai de moi, je la regardai, et je me détournai d'elle, parce que mon cœur se brisait, et que je conçus je ne sais quelle idée, un de ces pressentiments bizarres qui offusquent l'esprit dans la fièvre et dans le sommeil, la persuasion que tout mon bonheur serait court et que je n'embrasserais Thérèse qu'une fois. Son teint était animé d'une manière extraordinaire ; sa main brûlait et tremblait en même temps ; j'aurais voulu me rendre compte de mon état. Je ne savais rien, mais la pensée de la mort ne m'effrayait pas comme elle doit effrayer les hommes. Il me semblait que cela serait très bien.

Pendant ce temps-là, les domestiques qui nous suivaient parvinrent au bas de l'avenue ; c'était le moment de partir. Il ne restait plus qu'une feuille à la dernière églantine que je lui avais donnée. Je la détachai, je l'imprimai fortement sur sa bouche, et j'y collai la mienne en ramenant Thérèse sur mon sein. Je ne sais comment je parvins à l'y retenir. Cette feuille, rien que cette feuille... Ma vue s'obscurcit, ma poitrine se gonfla, je perdis la respiration, la connaissance, le sentiment de la vie, et quand je revins à moi, j'étais seul.

Je me hâtai de gagner le chemin de traverse, parce que je me rappelais qu'il y avait un endroit d'où le sentier de la Croix se laissait apercevoir et que j'espérais y voir Thérèse à son passage. Soit que le hasard eût servi mes désirs, soit que Thérèse, animée de la même pensée, se fût arrêtée dans ce court intervalle de coteau, qui paraissait de loin comme encadré entre un groupe d'arbres et une masse de rochers, je la vis immobile et tournée contre moi; je le pensai du moins, et je me persuadai follement que mon dernier adieu pouvait parvenir jusqu'à elle; ma bouche balbutia un mot, je dis *adieu!...* comme si elle m'avait entendu; et, lorsqu'elle eut passé, je l'accusai dans mon cœur de m'avoir quitté trop vite, quand il me restait tant de choses à lui expliquer, à travers la distance qui nous séparait. Si elle s'était au moins assise pour que je pusse la regarder encore!... Pour moi, je n'avais pas détourné ma vue un seul instant du petit espace que je l'avais vue franchir comme une ombre. Il me semblait qu'il était impossible qu'elle n'éprouvât pas le besoin de revenir à moi, comme moi celui de retourner à elle, et je croyais toujours qu'elle reviendrait là un moment, dans la seule intention de reconnaître le lieu où nous venions d'être ensemble; le jour n'était pas avancé; cet endroit n'était pas loin de Sancy; elle pouvait, elle devait revenir; il y avait d'ailleurs jusque dans ce point de vue des enchantements pour mon cœur; toute cette place elle l'avait parcourue, elle l'avait occupée en différents moments; tous ces contours de la montagne, ses pas les avaient suivis. Ces arbres l'avaient couverte de leur ombre, ces rochers avaient été effleurés de ses vêtements; le ciel même, qui faisait le fond de ce tableau où elle m'avait apparu, était d'une pureté sans mélange. Il n'y avait pas un nuage, pas une vapeur qui se fût dissipée avec elle; c'était le ciel, la lumière, l'air qu'elle avait touché...

Ma vie est marquée de si peu d'époques heureuses, que

celle-ci, dans son indicible tristesse, remplit encore mon cœur du sentiment d'une pure félicité; j'espérais. Ma main venait de quitter sa main, je sentais à une douce tiédeur l'empreinte de ses doigts qui avaient été liés aux miens; l'arc si régulier et si délié qui couronne ses yeux, le regard si doux qui s'en échappe, je voyais cela, et j'enflammais ce regard des feux d'un amour semblable à celui que j'éprouvais. J'avais dérobé un jour quelques-uns de ses cheveux; mais, avare du plaisir de les presser contre mes lèvres, je les avais attachés dans les plis d'un ruban qui me venait d'elle, et que je portais près de mon cœur. Dans le mouvement que je fis pour chercher ce ruban, je vis tomber sur le sable où j'étais assis une feuille de rose déchirée; je la regardai, je la reconnus, je ne m'y serais pas mépris mille ans après; mais je crus sentir qu'elle brûlait encore.

A mesure que je m'éloignais de Sancy, je croyais éprouver que les liens de ma vie se relâchaient, se rompaient les uns après les autres, et qu'il n'y avait plus rien qui pût m'y rattacher; le monde que j'avais trouvé si étroit pour mon cœur, quelque temps auparavant, était devenu un désert sans bornes, dans lequel, à l'exception d'un seul point, je n'apercevais de toutes parts que la solitude et le néant; et je m'étonnais que ce point vers lequel se réfugiaient tous mes vœux, toutes mes espérances, toutes les forces de mon âme, je fusse forcé de le quitter pour obéir à quelques malheureuses convenances établies à mon insu entre les hommes. J'y tournais mes regards, j'y fixais toutes mes pensées; je maudissais les devoirs qui m'assujettissaient à la fatale obligation de m'en éloigner peut-être pour toujours, et qui sait dans quel motif, inutile à mon bonheur, inutile à celui des autres, que la société me présentait comme un appât pour me priver des avantages de ma destinée! La société!... comme je concevais amèrement qu'il était possible de la haïr, et que les excès de ces âmes violentes qui en préparaient la dissolution sans le savoir, pouvaient bien n'être que l'explosion tardive des sentiments de l'homme naturel, réprimés pendant tant de siècles ! Comme j'ambitionnais quelquefois d'assister à l'accomplissement de leur funeste mission ! La société pouvait-elle être un bien, quand c'était elle qui me séparait de Thérèse, qui m'empêchait de me saisir d'elle du droit de la force et de l'amour, et de l'emporter dans mes bras, palpitante d'un mélange de terreur et de joie, jusqu'au fond de quelque vallée hospitalière, favorisée d'un ciel tempéré, rafraîchie par des sources pures et ombragée d'arbres fruitiers de toutes saisons ! Mon père m'avait parlé de ces belles campagnes du Nouveau-Monde, où il avait essayé ses armes, et mon sang bouillonnait quand je pensais que j'aurais pu y naître à côté d'elle, y vivre son frère, son ami, son amant, son époux, au milieu des biens que prodigue à leurs habitants une nature sauvage et libre, et que j'y aurais accompli sans trouble les années qui m'étaient réservées, exempt de tous les tributs imposés à l'homme civilisé par le caprice des bienséances, la routine des coutumes ou la tyrannie des lois. Que m'importait à moi, orphelin, désormais sans famille et sans nom, le sort futur des États, et les succès heureux ou malheureux de cette lutte convulsive qui épuisait en efforts sans doute impuissants les dernières facultés d'une génération vouée à tous les malheurs ! Elle m'était étrangère.

Quelle nécessité si impérieuse me faisait courir de nouveau les hasards d'une guerre inutile et sanglante, et me forçait à rentrer dans une carrière où je ne pouvais imprimer un seul de mes pas sans m'éloigner plus irrévocablement du seul être vivant qui eût vraiment besoin de ma vie et qui m'eût consacré la sienne ! Savais-je seulement si le sacrifice incroyable de tous les intérêts, de tous les sentiments, de l'existence tout entière, si le sacrifice mille fois plus pénible de l'existence d'un ange dont le bonheur dépendait de moi, me défendrait un jour du magnifique dédain des nobles de cour, de l'ingratitude et des rebuts de leurs maîtres ; s'il ne deviendrait pas un titre de reproche contre les infortunés qui partageaient mon sort, et si l'histoire, vendue à un parti triomphant, n'oserait pas nous poursuivre jusque dans le tombeau de ce nom de brigands, ironie barbare du vainqueur? Je frémis à cette perspective, et puis je souris, car les motifs que j'opposais à ma résolution étaient précisément ceux qui devaient la fonder et l'affermir. Jamais un noble cœur ne s'engage aussi avant dans une entreprise où il n'y a rien à gagner, que lorsqu'il y a tout à perdre. On ne se détacherait pas de ses habitudes, de ses affections, de ses prétentions au bonheur ou à la renommée, s'il ne s'agissait de mourir.

En général, et je révèle ici tous les secrets de mon âme, lorsque j'ai éprouvé quelques faibles hésitations, pareilles à celles que je viens de raconter, elles n'ont duré qu'un moment, et je me flatte qu'il ne faudra qu'un moment pour les expier.

Quand j'arrivai près du Mans, le jour n'était pas tout à fait tombé. Cependant, comme j'allais chez mon protecteur et que je devais éviter de le compromettre, je n'étais pas maître de toutes mes démarches. Ma vie seule dépendait de moi; j'avais tout à ménager pour celle des autres. Je résolus d'attendre la nuit pour m'introduire dans la ville. A peu de distance, j'avais remarqué une petite pièce de verdure, ombragée d'espace en espace de quelques arbres plantés sans ordre, et où le gazon court et foulé recouvre à peine la terre, parce que les jeunes filles des environs viennent souvent y danser dans les belles soirées de l'année. Je m'y arrêtai sur un banc circulaire adapté à la tige d'un vieil orme, en me tournant vers la partie de l'horizon où est située la ferme de Sancy. Les vapeurs du soir qui s'accumulaient vers le couchant commençaient à s'étendre de mon côté, et je me plaisais à voir ces nuages colorés des derniers feux du jour, se dérouler, s'aplanir, se diviser en flocons, en nappes, en réseaux, d'abord suspendus à la voûte dorée de l'occident comme des draperies roses, puis se développant lentement en ombres cuivrées, violettes ou noirâtres, avant de disparaître dans l'obscurité de la nuit. Leur passage rapide et leurs formes variées semblaient multiplier par autant de messages les derniers adieux de Thérèse. Chacun de ces nuages avait passé sur sa tête, elle les avait vus, elle les regardait encore ; la même idée l'occupait peut-être, et mes yeux pouvaient se trouver attachés au même endroit que les siens sur cette figure confuse qui s'évanouissait entre nous et qui emportait avec elle nos derniers regards. Étais-je sûr de revoir jamais un nuage qu'elle aurait vu ?

Comme il faisait très beau, les jeunes filles ne manquèrent pas d'arriver à leur rendez-vous du soir, et de former autour du vieil orme, où j'étais assis par hasard, les danses accoutumées, en chantant en chœur des airs de ronde qui m'étonnaient par leur simplicité et leur grâce, parce que l'exil et la guerre m'avaient privé de trop bonne heure de ces innocentes joies de l'enfance. J'en comprenais cependant la douceur, et je regrettais, les yeux mouillés de larmes, de n'avoir pas vécu dans un temps et dans un état où il fût permis d'être si facilement heureux. L'amour lui-même se mêlait à ces plaisirs, car il y avait à chaque groupe quelques jeunes hommes de mon âge qui se disputaient à tous les refrains l'inappréciable faveur d'un baiser de préférence. Je ne me rappelle pas bien l'air et les paroles de ces chansons-là, mais il me semblait qu'elles ne vibreraient jamais à mon oreille sans que mon cœur en tressaillît, tant elles me révélaient de choses charmantes. Cependant, ce n'était rien en soi, ou plutôt cela serait impossible à exprimer à ceux qui n'ont pas senti la même chose. C'était, si je m'en souviens, une belle qui s'était endormie au bord d'une fontaine, et que son père et son fiancé cherchaient sans la trouver. C'étaient des filles de rois chassées de leurs palais qui se réveillaient dans la forêt un jour de bataille, et qui faisaient plus de vœux pour leurs prétendus que pour la couronne. C'étaient les regrets des bergères qui s'affligent de ne plus aller au bois parce que les lauriers sont coupés, et qui aspirent après la saison qui doit ramener leurs danses et leurs amours.

Je m'étais trouvé enfermé dans le cercle des jeux ; j'y avais été retenu d'abord par la curiosité d'une sensation nouvelle, et puis par cette satisfaction d'une âme fatiguée qui trouve à se délasser dans des émotions douces, et puis enfin par un intérêt d'une espèce singulière qui aurait absorbé tous mes autres sentiments, si je n'avais pas connu Sancy. Plusieurs fois le nom de Jeannette, ce nom attaché à une jeune personne dont la candeur, la franche gaieté, l'air de bien-être et de contentement, reposaient agréablement la pensée, plusieurs fois, dis-je, il avait frappé mon oreille et retenti jusqu'à mon cœur. Je m'étais d'abord placé à côté d'elle, je la regardais, je comparais notre taille et nos habits, je me demandais si c'était Jeannette, et au moment où je me croyais près de me confirmer dans mes conjectures, elle se perdait comme à dessein au milieu de la foule. Enfin, les combinaisons d'un jeu nouveau me rapprochèrent d'elle, et une loi de ce jeu me prescrivait de lui dire un secret. Je m'emparai de sa main, et je la portai sur mon sein, j'attachai mes yeux sur ses yeux, de manière à la forcer de soutenir un moment mes regards, je laissai retomber une tresse de mes cheveux, comme ils étaient dans le désordre de ma fuite, et je me penchai sur son épaule pour n'être entendu que par elle :

— Jeannette, lui dis-je, Dieu te récompensera, parce que tu as pris pitié d'un pauvre brigand!...

Elle poussa un cri, et tremblant de mon imprudence et de la sienne, elle déguisa son effroi sous je ne sais quel prétexte, après quoi elle rejoignit ses compagnes.

Il était fort tard quand j'entrai dans la ville, et l'obscurité favorisait mes desseins. J'arrivai assez facilement à la maison de M. Aubert, parce que Thérèse me l'avait indiquée avec beaucoup de soin, et le vieux domestique qui vint m'ouvrir me reconnut d'abord pour m'avoir vu quelquefois à la ferme, quand il y était envoyé par son maître. Je fus frappé de sa tristesse et de son abattement; et je n'eus pas de peine à m'apercevoir, à la lueur de la lampe qui éclairait son visage, que des pleurs tout récents avaient mouillé ses paupières. Cependant, il ne proféra pas une parole tant que la porte fut ouverte; mais à peine l'eut-il laissé retomber sur ses gonds, qu'il se hâta de déposer la lampe qui vacillait dans sa main tremblante, tomba sur une chaise, et m'apprit, en fondant en larmes, que M. Aubert était arrêté.

— Arrêté ! m'écriai-je.
— Il y a deux jours.
— Et pourquoi ?
— Sait-on pourquoi on est mené dans les prisons, et des prisons à l'échafaud ? me dit-il en secouant la tête. Mais cela ne pouvait pas manquer tôt ou tard, continua-t-il. C'était un trop honnête homme pour ces gens-ci, et depuis longtemps je pensais bien, à part moi, qu'ils finiraient par le tuer pour le punir de n'être pas méchant comme eux.

— Ils ne le tueront pas, ou je mourrai près de lui !...
— Antoinette ! reprit le vieillard étonné.

Qu'étais-je, en effet, et comment pouvais-je essayer de délivrer à mon tour mon généreux libérateur, sans achever de le perdre ?

Il fallait cependant tout entreprendre, et, pour parvenir à quelque chose, il fallait communiquer avec lui. Cela n'était pas aisé. Huit jours entiers se passèrent avant de rien obtenir, parce que M. Aubert était au secret, et la permission enfin accordée à nos prières ne me concernait point. En même temps, la correspondance de M. Aubert lui fut remise tout ouverte par le gardien de la prison. C'étaient deux lettres de Sancy, postérieures à mon départ.

Je passai le jour à attendre dans une anxiété inconcevable, non que j'eusse entrevu la moindre possibilité de sauver M. Aubert par un coup de main hasardeux, ou que l'état des choses fût tellement désespéré pour lui qu'il ne me restât de toutes mes hypothèses que la certitude de sa perte, mais parce qu'un sentiment indéfinissable me rendait le retour de Dominique de plus en plus nécessaire, comme si ma vie avait dépendu de ce qu'il aurait à me dire. Quand il rentra, je cherchai impatiemment à lire dans ses yeux s'il y avait quelque circonstance nouvelle qui pût justifier mes craintes. Il me parut tranquille, et sa tranquillité ne me rassurait point. Enfin il s'assit, et tira d'un pli de ses habits une lettre à l'adresse d'Antoinette, dont je m'emparai avec empressement. Elle était conçue en ces termes :

« Chère enfant, lorsque j'écrivis à Thérèse de vous envoyer au Mans, je me croyais sûr de pouvoir vous rendre avant peu à votre famille. Vous savez combien mon sort est changé, et l'intérêt que vous y avez pris m'est connu. Mon seul malheur est maintenant de ne pouvoir mettre un terme au vôtre. Je n'ai d'ailleurs aucun danger personnel à courir, ou plutôt j'ai une certitude si positive d'échapper incessamment à tous les dangers qui me menacent, que, si je vous recommande de détruire ma lettre, c'est dans la vue de ne pas compromettre vos secrets et votre existence. La mienne est devenue inutile aux malheureux, et si elle devait se terminer à la suite d'un jugement, la confiscation priverait ma famille de ses dernières ressources. C'est pour cela que j'ai résolu d'être libre, et que je m'en suis ménagé les moyens. Je vous jure que tout a réussi pour cela à ma satisfaction. Dans l'état où ce dernier événement vous laissera, je ne vois rien de mieux à faire pour vous que de retourner à Sancy. Je vous y engage d'abord dans votre intérêt, parce que cette maison restera votre asile tant que vous aurez besoin d'un asile. Plus tard, d'ailleurs, ma fille peut devoir son bonheur à la liaison qu'elle a contractée avec vous, et trouver dans votre amitié, dans votre protection, le prix des faibles services de son père. Elle a besoin de vous dès aujourd'hui. On m'écrit à deux reprises qu'elle est malade, qu'elle est fort malade, et j'ai peur encore qu'on ne me dissimule à quel point la vie de ma Thérèse est compromise. Allez donc à Sancy, chère Antoinette! C'est son père qui vous en prie! Et surtout ne parlez pas de ma captivité, ni devant ma vieille mère, ni devant ma pauvre Thérèse. Je vous répète que cela n'en vaut pas la peine. Ma captivité va finir.

« PIERRE AUBERT. »

Cette lettre me causait de vives alarmes sur le sort de Thérèse. Elle ne me rassurait que faiblement sur celui de M. Aubert, dont je ne comprenais point les ressources et les espérances. La permission de Dominique lui donnait le droit d'entrer dans la prison tous les jours. Je résolus d'attendre au lendemain. Ce jour-là, Dominique revint de très bonne heure, après une absence si courte, qu'elle m'avait à peine donné le temps de l'impatience et de l'inquiétude. Il était rayonnant de joie.

— Notre maître n'est plus en prison, me dit-il, quand il eut pris le temps de rassembler ses idées et la force de se faire entendre.

— Il n'est plus en prison! m'écriai-je. Mais où est-il, le savez-vous?

Dominique me regarda d'un air embarrassé.

— Je n'en sais rien à la vérité; mais ce qu'il y a de certain, c'est que M. Aubert n'est plus dans la prison où je l'ai vu, et qu'il n'a été transféré dans aucune autre. Je m'en suis assuré moi-même, et partout. Le concierge m'a répondu d'ailleurs d'un ton de voix sombre et avec un regard affreux, comme l'assassin qui a perdu la trace de sa victime avant de l'avoir achevée. Il m'a dit brusquement : « Il n'y est plus. » Je lui ai reparti : « Est-il dans une autre maison? » Il m'a répondu : « Non », et il a repoussé la porte sur moi. Vrai, comme Dieu est Dieu, continua Dominique, je vous proteste que notre maître est sauvé.

Je relus la lettre de M. Aubert. Elle avait quelque chose de vague qui m'effrayait au premier abord ; mais je trouvai qu'elle pouvait se prêter à cette explication. Au moment où j'y réfléchissais, le bruit de l'évasion de plusieurs prisonniers parvint jusqu'à nous et me confirma dans cette idée. Je n'avais donc plus qu'à remplir les intentions de mon bienfaiteur et qu'à satisfaire au besoin de mon âme qui était tourmentée des plus cruelles angoisses, depuis que je me représentais Thérèse malade, peut-être mourante, et appelant en vain son père et moi. J'embrassai Dominique et je partis.

Quoique je retournasse vers Thérèse, et que peu de jours auparavant je n'eusse pas conçu de plus grand bonheur, quoique je l'aimasse plus que jamais, je marchais pénétré de tristesse, et aussi lentement que si je n'avais jamais eu à la revoir. Je ne m'étais pas encore trouvé si faible et si mal au monde. Il y avait devant mes yeux comme un nuage de douleur qui obscurcissait jusqu'aux plus doux souvenirs de ma vie. L'incertitude où j'étais du sort à venir de M. Aubert, le doute où il m'avait laissé sur le véritable état de Thérèse, la crainte de la trouver dans une position dangereuse, l'ennui même de cet habit qui cachait mon sexe, qui commençait à le mal déguiser, et qui devenait à charge à mon impatience et à mon courage ; je ne sais enfin quel besoin de mourir, qui est peut-être dans les hommes très malheureux le pressentiment des malheurs prêts à finir, tout cela agissait à la fois sur mon imagination et sur mon cœur. Il me semblait que j'arriverais toujours trop tôt où j'allais, et qu'il vaudrait mieux ne pas arriver.

Je m'assis au-dessus de la montagne de la Croix pour regarder la maison. Rien n'était changé. Il n'y avait là aucun mouvement inquiétant. Les cultivateurs étaient à leurs travaux ordinaires. L'air était calme et doux, et l'on s'imagine que, si l'on avait des motifs réels de souffrance, la nature entière devrait y prendre part. Je contemplais cependant avec un effroi involontaire ce hameau qui m'avait vu si heureux, et je tremblais d'y rentrer.

Dans ce moment, j'entendis quelque bruit derrière moi, dans le hallier ; je me détournai pour savoir d'où il provenait : c'était une femme qui était encore éloignée, mais que je reconnus à travers un étrange désordre de physionomie pour Henriette de F.... Au premier abord, je crus rêver ; ses cheveux étaient épars, sa robe déchirée, ses pieds nus ; elle montait avec l'agilité d'un fantôme sur les pointes aiguës des rochers, en chantant des refrains de romances, et en riant par accès ; un homme la suivait de loin, l'œil attentif à tous ses mouvements, l'air affligé et pensif ; je le reconnus aussi pour un de ses domestiques. Il m'avait aperçu en même temps, ou plutôt il avait aperçu Antoinette, car je n'étais que cela pour lui. Il porta la main à son front avec un mouvement de tête qui exprimait la plus vive douleur, pour me faire comprendre qu'Henriette était folle. Je me levai et je courus à elle : ses grands yeux s'arrêtèrent fixement sur moi ; elle resta debout sur le roc à la pointe duquel elle venait de s'élancer, en manifestant par son attitude immobile et réfléchie le désir de se rappeler quelque chose. Le rire qui venait d'instant en instant sur sa bouche ne s'effaça pas tout à fait ; mais ses paupières se mouillèrent bientôt de pleurs abondants, et ce contraste avait quelque chose d'horrible ; à mesure que je l'avais vue de plus près, j'avais mieux remarqué l'égarement de ses traits, la bizarrerie de ses ajustements. Elle portait en écharpe un mouchoir rouge, comme nos officiers ; ses longs cheveux bruns, qui retombaient de côté et d'autre devant elle, étaient semés de soucis et de ces fleurs d'un violet foncé qu'on appelle, je crois, des ancolies ; ses bras, fortement hâlés par le soleil, sortaient à nu des manches courtes de sa robe noire ; ils étaient déjà maigres et flétris comme si la mort les avait touchés.

— Tu ne sais pas, Antoinette, me dit-elle : ces gens-là ont tué Mondyon, tué ! tué !...

— Mondyon est mort ! m'écriai-je. Serait-il vrai ?

Elle prit la position d'un homme qui en met un autre en joue.

— Pas comme cela, reprit-elle. Puis elle leva la main, et la laissa retomber le long de son cou avec un rire affreux ; je ne comprenais pas bien ce geste, elle éclaircit mon doute en le recommençant ; le domestique qui la suivait inclina la tête d'un air affirmatif.

Mondyon ! mon pauvre Mondyon ! Je cherchais une épée, j'avais une robe, l'habit d'une femme ! Henriette elle-même n'était plus présente à ma pensée ; mais elle s'occupait encore bien moins d'Antoinette et de tout ce qui restait au monde. Quand je relevai les yeux vers l'endroit où je l'avais vue, elle était déjà très loin. Elle avait repris le refrain monotone de sa chanson, et sautillait de roc en roc au sommet de la montagne. Je tombai d'accablement sur celui qu'elle venait de quitter, et où ses pieds avaient laissé une trace de sang.

— Mondyon est mort! dis-je en mordant la terre; mon père est mort! ma malheureuse mère, que j'ai à peine embrassée, est morte avant le temps, morte dans un cachot... Tout ce que j'ai aimé, dévoué à l'échafaud..., sacrifié aux absurdes rêveries de quelques forcenés.... et j'ai des habits de femme! O Adolphe! vous avez des habits de femme, et vous ne manquez pas cependant des vêtements et des armes d'un homme; tout cela est à votre disposition, et vous portez des habits de femme, et vous croyez jouir de votre force et de votre raison! Ah! cette pauvre créature, cette femme privée de sens, qui vient de vous parler, qui vous mépriserait si elle savait qu'un soldat est caché sous les habits de la servante de ferme, Henriette est mille fois plus homme que vous : s'il lui restait, comme à vous, un morceau de fer qui pût donner la mort, elle vengerait Mondyon, et ne pleurerait pas inutilement sur des malheurs qu'à votre place elle aurait dû partager. Voilà qui est bien, repris-je en me levant : Thérèse est malade; son père lui-même, qui a sur moi l'autorité la plus sacrée, a voulu que je vinsse auprès d'elle. Je la verrai, je la servirai, je m'assurerai qu'elle n'a plus besoin de ma présence, et je la quitterai demain, et j'irai mourir aussi! Thérèse est tout mon bonheur, mais l'honneur est avant elle! De quel droit vivrais-je, quand ils sont morts? Et comment vivrais-je, grand Dieu? Daignerait-elle supporter les regards d'une faible et indigne créature qui survit à ses amis, qui ose attester leur mémoire, et qui n'a pas racheté leur sang! Je m'arrêtai, je m'étreignis de mes propres bras, comme si mon père m'avait enveloppé des siens. Je me dis, avec une autorité qui ne venait pas de moi, qui appartenait à une puissance supérieure à ma volonté : « Adolphe! allez mourir! » Le poids qui m'accablait diminua, mon cœur s'épanouit comme il doit le faire à la première volupté de la vie : je sentis que j'agissais sur les faiblesses de mon âme d'une force irrésistible, et cette idée me pénétra d'une joie encore inconnue ; je répétai à voix haute : « Adolphe, allez mourir ! » et je répondis : « J'y vais . »

J'arrivai à Sancy sans trouver personne, ou plutôt j'évitai quelques enfants qui gardaient leurs troupeaux sur les revers de la côte, et qui auraient pu me dire ce qui se passait. La porte était ouverte, les domestiques n'y étaient point. Thérèse couchait dans la seconde chambre, il y avait beaucoup de monde, les domestiques, les amis, les médecins auprès de son lit. J'entrai le plus doucement possible, mais je remarquai qu'on parlait ; je m'avançai, sans précaution, jusqu'à l'endroit où elle devait me voir. Elle ne me vit cependant point ; je ne compris pas précisément pourquoi ; une fille se pencha vers elle et lui dit avec une expression singulière :

— Antoinette est arrivée !...

J'observai un mouvement, et j'entendis un cri sourd, un cri voilé qui ne me rappelait pas distinctement la voix de Thérèse ; elle se souleva sur son lit et demanda :

— Où est-elle ?

Ce n'était pas Thérèse comme je l'avais vue : son teint était animé d'un éclat extraordinaire, qui contrastait avec la pâleur livide de son front ; ses yeux étaient tournés vers moi, et je ne trouvais pas ses regards. Je songeai à la petite vérole que je devais avoir eue peu de temps après ma naissance, à ce que m'avait dit ma mère, et dont je ne connaissais point les effets. Confirmé dans cette idée par un mot échappé à l'une des personnes qui étaient là, je fus frappé de la pensée que la petite vérole faisait quelquefois mourir, et que Thérèse avait une maladie mortelle ; ce fut l'affaire d'un moment, mais ce moment usa tellement ma vie, que j'éprouvai que le bonheur même ne la prolongerait pas.

— Oh ! n'approche pas, dit Thérèse, n'approche pas, si tu n'as pas eu la petite vérole !...

— J'ai eu la petite vérole, lui dis-je en m'appuyant sur

son lit, car j'avais peine à me soutenir, et en couvrant de baisers et de larmes sa main qu'elle venait de m'abandonner. J'ai eu la petite vérole.

Je n'en étais pas bien sûr, et combien j'aurais voulu être sûr du contraire pour espérer de souffrir du même mal et de courir les mêmes dangers !...

Thérèse avait pressé ma main ; elle l'avait portée sur sa bouche. Je l'avais embrassée aussi. Elle m'avait repoussé un peu. Ses lèvres étaient sèches et ardentes. Quand j'eus reposé, calmé le trouble de mon âme, je remarquai qu'il n'y avait plus personne autour de nous et que Thérèse avait recouvert son visage de son drap. Je compris, je crus comprendre son intention. Je me révoltais contre l'idée qu'elle ne me croyait pas digne de la regarder et de l'aimer dans la laideur de sa maladie.

— Tu n'aimes plus ton Adolphe, lui dis-je à voix basse, puisque tu ne veux plus le voir.

— Adolphe, fit-elle beaucoup plus bas, songe donc que tu te nommes...

— Ils sont sortis, continuai-je. Il n'y a plus que toi et ton Adolphe que tu ne veux pas voir. Elle serra ma main, souleva sa tête et la laissa retomber sous ce drap qui la couvrait comme un linceul. Cette pensée me déplaisait. je voulu l'arracher, elle le retint.

— Que je ne veux plus voir ! murmura-t-elle avec un sanglot qui me brisa le cœur. Dis que je ne peux plus le voir et que je ne le verrai plus. Thérèse n'est plus rien pour Adolphe qu'un spectre, que la tête du squelette qui roule dans les cimetières. Elle n'a plus d'yeux !

— Tais-toi, lui dis-je en la rapprochant de moi ; ton pauvre esprit s'égare ; il est affaibli et troublé par ton mal. S'il ne t'abusait toi-même, tu ne me tromperais pas si cruellement. Elle rejeta le drap et se tourna vers moi comme si elle m'avait regardé. Je ne lui vis pas d'yeux, mais je n'avais jamais remarqué les effets de la petite vérole, et je ne m'en formais qu'une idée vague.

— C'est un accident commun, lui dis-je, qui ne dure qu'autant que la maladie et qui ne doit pas t'effrayer. Elle sourit, saisit mes doigts, les porta vers l'orbite de ses yeux et les appuya dans sa profondeur. Il était vide. Je tressaillis malgré moi, car j'aurais voulu lui dérober ce que j'éprouvais, mais j'avais les mains engagées dans les siennes ; elle les pressa vivement et puis les abandonna, comme si elle avait voulu me rendre la liberté. Je la devinai, je repris ses mains, je les retins avec force. Je pleurais amèrement.

— Thérèse, m'écriai-je, que ceux qui aiment comme vous sont heureux ! Qu'ils ont des liens souples et faciles ! Vous auriez abandonné Adolphe aveugle !

Elle voulut m'interrompre. Je continuai :

— Adolphe que vous avez recueilli, que vous avez nourri, que vous avez sauvé, je n'ose plus dire, hélas ! que vous avez aimé ! Vous l'auriez abandonné pour un malheur de plus ! Votre pitié allait jusque-là et pas plus loin ! Un coup de feu pouvait aussi m'enlever les yeux, et Adolphe alors n'avait personne qui l'aimât, qui le conduisît, qui reçût pour lui l'aumône de la charité ! C'est ainsi que tu m'aimais, c'est ainsi que vous aimez ! Oh ! j'espère bien que vous n'êtes pas aveugle; mais, si vous l'étiez, cesserais-je, moi, de te voir et de vivre pour toi ? Dis-moi, pourrais-je te quitter sans mourir ? L'aveugle a un chien qui le précède, qui le sert, qui sollicite pour lui de l'attitude et du regard la charité des passants, un chien dont il est aimé; et ce qu'il attend d'une brute, vous ne le demanderiez pas au cœur que vous avez choisi ! Non, Thérèse ; tu n'a pas besoin d'yeux tant qu'Adolphe en aura pour veiller sur toi ; et quant à lui, s'il avait besoin d'être vu de toi, de toi seule à jamais, tu le pardonneras aux vanités de l'amour, mais là, dans ton cœur, ne le vois-tu pas encore ?

— Oh ! toujours, toujours ! dit Thérèse. Oh ! je te vois mieux. Je ne t'ai jamais si bien vu : je vois jusqu'au pli de ton front, jusqu'au mouvement de ton sourcil, jusqu'à la petite cicatrice de ta lèvre supérieure, et je verrai cela plus longtemps que les autres femmes; mais pourquoi te lier à un cadavre ? Je te fais de la peine ! reprit-elle. Oh !

je connais bien mon Adolphe, et je ne renoncerais pas à lui sur la terre si je ne savais où le retrouver! Mais je le retrouverai un jour pour ne m'en séparer jamais. Tu auras beau faire, continua-t-elle en passant ses doigts dans mes cheveux, tu pourras vivre et aimer, c'est dans l'ordre; mais ton éternité m'appartient tout entière. J'aurai alors, et pour toujours, ma beauté, ma jeunesse, mes yeux.

En disant cela, elle couvrit de sa main la place où ils n'étaient plus.

J'avais perdu la force de lui répondre. Je succombais sous le poids de ma douleur. Il me semblait que les larmes dont je mouillais sa main auraient dû parler pour moi; mais ne pouvait-elle pas les prendre pour celles de la pitié, d'une pitié ordinaire et commode, comme celle qu'ont les autres hommes pour leurs semblables, et qui n'engage point la vie de celui qui l'éprouve? Sa main, d'ailleurs, était si pâle et si froide! Elle pouvait être insensible à mes larmes. Je sentais qu'il me manquait un langage, que les signes perdus pour ses yeux, l'action de ma main peut-être perdue pour sa main qui lui répondait à peine, celle de mes paroles soutenue des acclamations vulgaires, des froids serments dont les amants se servent pour tromper, ne parviendraient pas sûrement à son cœur. J'aurais voulu ouvrir le mien, et que ses yeux un moment, un seul moment dessillés, eussent pu s'assurer que je ne la trompais pas. Oh! je concevais dans cette idée une inexprimable volupté à mourir! Dans cette impuissance de me faire entendre, je déchirais son drap de mes dents, j'y étouffais mes sanglots, j'y desséchais mes yeux en les comprimant avec force pour tarir les pleurs dont ils étaient inondés. Je désirais les perdre!

— Veux-tu, lui dis-je, veux-tu que je les arrache, ces yeux qui te déplaisent, et que nous allions promener ensemble notre infirmité de ville en ville, à la merci du ciel et des hommes compatissants? Dis, veux-tu que je sois aveugle, et que je détruise de deux coups de poignard ce faible et malheureux avantage que la nature trop

injuste me donne aujourd'hui sur toi ? Alors on dira :
« Voilà les deux amants, la maîtresse qui a perdu les
yeux par la petite variole, l'amoureux qui s'est aveuglé
pour ressembler à sa maîtresse ; ils s'en vont par le monde,
fidèles et heureux, car leur bonheur consiste à s'aimer »
On le dira, n'en doute pas, et l'on prendra soin de notre
misère.

— Je te comprends bien, me répondit-elle. Ce que tu
dis là, je l'ai éprouvé tant de fois dans mon cœur, avant
de penser que je deviendrais si malheureuse, et quand je
m'imaginais que ce serait à moi à protéger, à soutenir, à
embellir ta vie ! Mais ce sont peut-être les illusions de la
jeunesse insensée pour qui tout l'avenir est dans une
minute d'ivresse et d'égarement. Tu seras toujours tout
pour moi, quoi qu'il arrive, car mon cœur n'aura jamais
le funeste privilège de pouvoir changer. Je t'aimerai toute
ma vie comme je t'ai aimé, parce que je te verrai toute ma
vie comme je t'ai vu, et qu'aucune impression nouvelle ne
pourra plus me parvenir par ces yeux éteints ; parce que
ma vie se composera toute des souvenirs du passé et
qu'elle n'aura plus de présent. Mais toi, si jeune et si longtemps condamné à être l'unique pensée d'une pauvre fille
imparfaite, infirme, défigurée, es-tu bien sûr de ne jamais
éprouver de lassitude et de dégoûts ? Tu te fâches, continua-t-elle en souriant. Oh ! tu es un homme habile, plein
d'expérience et de raison, et qui sait déjà toute l'existence,
comme s'il y avait passé plusieurs fois ! Ne tourmentez
pas cet amant de dix-sept ans de l'idée qu'il n'y a point
de sentiments éternels, et que la contrainte d'une obligation rebutante peut fatiguer à la longue une âme que le
bonheur même aurait ennuyée ! Écoute ! Ne me promets
pas tant. Je suis très exigeante cependant ; j'aime beaucoup, et il est naturel de beaucoup exiger de ce qu'on
aime. Promets-moi, cet engagement peut se tenir, de me
conserver ton amitié toute la vie ; promets-moi, quand tu
en aimeras une autre, de ne pas me le dire ; car je veux
aimer tout ce que tu aimeras, et celle-là, je sens que je
ne pourrais pas l'aimer. Consens encore à me laisser vivre

où tu vivras; et, si je te deviens jamais un peu à charge, promets-moi de faire en sorte que je ne le devine pas. Voilà bien des sacrifices, mais je les comprends, et je les attends de toi. Je te dégage d'avance de tout autre serment.

J'allais parler, elle chercha ma bouche avec sa main et la couvrit fortement. Je me levai désespéré. Je marchai dans la chambre avec une sorte de fureur. Je vis qu'elle était inquiète. Je revins. Je la touchai.

— Thérèse, lui dis-je, mettons un terme à ces débats affreux. Vous dites des paroles de femme, et vous tuez votre ami. Savez-vous qu'il n'en coûte pas plus d'en finir? C'est à l'éternité que tu en appelles? Eh bien, allons dans l'éternité! et si ton âme se révolte contre la mort, va, je me charge de tout. Ne frissonne pas ainsi. Dieu ne me repoussera point. Il y a des actions fortes qui sont au-dessus de la capacité et des jugements de l'homme, mais que Dieu apprécie et qui trouveront devant lui la grâce que la méprisable sagesse du vulgaire leur a refusée. Puisque notre existence sur cette terre est perdue, anéantie à jamais, et que tu ne comprends d'autres moyens de l'améliorer que des transactions qui nous humilieraient tous les deux, c'est un signe que Dieu est content et qu'il nous rappelle à lui. Ne te persuade pas, Thérèse, que sa souveraine bonté accablerait de tant de maux deux âmes innocentes qu'il a formées avec prédilection, s'il ne voulait nous indiquer que le temps de nous en retourner est venu. Ne crains rien, Thérèse! Si je trouve en moi assez de force pour ce que je conçois, c'est que cette force m'est donnée; c'est qu'il était marqué dans les décrets du Ciel que nous mourrions ensemble, et que je te porterais dans mes bras à notre divin Père, avant de prendre possession de toi pour l'éternité.

— Adolphe! cria-t-elle d'un son de voix qui annonçait la terreur.

Et elle se releva avec effort, le bras étendu de mon côté.

Je m'approchai pour la soutenir. Elle tremblait. Sa poitrine était gonflée, haletante. Elle s'aperçut que j'étais près d'elle, et retomba en frissonnant.

— Fais ce que tu voudras de ma vie, me dit-elle. Dispose de ces derniers jours que Dieu m'accorde, si tu le veux ; mais ne me parle plus comme cela. Songe que je suis malade, et que tu me fais peur.

Je pensai qu'en effet mon emportement avait pu aggraver son mal.

— Je te fais peur, Thérèse ! Adolphe te fait peur ! Ah ! plutôt mourir mille fois que d'inquiéter ton cœur de la peine la plus légère ! Que dis-je ? Plutôt mourir seul, et te perdre pour jamais ! Je ne ferai moi-même que ce que tu voudras ; et si tu te défies trop de ma constance pour être heureuse sur la foi de mes promesses, s'il faut l'épreuve de ma vie pour te rassurer, je me contenterai de te suivre, de t'épier de loin, de tenir mes yeux arrêtés sur toutes tes démarches, mes pensées attentives à toutes tes pensées ; je ne te fatiguerai pas de l'obstination d'un sentiment auquel tu n'as pas la force de croire ; je ne t'en parlerai que lorsque tu ne pourras plus rien craindre de ces illusions de la jeunesse et des passions qui t'inspirent tant de défiance. J'attendrai pour te dire : « Me voilà ! » que le temps et le désespoir aient usé mes jours et blanchi mes cheveux. Je reviendrai alors près de toi, dévoué à ton bonheur comme aujourd'hui, et je te prouverai, en mourant à tes pieds du plaisir de t'entendre dire encore une fois que tu m'aimes, que tu t'étais cruellement trompé sur mon cœur !

Pendant ce temps-là, je baignais ses mains de mes larmes. Elle ne me repoussait plus.

— Je le veux bien, dit-elle. J'y croirai tant que tu le voudras. Si c'est une illusion, elle vaut la vie tout entière. Je serais bien folle de la repousser. Oui, je crois que tu m'aimes, Adolphe, que tu m'aimes telle que je suis, et tu m'aimeras toujours. Ne s'est-il pas trouvé des amants qui n'ont pas survécu à leur maîtresse ? Un sentiment qui triomphe de la mort peut bien résister au malheur.

Elle engagea ses bras dans les miens. Elle était tout à fait contre mon sein. Je craignais de l'incommoder, parce qu'elle souffrait partout. Je m'éloignai faiblement en laissant ma bouche assez près de la sienne pour aspirer son souffle ; et, comme cette position était difficile à conserver longtemps sans une fatigue excessive, j'appuyai le haut de mon corps sur le lit, et peu à peu je m'y reposai tout entier sans qu'elle s'en aperçût. Cette idée me causa un horrible serrement de cœur. J'éprouvais un mélange inexprimable de douleur et d'ivresse à penser que j'étais couché avec Thérèse, avec Thérèse aveugle et mourante ; je comparais cela aux félicités que je m'étais promises, et je concevais profondément que la vie de l'homme ne peut pas embrasser toute sa destinée. J'étais sûr qu'il manquait beaucoup à la mienne, mais qu'elle ne finissait pas ici, et que Dieu ne m'avait pas donné seulement pour mon supplice une âme qui désirait le bonheur et qui comprenait l'éternité.

Depuis que je pouvais me rendre compte de mes actions, je n'avais jamais négligé de prier ; la nuit était déjà tombée ; on savait que je veillerais Thérèse ; on avait apporté la lampe et les remèdes de la nuit. Je voulus me recueillir pour ma prière, et j'eus un instant d'inquiétude, parce que j'étais couché auprès d'une femme ; mon cœur battit avec violence, et repoussa cette idée comme une profanation.

— O Dieu ! dis-je en moi-même, vous lisez dans mon âme, et vous savez si elle est indigne de vous !

Cela me rendit un calme singulier, et qui changea en confiance tout l'effroi que le premier sentiment de cette apparence de faute m'avait inspiré. Je me plaçai plus près de Thérèse. Ses pieds étaient glacés ; je les réchauffai dans ma main. Elle dormait d'un sommeil inquiet, et le moindre frémissement de ses membres ne m'échappait point. J'étais du moins plus à portée de la secourir. Elle tournait souvent sa tête avec vivacité, en poussant de petits cris, en articulant deux ou trois syllabes confuses. Mon bras droit était engagé sous son cou depuis plusieurs heures. J'y avais senti d'abord un peu de malaise, ensuite de l'engourdissement, et j'avais fini par ne rien sentir. C'était un apprentissage de la mort ; et la mort est si peu de chose !

Si elle avait pu me gagner ainsi tout entier, si j'avais pu cesser d'être, sans cesser d'être lié pour toujours au corps de Thérèse, le néant lui-même ne m'aurait pas épouvanté à ce prix. Quand je m'aperçus qu'elle se réveillait par degrés, je m'éloignai doucement pour qu'elle ne sût pas que j'avais été si près d'elle, et que son âme innocente ne s'en alarmât point.

— Est-ce toi? me dit-elle.
— Oui, lui répondis-je en l'embrassant.
— Est-il jour? reprit-elle.

Je ne m'attendais pas à cette question, elle me déchira.

— Pas tout à fait, lui répliquai-je avec un trouble dont elle devina le motif.

— Je veux, dit-elle, que tu t'exerces à soutenir cette idée, et que tu corriges mes erreurs avec autant de sang-froid que si elles ne te rappelaient pas une époque qui est passée pour ne plus revenir. Moi-même, en me réveillant, j'ai failli céder à cette impression. Je ne te voyais pas; mais tu me touchais. C'était toi, bien toi, et j'ai oublié l'autre pensée comme une chose étrangère à ma vie. Il y a parmi les créatures de Dieu beaucoup d'êtres qui sentent et qui ne voient pas; nous ne plaignons cependant pas leur malheur, parce que nous regardons cela comme naturel à leur espèce : mais un être privé de l'avantage de voir, qui verrait cependant par les yeux d'un être semblable à lui, d'un être qui l'aime et qui en a soin, nous jugerions qu'il est infiniment favorisé sur la terre. Qu'importe, en effet, que je ne voie pas, si toi, qui es la forte et la grande moitié de mon existence, tu vois pour nous conduire et pour nous faire vivre tous deux?

Je m'apercevais, à cette exaltation de sentiments et de langage, qu'elle était animée par la fièvre. J'imprimai mes lèvres sur ses doigts pour lui témoigner que je prenais plaisir à l'entendre, et que ce qu'elle disait était dans un parfait accord avec mes pensées.

— C'est un étrange commerce que l'amour, continua-t-elle; un commerce où celui qui donne le plus est toujours le plus favorisé, et admire les grâces que la fortune t'a faites ! Tu seras tout entre nous deux, et moi je ne serais rien ! rien absolument !

— Tu te trompes, lui dis-je, en affectant d'entrer pour lui plaire dans les rêves de son imagination, car tu seras toujours la pensée qui nous animera tous deux, et moi je ne serai que le corps qui lui obéit.

Cette idée lui sourit beaucoup.

— Voilà, dit-elle, qui est digne de ton cœur. Il y aura une âme et un corps; mais l'âme, ce sera encore toi, car je sens que toute la mienne est passée en toi, et que hors de toi je n'en ai plus... Dieu me le pardonne, mon ami ! mais il n'y a que lui qui puisse nous redonner l'un à l'autre comme nous étions. Il paraît qu'ici c'était fini, et qu'il nous gardait, comme tu disais hier, pour la vie de l'avenir. J'ai fait là-dessus un rêve étrange cette nuit.

Elle remarqua que j'écoutais; elle rit.

— Tu n'as pas beaucoup de confiance aux rêves, n'est-ce pas ?

Je pressai encore ses doigts qui étaient croisés dans les miens.

— Imagine-toi, reprit-elle, que je me suis retrouvée telle que j'étais quand tu m'as vue pour la première fois. J'étais conviée à un beau festin avec Henriette (je ne lui avais point parlé d'Henriette), et avec nous il y avait deux officiers. Je me figure que c'était un repas de noces. L'un des officiers, c'était toi. Je regardais avec étonnement comme ta physionomie s'était animée d'une expression martiale et terrible, sans perdre cette expression de douceur pour laquelle je t'ai aimé, car tu avais toujours la tendresse de ton regard, la timidité de ton sourire, et je me réjouissais d'avoir touché un cœur si modeste et si fier. L'autre officier, ce devait être Mondyon. Je le voyais à peu près comme tu me l'as dépeint, gai, mutin, boudeur, emporté, mais digne un peu d'être aimé de mon Adolphe. Nous étions d'une joie folle comme de pauvres jeunes gens qui se croient heureux, et qui croient que le bonheur est une chose durable. Tout à coup je relevai les yeux vers Henriette, parce qu'elle chantait. Je fus surprise et épouvantée : elle était si pâle, si malade, si tristement vêtue ! Oh ! si tu l'avais vue comme cela ! Saisie de douleur, je me retournai vers vous ; Mondyon et toi, vous aviez les yeux fixes, immobiles, éteints. Vous ressembliez à ces images moulées de plâtre ou de cire, auxquelles il ne manque pour faire illusion que le mouvement de la vie. Vous ne viviez pas, car tu ne me regardas point, ou tu n'eus pas l'air de me voir ; et c'était une chose hideuse à considérer, parce que vos têtes ne paraissaient plus appartenir à votre corps, et qu'elles ne s'y rattachaient que par je ne sais quelle ligne sanglante.

Après m'avoir dit cela, Thérèse resta extrêmement abattue. Je cherchais inutilement à dissiper les idées qui la tourmentaient, parce que j'en étais poursuivi moi-même ; mais j'essayais de lui faire croire que j'étais tranquille, quoique ma voix fût altérée et tremblante. Enfin, le jour était venu ; Thérèse avait demandé un confesseur, et je désirais qu'elle s'entretînt avec un homme qui aurait de l'autorité sur son âme, dans l'espérance qu'il en résulterait pour elle un peu de consolation. Quelque bruit que j'entendis au dehors m'apprit qu'il était arrivé. J'en avertis Thérèse, j'ouvris, et je me plaçai auprès de la porte ; le prêtre passa devant moi sans me regarder. C'était un homme d'une petite taille et d'une physionomie commune, qui avait tout au plus trente-six ans ; cependant, ses cheveux étaient déjà rares et blanchis. Il y avait dans ses traits une expression singulière et pénible à voir, celle du courage qui commence à être usé par la douleur, de la patience qui cède sous le poids des souffrances de tous les jours, des forces du corps qui vont manquer au dévouement de l'âme, et qui ne se soutiennent encore un moment qu'à la faveur de cet enthousiasme de la vertu, ou de ce sentiment de la foi qu'on appelle aujourd'hui le fanatisme. Il marchait avec peu d'assurance, et en s'appuyant contre les ais de la boiserie ; car il était très fatigué, très malade, et il ne paraissait depuis longtemps dans les lieux habités que pour y porter les secours de son ministère. Ses habits n'annonçaient point le sacerdoce de la religion proscrite

C'était ce mélange de vêtements divers qui indique un costume étranger à celui qui le porte, et dont il n'est redevable qu'à la charité. Je passai le seuil de la chambre, et je m'arrêtai au dehors; il ne me parvenait de l'intérieur qu'un murmure sourd et confus, mais que j'aimais à entendre, parce qu'il me prouvait du moins l'existence de deux personnes. Les autres domestiques s'étaient mis à genoux avant moi; la grand'mère avait fait rouler sa chaise longue au milieu d'eux, et comme elle ne pouvait s'agenouiller parce que ses jambes étaient immobiles, elle se penchait sur ses mains croisées, en implorant l'assistance de Dieu avec des larmes et des sanglots. Je défaillais; je suivis de la main le montant de la porte contre lequel j'étais appuyé, et quand je fus à genoux, je m'y retins fortement en y collant mon visage et en enfonçant mes doigts dans les inégalités des moulures. J'avais le sentiment que la pensée de Dieu s'arrêterait un moment sur la petite ferme de Sancy, et que mon âme était en sa présence. J'avais voulu faire un vœu; je ne sais quelle inspiration secrète me disait qu'il ne serait point agréé, et que ce jour n'était pas un jour de promesses, mais un jour de sacrifices.

Je ne pus me lever que lorsque le prêtre sortit; il essuyait une larme.

Après avoir fait quelques pas, il s'arrêta tout à coup et nomma Antoinette; je me présentai.

— Mademoiselle vous demande, dit-il en me regardant fixement d'un air d'abord triste et austère, mais qui s'éclaircit peu à peu.

Ensuite, il se rapprocha vivement de moi, pressa ma main entre ses mains, et me donna sa bénédiction. Tout le monde le regardait avec étonnement, car j'étais seul à le comprendre. Je crus deviner que la bénédiction et le serrement de main de ce saint prêtre n'était qu'un ajournement à quelque prochain rendez-vous dans un monde où nous étions attendus. Cette pensée me donna un peu de force, parce que les apparences de la mort s'embellissaient pour moi de tout ce que j'avais perdu, de tout ce qui me restait à perdre dans la vie. J'entrai à pas posés dans la chambre de Thérèse; je croyais, cependant, la trouver éveillée, et je fus étonné de son immobilité. Un petit mouvement de sa tête qui était relevée sur son oreiller, et qui était animée d'un coloris très vif, quoique les traces de sa maladie n'y parussent presque plus, me décida à m'approcher davantage. Elle m'appela d'une voix basse; je me précipitai à genoux auprès d'elle, et je pris sa main qui tombait de son lit pour y appliquer mes lèvres. Elle était extraordinairement froide; inutilement, j'essayais de la réchauffer de mon souffle; l'ardeur même de ma bouche ne pouvait y rappeler la vie. Thérèse m'appela encore en essayant d'élever la voix.

— Je suis là! m'écriai-je, ne m'entends-tu pas?

Elle parut étonnée.

— Je t'entends bien, me répondit-elle, mais je ne te sens point.

Je me levai, je plaçai mon visage très près du sien, au point de l'effleurer de mon haleine.

— Comme cela, dit-elle, je suis plus sûre que tu es auprès de moi. Tu peux même m'embrasser une fois comme ta sœur et ton épouse. On me l'a permis tout à l'heure, et on m'a dit que Dieu n'était point irrité contre nos amours depuis que tu es revenu.

Je l'embrassai.

— A la bonne heure, reprit-elle, ceci n'est pas un péché; cela ne fait pas le mal du baiser de l'églantine.

— O ma Thérèse, lui dis-je, cette fois-là, c'est moi qui étais coupable!

— Garde-toi bien de le croire, interrompit-elle vivement, car il n'y a encore que moi qui ai racheté quelque chose.

Je m'aperçus que sa voix s'embarrassait, que sa poitrine se soulevait et s'abaissait plus fréquemment, que sa respiration devenait courte et douloureuse.

— Ne parle pas comme cela, repris-je, tu te fatigues et tu souffres. Je n'ai pas besoin d'entendre tes pensées. A mesure qu'elles se succèdent dans ton cœur, elles parviennent au mien.

Elle se tourna vers moi en souriant; j'appuyai bien doucement ma tête sur son épaule, et je collai mes lèvres à son cou. Elle frémissait contre moi.

— As-tu bien mal ? lui demandai-je.

— Au contraire, me répondit-elle, je me sens mieux.

Elle frémit encore, et sa tête tomba tout à fait sur la mienne; je ne sais pas ce que j'éprouvai; je ne me rendis compte de rien. Seulement, je sentis qu'elle saisissait mes cheveux avec ses dents, et au même moment mon cœur se glaça et mon sang se figea dans mes veines. Quand je revins à moi, j'étais sur mon lit; je n'avais de mon existence qu'une idée purement physique, l'impression d'une douleur vive à la place où un instant auparavant j'avais senti se serrer les dents de Thérèse; j'y portai la main; mes cheveux avaient été coupés en cet endroit. Thérèse était morte.

Je n'avais jamais essayé mon courage sur cette supposition. Elle ne s'était pas présentée à mon esprit; je fus étonné de vivre, et plus étonné d'être calme. Je me levai, je pris le mouchoir qui contenait mes habits vendéens; je le mis à mon bras comme quand j'étais arrivé à Sancy, et je marchai d'un pas ferme vers la porte de la maison. Il fallait passer devant celle de Thérèse qui la touchait, mais elle n'était qu'entr'ouverte. Il y avait tout à l'entour des gens qui pleuraient et qui priaient. En dedans, on voyait un peu de lumière. Ma première pensée fut d'entrer et de mourir là, mais cet égarement ne dura qu'une minute. La présence d'un jeune homme caché pendant six mois sous des habits de femme dans la maison de Thérèse pouvait nuire à sa mémoire, et le nom de cet homme aurait perdu la famille de Thérèse, s'il était reconnu pour un proscrit. D'ailleurs, le suicide, auquel je n'avais pas encore pensé, devait être un grand crime devant Dieu, et ce crime pouvait m'interdire jusqu'au seul bien dont l'espérance reste au chrétien dans ses malheurs, celui de revoir dans un autre monde les êtres chéris qu'il a perdus.

Cette idée me fit tressaillir parce qu'elle se présentait à mon esprit pour la première fois, et que j'avais été près, en cédant à mon premier mouvement, de sacrifier tout mon avenir et de perdre Thérèse dans l'éternité, pour n'avoir pas eu la force de lui survivre quelques jours dans le temps. Pendant que je faisais ces réflexions, je franchissais la dernière porte de la ferme, poursuivi des cris et des gémissements qui s'élevaient au dedans :

— Ah ! ma fille, ma belle Thérèse, ma bien aimée, criait la grand'mère, je ne te verrai donc plus jamais, jamais !...

Et sa voix s'étouffait dans les sanglots.

— Pourquoi jamais ? disais-je dans mon cœur. Ah ! moi, je te verrai bientôt, bientôt, je te verrai toujours, toujours !... et cette conviction me rendait je ne sais quelle force, parce que toutes mes facultés étaient absorbées en elle. Mes sens m'y confirmaient eux-mêmes, tout enveloppés qu'ils étaient encore des ténèbres de la vie. Je suivais des yeux un fantôme brillant qui m'appelait à sa suite. J'entendais retentir une voix forte qui me répétait : « Bientôt, bientôt, toujours, toujours. » Et quand je lui demandais si elle ne me trompait pas, elle me répondait à cris multipliés comme une voix en colère. Cela ressemblait à un commencement de délire, et j'invoquais comme le suprême bonheur un délice non interrompu qui me délivrerait sans retour des souvenirs du passé.

Le soleil se couchait ; je gravis le sentier de la croix ; et quand je fus au haut de la montagne, il n'y avait plus assez de jour pour que je distinguasse encore la maison ; mais ses quatre cheminées blanches se dessinaient dans l'obscurité croissante de la nuit, et présentaient quelque image d'un monument funèbre. Je me tournai de ce côté, et je cherchai une longue suite de bancs de rochers que j'avais remarqués quelquefois et qui se projetaient en corniche saillante sur le précipice. Je me couchai en cet endroit, les yeux fixés sur le lieu où devait être le corps de Thérèse, et je priai Dieu avec une vive abondance de cœur que je pusse tomber de là dans mon sommeil. Cependant je ne pleurai point. Je n'avais pas dormi la nuit précédente ; mes sens cédaient à un accablement invincible : je m'y abandonnai ; mais le sommeil que je goûtai n'était pas un sommeil de repos. C'était une succession de pensées tumultueuses et fantastiques, de rêves pénibles et hideux. Je m'imagine que si la Providence accorde quelque relâche au supplice des damnés, c'est ainsi qu'ils doivent dormir. Quelquefois je me persuadais qu'on s'était trompé sur les apparences de la mort de Thérèse, et qu'elle n'était pas effectivement morte, mais qu'elle était malade et mourante ; et pourtant cela me consolait. Je faisais un effort pour me réveiller afin de courir la rejoindre, et à peine j'y étais parvenu que l'horrible vérité se ressaisissait de mon cœur. Je criais : Elle est morte, et je retombais dans mon assoupissement à défaut de forces suffisantes pour entretenir ma douleur dans toute sa puissance. Un instant après, des éclairs effleuraient mes paupières, j'entendais un bruit comme celui du tonnerre, et je voyais Thérèse qui s'envolait sur des ailes enflammées ; mais elle se détournait de moi, et je me réveillais en l'appelant : c'est ainsi que je passai cette nuit. Quand le soleil fut levé, je m'assis sur le roc, et je regardai Sancy. Un peu plus d'une heure après, j'aperçus quelque mouvement, et je crus distinguer trois ou quatre hommes qui sortaient de la ferme et qui emportaient quelque chose. Alors je me levai, parce que je compris que tout était fini ; je me dirigeai vers un endroit écarté de la forêt voisine : je m'y dépouillai des habits de Jeannette ; je repris mon uniforme, et je suivis au hasard la première route qui s'offrit à moi. Je marchai plusieurs heures sans rencontrer personne, ou sans exciter d'autre sentiment que la surprise. Enfin, arrivé aux portes d'une ville dont j'ignore le nom, je fus arrêté par des soldats et amené en prison. Huit jours se sont passés depuis. On me juge demain.

FIN

THÉRÈSE

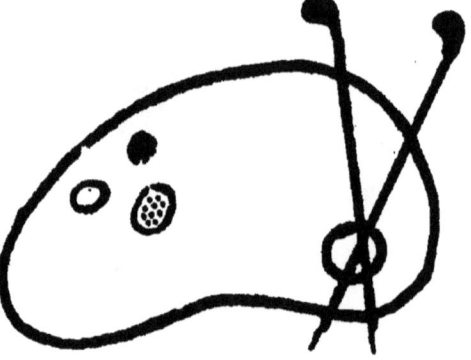

Couvertures supérieure et inférieure
en couleur

N° 60 — 10 centimes

32 PAGES

LES GRANDS ROMANCIERS FRANÇAIS

CHARLES NODIER — NOUVELLES

L. BOULANGER, éditeur, 90, Boulevard Montparnasse, PARIS

Ont paru dans :

LES GRANDS ROMANCIERS FRANÇAIS :

LE FILS DE FAMILLE
Par XAVIER DE MONTÉPIN
Livraisons 1 à 10

LE JEU DE LA MORT
Par PAUL FÉVAL
Livraisons 10 à 21

LA TONTINE INFERNALE
Livraisons 21 à 32

FLEURETTE
HISTOIRE D'UNE BOUQUETIÈRE
Par E. SCRIBE
Livraisons 32 à 44

REINE
Par JULES LERMINA
Livraisons 45 à 52

Paris.–Imp. Paul Dupont (Cl.)

THÉRÈSE

PAR

CHARLES NODIER

Il faut vous dire que depuis la chute des assignats, le Directoire avait senti plus d'une fois la nécessité de mettre une grande masse de métaux en circulation. Comme il touchait à sa fin, et que les vieilles gens croient tout ce qu'on leur dit, le Directoire, qui s'était laissé dire que la France était extraordinairement riche en mines d'argent, dépêcha sur toutes les anciennes mines du pays des escouades d'explorateurs grassement payés, et qui, bon gré mal gré, n'ont jamais envoyé une obole à la Monnaie. Je me trouvai colloqué dans l'expédition des Vosges, où l'on cherche de l'argent de temps immémorial, et dont les *ballons*, coupés de routes splendides, attestent d'immenses et inutiles travaux.

Nous étions tous jeunes, tous gens de bonne humeur et d'espérance, tous amis de notre devoir et impatients de découvertes. Nos travaux furent zélés et consciencieux, et longtemps même ils ne furent pas sans espoir. Je me souviens qu'il n'y avait pas un de nous qui, au premier coup de marteau, n'eût découvert un filon; mais ce filon ne menait malheureusement à rien, et les moindres frais d'exploitation excédaient toujours d'un grand tiers les plus brillants résultats. C'était une succession d'extases et de désappointements pour lesquels je n'avais point alors de termes de comparaison. Je me suis aperçu depuis que cela ressemblait à la vie comme deux gouttes d'eau.

Nous arrivâmes au terme des fausses ambitions, au découragement absolu. Il fallait alors épargner à l'État une dépense ridicule ; mais cette défection désintéressée ne pouvait s'appuyer que sur des calculs exprimés avec clarté. Je n'avais pas dix-huit ans, et toute ma science se réduisait à quelques bribes de latin et à la connaissance fort mal approfondie de quelques spécialités d'histoire naturelle, parmi lesquelles la minéralogie tenait une toute petite place. Mes camarades, qui auraient distingué à la cassure, à l'odeur exhalée par friction, au contact de l'ongle, au happement de la langue, toutes les substances inorganiques alors reconnues en géologie, s'étaient aperçus de bonne heure de mon inaptitude ; mais ils ne me contestaient pas un joli mérite de rédaction que je reportais fraîchement d'une école de rhétorique dirigée par le bon et judicieux Droz ; et il est vrai que je traduisais lisiblement leurs pages un peu confuses, quand je parvenais à y comprendre quelque chose. Il fut donc convenu que je résiderais à un poste fixe, dans un lieu central où me parviendraient tous les documents, et d'où je ferais partir toutes les dépêches. Les employés se répartirent sur les mines ; le chef se réfugia, comme c'est l'usage, dans les délices urbaines d'Épinal, et mon poste fut fixé à Giromagny, près du ballon de ce nom, dont les trésors, trop vite abandonnés peut-être, étaient le principal objet de nos investigations. Par un élan de dévouement tout particulier, qui me fut avantageusement pointé sur mes notes de service, je me reportai d'une grande lieue de rayon vers le centre, dans un village qu'on appelle le *Puy*, parce qu'il est exactement à la base de la montagne ou du *Podium ;* mais ce n'était ni cet avantage de position, ni cette heureuse rencontre d'étymologie, qui m'avaient déterminé dans le choix de mon domicile ; je le pense du moins aujourd'hui, car alors je savais à peine ce que c'était.

Vous tous qui avez voyagé en tout pays, et qui n'avez pas vu la gorge romantique du *Puy*, il vous reste un voyage essentiel à faire, et ne craignez pas que j'anticipe sur les sensations délicieuses qu'il vous promet par une de ces descriptions postiches, qui, au bout du compte, ne peignent rien. En effet, je n'ai jamais senti plus profondément l'impossibilité de peindre. Quand vous serez arrivés de Giromagny au pied du ballon, à travers cette route étroite, et cependant moins opaque d'horizon que d'ombre et de fraîcheur, comme dit le poète latin, qui aboutit toujours à cette coupole si pure, qu'on croirait son hémisphère élégant émondé par le ciseau, ou, selon les aspects du soleil, bruni par le polisseur; quand vous aurez franchi ce dédale d'arbustes en fleurs, jetés au travers d'un lac de verdure fraîche, soyeuse, émaillée, égayée par un ruisseau dont les reflets d'argent rient en bondissant jusqu'à la hauteur de la pelouse qui le cherche... — Hélas! description, que me veux-tu? — Vous tous, disais-je, qui avez voyagé en tout pays, et qui n'avez pas vu la gorge romantique du *Puy*, quand vous serez arrivés de Giromagny au pied du ballon, vous conviendrez qu'il vous restait à voir plus que vous n'aviez vu. Mais il aurait mieux valu y aller en 1799. Ce qui m'inspirait pour le Puy, à moi, une prédilection si marquée, c'était l'impression toute récente d'une promenade que j'y avais faite quelques mois auparavant, dans la fureur de mes recherches entomologiques, à la poursuite de deux magnifiques insectes vosgiens, la *lamia edilis* et la *lambia Schœfferi*, et dont je n'avais rapporté qu'une amourette, mais une amourette qui avait bien son prix, car c'était la première. Cette émotion ineffable d'un cœur adolescent a depuis influé sur une vocation littéraire et peut-être sur les autres. Elle m'a fourni les principaux détails de deux de mes *Nouvelles*, dont vous ne vous souciez guère, ni moi non plus. Jeune, je goûtais le plaisir le plus vif à ramener partout le roman de mon histoire; vieux, je m'amuse encore à trouver dans mes souvenirs l'histoire de mon roman.

J'avais obtenu un logement au Puy, chez l'honnête M. Christ, patriote ardent et sincère, qui figurait depuis dix ans, selon les intermittences favorables à son opinion, dans les fonctions municipales les plus éminentes de l'endroit, et qui y était rentré, au grand déplaisir des aristocrates, depuis le 18 fructidor. C'était un homme à vues droites, mais absolues, qui traçait une idée politique comme un bœuf trace un sillon, et qui marchait hardiment dans ses principes avec l'intrépidité du colin-maillard : à droite, à gauche, au milieu, n'importe, et le tout en conscience. J'en ai vu dix mille comme cela. Il avait trois maisons au Puy, et il m'établit dans la maison la plus éloignée de celle où il habitait, parce qu'il avait autant de filles que de maisons, et que ses filles étaient très jolies. Je le savais fort bien, et, toutefois, il n'y en avait qu'une qui produisit sur moi ces agitations bouleversantes qu'on sent mieux à dix-huit ans qu'on ne peut les exprimer à quarante-cinq. Comme ce prestige opiniâtre et délicieux désordonnait mes facultés d'une manière assez préjudiciable à mon service, j'aurais eu lieu de m'applaudir d'être placé le plus loin possible du sujet habituel de mes distractions, si la pensée ne m'en avait suivi partout.

Ma petite chambre au rez-de-chaussée, que je décrirai volontiers pour me dédommager de n'avoir pas décrit à mon aise le vallon élyséen du Puy, était un parallélogramme étroit, horizontal à la cour, et clos en devant de sa porte vitrée et de sa large croisée à petits carreaux à losanges, comme c'est l'usage en Alsace. Au-dessous de cette croisée régnait une immense table de bois de frêne peinte en noir de fumée, sur laquelle j'étalais mes documents et mes copies. Le fond de ma loge était une alcôve à portes de bois bien fermantes, dont une des extrémités communiquait en dedans avec une espèce de cabinet de toilette, et l'autre avec un prie-Dieu. Si jamais on transporte ma chambre sur la scène dans une de ces compositions à la mode dont tout le monde peut devenir le héros à son tour, je supplie le décorateur de ne pas oublier que son intérieur était à demi tapissé d'un papier gris de perles, fort boursouflé et fort poudreux, zébré de larges bandes bleu de roi, escortées de petites bandes bleues jumelles. On ne saurait être assez ponctuel dans des matières de cette importance.

Je me levais ordinairement à six heures du matin

(c'était à la fin de mai) pour mettre au net je ne sais combien de belles observations dont l'Institut ne se souciait guère, et dont le Directoire ne se souciait plus. A sept heures, on m'envoyait ma boîte de crème du ballon, tantôt par un domestique, tantôt par une des filles aînées du père Christ, et alors je travaillais jusqu'à midi ; quelquefois par Thérèse, qui était la cadette, et alors je ne travaillais plus. A midi, je dînais chez le père Christ, et les femmes n'assistaient point à ce repas. Heureusement il était très court. Je rentrais chez moi ; je reprenais Saussure, et Bergmann, et Wallerius, et mes manuscrits, et je copiais, j'analysais, je compilais le reste du jour, non sans voir quelquefois étinceler sous ma plume des traits brillants comme un regard, et dont le jeu éblouissant était bien plus difficile à définir que les iris capricieux de mes métaux. Inutilement je les voulais chasser de la pensée et du geste ; ils revenaient toujours et glissaient toujours sur mon papier en sillons de feu. Cela m'arrivait surtout quand Thérèse était venue le matin et qu'elle avait appuyé sa main sur mes livres, ou renversé en jouant ma poudre d'or dans mon encrier. Si mon éducation philosophique n'avait pas été faite, j'aurais cru que cette jeune fille était magicienne ; mais je ne croyais pas à la magie, et c'est tout ce que ma philosophie m'avait fait apprendre ou tout ce qu'elle m'avait fait oublier.

J'avais deux ans de moins que Thérèse. Elle était vive et cependant réfléchie. A travers sa mobilité même, on voyait apparaître quelque chose de sérieux et de puissant. Il y avait en elle de quoi faire une femme ravissante et un homme résolu. Enfin, ce regard, qui me fascinait, manifestait souvent d'ailleurs une pensée empreinte de tristesse et de fatalité, rapide, fugitive, inexplicable, et promptement éclaircie par un rayon de gaieté, mais qui ne pouvait pas échapper aux miens, car je la regardais toujours. Moi, je n'étais qu'amoureux et timide ; et la disproportion relative de notre âge, que la différence du sexe rendait assez considérable, lui donnait sur moi un étrange ascendant. Nous nous aimions beaucoup, nous nous aimions sincerement, mais elle avait sur moi l'avantage de savoir comment, et je ne m'en doutais pas du tout. Aussi elle me tutoyait sans façon, usage que les habitudes républicaines de la maison de son père, la simplicité des mœurs du pays, le souvenir surtout de m'avoir vu plus jeune, ou si l'on veut, plus enfant, lui rendait naturel et facile; et quand elle ne me tutoyait pas, je pensais qu'elle était fâchée. Je la tutoyais de mon côté, mais plus rarement, et avec moins de confiance, parce qu'elle m'imposait tellement quand elle était là, que sa présence si désirée, sa présence, qui le croirait? m'en paraissait quelquefois importune. Un matin que, en jouant derrière ma chaise et en laissant flotter à dessein sur mes yeux les longues boucles de ses cheveux d'un blond doré, elle avait noué à plusieurs tours entre ses doigts un ruban de velours noir passé autour de mon cou...

— Qu'est-ce que cela, monsieur? me dit-elle avec le ton de la voix le plus sévère qu'elle eût jamais pris, auriez-vous déjà, jeune comme vous êtes, des souvenirs d'amour? Est-ce un gage? est-ce un portrait?...

— Non, lui répondis-je en tirant de mon sein une petite croix d'acier qui y était suspendue : c'est une croix bénie à la châsse de saint Claude, et que ma tante Éléonore, la bénédictine, m'a donnée à mon départ, en m'assurant qu'elle me préserverait de tout danger.

— De tout danger? reprit Thérèse en relevant sa tête et en la laissant retomber sur ses mains. De tout danger?... Et quel danger peux-tu craindre, toi, pauvre et doux jeune homme que personne n'aura jamais le courage de haïr? De tout danger! le crois-tu?... M'aimes-tu, Charles? m'aimes-tu? Donne-moi cette croix.

— Elle est à toi! m'écriai-je à ses genoux... et, à compter d'aujourd'hui, quel danger ne puis-je pas braver? Elle est à toi, ma croix d'acier, comme moi, comme mon cœur, comme ma vie!... Prends ta croix de fiancée?...

Thérèse comprit alors, pour la première fois sans doute, que je m'étais trompé sur les sentiments qu'il m'était possible d'attendre d'elle. Cette impression même dut suspendre quelque temps le cours de ses idées, car elle me fit attendre sa réponse, l'essaya, l'interrompit, et l'articula enfin d'une voix altérée :

— Votre fiancée ? mon ami... Comment pourrai-je l'être, puisque je suis mariée ?

Je n'ai pas besoin de dire que la foudre serait tombée à mes côtés sans m'étonner, sans me consterner davantage. C'est une phrase jetée en moule et si infaillible en pareille circonstance, qu'il n'y a pas un lecteur qui ne la supplée lorsque l'écrivain l'oublie.

— Mariée ! depuis quand ?
— Depuis six mois.
— Secrètement ?
— Il le fallait.
— A l'insu de votre père ?

En prononçant ces dernières paroles qui contenaient moins une question qu'un reproche, et qui me donnaient sur elle une autorité dont le triste besoin de venger mon cœur me faisait goûter amèrement l'avantage, je relevai mes yeux jusqu'à Thérèse, qui était restée debout et qui baissa les siens.

— Il le fallait, répéta-t-elle avec une émotion plus sérieuse, et qui avait déjà changé d'objet. Mon père est patriote, et mon mari est émigré.

— Émigré ! et marié depuis six mois ! Mon Dieu ! le malheureux est-il au moins bien caché ? Dites-moi qu'il n'a rien à craindre !

— Il est depuis six mois sous la protection du Ciel, et depuis un moment sous celle d'une croix d'acier que vous a donnée votre tante, et qui a été bénie à la châsse de saint Claude.

— Cette croix d'acier, en effet, Thérèse !... il faut bien que je compte sur sa puissance, puisque c'est du moment où elle a cessé de battre sur ma poitrine que tout mon bonheur a fini. Puisse-t-elle le préserver de ses ennemis, et les malheurs qui l'attendaient ne tomber que sur moi !...

Je me connaissais à peine... ; je sentais à peine la main de Thérèse qui pressait ma main, ses larmes qui l'arrosaient abondamment! Quand je fus entièrement remis, elle était sortie.

Oh! que j'aurais voulu n'être jamais venu au Puy! que j'aurais voulu surtout n'y être jamais revenu!

Par bonheur, notre mission tirait à sa fin. Trois jours ne se passèrent pas sans que je ne reçusse l'ordre de mon départ, et j'étais si pressé de partir que rien ne me coûtait pour en avancer le moment. J'avais pour mon travail l'infatigable main, la main nocturne du poète, et la veille de ce jour alors si impatiemment attendu qu'il aurait été redouté quelques jours auparavant, deux heures après minuit me surprenaient à ma besogne, quand un cri aigu se fit entendre à ma porte, qui retentit au même instant sous deux ou trois coups brusquement répétés. Je l'ouvris, et je vis Thérèse éperdue se précipiter dans ma chambre les cheveux épars, les traits renversés, les pieds nus, le corps à demi vêtu d'un manteau en désordre. Tout ce que je pus remarquer, c'est que c'était celui d'un homme. Mon alcôve était ouverte; elle s'y précipita, et en retira la porte sur elle en me criant:

— Sauvez-moi!

Un frisson me saisit, me glaça tous les membres. Je ne comprenais ni le danger de Thérèse, ni ma position avec elle au milieu de cette nuit de terreur dont un orage affreux augmentait encore les épouvantes. La grêle bondissait sur mes vitres ou s'assourdissait sur leurs plombs; la foudre grondait avec un bruit capable de réveiller les morts; des éclairs si multipliés qu'on en distinguait à peine les intervalles jetaient sur tous les objets extérieurs une espèce de transparent enflammé. Ma première pensée fut que la maison du père Christ venait d'être incendiée par le tonnerre. Tout cela dura si peu que je n'eus pas le temps de former une autre conjecture. Ma porte se rouvrit. Cette fois-là je n'en avais pas tourné la clef. C'étaient six hommes armés de fourches et de vieilles lames de sabres, qui m'entourèrent presque avant que je les eusse aperçus.

— Où est le feu? m'écriai-je.

— Où est l'émigré ? répliquèrent-ils.

Je devinai.

Le chef de ces perquisitionneurs intrépides m'était, de fortune, fort particulièrement connu. C'était un ancien militaire nommé Jean Leblanc, qui cumulait depuis quelques années les importantes fonctions de garde de nuit, de crieur public, de sergent de la garde nationale, et qui y réunissait l'avantage d'être le maître Jacques du père Christ et le factotum de la mairie. Comme les honneurs appellent les honneurs, il m'avait servi de piqueur ou de surveillant des pionniers dans le petit nombre d'opérations locales que je m'étais réservées, et j'exerçais sur lui cet ascendant que le peuple accorde volontiers à un certain vernis d'instruction qui n'est pas trop gâté par une sotte suffisance.

— Que diable viens-tu me conter d'émigrés, lui dis-je, et où les cherches-tu ? Il faut, pour oser te permettre chez moi une pareille algarade, à cette heure de la nuit, et pour courir les rues par l'abominable temps qu'il fait, que tu aies au moins triplé ton énorme ration de kirsch de Faucogney. Laisse-moi travailler, au nom de Dieu, car je n'ai pas de temps à perdre avec des fous.

— Je ne suis ni fou, ni ivre, mon officier, répondit Jean Leblanc, en secouant la tête ; un émigré était caché dans une maison voisine, c'est de notoriété publique. Nous l'avons débusqué il n'y a pas dix minutes, et mes camarades n'ont perdu sa trace qu'à quelques pas de votre porte.

— As-tu réfléchi, repris-je en appuyant fortement ma main sur son épaule, que le même chemin conduit à la tienne, et que le lit de Suzanne Leblanc, l'aimable et honorée femme d'un homme de ta connaissance, qui ne rentre jamais chez lui qu'au lever du soleil, est un asile plus sûr pour un émigré qui se cache que le cabinet d'un commissaire extraordinaire du Directoire exécutif ?

A ces mots, toute la bande partit d'un bruyant éclat de rire, Jules Leblanc excepté.

— D'ailleurs, continua-t-il d'un ton un peu boudeur,

mais en évitant de me répondre directement, et comme s'il ne m'avait pas entendu, d'ailleurs ces lumières que je n'ai jamais remarquées chez vous à une heure aussi indue prouvent assez qu'il s'y passe quelque chose, et que nous n'y sommes pas venus sans raison.

— Elles prouvent, ami Jean Leblanc, que vous raisonnez comme un étourdi. Quand on veut cacher quelqu'un chez soi, on n'allume pas ses chandelles ; on les éteint.

Ici les éclats de rire redoublèrent, et je me crus délivré. L'escouade inquisitoriale avait déjà passé la porte, quand un de mes braves s'avisa de dire :

— Pourquoi n'avons-nous pas visité l'alcôve ?

Ils rentrèrent.

— L'alcôve ! l'alcôve ! cria Jean Leblanc.

— Quoique vous manquiez assez insolemment aux règles de la subordination, Jean Leblanc, et surtout aux lois du pays, qui vous défendent d'entrer de nuit dans mon domicile, pour que je me croie autorisé à vous brûler la cervelle (en ce moment, je me saisis de mes deux pistolets), je veux bien vous donner satisfaction pour mon alcôve. Il y a quelqu'un dans mon lit.

— Ah ! ah ! s'écria la troupe, nous y voilà !

Je m'appuyai contre l'alcôve, mes pistolets tournés sur les assaillants.

— Il y a quelqu'un dans mon lit ; il y a une femme, dont le nom et la vue sont interdits à quiconque de vous qui n'est pas pressé de mourir à l'heure même. Cependant, pour complaire de tout mon pouvoir à l'ardeur patriotique de Jean Leblanc, je lui permets d'entrer ici avec moi et de reconnaître, aux cheveux et à la main, le sexe du prétendu émigré que je dérobe à vos poursuites. Si quelqu'un ose l'y suivre, je le tue.

— Il n'en faut pas davantage, reprit Jean Leblanc intimidé, qui ne désirait rien moins que moi de voir son expédition mise à fin. — Citoyens, restez en dehors.

— Couvre-toi de ton fichu et de tes cheveux, dis-je en ouvrant l'alcôve, et montre ton bras nu à ce héros...

— Regarde, Jean Leblanc, est-ce là un émigré ?

— Bonté du ciel! reprit-il en riant à son tour à gorge déployée, plût à Dieu qu'ils fussent tous comme celui-ci, les damnés d'aristocrates et de chouans! la paix serait bientôt faite, au moins de mon côté. Mais n'êtes-vous pas, mon officier, un fier hypocrite, à votre âge, de débaucher ainsi la fleur de nos belles, sans avoir l'air d'y toucher? On ne m'y tromperait, mordieu, pas, continua-t-il à mon oreille. C'est cette pauvre Jeannette du chemin des Paluds que vous avez endoctrinée de vos fines paroles et de vos tons sournois. Je donnerais ma tête à couper que c'est Jeannette la blonde, car il n'y a pas, à dix lieues autour du Puy, femme qui ait le bras si délicat et d'aussi beaux cheveux, si ce n'est Mlle Christ!...

A cette réticence, dont la témérité l'épouvantait lui-même, il se mordit le doigt.

— Paix, Jean Leblanc! gardez pour vous vos impertinentes conjectures, et allez vous assurer, si vous m'en croyez, que l'alcôve de Suzanne ne vous réserve pas quelque découverte plus importante!

Je pensai qu'il m'était enfin permis de respirer. Ils étaient décidément partis, je mis les verrous. Tout pénible cependant que m'eût paru le cruel embarras auquel je venais d'échapper, je ne sais si le premier moment qui le suivait ne me parut pas plus intolérable encore. On conviendra qu'il y avait dans ce concours de circonstances qui donnait mon lit pour seul refuge à Thérèse, à deux heures d'une nuit si chargée d'émotions et de terreurs de tout genre que chaque minute semblait nous isoler davantage du reste du monde, plus de sujets de trouble et de saisissement qu'il n'en fallait pour renverser la tête d'un amoureux de dix-huit ans. Mon sein palpitait avec une telle violence que je doute qu'il me fût possible, aujourd'hui même où les impressions de cet âge passionné disparaissent de plus en plus effacées, par le temps, d'en exprimer les agitations avec une emphase moins lyrique et par une hyperbole moins extravagante que je ne fis une année après dans le petit roman des *Proscrits*. « Il y avait une tempête dans mon cœur comme dans la nature. » Je succombai enfin à cette lutte de pensées violentes mais confuses, à travers lesquelles je ne discernais la possibilité d'aucune résolution fixe, et je m'accoudai sur ma table avec une sorte de stupeur morne et muette, où je cherchai à perdre jusqu'à la faculté de réfléchir; je ne peux pas dire combien de temps cela dura. Tout à coup mon alcôve s'entr'ouvrit, j'entendis des pas qui se dirigeaient vers moi, je sentis les doigts de Thérèse qui se glissaient entre mes mains et mon front, je me détournai un peu, et je la vis, vêtue de quelques-uns de mes habits, coiffée de ma toque polonaise, qui ne paraissait pas trop large pour sa tête, parce qu'elle y avait rassemblé sa longue et épaisse chevelure, et plus piquante encore que d'ordinaire sous cet accoutrement improvisé :

— Ne penses-tu pas, me dit-elle, de ce ton d'aisance et d'abandon que les femmes seules savent prendre dans les moments décisifs, ne penses-tu pas que j'ai des airs de Théophile?...

Théophile, dont elle me parlait, était un bon petit jeune homme d'Orléans, que d'excellentes études en minéralogie m'avaient fait donner pour collègue dans notre scientifique expédition, et que je venais de faire partir pour Belfort où il devait prendre la voiture.

— Cela est frappant, lui répondis-je en souriant, parce que son intention m'avait saisi d'abord, et vous pouvez rentrer sans danger, avec ce déguisement, dans la maison de votre père. Mais l'infortuné, contre lequel je changerais si volontiers mon sort, est-il aussi à l'abri de tout danger?

— Je le crois, reprit-elle; je ne me suis évadée qu'après m'être bien assurée de son départ; il a de bonnes armes, un cheval prêt au châlet où je vous ai vu pour la première fois l'année dernière, et votre croix d'acier passée au cou.

— Dieu soit loué! m'écriai-je, il faut espérer que cet heureux ouragan le protégera; mais il y a encore loin d'ici au pont d'Huningue, et je vous avoue que je me confie un peu plus, pour le salut de votre mari, à son cheval et à ses armes qu'à la châsse de saint Claude et à ma croix d'acier...

Après m'être assuré de l'extérieur, je la reconduisis; je rentrai plus tranquille. Je dormis.

Jean Leblanc vint me réveiller à sept heures, pour me prier, d'un air moitié humble et moitié rusé, de vouloir bien attester le beau fait d'armes qu'il avait si glorieusement accompli la nuit précédente, et dont personne, en effet, ne pouvait rendre plus pertinemment témoignage que moi-même. Je compris fort bien, à la gauche subtilité de ses expressions, qu'il prétendait me faire acheter sa discrétion à ce prix, et quoique la réputation de Jeannette la blonde eût déjà subi assez d'échecs dans le village pour ne pas mériter des ménagements bien scrupuleux, je fus enchanté de la sauver à si bon marché. Je me souviens même que je pris plaisir à faire de mon certificat une de ces magnifiques amplifications historiques dont le secret commençait à se perdre depuis les *carmagnoles* de Barrère, et ne s'est retrouvé dès lors que dans les bulletins. Si Jean Leblanc a plus tard obtenu quelque décoration honorifique pour ses prouesses, et je n'en serais pas trop surpris, à la manière dont on les donne le plus souvent, ce persiflage aura sans doute admirablement figuré dans son dossier.

Pendant que j'écrivais, mes amis avaient réuni autour de moi leur petite caravane et se disposaient gaiement à gagner le pays, avec leurs ustensiles de minéralogistes, leurs boîtes de fer-blanc pour herboriser, et leurs filets à papillon. Ma chambre était pleine de monde quand Thérèse y entra.

— Voilà, dit-elle en jetant sur ma table un petit paquet proprement enveloppé d'un linge blanc, quelques effets que M. Théophile avait oubliés chez mon père. Nous, continua-t-elle avec un regard significatif, nous n'oublions jamais rien !

— Et moins Théophile que personne, interrompit un de mes camarades; je parie que l'étourdi a mieux oublié que cela chez la belle Thérèse, et qu'il y a laissé aussi son cœur, car il ne parlait d'elle qu'avec l'enthousiasme d'un amant!

— Un amant! s'écria Thérèse en riant, un amant! Oh! mon amant est bien loin, s'il court toujours!

Ces paroles, si heureusement appropriées à la circonstance, et dont le tour populaire déguisait une communication si essentielle et si difficile, soulagèrent mon cœur d'un poids immense. Je n'avais pas besoin d'en savoir davantage.

Huit jours après, je n'avais perdu de vue ni Thérèse, ni l'humiliant et doux penser du premier amour frustré dans ses illusions, mais les évènements étaient de nature à me distraire pour quelque temps de mon chagrin. Le coup d'État de Germinal venait de changer encore une fois l'aspect de la France. Les sociétés populaires se réorganisaient sous le nom de *cercles constitutionnels*, et sous la présidence d'un *régulateur*, assisté d'un *notateur*. La redoutable loi des otages, interprétée comme on interprète ordinairement les lois redoutables, c'est-à-dire de manière à consterner toutes les classes de la société, quoique, dans la pensée du législateur, elle n'en menaçât qu'une, allait être mise en vigueur. La Terreur se réveillait, non pas comme le lion de Billaud-Varennes, ce serait lui faire trop d'honneur, mais comme le tigre dont parlait Vergniaud; les partisans de l'ordre tenaient bon, mais les autres étaient les maîtres. Je tombai à Besançon au milieu d'une bagarre, et j'y fus pris. Je n'étais pas chanceux dans les passions de ma jeunesse. La liberté me traita comme l'amour; et, bien que je ne puisse pas dire, même aujourd'hui, ce dont je fus accusé alors, je ne dus la vie, dans le partage des voix, qu'à l'humanité d'un juré, dont la rigueur m'aurait épargné bien des misères. Ce n'était guère le temps du *Puy*, de sa vallée enchantée, de ses ruisseaux et de ses nymphes!

Il faut convenir que je gagnai quelque chose à cette escapade où j'avais joué si gros jeu sans savoir pourquoi. Il n'y a rien qui attendrisse l'âme et qui la dispose à la tolérance comme le malheur; mais cette disposition s'accroît dans une proportion incroyable en face de cette cruelle légalité des passions politiques où les peines sont si peu en proportion avec les délits. En temps de révolution, et quel que soit le parti qui domine, si vous cherchez gens d'esprit et de cœur, exaltation sincère, sensibilité sympathique et bonne conversation, faites-vous ouvrir les prisons d'État. Depuis quarante ans, on y a vu passer tout ce qu'il y a de généreux en France, et je doute qu'on eût beaucoup perdu si on avait constitué un patriciat national sur écrous au lieu de le constituer sur brevets et sur parchemins. Disons mieux : les excellents citoyens qui réclament l'abolition de la peine de mort en matière d'opinion (et plût à Dieu que cet effroyable vestige des sacrifices barbares de nos aïeux disparût de notre législation pour tous les crimes, ce serait un grand crime de moins!), ceux-là, dis-je, ne sont pas seulement de vrais philanthropes dignes de la reconnaissance du monde, ce sont encore des philosophes très judicieux et des politiques très profonds. Il n'y a rien qui sollicite le dévouement comme le cri du sang. Tout homme grandit quand il a devant lui la guillotine et le panier. J'ai vu telle des innombrables victimes de nos discordes et de nos réactions qui ne s'est jamais détournée de sa ligne, parce que l'échafaud était au bout, et qu'il aurait rebroussé chemin dès le troisième pas s'il s'était agi de l'admonition d'un commissaire de police ou de l'amende d'un écu. Ce qui nous flattait, nous, ce qui nous entraînait irrésistiblement, et je le sais bien, c'était la possibilité, c'était l'espoir de mourir, c'était l'émotion du peuple qui nous regarderait aller, l'idée vague que nous laisserions dans un cœur de femme le souvenir d'enthousiasme ou du moins d'attendrissement que nous garderait un parti.

La représentation de la mort pour une cause que l'on s'est accoutumé à croire bonne, en fait oublier le dénouement; et puis, quand on a la vanité de son temps ou celle d'un caractère jaloux de célébrité, qu'importe quelle main vous jettera sous les yeux de l'histoire, fût-ce la main du bourreau! Aussi, voyez comme ils meurent, et tuez-les encore si vous l'osez, les royalistes, les républicains, les impériaux, les *carbonari*, les proscrits de toutes couleurs ! Ils font envie à leurs juges.

La réaction de Germinal ne s'exerçait que sur les émigrés et sur une génération d'enfants qui ne voulait point de la Terreur, par tradition, ou par raisonnement, ou par instinct. Les émigrés prisonniers furent donc, du premier abord, nos amis naturels; et l'acte d'absolution qui nous rendit à nos parents ne relâcha point cette intimité contractée sous le poids d'une infortune solidaire. Nous continuâmes à les visiter et à les servir de toutes nos forces, quelquefois avec succès. Il n'y avait rien de plus facile en ce temps-là que d'obtenir des certificats de domicile pour le premier venu dans les villages de nos montagnes, où tout le monde était essentiellement aristocrate, parce que les agents insensés de la démocratie avaient révolté contre leurs principes la classe du peuple la plus intéressée à les adopter, en violentant la conscience religieuse et en persécutant la pensée. On aurait à peine trouvé un bon chrétien sous le chaume, qui ne faussât très volontiers le texte exprès des *commandements*, en prenant le nom de Dieu en vain pour racheter la tête d'un proscrit, et si c'est là un crime devant le Seigneur aux yeux des casuistes, je ne saurais penser que c'en soit un aux yeux de l'humanité. Les conseils de guerre, qui jugeaient sans appel en matière d'émigration et qui se composaient d'honorables soldats fort prévenus contre ces cruautés injustes et inutiles, ne demandaient ordinairement pas mieux que de trouver un prétexte pour absoudre, et c'était plaisir de les voir renvoyer chaque jour d'accusation un marquis assez maladroitement déguisé sous le masque d'un paysan. Je me souviens à ce sujet d'une anecdote qui donnera quelque idée de cette immense laxité d'indulgence, heureuse compensation de la férocité des lois. Nous avions un compagnon de périlleuses aventures qui s'appelait Léon de B..., et dont la destinée avait été très romanesque. Pris à Lyon les armes à la main, parmi les débris de la colonne de Précy, et condamné à mort par la commission militaire d'Orange, un défaut de forme ou d'occurrence tout à fait providentiel le ramenait dans son cachot du pied de la guillotine, avec la seule expectative d'y monter le lendemain, quand arriva le décret de la Convention nationale qui révoquait ce formidable tribunal et qui annulait ses arrêts. Comme une charrette bien escortée le traînait avec vingt autres à Paris, devant le tribunal révolutionnaire dont les pratiques expéditives ne lui permettaient guère une meilleure chance, il s'aperçut un matin, au réveil, que son camarade de chaîne était mort, et il parvint à escamoter le passeport du cadavre, qui n'en avait plus besoin pour se rendre à son dernier domicile. L'individu qui venait de prendre ce parti extrême d'une manière si opportune, et qui était un montagnard du Doubs, nommé Antoine Renaud, détenu sans cause, se trouvait porteur d'un nez tellement *démesuré*, qu'on n'avait pas imaginé d'autre expression que celle-là pour le décrire dans son signalement, et, par une rencontre fortuite dont le pauvre Léon n'aurait pas été disposé à se flatter dans toute autre circonstance, le nez vraiment extraordinaire qu'il devait aux bontés de la nature, justifiait assez amplement cette gaieté bureaucratique pour lui ôter jusqu'aux apparences d'une exagération. C'était, mais trait pour trait, l'homme du *Cap des nez*, dont le passage à Strasbourg donna tant d'inquiétude à l'abbesse de Quedleinberg et à ses quatre grandes dignitaires.

Le voilà donc transféré à Besançon, et rendu à ce qu'on regardait comme sa juridiction naturelle ; il ne s'éleva pas une seule réclamation contre l'identité. Malheureusement notre infortuné Facardin (c'était son nom de guerre) avait vu le jour dans le Quercy, par 44 degrés de latitude, et il n'était jamais parvenu à modifier si peu que peu dans sa prononciation la mélopée harmonieuse et richement accentuée de ce beau pays. C'était fait de lui s'il s'avisait de proférer un seul mot devant le conseil. Il se contenta de présenter ses papiers à l'appui de cette configuration caractérisée qui lui servait de sauvegarde, et il attendait la décision de ses juges dans un état de silencieux abattement qui ne coûte pas beaucoup à feindre en pareille situation. Mais sa sensibilité méridionale ne résista pas à la joie imprévue de l'acquittement, et il exprima les expressions de sa reconnaissance dans je ne sais quel malencontreux idiome franc-comtois qui n'avait jamais développé tant de souplesse, de rythme et de modulations, si ce n'est tout au plus entre Cahors et Figeac. Nous frémissions de terreur dans l'auditoire, quand nous vîmes les juges prêts à se rouler sur leurs banquettes, et le président se lever en répétant aussi distinctement que pouvait lui permettre une envie immodérée de rire :

— L'absolution est prononcée.

Cette histoire m'en rappelle une autre qui est assez analogue, et j'en dirai tant qu'il en viendra. Celle-ci concerne un certain graveur de Nantua, nommé Chavan, jeune alors et probablement vivant aujourd'hui, garçon spirituel, industrieux, imperturbable, *artiste* enfin dans le sens spécial que les Genevois attachent à ce mot, et doué, tout au contraire de Léon, d'une aptitude presque miraculeuse à s'approprier les manières, le langage et l'accent de tous les pays : espagnol, anglais, italien, normand, provençal, bas-breton, suivant que la circonstance le requérait; une académie des inscriptions et belles-lettres incarnée, une polyglotte qui s'était faite homme. Depuis deux ans qu'il avait été capturé avec partie d'un régiment allemand, personne n'était parvenu à lui apprendre un mot de français, à lui faire oublier un instant son rôle inamovible de *Kayserlich*. Le froid, le chaud, la faim, la soif, et il était fort altéré, ne se manifestaient en lui dans ses besoins les plus extrêmes que par le langage du geste ou quelques articulations incompréhensibles, contre l'impuissance desquelles il manifestait lui-même son indignation par les scènes les plus comiques de désespoir. On le surprenait dans une rêverie, on l'éveillait en sursaut, on le frappait à l'improviste, et son premier cri ne trahissait jamais le secret duquel dépendait sa vie. Ce n'était que le soir, quand les verrous étaient tournés, et au milieu de nos communications les plus particulières, qu'il dépouillait la lourde et brutale stupidité du pandour pour nous égayer de folies charmantes, et développer devant nous toutes les richesses de sa gibecière encyclopédique. Le jour du jugement arriva. Chavan, les faces plombées, l'œil morne et nostalgique, l'air abruti d'un troupier à demi crétin, s'assit à côté de son défenseur sans lui adresser ni une parole, ni un regard. Chavan était dans son identité un accusé important. Il avait été condamné trois fois à mort, comme déserteur à l'ennemi, comme réacteur du Midi et comme émigré. Vingt témoins le reconnaissaient sous son nom, et l'autorité de leurs dépositions unanimes pouvait être confirmée jusqu'à l'évidence la plus absolue par le moindre indice de la plus légère émotion qui eût altéré son inaltérable sang-froid. Il les entendit sans sourciller. Son seul moyen de salut était la possibilité de l'existence d'un ménechme parfait né au village de Kircheberg, dans le grand-duché du Bas-Rhin, et dont il avait pris le nom et composé l'individualité avec une supériorité de talent mimique propre à faire envie aux plus grands comédiens. Tout à coup le capitaine rapporteur annonça qu'un heureux hasard venait de faire découvrir, parmi les interprètes du conseil, un bourgeois de Kircheberg. Il n'y eut pas un regard qui ne se tournât sur Chavan; mais Chavan n'avait rien entendu; il puisait une pincée de tabac dans sa boîte d'étain, la transportait avec une lenteur solennelle au-dessus de sa large moustache, et la savourait méthodiquement. A peine l'interprète eut pris la parole pour entrer en conférence avec l'accusé, que la physionomie de celui-ci parut s'épanouir; une hilarité subite anima ces traits si longtemps abattus en s'accroissant graduellement jusqu'à l'exaltation, et les paroles se précipitèrent si abondamment sur ses lèvres, que l'oreille la plus exercée à son jargon tudesque aurait eu peine à le suivre. Ce flux de mots menaçait de ne pas s'arrêter, quand le truchement se retourna vers le tribunal, pour attester que ce soldat était son compatriote, et qu'à moins d'être né à Kircheberg, il n'y avait homme en Allemagne qui pût en parler aussi correctement le patois. Chavan fut mis en liberté avec une feuille de route. Comme il descendait l'escalier, il aperçut son interprète, lui saisit affectueusement la main, et lui souffla bas à l'oreille, en français fort net et fort coulant :

— Quand vous écrirez à Kircheberg, mon cher camarade, je vous prie de ne pas m'oublier auprès de votre respectable famille.

Tous nos prisonniers n'eurent pas la même adresse ou le même bonheur. Il en est un dont le souvenir a laissé dans mon cœur une profonde impression de regret. C'était un capitaine de cavalerie, nommé Scheyck, qui avait émigré au commencement de la Révolution avec son régiment, et que les sots dédains de Coblentz, l'ennui de l'inactivité, l'amour de la patrie sans doute, et peut-être aussi quelque changement de principes déterminé par l'âge et par la réflexion, avaient décidé plus tard, mais trop tard, deux ou trois mois après les délais de rigueur, à revoir son pays, étourdiment abandonné dans la confusion d'une équipée militaire. Comme il n'avait point de ressources, il s'était refait soldat, et comme il était brave entre tous les braves, il était redevenu capitaine. Depuis son premier galon jusqu'à sa dernière épaulette, il n'était pas un des degrés de son avancement qu'il n'eût franchi au prix de son sang, et qui ne rappelât dans ses états de service un acte brillant de valeur. Sa mauvaise fortune le fit passer à Besançon, et le hasard voulut qu'il y fût reconnu au spectacle par un de ses anciens subordonnés qui avait fait plus de chemin et qui exerçait un emploi supérieur dans l'état-major de la place. La loyauté de Scheyck était trop sincère pour qu'il pût essayer de se soustraire à l'explication ; les lois étaient inexorables. Il s'y soumit. Au bout de quatre ou cinq jours qu'avait duré sa captivité, nous nous réunîmes dans sa chambre, comme la veille, à l'heure de communication dont jouissaient les prisonniers, pour y vider quelques verres de champagne. On fut gai, suivant l'usage, de cette gaieté exaltée dont il semble que les murs mêmes du cachot protègent l'expansion. Il y eut à l'ordinaire des toasts, et des chants, et du délire. A quatre heures, un officier entra et demanda si le capitaine Scheyck était prêt.

— Il est prêt, répondit Scheyck en lui tendant un verre.

Ce malheureux officier venait le chercher pour mourir, et on ne se doutait guère, parmi nous, que Scheyck eût été jugé le matin. Le capitaine nous embrassa, marcha au *Porteau* en fumant sa pipe, mesura du regard sa place sur la terre, comme s'il avait voulu la marquer dans un bivouac, à la tête de sa compagnie, commanda le feu comme il aurait commandé un exercice en blanc, et tomba, du seul poids de son corps, la main sur le cœur et la face au soleil. Je ne crains pas d'affirmer que la République n'a jamais perdu de plus digne défenseur sur le champ de bataille.

Je n'ai pas encore parlé d'un de ces émigrés dont les prévenances et les témoignages d'affection me touchèrent d'autant plus qu'il y avait entre nous moins de cette sympathie qui résulte de l'harmonie des caractères et du rapport des âges. Il annonçait une trentaine d'années, et nous avions entendu assurer qu'il figurait déjà comme garde du corps dans cet assaut factice du château de Versailles, qui prépara les sanglantes journées d'Octobre. Ce document de prison, confirmé par une tenue et des manières d'ancien régime, que servaient fort bien d'ailleurs la tournure la plus svelte et la physionomie la plus distinguée que j'ai remarquées de ma vie, l'avaient fait surnommer à la geôle *le danseur de la reine*. Hippolyte Dam, plein d'effusion pour moi seul, était avec le reste des prisonniers réservé jusqu'à l'austérité ou poli à ce point de délicatesse formaliste qui exclut l'intimité même du malheur. Son front blanc, couronné de petites boucles de cheveux châtains rudes et serrés, n'avait jamais fait un pli. On ne le voyait jamais sourire.

Aucun de nos amis ne s'était trouvé muni plus promptement qu'Hippolyte des pièces indispensables pour se soustraire à la mort, et depuis que la diminution progressive des rigueurs légales rendait les exécutions extrêmement rares, son sort avait entièrement cessé de m'inquiéter. J'étais libre, et je n'allais presque plus en prison. Le tour le plus avantageux que pussent prendre d'ailleurs alors les affaires d'un proscrit, c'était de traîner en longueur. Bonaparte n'avait fait qu'un pas de Fréjus aux Tuileries, et la France, fatiguée de vengeances et d'assassinats, embrassait avec confiance l'espoir d'une amnistie universelle. Je fus donc fort étonné d'apprendre qu'Hippolyte insista tout à coup, en dépit du conseil lui-même, sur la solution de son affaire; mais cette impatience ne me fit concevoir d'autre idée que celle de sa sécurité. Je ne m'alarmai point, parce que je n'imaginai pas qu'il eût été aussi pressé si les résultats de sa démarche avaient présenté quelque incertitude, et je m'étais couché fort tranquille sur lui le jour de son jugement. Il était six heures du matin, le lendemain, quand la sœur Marthe me réveilla.

Vous vous rappelez tous cette bonne sœur Marthe Biget, la providence des malades, la consolatrice des affligés, la protectrice des prisonniers, l'ange gardien des proscrits, qui joignait, dans sa virile stature, à l'énergie inflexible d'un héros, la tendresse compatissante d'une femme et les vertus d'une sainte. Vous l'avez encore vue, si je ne me trompe, chamarrée, par les souverains de l'Europe, de rubans, de croix, de médailles, comme une image symbolique de la charité personnifiée, et fléchissant humblement sous le poids de ces magnificences pieuses, en rêvant au parti qu'elle pourrait en tirer pour le soulagement de ses pauvres. Elle n'était pas alors si superbement décorée. C'était tout bonnement la sœur Marthe en coiffe blanche et en béguin noir, en noir jupon de serge avec le juste pareil, en tablier de toile d'Orange bleue à pois blancs, un petit mouchoir de percale sur le cou, et parée, pour toute richesse, d'une grosse jeannette d'argent. dont le cœur énorme avait été souvent engagé pour procurer quelque secours à un indigent ou quelque douceur à un condamné. Je n'avais point de meilleure amie que la sœur Martha Riget, comme elle n'avait point de meilleur ami que moi, et sa protection, si j'en avais voulu, ne m'aurait pas plus failli en 1814, auprès des rois et des empereurs, qu'elle n'eût fait, quinze ans auparavant, près des gendarmes et des guichetiers. Étrange vicissitude des choses !

Sa visite m'était si coutumière, quand elle avait besoin de faire improviser un plaidoyer gratuit pour un accusé insolvable, que je ne fus pas surpris, à l'ouverture de mes volets, de la voir assise et immobile au pied de mon lit.

— Eh bien, sœur Martha, lui dis-je, qu'avons-nous à faire aujourd'hui ? S'il s'agit de vos émigrés, vous savez que mon nom n'est pas une bonne recommandation pour eux. S'il s'agit de vos déserteurs, je vous ai déjà dit que j'avais juré de ne jamais porter la parole devant le conseil qui a condamné entre mes mains Alleyme et Stevenard contre le texte formel de la loi.

— Ce n'est pas cela, dit sœur Martha en essuyant une larme d'un de ses gros doigts, c'est une commission d'Hippolyte.

— Hippolyte ? m'écriai-je. Et que veut-il ?...

— Hippolyte ! reprit sœur Martha avec un regard étonné ; tu ne sais donc pas qu'il a été fusillé hier au soir ?

— Fusillé ?

— A quatre heures un quart. Il a refusé de faire usage de son passeport et de ses certificats. Il s'est nommé. M. de Maic e l'a bien exhorté. L'abbé Artaud est venu le voir. Il est mort chrétiennement.

Et, en même temps, elle me tendait une boîtelette de sapin dont je faisais sauter le couvercle en grinçant des dents.

J'en tirai un flocon de coton qui enveloppait une croix d'acier ; et dessous, il y avait ce billet :

« Je vous adresse par une voie sûre, mon pauvre Charles, une croix que vous aviez donnée à Thérèse. De tout ce que nous avons aimé, Thérèse et moi, cette croix ne peut plus protéger que vous ; Thérèse est morte il y a dix jours, et je vais mourir tout à l'heure. Souvenez-vous de nous deux. »

« HIPPOLYTE. »

FIN

Couvertures supérieure et inférieure en couleur

N° 61 — 10 centimes

LES GRANDS ROMANCIERS FRANÇAIS

32 PAGES

CHARLES NODIER : NOUVELLES

L. BOULANGER, éditeur, 90, Boulevard Montparnasse, PARIS

Ont paru dans :

LES GRANDS ROMANCIERS FRANÇAIS :

LE FILS DE FAMILLE
Par XAVIER DE MONTÉPIN
Livraisons 1 à 10

LE JEU DE LA MORT
Par PAUL FÉVAL
Livraisons 10 à 21

LA TONTINE INFERNALE
Livraisons 21 à 32

FLEURETTE
HISTOIRE D'UNE BOUQUETIÈRE
Par E. SCRIBE
Livraisons 32 à 44

REINE
Par JULES LERMINA
Livraisons 45 à 52

Paris.—Imp. Paul Dupont (Cl.)

L'AMOUR ET LE GRIMOIRE

L'AMOUR ET LE GRIMOIRE

PAR

CHARLES NODIER

Ne vous effrayez pas, âmes débonnaires et pieuses, du titre incendiaire de cette historiette. Je vous atteste que je ne me crois pas damné, et qu'il s'agit tout au plus ici d'un cas de conscience que le moindre *absolvo* du curé de votre village régleroit à l'amiable; mais, enfin, je vieillis vite et bien vite, puisque le monde ne m'amuse plus; et je ne suis pas fâché d'avoir le cœur net du dernier de mes scrupules.

Je confesse donc que j'ai eu deux grandes et puériles passions dans ma vie, et qu'elles l'ont absorbée tout entière.

La première des deux grandes et puériles passions que j'ai eues dans ma vie, c'étoit l'envie de me trouver le héros d'une histoire fantastique, de coiffer le chapeau de Fortunatus, de chausser la botte de l'Ogre, ou de percher sottement sur le Rameau d'or, à côté de l'Oiseau bleu. Vous me direz que ce goût n'est pas excusable dans une créature intelligente qui a fait d'assez bonnes études; mais c'étoit ma manie.

La seconde des deux grandes et puériles passions que j'ai eues dans ma vie, c'étoit l'ambition de faire, avant de mourir, quelque bonne histoire fantastique, bien extravagante et bien innocente, dans le goût de mademoiselle de Lubert ou de madame d'Aulnoy, parce que M. Perrault me paroissoit trop fort, et d'en amuser, au moins pendant quelques générations, une petite postérité d'enfants badins et joufflus, aux joues roses, à l'œil éveillé, qui se souviendroit joyeusement de mes inventions pendant les heures les plus rebutantes du travail, et même aux heures délicieuses où l'on ne fait rien!

Quant à l'autre postérité que vous savez, figure pâle, efflanquée, insignifiante, stupide, qu'on vous montrera au prochain salon, et qui tient suspendues, au bout de deux vilains bras, deux vilaines couronnes de lauriers en plâtre, je vous jure sur l'honneur que je n'y ai jamais pensé.

Quoi qu'il en soit, je ne saurois me dissimuler que ces deux frénésies ont singulièrement déteint sur ma vie réelle et sur mon triste métier de conteur de fariboles. Il faut bien qu'il en aille ainsi. Défense à moi de réciter un fait patent, un événement qui s'est passé *coràm populo, senatu et patribus*, une de ces histoires sur la sincérité desquelles on se donneroit au diable sans qu'on crie à la fantaisie. Je parle de trois femmes charmantes que j'ai aimées en tout bien, tout honneur, et que j'ai vues mourir en quinze ans. — Trois femmes mortes en quinze ans! mais c'est une fable à dormir debout! fantastique! — Attendez, monsieur, s'il vous plaît! c'est que j'en ai aimé sept cents pendant ce temps-là, et cela rend un peu moins hyperbolique le chiffre de la mortalité. D'ailleurs, je vous ai parlé à dessein et très-exclusivement de mes amours posthumes, parce qu'un autre genre de confidences auroit été de mauvais goût dans ma jeunesse, et que je ne suppose pas qu'on ait rien changé aux bienséances. La pudeur de ces mystères ne s'affranchissoit de ses voiles qu'en prenant ceux du deuil et du veuvage, et c'est alors seulement qu'on permettoit à la douleur du survivant l'effusion respectueuse et délicate d'un sentiment longtemps caché! — Eh bien, raison de plus! fantastique, morbleu! fantastique s'il en fut jamais!

Fantastique si vous le voulez : fantastique, puisqu'il le faut! Hélas! je ne demanderois pas mieux; je voudrois bien en trouver dans mes souvenirs, du fantastique! Eh!

que n'aurois-je pas échangé contre un peu de fantastique, surtout quand j'ai connu le vrai de ce monde, quand l'expérience me l'a fait percevoir et absorber par tous les pores? Du fantastique, mon Dieu! mais j'aurois donné dix ans de ma vie, et j'aurois fait un grand marché, pour la rencontre d'un sylphe, d'une fée, d'un sorcier, d'une somnambule qui sût ce qu'elle disoit, d'un idéologue qui se comprît; pour celle d'un gnome aux cheveux flamboyants, d'un revenant à la robe de chambre de brouillards, d'un follet grand comme rien, du diablotin le plus succinct de corps et le plus pauvre d'esprit qui ait jamais grêlé sur le persil depuis le diable de Papefiguière. Pas possible, monsieur! s'il y avoit eu du fantastique à trois mille lieues à la ronde, il auroit été pour moi; mais il n'y en avoit pas!

Et je ne sais ce qui seroit arrivé dans ma foi poétique dans le monde merveilleux, si je n'avois cédé un jour à l'étrange idée que je vous disois, celle de me donner au diable. C'est, à parler franchement, une résolution un peu dure, mais elle simplifie admirablement la question.

A l'époque dont je parle, j'aurois été bien fâché de ne pas passer pour un mauvais sujet : d'abord parce que c'étoit la mode, et puis parce qu'il est agréable d'occuper les femmes qui ne s'occupent jamais que des mauvais sujets. Je m'étois donc fait mauvais sujet, et j'en avois pris les licences au grand regret de mon excellent père, qui payoit chèrement mes professeurs pour me faire prendre des licences plus honorables; mais je dois le dire tout de suite, afin de prémunir le lecteur contre l'infaillible dégoût qui s'attache à la renommée de Lovelace et de M. le chevalier de Faublas, oh! je n'étois rien de pareil; j'en avois bien garde, vraiment. Vous ne trouveriez pas, dans toute mon histoire, trois pages qui pussent faire envie aux bonnes fortunes de votre valet de chambre, si vous en avez un, ce que je ne vous souhaite pas, car c'est un grand embarras. J'étois mauvais sujet sans préjudice de la morale et du sentiment, mauvais sujet timoré pour tout ce qui peut imposer le respect, pour tout ce qui peut effaroucher la bienséance, un de ces conquérants à l'amiable, qui ne tentent leurs invasions que dans les pays de bonne volonté. Cependant, on savoit que j'étois mauvais sujet, parce que j'étois mauvais sujet à découvert, libertin affiché, séducteur en titre de tout ce qui vouloit être séduit, et cela pour me faire honneur. A cet énorme défaut près, j'ose dire que personne n'avoit des principes plus arrêtés sur les mœurs, et que je les portois en tout et partout à un degré d'observance judaïque, dont la combinaison, incroyable avec mes désordres expansifs, n'avoit pas de nom de mon temps. On pourroit appeler cela maintenant de la débauche éclectique, un libertinage doctrinaire, mais ce n'est pas la peine, parce que cela ne se rencontrera plus : les jours sont devenus trop mauvais.

Pour faire comprendre ma philosophie, car c'étoit une philosophie si on veut, il faut mettre l'exemple à côté de la définition, et j'ai peur encore qu'on ne me comprenne pas. L'idée de porter un moment de trouble dans un cœur innocent que la société me refusoit, l'idée de relâcher le moins du monde, par un effort criminel, un lien que la société avoit formé, auroit suffi à me faire subir une anticipation très réelle des maux de l'enfer. Je me serois sauvé de Clarens au premier sourire significatif de Julie d'Étanges, de peur de ses âcres baisers. J'aurois laissé mon manteau dans les mains de la jolie épouse de Putiphar, eût-il valu celui d'Élie, par qui on devenoit prophète, mais rien ne m'arrêtoit pour goûter un fruit qui avoit perdu sa fleur, et qui étoit tombé de sa branche nourricière sans être recueilli par la main dédaigneuse du jardinier. — Ma foi, disois-je, il est agréable et doux, et je le savoure sans en faire tort à personne. — De sorte que si le maître s'étoit trouvé là de fortune, j'aurois pu répondre à ses reproches : « Pardon, maître ! je ne maraude pas ; c'est que je glane. »

Et cette conviction m'avoit procuré l'inappréciable sécurité du cœur, qui est la première récompense de la vertu.

Voilà précisément pourquoi j'étois alors un mauvais sujet, et ce qui m'avoit fait appeler *mauvais sujet* par excellence, comme un véritable prototype de l'espèce.

Je viens de dire de moi des choses si flatteuses, que j'ai quelque pudeur d'y ajouter encore. Cependant, je me le dois à moi-même, comme on dit, pour l'exactitude de ce récit, qui est presque la seule chose du genre merveilleux que j'aie écrite : la seule chose merveilleuse, c'est une autre affaire, et cela dépend des goûts. Le plus extraordinaire des résultats de mon système, c'est que j'avois fait des élèves parmi de bons et dignes jeunes gens de mon âge, nés avec une singulière aptitude à la perfectibilité, et que j'étois heureusement parvenu à détourner du crime par la facilité du vice, en attendant que mes leçons portassent de meilleurs fruits et les convertissent tout à fait. Une vingtaine d'années après, c'étoient des hommes modèles. Le temps n'y a pas nui, mais c'est peut-être à moi qu'ils doivent de n'avoir point de remords, douce et précieuse allégeance pour leur vieillesse. Je ne sais pourtant comment cela se faisoit, mais les femmes de bonne compagnie nous avoient en exécration.

Le premier de mes acolytes s'appeloit Amandus. C'étoit mon lieutenant en pied, mon ménechme, mon *alter ego* dans toutes ces affaires de cœur où le cœur n'est pas intéressé, qui se multiplient par le seul acte de la volonté, qui se compliquent par les moindres condescendances de la politesse, et qui réduiroient un pacha sans auxiliaire à se rendre de guerre lasse en huit jours. Amandus étoit à la vérité un joli garçon complet. Avec une tournure à peindre, un jargon à étourdir, une suffisance accablante, il jouoit tous les jeux dans la perfection, et ne jouoit jamais sans perdre; montoit à cheval comme un centaure, et se rompoit quelque membre tous les mois; tiroit des armes comme saint George, et sortoit régulièrement de ces duels avec un bras en écharpe. Héritier d'une assez belle fortune, il l'avoit dissipée en six mois, ce qui prouve beaucoup d'esprit, et il trouvoit encore des dettes à faire, ce qui en prouve bien davantage. Enfin, il n'y avoit qu'un cri sur son compte quand il traversoit un salon : c'est qu'Amandus étoit charmant. Amandus n'avoit pas le sens commun.

L'excellente éducation d'Amandus avoit été négligée sur un point que certains esprits routiniers tiennent pour capital. Il y a des taches dans le soleil. Soit incapacité, soit préoccupation, Amandus n'avoit jamais pu apprendre à écrire. J'incline à croire que c'est parce qu'il n'en sentoit pas la nécessité, et ce dédain cache une idée bien philosophique. Ce n'est pas qu'Amandus n'eût écrit s'il avoit voulu, mais il auroit mieux valu qu'il n'écrivît point. Ce n'est pas qu'Amandus n'eût une orthographe à lui, tant s'en faut! Elle étoit si bien à lui que personne n'avoit rien à y prendre : à y reprendre, je ne dis pas. Si je vous disois que c'étoit l'orthographe de M. Marle qui sera l'an prochain celle de l'Académie, vous me répondriez sans doute qu'il n'y a pas grand mal à écrire comme l'Académie, surtout si vous êtes de l'Académie, comme cela peut arriver à tout le monde; mais ce n'étoit pas l'orthographe de l'Académie, c'étoit l'orthographe d'Amandus, une orthographe miraculeuse. Amandus s'étoit avisé, au contraire de M. Marle, que le génie de l'écriture consistoit à déguiser le mot parlé sous toutes les formes qu'il avait vues éparses dans son syllabaire. A lui, sur tous les articles, sur tous les pronoms, sur toutes les particules, toutes les lettres parasites de la dernière personne du pluriel des verbes; à lui l'accent sur les lettres muettes ou atoniques, à lui le tréma sur les diphtongues, à lui l'apostrophe au milieu des mots, à lui de belles majuscules ornées, et des virgules, bon Dieu, des virgules partout! jamais on n'a vu tant de virgules! — Dans les habitudes de l'amour vulgaire dont j'ai parlé, cela ne tiroit pas à conséquence; la plupart de nos héroïnes ne savoient pas lire, mais si elles avoient su lire, elles auroient été dans un cruel embarras! Il y avoit cependant des occasions difficiles, des chances de notabilités galantes dans lesquelles je devenois d'un immense secours avec mon orthographe triviale que je n'avois pas jugé à propos d'enrichir de toutes ces magnificences. Le seul des amis d'Amandus qui lui fût resté fidèle depuis qu'il étoit ruiné, je me dévouai bravement à l'interprétation de ces hiéroglyphes dont l'impénétrable obscurité feroit tressaillir l'ombre savante de Champollion. Je venois de quitter l'hébreu, je me mis à l'Amandus, je réussis à lire assez couramment au bout de trois ou quatre mois, et je me hasardai enfin à mettre mes propres idées à la place, quand un texte scabreux et rebelle déroutoit mon érudition ou fatiguoit ma patience. Les traducteurs prennent souvent le même parti quand ils n'entendent plus leur auteur. Amandus, dépouillé de son luxe grammatical, copioit ensuite mot pour mot et lettre pour lettre, comme l'Homère de l'Antologie sous la dictée d'Apollon. La comparaison est un peu fière, mais elle n'est pas trop disproportionnée. Ce temps, je l'avouerai, ne fut pas perdu pour mes études, car j'appris ainsi à tourner convenablement une lettre d'amour, et je m'étois obstiné jusqu'alors à n'en pas écrire une seule. Les écrits restent.

Nous ne fréquentions pas ce qu'on appelle la mauvaise société, mais la nature de nos occupations nous conduisoit rarement dans ce qu'on appelle la bonne. Voyageurs nomades au milieu de la vie, nous plantions tous les soirs notre tente aventurière entre deux mondes auxquels nous participions également, retenus au premier par les liens de l'éducation et de l'habitude, rappelés à tout moment vers le second par des plaisirs commodes et des conquêtes sans alarmes. Si la topographie de ce double hémisphère ne vous est pas exactement connue, j'aurai l'avantage de vous apprendre que le point contingent en est occupé par le théâtre, et pour mieux caractériser la localité, par la galerie des premières dans les bonnes villes de province. A peine la toile étoit levée d'une part, qu'une douzaine d'yeux noirs ou bleus (je parle des scènes d'ensemble) venoient nous chercher sur notre divan et nous accueillir de délicieux reproches ou de séduisantes promesses. Le regard furtif d'une beauté qui soupiroit *à la cantonade* avant de faire son entrée, nous épioit en tapinois derrière *le manteau d'Arlequin*, ou jaillissoit par éclairs à travers les énormes bâillements d'un châssis mal ajusté, entre deux touffes de roses en toile peinte. Elle entroit enfin en déployant les richesses d'un gosier de rossignol ou de tout autre gosier qu'il vous plaira de mettre à la place de celui-là. Elle entroit aux murmures flatteurs d'une assemblée qui sembloit n'applaudir que pour nous, car nous remportions la moitié de toutes les ovations. Il me semble que nous avions aussi quelquefois notre part dans les sifflets, mais il faut savoir s'accommoder aux circonstances. Je me crois même sûr que j'étois de nous deux le plus intéressé dans les disgrâces, parce que mon caractère impatient et mobile me rendoit fort chanceux; mais nous partagions en frères, Amandus et moi, et nous ne comptions pas. Il me souvient, sans aller plus loin, que ma mauvaise destinée m'avoit imposé ce mois-là une Dugazon de cinq pieds sept pouces et d'un embonpoint à l'avenant, mieux taillée pour le frac surdoré du tambour-major des Suisses que pour le corset des bergères. Quand elle jouoit Babet (tudieu, quelle Babet!) et qu'il lui arrivoit de me foudroyer d'une œillade aimable, en fouillant un panier de vilaines fleurs avec de grosses mains et en chantant d'une voix heureusement plus déliée que sa formidable personne,

C'est pour toi que je les arrange,

oh! vous pouvez m'en croire! j'aurais béni le poignard bienfaisant qui seroit venu me percer le sein! Mais qu'y faire? C'étoit une des conditions essentielles de mon bonheur, parce que c'étoit une des sauvegardes inexpugnables de mon innocence. J'ai oublié de dire qu'elle étoit fort laide, mais elle louchoit horriblement.

L'autre partie du monde étoit dans les loges, et ceci est fort clair si l'on a eu la complaisance de suivre ma métaphore. Les loges, notre moralité nous défendoit d'y regarder, mais non pas d'y voir, et à force d'avoir vu ce qui est bon à voir, on y regarde. C'est qu'il y avoit alors dans une des loges de ce petit théâtre d'une petite ville, et je ne vous dirai pas au juste quelle ville c'étoit, sinon que vous êtes parfaitement libre de la chercher à l'ouest, il y avoit, dis-je, dans la troisième loge de droite, une de ces figures d'ange qui font damner les hommes et rêver les saints. Je ne sais pas peindre, mais vous peignez à merveille quand vous avez une palette. Mettez seize ans, une taille de roseau, une peau blanche et cependant animée, sous laquelle le sang circule comme un esprit de vie, colorant tout et ne rougissant rien, des cheveux blonds qui se floconnent comme une vapeur sur des épaules où le regard coule comme feroit la main ; relevez cela de je ne sais quoi de pur et de céleste qui ne peut pas se décrire, des traits qui auroient porté le sculpteur de la Vénus à se couper la gorge avec son ciseau, et d'un regard large et bleu qui enchante comme le ciel et qui brûle comme le soleil, vous n'aurez pas d'idée de la millième partie des perfections de Marguerite.

Marguerite avoit perdu fort jeune son père et sa mère. La pauvre petite étoit restée avec quatre-vingt mille francs de rentes aux soins d'une tante maternelle, veuve encore agaçante, qui passoit de si peu la quarantaine que ce n'est pas la peine d'en parler, et qu'on n'accusoit pas d'être insensible aux soupirs d'un cœur bien épris. Je m'en étois trouvé très vivement et même très significativement amoureux un ou deux ans auparavant (c'est de la tante que je parle), et cela m'avoit coûté je ne sais combien de mortelles heures de projets, d'angoisses et d'espérances, mais sans autre résultat, parce que cette passion m'étoit justement survenue la veille du jour auquel remonte l'ère mémorable de mes amours philosophiques. Depuis je n'y avois pas pensé une fois, même dans ces moments extatiques où l'âme se berce entre deux sommeils, et mon imperturbable mémoire, si fidèle au nom des mouches et des papillons, auroit peut-être perdu jusqu'au nom de la tante, si la tante n'avoit pas eu de nièce. Je n'ai pas besoin de dire que l'âge et l'innocence de cette charmante enfant (c'est de la nièce qu'il est maintenant question) jetoient entre elle et moi un espace infranchissable. Quatre-vingt mille francs de rentes, c'étoit bien pis ! j'en avois à peine le capital en passif.

— Tu manques à nos conditions, me dit un jour Amandus, tu regardes aux loges !

— Comme les enfants morts sans baptême regardent le ciel depuis les limbes, lui répondis-je, et sans appeler de si haut un regard pour un regard. D'ailleurs, j'ai mes raisons, et je n'en fais pas mystère. Le temps marche impitoyablement, pendant que nous croyons éterniser le présent dans quelques heures de folie ; et tout jolis garçons que nous voilà, nous risquons fort de vieillir aussi bien que les sept sages de la Grèce. Tu as encore en perspective une assez douce vie à couler entre les aimables loisirs de la paresse et le galant exercice de la chasse au renard dans les halliers de la Vulpinière, si ton oncle, désarmé par une conduite plus exacte, veut bien te laisser à sa mort, qui ne se fera pas attendre longtemps, son castel délabré, son colombier et ses broussailles. Moi, je n'ai ni oncle, ni castel, ni colombier, ni broussailles, ni renards en espérance : trop heureux, quand mes créanciers se seront partagé mes tristes dépouilles, de trouver un public d'assez bonne composition pour lire mes romans, et surtout pour les acheter ! J'ai donc besoin de m'inspirer de quelque type qui vive à jamais dans mes souvenirs, de rêver, de caresser, de nourrir dans ma pensée quelque adorable figure, et quand je la rencontre, je la prends.

— La petite Marguerite, dit Amandus en épanouissant son binocle et en le tournant effrontément sur cette figure divine devant laquelle ma paupière s'abaissoit d'indignation et de respect. — C'est qu'elle est vraiment fort bien. Je te remercie de me l'avoir fait remarquer. Il y a quelque chose comme tu dis, qui exalte l'imagination, et qui cependant repose le cœur, — une morbidesse raphaëlesque, ne trouves-tu pas ? — On se sent plus pur de la voir ; on se sent meilleur d'y penser. Ravissant privilège de l'innocence ! étrange sympathie des belles âmes ! Hélas ! mon vertueux ami, quelle perle, quel diamant dans un comptoir de modistes ou dans un groupe de figurantes ! La fortune aveugle a tout gâté, mais elle n'en fait jamais d'autres. Il faut avouer que la destinée est d'une sottise bien amère de jucher ce minois délicieux dans sa carrosse, au lieu de nous le montrer ce soir entre deux quinquets dans la coulisse des soupirs.

Je frissonnai d'indignation... La coulisse des soupirs étoit la quatrième à gauche.

— Eh bien, inspire-toi, reprit Amandus en appuyant sa tête sur mon épaule, et en s'étalant sur la banquette, à mon grand scandale, car Marguerite pouvoit nous voir. — Inspire-toi de Marguerite, si cela te convient, car j'ai plus affaire que jamais de tes inspirations. Fais des romans, Maxime, fais des romans ! Le mien, si je ne me trompe, touche à un dénoûment heureux. Mon oncle ne manque pas de bonne volonté pour moi, et je le sais décidé à m'assurer sa mince fortune le jour où je ferai mon premier acte de sagesse en me mariant honorablement.

— Te marier honorablement ! m'écriai-je. Y penses-tu, Amandus ? penses-tu à te marier ?

— Pourquoi pas ? continua-t-il avec un éclat de rire. Me crois-tu incapable d'une idée grave et d'une ferme résolution ? — Mon Dieu, qu'Aglaé est mal faite aujourd'hui, et que sa toilette de mauvaise grâce est convenablement assortie à ses minauderies d'éléphant ! — Il faut faire une fin, Maxime, une fin raisonnable, une fin sérieuse et très sérieuse, quand on n'a plus d'argent. C'est l'avis de mon oncle et celui de la sagesse. Tu ne sais pas, toi, ce que c'est que la sagesse ; mais cela te viendra. — Tiens, voilà qu'elle chante faux maintenant !

— Inspire-toi donc pour me tourner une petite déclaration bien expresse, bien passionnée, bien sincère — là, un aveu sans détour de mes foiblesses, de mes erreurs, de tout ce que tu voudras ; je n'y regarde pas. Taille, tranche, augmente si tu peux, retranche si tu l'oses ! Tu es ma conscience, tu es mon cœur, tu sais tout ce qui repose de tendresse et de bons sentiments dans ce sein fraternel qui bat contre le tien! — Remarques-tu cette possédée de Laure qui ne m'a pas perdu de vue de la soirée... Mais elle a beau se pincer les lèvres, il lui manque deux dents.

— Encore seroit-il à propos, repris-je sans avoir égard à ses digressions, que j'eusse quelque idée de l'heureuse Elle qui a fixé ton choix, pour assortir ma correspondance aux convenances de ta proposition. *Est modus in rebus; sunt certi denique fines.* — Et puis je ne devine pas...

— Il n'y a ni finesse ni rébus, Maximo ; et si tu devinois, tu en saurois vraiment plus que moi sur l'avenir où je me précipite la tête baissée pour me sauver du présent. Si tu devinois, je te prierois de me dire à qui je pense, et quel est l'objet auquel le premier de mes amours raisonnables s'est attaché. Je ne te demande pas de deviner, de par tous les diables ! je te demande une circulaire gracieuse et formaliste en beaux termes, comme *Télémaque* ou *la Princesse de Clèves*, qui puisse s'introduire sous l'adresse de tout le monde, un passe-partout épistolaire, un extrait de ton invention que je me hasarde à jouer à la loterie du mariage. Parle de candeur, de vertu, de beauté ; ne te mêle pas de la couleur des cheveux, parce que cela pourroit nous faire tomber dans quelques méprises. Je copierai tout avec exactitude ; la poste et mon étoile se chargeront de mes espérances ; et mon digne oncle, qui veut que je prenne une femme, n'aura rien à me reprocher quand je pourrai lui démontrer que j'ai été refusé par cinquante. — Ou bien il en viendra deux, trois, une douzaine, je ne sais combien ; et alors tu choisiras tout de suite après moi, mieux que moi, peut-être ! tu as la main si heureuse !

Le traître ! Aglaé chantoit, cependant !

— Moi ! laisse donc, répondis-je avec aigreur, je n'ai pas le domaine de la Vulpinière !

— Eh quoi ! cette foible espérance te tiendroit-elle à

cœur ! Je vais la jouer contre ton cheval ou contre Aglaé, à la première raffle.

— J'ai vendu mon cheval hier ; je te donne Aglaé ce soir, si tu la veux ; quant à la lettre, je la ferai si j'y pense.

La correspondance alla son train ; car, à ma grande surprise et à celle d'Amandus sans doute, il n'en fut pas pour les frais de son initiative. Je ne jugeois pourtant de ses progrès que par ses importunités, car il étoit devenu discret, et je n'ai jamais été curieux. Quand nous en fûmes aux grands-parents, je tombai de mon haut. Les difficultés ne procédoient plus que d'eux, et je m'abîmois dans l'idée qu'il se fût trouvé une femme assez intrépidement résolue pour croire aux incroyables serments d'Amandus.

Nous allions encore au spectacle, mais très rarement ; Amandus surtout, qui commençoit à garder, suivant sa promesse, un certain quant à soi fort respectable. J'étois malheureusement retenu, comme on sait, par un autre lien ; ma colossale bergère n'avoit pas encore enfoncé les planches, et il ne s'étoit pas rencontré d'homme assez hardi pour me débusquer, quoique ce fût un beau temps de passage pour la cavalerie. Je ne me sentois pas d'aise à l'arrivée d'un régiment de dragons, tout brillant d'épaulettes, de poussière et de gloire, dont les chevaux piaffoient sous sa fenêtre. Vaine espérance ! les hussards les suivirent, et ces pavillons de plaisir et de guerre qui butinent partout ne daignèrent pas effleurer Aglaé d'un coup d'aile. Je comptai inutilement sur le courage éprouvé des cuirassiers. Aglaé conserva dans cette longue épreuve tous les honneurs d'une fidélité sans nuage, et en fit valoir tous les droits. C'étoit une femme inexpugnable, une constance à faire mourir. Sa vertu est de toutes les contrariétés que j'ai subies en amour celle qui m'a donné le plus d'envie de me brûler la cervelle.

Je ne cherchois qu'un prétexte pour m'exiler à jamais du monde, et ce fut le plus pur de mes sentiments moraux qui me le fournit, au moment où je m'y attendois le moins.

J'avois déjà remarqué que Marguerite faisoit plus d'attention à nous que je ne l'aurois voulu. Cette préoccupation avoit même pris depuis quelque temps un caractère qui m'inquiétoit, l'expression d'un intérêt affectueux, d'une sensibilité rêveuse, de ce je ne sais quoi de vague, de tendre et d'idéal qui annonce au front pudique d'une jeune fille le développement d'un penchant secret. — Infortune et désolation ! me dis-je en moi-même, serois-tu condamnée par ta mauvaise étoile, pauvre et gracieuse enfant, à aimer l'un de nous deux ? Ah ! je ne serai du moins pas complice de sa rigueur ! Le temps des examens va venir, et je n'ai pas ouvert un livre pour m'y préparer. Eh bien ! je renonce pour le travail à toutes ces déceptions passagères qu'on appelle des voluptés ! Je lirai, s'il le faut, les dix volumes de Jacobus Cujacius dans l'édition d'Annibal Fabroti, *cum promptuariis*; je les lirai (*horresco referens*) avant de m'occuper d'une femme, et j'en prends à témoin l'ombre de Justinien ! — Là-dessus je sortis de la salle, et je rentrai chez moi pour expédier un congé définitif à Aglaé. Je n'ai pas besoin de vous dire que cette résolution m'affranchit d'un grand fardeau.

Il y avoit probablement une assurance persuasive dans la communication que je fis le lendemain à mon père de ce nouveau plan de vie, car il me fit présent à l'instant, pour reconnoître mes sacrifices, de sa bibliothèque tout entière, et du joli pavillon qui la contenoit. C'étoient les deux choses qu'il aimoit le mieux après moi. Je passai le jour à y disposer tout ce qui pouvoit servir à mes études ou embellir mon exil volontaire, et je m'aperçus à la satisfaction dont me comblèrent ces soins agréables, que le bonheur avoit plus d'un aspect. Que dis-je ? le bonheur pur d'une âme contente d'elle-même l'emporte sur nos bonheurs imaginaires par sa durée comme par son objet. Je fus heureux jusqu'au soir : il ne m'en étoit jamais tant arrivé.

Le soir je bâillai ; je regardai vingt fois à ma montre dans dix minutes; le premier coup d'archet de l'orchestre me poursuivoit; le bruit presque aussi discord des loges ouvertes et fermées retentissoit dans mon oreille ; mes narines sollicitoient en vain dans un air, hélas ! trop pur, le maussade arome qui se compose de la vapeur des lampes fumantes et de l'exhalaison des essences. Je demandois le délicieux regard de Marguerite à tous les attiques, à tous les lambris ; je le demandois à toutes les tablettes de ma bibliothèque, et mes yeux ne rencontroient que le Jacobus Cujacius d'Annibal Fabroti.

« Je serois curieux, m'écriai-je enfin, de savoir si ses regards étoient pour lui — ou s'ils étoient pour moi, — et comme il a emprunté ce matin une chaise de poste, il faut bien qu'il soit en voyage. Une meilleure occasion d'éclaircir mes doutes ne se présentera jamais, et je n'en serai que mieux confirmé, quel que soit le résultat de cette épreuve, dans les raisonnables desseins que j'ai formés. Je travaillerai demain ! »

Cette fois-là je n'eus pas à m'y tromper ; je vous le déclare avec toute la suffisance que peut inspirer à un sot la plus inespérée des aubaines de l'amour : ces regards, ils étoient pour moi, pour moi seul ! Vous me direz que j'étois seul, et que semblable à ce fossile merveilleux dont les pores amoureux de la lumière en recèlent encore quelques pâles atomes longtemps après le coucher du soleil, je n'étois peut-être pour Marguerite que la pierre de Bologne d'Amandus. Cette idée ne me vint pas ; et puis, d'ailleurs, si je m'y connoissois, — et quel homme ne croit pas s'y connoître ? — il y avoit dans l'expression intelligente et significative de cette physionomie céleste une pensée qui ne pouvoit se rapporter qu'à moi, et qui n'attendoit que de moi l'échange d'une pensée. J'essayai, je frémis de comprendre, je m'armai d'un courage héroïque, et je m'enfuis, la mort dans le cœur, à force de me croire heureux !

Non, non, Marguerite, je ne violerai pas le sanctuaire de ton âme innocente pour y allumer ou pour y entretenir une passion qui nous perdroit tous les deux ! Non, je ne transplanterai pas dans le stérile désert de ma vie ta tige si fraîche et si délicate avec ses fleurs embaumées !

Et cependant quel autre que moi t'aimera comme tu dois être aimée ! J'aurois été l'autel de tes pieds, la harpe de tes soupirs, le vase de tes parfums ! J'aurois brûlé devant toi comme l'encens ! Je me serois anéanti dans un rayon de tes yeux comme une goutte de rosée dans les feux du midi ! Oh ! je ne crois pas que j'eusse dénoué les cordons de ta robe virginale avec des mains d'homme ! Je me serois purifié au cratère d'un volcan avant d'approcher de toi, et mes lèvres elles-mêmes ne se seroient collées à ton sein qu'à travers un voile, de crainte de le profaner... Mais tu es riche, Marguerite, et il n'y a point d'événement possible qui puisse te dépouiller assez complétement de tant de biens inutiles pour te réduire à l'égal de ma fortune ! Tu ne serois encore que trop au-dessus d'elle et trop digne des rois !... Non, Marguerite, je ne vous reverrai jamais... — à moins que le diable ne s'en mêle.

En finissant cette apostrophe poétique, dont la fin triviale gâte un peu le commencement, je tombai d'accablement dans mon fauteuil, qui étoit par bonheur souple, élastique et profond. Dine alluma sur mon bureau trois bougies, luxe inaccoutumé de mes nuits, qui me témoignoit par une preuve de plus la satisfaction de ma famille, et je restai livré à ma studieuse solitude.

Je me penchai un moment sur mon balcon. Le ciel étoit limpide comme un lac, émaillé comme une prairie. On entendoit à peine le souffle de l'air dans les rameaux de mes jeunes arbres, et il sembloit ne les traverser, en se jouant, que pour en rapporter des émanations suaves. Le rossignol chantoit dans le lointain ; les phalènes bruissoient doucement en voletant sous les feuilles. C'étoit une belle soirée pour un autre amour que celui qui m'étoit connu, un magnifique empyrée dont j'aurois voulu parcourir les sphères innombrables avec la rapidité des feux qui s'y croisoient de toutes parts, mais dont mon âme ne pouvoit pas plus sonder la profondeur que mes yeux. Je fermai tout pour me délivrer de ces distractions immenses, et je m'assis, dans l'intention de me mettre tout de bon à la besogne, après avoir laissé tomber un dernier sourire de satisfaction sur l'admirable ordonnance de mon cabinet. Sa description n'est pas moins nécessaire ici que la carte du Latium à *l'Énéide* de Virgile.

Mon père avoit fait construire ce pavillon, dans des temps plus heureux, entre sa cour et son jardin, au-dessus d'une vaste allée cochère, qui auroit pu aisément remiser dans ses flancs spacieux le cabriolet que je n'eus jamais. Tout le bâtiment ne contenoit qu'une longue chambre en parallélogramme, éclairée à l'est et à l'ouest par des fenêtres ogives, et qui s'ouvroit au midi sur un jardin de peu d'étendue, mais assez bien conçu dans sa distribution. Ce point étoit le seul par lequel on pût arriver à ma chambre, soit qu'on y vînt de la cour, soit qu'on y entrât du jardin, ce qui n'étoit pas difficile, son étroite enceinte communiquant de toutes parts et par des portes toujours ouvertes aux larges enclos de nos voisins. C'étoit entre d'excellents vieillards, accoutumés à se voir depuis l'enfance, le rendez-vous philosophique d'Académus et de ses amis. Le double escalier tournant qui conduisoit au balcon n'avoit pas plus de six degrés, parce qu'il s'élevoit d'une terrasse. Le second des côtés étroits du carré long qui faisoit face à l'entrée étoit occupé par mon lit, couchette modeste de l'étudiant, autour de laquelle s'arrondissoit en cloche le rideau blanc aux longs plis, passé sur une flèche dorée. Tout le reste de l'intérieur des murailles n'offroit rien à l'œil qui ne fût le dos d'un vieux livre. Ma table noire, taillée, dans une plus petite proportion, sur la même figure que ce petit édifice monoïque dont le souvenir me charme encore, en formoit le juste milieu; mais il restoit toute la place nécessaire pour circuler commodément autour d'elle, et pour en mesurer les quatre faces en vingt-quatre ou vingt-cinq pas, dans un espace de temps qui se précipite et se ralentit tour à tour, au gré des émotions du promeneur. J'y fis bien du chemin ce jour-là.

Toutefois je m'assis, et, jetant négligemment la main derrière moi à la tablette où s'appuyoit mon fauteuil, j'essayai d'en tirer le premier volume du beau *Traité de la procédure civile*, par Robert-Joseph Pothier, et je ramenai devant moi l'*Histoire des apparitions* de D. Calmet, qui est, comme tout le monde le sait, un des meilleurs recueils de facéties infernales qu'on puisse lire. La page étoit curieuse. Je tournai six fois le feuillet. Quelle misère, pensai-je enfin, qu'un homme aussi docte ait pu donner à plein collier dans de pareilles balivernes, comme une vieille femme de village qui rêve esprits et démons en ramassant des feuilles mortes et quelques bouts de ramées à la lisière des bois! Je voudrois bien vraiment que le diable m'apparût, et il ne tient qu'à moi de l'évoquer, puisque j'ai ici la *Clavicule du roi Salomon* et l'*Enchiridion de Léon pape* en manuscrit authentique, héritage précieux d'un dominicain de notre famille, qui s'est servi mille fois de ce grimoire pour la délivrance des possédés. La conversation du diable, en personne naturelle, seroit aussi amusante et aussi instructive, si je ne me trompe, que celle de Pothier et de Cujas; et s'il est difficile d'obtenir de lui cette faveur, qu'Agrippa et Cardan payèrent un peu cher, elle mérite au moins d'être tentée par un esprit résolu.

Cela dépendoit en effet d'un simple acte de ma volonté; car j'avois justement ce méchant grimoire sous les yeux, entre mon écritoire et mon sablier. Je ne sais qui diable l'avoit mis là.

J'allongeai sur lui des doigts tremblants, comme si le seul contact du parchemin éraillé avait dû faire passer dans mes sens quelque influence de malédiction. Il n'étoit que froid, sale et grippé. Je développai ses huit plis sans qu'il s'en exhalât le moindre atome de soufre ou de bitume brûlant. La terre ne tressaillit point, la flamme de mes bougies continua de reposer calme et blanche sur ses lumignons bleus, mes volumes inébranlables restèrent endormis sous les doctes tissus de leurs araignées bibliophiles. Je m'enhardis, j'essayai de lire, je lançai à haute voix dans l'air les formules solennelles de l'esprit de Python, dont je commençois à être animé, jusqu'à en faire résonner mes vitres innocentes, qui n'avoient jamais vibré sous de telles paroles. — Mais c'étoit bien un autre grimoire que je ne l'avois pensé. Je n'avois pas parcouru douze lignes du livre fatal que je me trouvai arrêté par des signes inintelligibles et vraiment diaboliques, par des symboles impénétrables et par des lettres innommées dans les alphabets de la terre, qui me coupèrent la parole.

Un autre auroit perdu courage à l'aspect de ces monogrammes hétéroclites, de ces hiéroglyphes de l'autre monde, qui pouvoient bien n'être, au bout du compte, que le caprice d'un charlatan de copiste. Imprudent, mais décidé, je me campai fièrement parmi mes bougies, en m'écriant d'une voix énergique: « Venez à moi, saint et crédule Sperberus, savant Khunrath, immortel Knorr von Rosenroth! et toi, bon Gabriel de Collange, qui usa jadis une si digne vie à te rendre l'indéchiffrable traducteur de l'indéchiffrable Trithème! Venez, et développez-moi ces mystères dont l'ignorance seule peut s'effrayer!... »

Le diable ne bougea pas plus qu'auparavant; car il faut que j'avertisse mes lecteurs, ce ne sont pas des noms de démons que je viens de prononcer, ce sont tout bonnement des noms de cabalistes.

Pour la première fois peut-être, ces braves auteurs virent flotter leurs signets jaunis sur des pages exposées au jour des flambeaux, et dont les angles rompus avoient vieilli sous la poussière. Je ne me sentis pas de surprise en comprenant, à travers ce long labyrinthe d'une folle science, tout ce qu'il avoit fallu de loisir, de patience, et surtout de bonne volonté, pour retrouver tant de langues perdues, sans en excepter celle des anges, qui est la plus sûre; mais la besogne ne m'épouvante pas quand elle m'amuse. Je vins à bout de celle-là en vingt minutes, qui suffiroient pour savoir tout ce qu'il y a d'utile à savoir si on les employoit bien. Je déclamai le grimoire nettement, et, j'ose le dire, sans fautes. Minuit sonna comme je finissois, et le diable, qui est essentiellement rebelle, le diable ne vint pas. Le diable vient fort rarement; il ne vient même plus sous la figure que vous savez, et cependant il ne faut pas s'y fier; car il a tout l'esprit nécessaire pour en prendre de plus séduisantes, quand il est bien sûr d'avoir quelque chose à y gagner.

Il faut convenir, dis-je en me replongeant dans mes coussins, que j'ai joué gros jeu à cette expérience d'étourdi. Quel embarras pour moi s'il m'étoit apparu en me demandant, suivant l'usage, d'une voix creuse et terrible, ce que j'exigeois de lui? On ne l'appelle pas impunément. Ses questions veulent des réponses, et c'est une adverse partie dont on ne se débarrasse pas comme d'un plaideur maladroit, avec quelque méchante fin de non-recevoir. Quelle grâce aurois-je essayé d'impétrer de sa noire puissance, en échange de ma pauvre âme que j'avois jetée sur le tapis de la damnation, ainsi qu'un enjeu de peu de valeur? De l'argent? A quoi bon? Les cartes m'ont été si favorables cette semaine, que le prix de mon cheval s'est presque décuplé dans ma bourse; une pièce d'or de plus n'y tiendroit pas, et je payerois trois de mes créanciers, si je le voulois. Du savoir? J'en ai plus qu'il ne m'en faut, sans vanité, pour mon usage particulier, et les honnêtes gens qui ont la bonté de prendre un peu d'intérêt à mes succès à venir ne se gênent pas de prédire qu'il répandra sur mes ouvrages, si j'en fais jamais, un vernis pédantesque d'assez mauvais goût. Du pouvoir? Dieu m'en préserve! on n'arrive à en obtenir qu'au prix du repos et du bonheur. Le don de prévision, peut-être? Avantage fatal, qu'il faut payer de toutes les douceurs de l'espérance et de toutes les délices de l'incertitude! Le vague de la vie, voilà ce qui en fait le charme! Des femmes et des aventures? Ce seroit abuser de sa complaisance; le pauvre diable ne s'est que trop bien exécuté sur ce chapitre-là. — Et cependant, continuai-je en sommeillant à demi, s'il m'avoit présenté cette jeune Marguerite, si fraîche, si déliée, si blonde, si rosée... Diable! c'est une autre paire de manches, comme disoit M. de Buffon... — Si Marguerite, émue, palpitante, un peu décoiffée, une mèche de cheveux pendant sur le sein, et le sein presque affranchi d'un fichu mal attaché...
— Si Marguerite avoit tout à coup monté mon escalier d'un pas furtif; si, arrivée à ma porte, elle y avoit frappé

d'une main timide, qui désire et qui craint d'être entendue, trois petits coups discrets... tac, tac, tac...

Je dormois à moitié, comme on sait, et je répétois vaguement... tac, tac, tac... en m'endormant tout à fait.

— Tac, tac, tac... — Ceci, ô merveille incompréhensible! ne se passoit plus dans les ténébreuses régions de ma pensée assoupie. Je le crus cependant un moment; je me mordis les doigts jusqu'au sang pour m'assurer que je veillois.

— Tac, tac, tac... — On a frappé, m'écriai-je en grelotant de tous mes membres. Ma pendule sonna une heure.

— Tac, tac, tac... — Je me levai, je marchai précipitamment; je rappelai, je recueillis mes esprits épouvantés.

— Tac, tac, tac... Je m'armai d'une de mes bougies; je m'avançai résolûment du côté du balcon; j'ouvris le volet... O terreur! jamais la nature n'a rien montré de plus ravissant aux yeux de l'amour; je crus que je mourrois de peur.

C'étoit Marguerite, appuyée aux glaces de la porte, plus belle mille fois que je ne l'avois vue, plus belle qu'on ne peut la rêver; Marguerite, émue, palpitante, un peu décoiffée, une mèche de cheveux pendante sur le sein, et le sein presque affranchi d'un fichu mal attaché. — Je me signai; je me recommandai à Dieu, et j'ouvris.

C'étoit bien elle; c'étoit sa main douce, veloutée, délicate; c'étoit sa main tremblante que je touchai sans me brûler. Je la reconduisis, toute interdite, jusqu'à mon fauteuil, et j'attendis un signe de ses yeux pour m'asseoir à quelques pas de là sur un pliant. Elle appuya son bras sur un des bras du fauteuil, sa tête sur sa main, et voila son front de ses jolis doigts. J'attendois qu'elle parlât; elle ne parla point; elle soupira.

— Oserais-je vous demander, mademoiselle (c'est moi qui commençai), à quel inconcevable hasard je suis redevable d'une démarche si faite pour m'étonner?...

— Eh quoi! monsieur, reprit-elle vivement, ma démarche vous étonneroit! n'étoit-ce pas une chose convenue?

— Convenue, mademoiselle, convenue, cela est vrai, quoique la convention n'ait été stipulée selon toutes les formes requises en pareil cas, et qu'elle soit loin d'être aussi positive et aussi valable en bonne justice que vous paroissez le croire. Il survient des idées si étranges dans un esprit malade qu'un amour imprudent a égaré... Enfin, pour vous dire vrai, je ne comptois pas du tout sur le bonheur... qui m'accable...

Je ne savois plus ce que je disois.

— Je vous comprends, monsieur, le dénoûment vous rebute de l'entreprise. Accoutumé à des plaisirs brillants, mais faciles, vous n'aviez jamais mesuré la portée des sacrifices du véritable amour...

— Arrêtez, Marguerite, et n'outragez pas mon cœur. La portée des sacrifices du véritable amour, je la connois... je m'en flatte.

(Je trouvois pourtant celui-là un peu fort.)

Mais encore, pourquoi n'est-il pas venu? Pourquoi ne vous a-t-il pas accompagnée? Il falloit au moins entre nous cet échange de paroles qui est la première condition du contrat synallagmatique. Je ne sais pas si vous le savez.

— Après m'avoir enlevée il m'a quittée au bas de l'escalier, et il ne viendra me prendre qu'au point du jour.

— Vous prendre, ma chère enfant? mais je vous prie de croire que je n'ai traité que pour moi... si j'ai traité. Je lui dirois bien s'il étoit là.

— Il n'a pas osé monter auprès de vous, parce qu'il prévoyoit vos scrupules.

— Il n'a pas osé monter, dites-vous? Pas possible! je ne le croyais pas si timide.

— Je suppose qu'il a pû s'effrayer de l'irritabilité de vos sentiments, de la délicatesse de vos principes...

— Je lui en suis bien obligé; cela fait toujours plaisir; mais il faudra enfin que je le voie...

— Au lever du soleil, dans trois ou quatre heures d'ici.

— Trois ou quatre heures! dis-je avec expansion, en me rapprochant d'elle... Trois ou quatre heures, Marguerite!

— Et pendant ce temps-là, Maxime, reprit-elle avec douceur, en se rapprochant de moi, je n'ai d'abri et de protecteur que vous, puisqu'il faut que les portes soient ouvertes pour laisser passer sa chaise de poste...

— Ah! il faut que les portes soient ouvertes pour laisser passer sa chaise de poste, répliquai-je en me frottant les yeux comme un homme qui se réveille.

— Il vous auroit épargné l'inquiétude et la responsabilité du service que vous nous rendez à tous deux, si sa respectable mère n'étoit morte d'une fluxion de poitrine.

— Attendez, mademoiselle, m'écriai-je en repoussant mon pliant d'un coup de pied jusqu'à l'autre extrémité de mon cabinet, sa mère est morte d'une fluxion de poitrine! mais de qui me parlez-vous donc?

— Je vous parle d'Amandus, bon Maxime, d'Amandus, qui vous est si attaché et que vous aimez tant. Puisque vous ignorez ces détails, vous apprendrez qu'il est venu me chercher ce soir à l'heure indiquée entre nous pour m'enlever de la maison de ma tante, parce qu'elle s'obstinoit à lui refuser ma main. C'étoit le seul moyen, vous en conviendrez, d'obtenir d'elle une résolution plus favorable; mais comme il y avoit soirée, la cour étoit pleine d'allants, de venants et de domestiques qui auroient épié notre fuite, et nous nous sommes sauvés par les jardins. A peine a-t-il vu votre croisée éclairée qu'il m'a dit avec joie : « Vois-tu, Marguerite, le sage et studieux Maxime travaille encore; Maxime qui est mon frère, mon confident, ma providence; Maxime qui n'ignore aucun de mes secrets, et qui sera trop heureux, je connois son cœur, de te donner un asile jusqu'au jour. Monte et frappe avec assurance, Marguerite, pendant que je vais tout disposer pour notre départ. » Là-dessus, il m'a quittée; j'ai monté, j'ai frappé plusieurs fois sans reproche... et vous savez tout.

— Je n'en sais que trop ; mais à tout prendre j'aime encore mieux cela qu'autre chose. Le principal, c'est que vous puissiez être heureuse. Vous avez donc une passion bien décidée pour Amandus ? C'est pour lui, n'est-il pas vrai ?

— Pour qui donc ? Je ne lui ai parlé que trois fois ; mais il écrit avec une chaleur si pénétrante, avec une tendresse si persuasive ! il exprimoit avec une énergie si passionnée les sentiments qu'il éprouvoit pour moi, Amandus, mon cher Amandus !

— Attendez, attendez ! C'est de ses lettres que vous parlez ?

Et au même instant je m'arrêtai tout court, parce que j'allois dire, selon toute apparence, une sottise énorme. Je méditai ma pensée ; je me réfugiai comme un personnage de mélodrame dans un aparté mystérieux. « Non, non, mon ami, dis-je au démon ; vous n'êtes pas entré par le côté foible de l'amour ; vous n'entrerez pas, je vous le signifie, par celui de la vanité. »

— Vous trouvez donc qu'Amandus écrit bien ? murmurai-je avec une insouciance affectée, en clouant ma langue entre mes dents. — C'est qu'en vérité, pensai-je tout bas, elle est aussi spirituelle que jolie !

— Vous étiez distrait par une autre idée, Maxime, et ce n'étoit pas cela que vous vouliez me répondre.

— Votre observation est juste, mademoiselle. Je faisois ce que vous auriez dû faire, souffrez que je vous le dise, avant de prendre une résolution aussi hasardée.

— Et quoi donc ?

— Je réfléchissois. Amandus perdoit la tête, et il y a bien de quoi, quand il s'est avisé de vous faire passer une nuit, belle et sage Marguerite, dans la chambre d'un écervelé de mon espèce, d'un homme sans principes, qui n'a ni foi ni loi, et qui a failli se donner au diable, il y a une demi-heure, — d'un mauvais sujet enfin.

— Vous parlez trop rigoureusement, par ironie peut-être, de deux ou trois étourderies de jeune homme qui ne compromettent pas le caractère, et qui ne vous ont rien fait perdre dans l'estime des honnêtes gens. Amandus, qui a quelques fautes du même genre à se reprocher, s'en justifie dans ses lettres avec une éloquence dont ma tante elle-même a été touchée, quoiqu'elle soit extraordinairement rigoriste. — Un mauvais sujet, Maxime ? oh ! vous n'en avez pas l'air !

— Je vous remercie, mademoiselle, de la bonne opinion que vous daignez avoir de moi. — Mais cette entrevue longue, mystérieuse, embarrassante à l'excès, tranchons le mot, pour la vertu que vous voulez bien me supposer, est au moins de nature à rendre votre innocence suspecte devant ce misérable vulgaire qui porte un jugement moins favorable de ma pureté juvénile ; et je frémis pour vous d'y penser. Permettez, au nom de votre réputation, et par compassion pour la mienne, que je vous cherche une autre retraite jusqu'au matin. Je reviens à vous dans un moment, et je vous laisse maîtresse souveraine de toutes vos actions, si ce n'est de sortir seule et d'ouvrir à quelqu'un.

J'attendois son consentement ; je l'obtins et je fis mieux. Je m'en assurai, *ne varietur*, en fermant la porte à double tour.

Ma résolution étoit prise, car j'avois les idées vives et soudaines du jeune âge. C'étoit soirée chez la tante de Marguerite, je venois de l'apprendre, et les soirées de province sont d'une longueur démesurée sous tous les rapports. Quand j'approchai, les derniers équipages s'éloignoient ; je me glissai, leste et subtil comme un oiseau, entre deux laquais qui alloient fermer.

— Où va monsieur ?
— Chez madame.
— Tout le monde est parti.
— J'arrive.
— Madame se couche.
— C'est égal.

A cette réponse décisive il n'y avoit point d'objection,

et dix secondes après j'étois dans la chambre à coucher de madame, où je n'avois jamais mis le pied, ni si tard ni si matin, quoique j'y eusse pensé quelquefois.

Le bruit que je fis la força à se détourner, comme elle alloit détacher, Dieu me pardonne ! l'avant-dernière de ses agrafes.

— Quelle horreur !... s'écria-t-elle. Vous, monsieur ! — chez moi ! — à cette heure ! — dans ma chambre à coucher !!! sans être annoncé, sans égard pour les plus communes bienséances !...

— Comme vous dites, madame ; je n'en connois point quand j'obéis à l'impulsion de mon cœur.

— Eh ! monsieur, allez-vous en revenir à vos anciennes frénésies ? Gardez, je vous en supplie, tout cet étalage de sentiments qui s'expriment avec tant de véhémence, et qui s'oublient si vite, pour un moment plus convenable.

— Il seroit difficile, madame, de le mieux choisir, si j'avois à vous entretenir du sujet auquel vous attribuez ma visite ; mais je suis appelé chez vous par des motifs plus sérieux et qui ne souffrent aucun retard. — Au nom du ciel, continuai-je en saisissant vivement sa main, Clarice, écoutez-moi !

— Des motifs plus sérieux, quelque résolution désespérée dont vous n'êtes que trop capable ?... Vous m'épouvantez, monsieur, vous me faites une peur affreuse ! Je connois vos emportements ; j'ai des violences à redouter ; monsieur, je vais sonner.

— Gardez-vous-en bien, madame, repris-je en m'emparant de celle de ses mains qui étoit encore libre, et en la contraignant assez brusquement à s'asseoir sur son canapé. — Ceci doit se passer entre nous, madame, dans le mystère le plus profond, loin de toutes les oreilles et de tous les yeux ; et c'est à vos genoux que je vous conjure de m'écouter un seul instant ! Nous n'avons point de temps à perdre !

— Malheur à moi, sanglota-t-elle d'une voix étouffée ; il faut que j'aie renvoyé mes femmes !

— Elles seroient de trop, encore une fois ; et si elles étoient ici, j'exigerois qu'elles sortissent ; le moindre éclat vous perdroit.

— Mais c'est un guet-apens, c'est un assassinat, c'est un crime inimaginable! Monstre ! qu'exigez-vous donc ?

— Presque rien ; et si vous m'aviez écouté, vous sauriez déjà ce que c'est. Faites-moi la grâce de dire où est Marguerite ?

— Marguerite ! ma nièce ? Quelle étrange question ! Qu'a Marguerite à démêler avec la scène outrageante que vous me faites ? Marguerite se retire de bonne heure, surtout quand j'ai du monde. C'est une des pratiques scrupuleuses de l'éducation tendre, mais régulière, que je lui ai donnée. Marguerite est dans sa chambre, Marguerite est dans son lit, Marguerite dort ; j'en suis sûre comme de ma propre existence !

— Dieu, qui est le maître de tout, pourroit l'avoir permis, comme tant de choses inexplicables qu'il est impossible de nier ; mais cela seroit bien curieux ! Au reste, voilà sa porte, si j'ai bonne mémoire : il vous est facile de vous convaincre qu'elle n'est pas sortie de chez elle, si elle n'en est réellement pas sortie, et de nous tirer tous les deux d'un doute affligeant qui intéresse de plus près la responsabilité d'une tante que celle d'un voisin...

— Éveiller cette enfant, Maxime, et l'éveiller quand il y a un homme dans mon appartement ?

— Oh ! que vous ne l'éveillerez pas, répondis-je en m'assurant que ma clef n'étoit pas absente de ma poche.
— Elle est, parbleu, bien éveillée, je vous en réponds, éveillée s'il en fût jamais ; et si vous la trouvez endormie dans son lit, le diable en sait plus long aujourd'hui que du temps de dom Calmet.

Elle prit une bougie, entra, fit quelques pas, et revint juste à point pour s'évanouir sur le canapé.

Comme je m'attendois à l'événement, je m'étois muni sur sa toilette d'un flacon de sel. Je détachai l'agrafe retardataire, je frappai légèrement sur dix doigts potelés qui se crispoient sous les miens, et j'en baisai l'extrémité plus légèrement encore avec toute la modestie dont je suis capable.

J'avois à cœur d'éviter l'attaque de nerfs, parce que l'attaque de nerfs tire en longueur.

— Nous n'avons pas le temps de nous livrer à des émotions inutiles, trop belle et trop adorable Clarice (où diable va-t-on prendre ces choses-là ?) ! Les circonstances nous demandent une prompte résolution.

— Hélas ! je le sais bien ! mais à qui s'adresser, si ce n'est à vous, Maxime, le complice de cet attentat ?... le coupable, peut-être ?

— Ma foi non, dis-je en soupirant.

— Vous savez où elle est, Maxime ! vous le savez, mon ami ! vous ne pouvez le nier !... rendez-la moi !

— Ceci, madame, est interdit à ma loyauté : j'ai son secret, mais il ne sortira pas de mon cœur, et vous me mépriseriez si j'en abusois. Ce que j'atteste, c'est qu'elle est sous la garde d'un homme d'honneur, qui ne la remettra que dans vos mains, quand vous aurez consenti à la laisser passer dans celles d'un époux, comme vous le devez, Clarice ! Hier c'étoit question, aujourd'hui c'est nécessité : voilà ce que j'avois à vous dire.

— Un époux ? Amandus, sans doute ? Un fou, un débauché, un dissipateur ! Beau mariage, en vérité !

— On ne se marie pas comme on veut, madame, quand on a été enlevée ; et l'homme qui passe à la légère sur ce scrupule, en considération d'une dot opulente, est mille fois pire qu'un fou : c'est un misérable. Amandus n'est pas un personnage fort exemplaire, j'en conviens, mais un noble amour doit le corriger. Mon cœur n'a jamais mieux compris qu'aujourd'hui la facilité de cette métamorphose. — Je sais de bonne part, car c'est lui qui me l'a dit, que la fortune de son oncle lui sera assurée au contrat de mariage. Le domaine n'est pas très productif, mais c'est un beau pays de chasse. — Quant à la dot de la mineure, il est aisé de l'assurer contre les dilapidations d'un mari extravagant, par cinquante précautions que je me ferai un devoir de vous indiquer, aussitôt que j'aurai achevé mes immenses travaux sur Cujas, et cela ne sera pas long ; j'y passe les jours et les nuits ; il y a quelques minutes que je travaillois encore. — L'alliance est, sous tout autre rapport, aussi convenable qu'on puisse le désirer, et les défauts même d'Amandus n'obscurcissent pas en lui des qualités brillantes et honorables : il est franc, loyal, obligeant, brave !

— Et il écrit à merveille ; il tourne une lettre dans la perfection, c'est une justice qu'il faut lui rendre.

— Comment, madame, vous daignez penser... C'est un effet de votre indulgence !

— Ne seriez-vous pas de cette opinion ? J'ai peur, Maxime, que vous n'en parliez par envie.

— Au contraire, madame, je m'en rapporte aveuglément à votre goût, répliquai-je en me reprenant : je souhaite seulement que vous ne lui trouviez pas, par la suite, le style un peu inégal. Mais son style ne fait rien à l'affaire, si j'entends quelque chose aux bienséances matrimoniales : il s'agit ici d'autres précautions et d'autres convenances que les convenances et les précautions oratoires. Vous jugerez en dix minutes de réflexion, et l'urgence de la position actuelle ne vous en laisse pas davantage, de la nature des moyens à prendre pour détourner de votre maison le scandale qui la menace. D'abord ceci ne change rien à l'état de fortune. Marguerite se formoit, comme vous voyez ; elle est très avancée, mais extrêmement avancée pour son âge ! Il auroit bien fallu tôt ou tard vous décider à la marier, quand vous la verriez fille à se marier toute seule. Oh ! c'est une aimable enfant ! c'est grand bonheur qu'elle soit devenue amoureuse d'un étourdi que sa vie passée soumet d'avance à toutes les concessions, au lieu de se jeter à la tête d'un homme d'argent ou d'un homme de loi. Le procès seroit entré chez vous par la même porte que le sacrement, si elle avoit eu le guignon de se passionner d'un avocat : c'est une supposition. — Avec Amandus, pas un embarras à subir ! il est si coulant en affaires, ce digne Amandus, qu'il y a des jours où il vous donneroit acquit de toute la succession pour un rouleau de louis rognés, encore seroit-il homme à payer le notaire et à faire une grosse gratification au maître clerc : un caractère sublime ! — D'un autre côté, la petite grandissoit. Sa beauté d'enfant, qui est très remarquable, auroit fini par afficher l'impertinente prétention de rivaliser avec la vôtre, et j'ai déjà entendu des sots se crier d'une loge à l'autre : « Cette jolie personne a dû se marier bien jeune !... » — Ils vous prenoient pour la mère !

— Fi donc ! Maxime, je n'étois pas encore en pension quand elle vint au monde !

— A qui le dites-vous ? Enfin l'événement prononcé, et je lui sais gré de mettre un terme à vos irrésolutions.

— Vous en parlez à votre aise ! L'événement, l'événement ! il ne sera pas connu si elle revient, et je compte assez sur votre discrétion...

— Ma discrétion, madame, est à toute épreuve ; — mais Marguerite ne reviendra pas, et l'événement sera ébruité demain. — Et si Marguerite revenoit et que l'événement ne fût pas ébruité demain par hasard, il le seroit probablement d'ici à... Permettez, continuai-je en feignant de supputer sur mes doigts, car ce n'étoit ici qu'un effort d'imagination, l'argument captieux de la péroraison, recommandé par les rhéteurs...

Je me penchai ensuite à son oreille et j'y chuchotai deux ou trois mots.

— Quelle horrible idée ! s'écria-t-elle en se laissant presque défaillir sur son coussin.

— C'est comme j'ai pris la liberté de vous le dire : le monde marche d'un pas effrayant !

— Monsieur, reprit-elle en se levant avec dignité, vous connoissez la retraite de Marguerite : allez la chercher, et promettez-lui sur ma foi qu'elle sera dans quinze jours la femme d'Amandus, puisqu'elle l'a voulu. — Eh bien, vous n'êtes pas parti ?

— Sur votre foi, madame ?... Que ne peut-on y compter pour son bonheur comme pour celui des autres !

— Allez, allez, Maxime, baisez ma main... et ramenez

ma nièce. — Eh bien, ne sortez-vous pas sans rattacher mon agrafe? Je paroîtrois à ses yeux dans un bel état!

Je reconduisais Marguerite après l'avoir convaincue, par un nouveau plaidoyer, de la sincérité des promesses que je venois de recevoir pour elle. La tante fut austère mais raisonnable, la petite respectueuse mais résolue. Les choses se passèrent dans la perfection de part et d'autre; Marguerite m'embrassa, je l'en aurois volontiers dispensée.

— Vous avez accommodé bien des difficultés en peu de temps, me dit la tante en me reconduisant; vous êtes un homme admirable pour terminer les débats de famille : j'espère que nous vous verrons à la noce?

— Oui, madame, et nous y reprendrons la conversation de cette nuit au moment où elle a commencé.

— Si vous le voulez... Mais vous ne perdrez rien à la reprendre où elle a fini.

Cela étoit fort joli, mais il y a des mots délicieux qui perdent beaucoup de leur agrément à n'être pas mimés.

— Il faut convenir, dis-je en regagnant mon pavillon, que j'ai en effet accompli dans quelques heures des entreprises d'intelligence et des œuvres d'héroïsme qui n'ont pas beaucoup à céder aux travaux d'Hercule : — D'abord j'ai appris le Grimoire sans y manquer un mot ni une lettre, un esprit ni un séphiroth; secondairement, j'ai marié avec son amant, contre toute espérance, une jeune fille dont j'étois passionnément amoureux, et qui ne paraissoit pas trop mal disposée de son côté à me vouloir du bien, puisqu'elle me faisoit la grâce de venir passer la nuit sans façon dans ma chambre à coucher; troisièmement, j'ai fait la cour à une femme de quarante-cinq ans, si plus ne passe; — quatrièmement, je me suis donné au diable; ce qui est à peu près le seul moyen d'expliquer comment je suis venu à bout de tant de merveilles. — Cette dernière idée me chiffonnoit tellement l'esprit au moment où j'achevois de tourner ma clef dans la serrure, que je n'eus pas la force de faire deux pas sur le tapis : je trouvai à propos, à l'intérieur de la porte, le pliant que j'y avois brutalement lancé en recevant la confidence inopinée de Marguerite, et je m'y assis les jambes croisées, les mains croisées, la tête pendante sous le poids d'une méditation chagrine, en soupirant de temps à autre comme une âme en peine qui attend son jugement.

Mes paupières fatiguées de vieilles et de soucis ne se soulevèrent que lentement. Deux de mes trois bougies étoient éteintes ; la dernière se mouroit en jetant çà et là des lueurs blafardes et vacillantes qui prêtoient à tous les objets des mouvements étranges et des couleurs ou des ombres inaccoutumées. Tout à coup je sentis mes cheveux se hérisser sur ma tête et mon sang se figer d'horreur. Mon fauteuil étoit occupé comme celui de Banquo dans la tragédie de *Macbeth*; il n'y avoit pas à en douter. — Ma première pensée fut de courir directement à l'apparition; mais mes membres enchaînés par la peur refusèrent leur office à ma volonté impuissante. Je fus réduit à mesurer d'un regard effaré le spectre grêle, décharné, livide, qui étoit venu prendre la place de Marguerite, comme pour me punir du péché par une affreuse parodie des illusions qui l'avoient produit. — Ce devoit être effectivement un fantôme de femme, à en juger par les longues barbes de sa noire coiffure, sous laquelle se dessinoit confusément je ne sais quoi de vague et d'épouvantable qui tenoit à peu près la place d'un visage. De l'endroit où l'on auroit dû chercher les épaules dans la conformation d'une créature régulière, descendoient sur les deux bras du fauteuil deux espèces de bras minces et inarticulés qui se cramponnoient de part et d'autre, à leur extrémité, par une paire de griffes pâles dont l'éclat du maroquin relevoit la blancheur; l'accoutrement de cette larve funèbre consistoit d'ailleurs dans le simple appareil

D'une beauté qu'on vient d'arracher au sommeil.

— Protection du Seigneur ! m'écriai-je en élevant les mains au ciel, m'abandonnerez-vous dans cette terrible extrémité ? Ne daignerez-vous pas descendre par pitié sur l'infortuné Maxime qui a, sans le savoir et sans le vouloir, ô mon Dieu! appelé le diable en personne dans la maison de son père?

— Voilà précisément ce que j'imaginois, répondit le fantôme d'une voix aigre, en se dressant de toute sa hauteur et en retombant comme foudroyé sur le dossier. Que le ciel ait pitié de nous!

— Eh quoi! Dine, est-ce vous qui avez parlé? Par quel miracle êtes-vous ici, à l'heure qu'il est?

Dine, que j'ai nommée ailleurs sans la faire connoître, avoit été, un demi-siècle auparavant, la nourrice de ma mère, et, du vivant de ma mère, elle ne l'avoit jamais quittée. Depuis sa mort, elle étoit restée dans la famille, à titre de femme de charge et de gouvernante absolue. J'aimois Dine tendrement.

— Je ne suis pas entrée ici par miracle, reprit Dine en grommelant; j'y suis entrée avec la double clef qui me sert à veiller à tous les soins de la maison et à faire l'appartement de monsieur, dans son absence.

— Voilà qui est bien, ma bonne amie; mais on ne s'occupe guère de faire les appartements à deux heures du matin, et vous me permettrez de dire, ajoutai-je en souriant, car cette péripétie m'avoit rendu un peu de confiance, qu'avec votre physionomie encore fraîche et votre air encore égrillard, l'instant est singulièrement pris pour s'introduire chez un jeune homme qui a fait ses preuves de témérité.

— Il le falloit bien, mauvais plaisant, puisque vous ne m'avez pas laissé dormir de la nuit! et quelle veille, sainte Vierge! Un bruit d'imprécations à faire frémir! plus de mots et de noms diaboliques qu'il n'y a de saintes dans les litanies! des lumières errantes qui se promènent, des esprits noirs et blancs qui tombent des nues dans le jardin, les esprits noirs qui s'en vont des deux côtés, les esprits blancs qui ouvrent vos croisées, comme pour prendre l'air, en fredonnant des romances de comédie, et le plus terrible de tous, qui vous emporte enfin sous mes yeux dans quelque purgatoire dont mes prières vous ont probablement tiré! Maxime! qu'avez-vous fait!

— Tout cela s'explique à merveille, ma pauvre Dine, et D. Calmet lui-même n'auroit cependant pas représenté ces hallucinations infernales avec plus d'énergie et de naïveté. — Mais puisque vous voilà réveillée, il faut que vous entendiez ma réponse, car vous êtes une femme pleine d'esprit, de jugement et d'expérience, et il n'y a que vous qui puissiez m'affranchir de mes scrupules. Écoutez-moi donc avec attention, si vous ne dormez pas.

Je lui racontai là-dessus tout ce que je viens de raconter (et je suppose que vous ne seriez pas curieux de l'entendre raconter deux fois). Je le lui racontai, dis-je, avec une componction si pénétrante et une inquiétude si sincère sur les résultats de ma faute, que le diable lui-même en auroit été touché s'il m'avoit entendu.

Quand j'eus fini, j'attendis en tremblant la réponse de Dine, comme mon arrêt suprême. Elle tarda si longtemps que je craignis que Dine ne se fût endormie pendant que je racontois. Cela pouvoit arriver.

Enfin elle détacha solennellement ses lunettes, qu'elle avoit mises préalablement pour suivre le jeu de ma physionomie, à la clarté des bougies, renouvelées par ses soins depuis mon retour. Elle en frotta un à un les verres à sa manche, les fit rentrer dans leur étui et les remit dans sa poche (les dignes femmes de ménage qui se piquent de précaution et d'exactitude ne se séparent jamais de leurs poches). Ensuite elle se leva et marcha en ligne droite au pliant où j'étois encore assis.

— Va te coucher, badin, me dit-elle en frappant doucement mes deux joues d'un petit coup du revers de sa main. Va te coucher, Maxime, et dors tranquillement, mon enfant. Non, vraiment, tu n'es pas encore damné cette fois; mais ce n'est pas la faute du diable!

FIN

TRILBY

Couvertures supérieure et inférieure
en couleur

CHARLES NODIER : NOUVELLES

L. BOULANGER, éditeur, 90, Boulevard Montparnasse, PARIS

Ont paru dans :

LES GRANDS ROMANCIERS FRANÇAIS :

LE FILS DE FAMILLE
Par XAVIER DE MONTÉPIN

Livraisons 1 à 10

LE JEU DE LA MORT
Par PAUL FÉVAL

Livraisons 10 à 21

LA TONTINE INFERNALE

Livraisons 21 à 32

FLEURETTE
HISTOIRE D'UNE BOUQUETIÈRE

Par E. SCRIBE

Livraisons 32 à 44

REINE
Par JULES LERMINA

Livraisons 45 à 52

Paris.—Imp. Paul Dupont (Cl.)

TRILBY

ou

LE LUTIN D'ARGAIL

(NOUVELLE ÉCOSSAISE)

PAR

CHARLES NODIER

Il n'y a personne parmi vous, mes chers amis, qui n'ait entendu parler des *drows* de Thulé et des *elfs* ou lutins familiers de l'Écosse, et qui ne sache qu'il y a peu de maisons rustiques dans ces contrées qui ne comptent un follet parmi leurs hôtes. C'est, d'ailleurs, un démon plus malicieux que méchant et plus espiègle que malicieux, quelquefois bizarre et mutin, souvent doux et serviable, qui a toutes les bonnes qualités et tous les défauts d'un enfant mal élevé. Il fréquente rarement la demeure des grands et les fermes opulentes qui réunissent un grand nombre de serviteurs; une destination plus modeste lie sa vie mystérieuse à la cabane du pâtre ou du bûcheron. Là, mille fois plus joyeux que les brillants parasites de la fortune, il se joue à contrarier les vieilles femmes qui médisent de lui dans leurs veillées, ou à troubler de rêves incompréhensibles, mais gracieux, le sommeil des jeunes filles. Il se plaît particulièrement dans les étables, et il aime à traire, pendant la nuit, les vaches et les chèvres du hameau, afin de jouir de la douce surprise des bergères matinales, quand elles arrivent dès le point du jour, et ne peuvent comprendre par quelle merveille les jattes rangées avec ordre regorgent de si bonne heure d'un lait écumeux et appétissant; ou bien il caracole sur les chevaux qui hennissent de joie, roule dans ses doigts les longs anneaux de leurs crins flottants, lustre leur croupe polie, ou lave d'une eau pure comme le cristal leurs jambes fines et nerveuses. Pendant l'hiver, il préfère à tout les environs de l'âtre domestique et les pans couverts de suie de la cheminée, où il fait son habitation dans les fentes de la muraille, à côté de la cellule harmonieuse du grillon. Combien de fois n'a-t-on pas vu Trilby, le joli lutin de la chaumière de Dougal, sautiller sur le rebord des pierres calcinées avec son petit *tartan* de feu et son *plaid* ondoyant couleur de fumée, en essayant de saisir au passage les étincelles qui jaillissoient des tisons et qui montoient en gerbe brillante au-dessus du foyer! Trilby étoit le plus jeune, le plus galant, le plus mignon des follets. Vous auriez parcouru l'Écosse entière, depuis l'embouchure du Solway jusqu'au détroit de Pentland, sans en trouver un seul qui pût lui disputer l'avantage de l'esprit et de la gentillesse. On ne racontoit de lui que des choses aimables et des caprices ingénieux. Les châtelaines d'Argail et de Lennox en étoient si éprises que plusieurs d'entre elles se mourroient du regret de ne pas posséder dans leurs palais le lutin qui avoit enchanté leurs songes, et le vieux laird de Lutha auroit sacrifié, pour pouvoir l'offrir à sa noble épouse, jusqu'à la claymore rouillée d'Archibald, ornement gothique de sa salle d'armes; mais Trilby se soucioit peu de la claymore d'Archibald, et des palais et des châtelaines. Il n'eût pas abandonné la chaumière de Dougal pour l'empire du monde, car il étoit amoureux de la brune Jeannie, l'agaçante batelière du lac Beau, et il profitoit de temps en temps de l'absence du pêcheur pour raconter à Jeannie les sentiments qu'elle lui avoit inspirés. Quand Jeannie, de retour du lac, avoit vu s'égarer au loin, s'enfoncer dans une anse profonde, se cacher derrière un cap avancé, pâlir dans les brumes de l'eau et du ciel la lumière errante du bateau voyageur qui portait son mari et les espérances d'une pêche heureuse, elle regardoit encore du seuil de la maison, puis rentroit en soupirant, attisoit les charbons à demi blanchis par la cendre et faisoit pirouetter son fuseau de cytise en fredonnant le cantique de saint Dunstan, ou la ballade du revenant d'Aberfoïl, et dès que ses paupières, appesanties par le sommeil, commençoient à voiler ses yeux fatigués, Trilby, qu'enhardissoit l'assoupissement de sa bien-aimée, sautoit légèrement de son trou, bondissoit avec une joie d'enfant dans les flammes, en faisant sauter autour de lui un nuage de paillettes de feu, se rapprochoit plus timide de la fileuse endormie, et quelquefois, rassuré par le souffle égal qui s'exaloit de ses lèvres à intervalles mesurés, s'avançoit, reculoit, revenoit encore, s'élançoit jusqu'à ses genoux en les effleurant comme un papillon de nuit du battement muet de ses ailes invisibles, alloit caresser sa joue, se rouler dans les boucles de ses cheveux, se suspendre, sans y peser, aux anneaux d'or de ses oreilles; ou se reposer sur son sein en murmurant d'une voix plus douce que le soupir de l'air à peine ému, quand il meurt sur une feuille de tremble [1] : « Jeannie, ma belle Jeannie, écoute un moment l'amant qui t'aime et qui pleure de t'aimer, parce que tu ne réponds pas à sa tendresse. Prends pitié de Trilby, du pauvre Trilby. Je suis le follet de la chaumière. C'est moi, Jeannie, ma belle Jeannie, qui soigne le mouton que tu chéris, et qui donne à sa laine un poli qui le dispute à la soie et à l'argent. C'est moi qui supporte le poids de tes rames pour l'épargner à tes bras, et qui repousse au loin l'onde qu'elles ont à peine touchée. C'est moi qui soutient ta barque lorsqu'elle se penche sous l'effort du vent, et qui la fais cingler contre la marée comme sur une pente facile. Les poissons bleus du lac Long et du lac Beau, ceux qui font jouer aux rayons du soleil sous les eaux basses de la rade les saphirs de leurs dos éblouissants, c'est moi qui les ai apportés des mers lointaines du Japon, pour réjouir les yeux de la première fille que tu mettras au monde, et que tu verras s'élancer à demi de tes bras en suivant leurs mouvements agiles et les reflets variés de leurs écailles brillantes. Les fleurs que tu t'étonnes de trouver le matin sur ton passage dans la plus triste saison de l'année, c'est moi qui vais les dérober pour toi à des campagnes enchantées dont tu ne soupçonnes pas l'existence, et où j'habiterois, si je l'avois voulu, de riantes demeures, sur des lits de mousse veloutée que la neige ne couvre jamais, ou dans le calice embaumé d'une rose qui ne se flétrit que pour faire place à des roses plus belles. Quand tu respires une touffe de thym enlevée au rocher, et que tu sens tout à coup tes lèvres surprises d'un mouvement subit, comme l'essor d'une abeille qui s'envole, c'est un baiser que je te ravis en passant. Les songes qui te plaisent le mieux, ceux dans lesquels tu vois un enfant qui te caresse avec tant d'amour, moi seul je te les envoie, et je suis l'enfant dont tes lèvres pressent les lèvres enflammées dans ces doux prestiges de la nuit. Oh! réalise le bonheur de nos rêves! Jeannie, ma belle Jeannie, enchantement délicieux de mes pensées, objet de souci et d'espérance, de trouble et de ravissement, prends pitié du pauvre Trilby, aime un peu le follet de la chaumière! »

Jeannie aimoit les jeux du follet, et ses flatteries caressantes, et les rêves innocemment voluptueux qu'il lui apportoit dans le sommeil. Longtemps elle avoit pris plaisir à cette illusion sans en faire confidence à Dougal, et cependant la physionomie si douce et la voix si plaintive de l'esprit du foyer se retraçoient souvent à sa pensée, dans cet espace indécis entre le repos et le réveil où le cœur se rappelle malgré lui les impressions qu'il s'est efforcé d'éviter pendant le jour. Il lui sembloit voir Trilby se glisser dans les replis de ses rideaux, ou l'entendre gémir et pleurer sur son oreiller. Quelquefois même, elle avoit cru sentir le pressement d'une main agitée, l'ardeur d'une bouche brûlante. Elle se plaignit enfin à Dougal de l'opiniâtreté du démon qui l'aimoit et qui n'étoit pas inconnu au pêcheur lui-même, car ce rusé rival avait cent fois enchaîné son hameçon ou lié les mailles de son filet aux herbes insidieuses du lac. Dougal l'avoit vu au-devant de son bateau, sous l'apparence d'un poisson énorme, séduire d'une indolence trompeuse l'attente de sa pêche nocturne, et puis plonger, disparoître, effleurer le lac sous la forme d'une mouche ou d'une phalène, et se perdre sur le rivage avec l'*Hope-Clover* dans les moissons profondes de la luzerne. C'est ainsi que Trilby égaroit Dougal et prolongeoit longtemps son absence.

Pendant que Jeannie, assise à l'angle du foyer, racontoit à son mari les séductions du follet malicieux, qu'on se représente la colère de Trilby et son inquiétude, et ses terreurs ! Les tisons lançoient des flammes blanches qui dansoient sur eux sans les toucher ; les charbons étinceloient de petites aigrettes pétillantes, le fardadet se rouloit dans une cendre enflammée et la faisoit voler autour de lui en tourbillons ardents. — Voilà qui est bien, dit le pêcheur. J'ai passé ce soir le vieux Ronald, le moine centenaire de Balva, qui lit couramment dans les livres d'église, et qui n'a pas pardonné aux lutins d'Argail les dégâts qu'ils ont faits l'an dernier dans son presbytère. Il n'y a que lui qui puisse nous débarrasser de cet ensorcelé de Trilby, et le reléguer jusque dans les rochers d'Inisfaïl, d'où nous viennent ces méchants esprits.

Le jour n'étoit pas arrivé que l'ermite fut appelé à la chaumière de Dougal. Il passa tout le temps que le soleil éclaira l'horizon en méditations et en prières, baisant les reliques des saints et feuilletant le Rituel et la Clavicule. Puis, quand les heures de la nuit furent tout à fait descendues, et que les follets égarés dans l'espace rentrèrent en possession de leur demeure solitaire, il vint se mettre à genoux devant l'âtre embrasé, y jeta quelques frondes de houx bénit, qui brûlèrent en craquetant, épia d'une oreille attentive le chant mélancolique du grillon qui pressentoit la perte de son ami, et reconnut Trilby à ses soupirs. Jeannie venoit d'entrer.

Alors le vieux moine se releva, et prononçant trois fois le nom de Trilby d'une voix redoutable : — Je t'adjure, lui dit-il, par le pouvoir que j'ai reçu des sacrements, de sortir de la chaumière de Dougal le pêcheur, quand j'aurai chanté pour la troisième fois les saintes litanies de la Vierge. Comme tu n'avois jamais donné lieu, Trilby, à une plainte sérieuse, et que tu étois même connu en Argail pour un esprit sans méchanceté ; comme je sais d'ailleurs par les livres secrets de Salomon, dont l'intelligence est en particulier réservée à notre monastère de Balva, que tu appartiens à une race mystérieuse dont la destinée à venir n'est pas irréparablement fixée, et que le secret de ton salut ou de ta damnation est encore caché dans la pensée du Seigneur, je m'abstiens de prononcer sur toi une peine plus sévère. Mais qu'il te souvienne, Trilby, que je t'adjure, au nom du pouvoir que les sacrements m'ont donné, de sortir de la chaumière de Dougal le pêcheur, quand j'aurai chanté pour la troisième fois les litanies de la Vierge !

Et le vieux moine chanta pour la première fois, accompagné des répons de Dougal et de Jeannie dont le cœur commençoit à palpiter d'une émotion pénible. Elle n'étoit pas sans regret d'avoir révélé à son mari les timides amours du lutin, et l'exil de l'hôte accoutumé du foyer lui faisoit comprendre qu'elle lui étoit plus attachée qu'elle ne l'avoit cru jusqu'alors.

Le vieux moine prononçant de nouveau par trois fois le nom de Trilby : — Je t'adjure, lui dit-il, de sortir de la chaumière de Dougal le pêcheur, et afin que tu ne te flattes pas de pouvoir éluder le sens de mes paroles, car ce n'est pas d'aujourd'hui que je connois votre malice, je te signifie que cette sentence est irrévocable à jamais...

— Hélas ! dit tout bas Jeannie.

— A moins, continua le vieux moine, que Jeannie ne te permette d'y revenir.

Jeannie redoubla d'attention.

— Et que Dougal lui-même ne t'y envoie.

— Hélas ! répéta Jeannie.

— Et qu'il te souvienne, Trilby, que je t'adjure, au nom du pouvoir que les sacrements m'ont donné, de sortir de la chaumière de Dougal le pêcheur, quand j'aurai chanté deux fois encore les saintes litanies de la Vierge.

Et le vieux moine chanta pour la seconde fois, accompagné des répons de Dougal et de Jeannie qui ne prononçoit plus qu'à demi-voix, et la tête à demi enveloppée de sa noire chevelure, parce que son cœur étoit gonflé de sanglots qu'elle cherchoit à contenir, et ses yeux mouillés de larmes qu'elle cherchoit à cacher. Trilby, se disoit-elle, n'est pas d'une race maudite ; ce moine vient lui-même de l'avouer ; il m'aimoit avec la même innocence que mon mouton ; il ne pouvoit se passer de moi. Que deviendra-t-il sur la terre quand il sera privé du seul bonheur de ses veillées ? Etoit-ce un si grand mal, pauvre Trilby, qu'il se jouât le soir avec mon fuseau, quand, presque endormie, je le laissois échapper de ma main, ou qu'il se roulât en le couvrant de baisers dans le fil que j'avois touché ?

Mais le vieux moine répétant encore par trois fois le nom de Trilby, et recommençant ses paroles dans le même ordre : Je t'adjure, lui dit-il, au nom du pouvoir que les sacrements m'ont donné, de sortir de la chaumière de Dougal le pêcheur, et je te défends d'y rentrer jamais, sinon aux conditions que je viens de te prescrire, quand j'aurai chanté une fois encore les saintes litanies de la Vierge.

Jeannie porta sa main sur ses yeux.

— Et crois que je punirai ta rébellion d'une manière qui épouvantera tous tes pareils ! je te lierai pour mille ans, esprit désobéissant et malin, dans le tronc du bouleau le plus noueux et le plus robuste du cimetière.

— Malheureux Trilby ! dit Jeannie.

— Je le jure sur mon grand Dieu, continua le moine, et cela sera fait ainsi.

Et il chanta pour la troisième fois, accompagné des répons de Dougal. Jeannie ne répondit pas. Elle s'étoit laissée tomber sur la pierre saillante qui borde le foyer, et le moine et Dougal attribuoient son émotion au trouble naturel que doit faire naître une cérémonie imposante. Le dernier des répons expira ; la flamme des tisons pâlit ; une lumière bleue courut sur la braise éteinte et s'évanouit. Un long cri retentit dans la cheminée rustique. Le follet n'y étoit plus.

— Où est Trilby ? dit Jeannie en revenant à elle. — Parti, dit le moine avec orgueil. — Parti ! s'écria-t-elle, d'un accent qu'il prit pour celui de l'admiration et de la joie. Les livres sacrés de Salomon ne lui avoient pas appris ces mystères.

À peine le feu follet avait quitté le seuil de la chaumière de Dougal, Jeannie sentit amèrement que l'absence du pauvre Trilby en avoit fait une profonde solitude. Ses chansons de la veillée n'étoient plus entendues de personne, et certaine de ne confier leurs refrains qu'à des murailles insensibles, elle ne chantoit que par distraction ou dans les rares moments où il lui arrivoit de penser que Trilby, plus puissant que la Clavicule et le Rituel, avoit peut-être déjoué les exorcismes du vieux moine et les sévères arrêts de Salomon. Alors, l'œil fixé sur l'âtre, elle cherchoit à discerner, dans les figures bizarres que la cendre dessine en sombres compartiments sur la fournaise éblouissante, quelques-uns des traits que son imagination avoit prêtés à Trilby ; elle n'apercevoit qu'une ombre sans forme et sans vie qui rompoit çà et là l'uniformité du rouge enflammé du foyer, et se dissipoit à la moindre agitation de la touffe de bruyères sèches qu'elle faisoit siffler devant le feu pour le ranimer. Elle laissoit tomber son fuseau, elle abandonnoit son fil, mais Trilby ne chassoit plus devant lui le fuseau roulant comme pour le dérober à sa maîtresse, heureux alors de le ramener jusqu'à elle et de se servir du fil à peine ressaisi, pour s'élever à la main de Jeannie et y déposer un baiser rapide, après lequel il étoit si prompt à retomber, à s'enfuir et à disparoître, qu'elle n'avoit jamais eu le temps de s'alarmer et de se plaindre. Dieu ! que les temps étoient changés ! que les soirées étoient longues, et que le cœur de Jeannie étoit triste !

Les nuits de Jeannie avoient perdu leur charme comme sa vie, et s'attristoient encore de la secrète pensée que Trilby, mieux accueilli chez les châtelaines d'Argail, y vivoit paisible et caressé, sans crainte de leurs fiers époux. Quelle comparaison humiliante pour la chaumière du lac Beau ne devoit pas se renouveler pour lui à tous les moments de ses délicieuses soirées, sous les cheminées somptueuses où les noires colonnes de Staffa s'élançoient des marbres d'argent de Firkin et aboutissoient à des voûtes resplendissantes de cristaux de mille couleurs ! Il y avoit loin de ce magnifique appareil à la simplicité du triste foyer de Dougal. Que cette comparaison étoit plus pénible encore pour Jeannie, quand elle se représentoit ses nobles rivales, assemblées autour d'un brasier dont l'ardeur étoit entretenue par des bois précieux et odorants qui remplissoient d'un nuage de parfums le palais favorisé du lutin ! quand elle détailloit dans sa pensée les richesses de leur toilette, les couleurs brillantes de leurs robes à quadrilles, l'agrément et le choix de leurs plumes de *ptarmigan* et de héron, la grâce apprêtée de leurs cheveux, et qu'elle croyoit saisir dans l'air les concerts de leurs voix mariées avec une ravissante harmonie ! — Infortunée Jeannie, disoit-elle, tu croyois donc savoir chanter ! et quand tu aurois une voix plus douce que celle de la jeune fille de la mer que les pêcheurs ont quelquefois entendue le matin, qu'as-tu fait, Jeannie, pour qu'il s'en souvînt ? Tu chantois comme s'il n'étoit pas là, comme si l'écho seul t'avait écoutée, tandis que toutes ces coquettes ne chantent que pour lui ; elles ont d'ailleurs tant d'avantages sur toi : la fortune, la noblesse, peut-être même la beauté ! Tu es brune, Jeannie, parce que ton front découvert à la surface resplendissante des eaux brave le ciel brûlant de l'été. Regarde tes bras : ils sont souples et nerveux, mais ils n'ont ni délicatesse ni fraîcheur. Tes cheveux manquent peut-être de grâce, quoique noirs, longs, bouclés et superbes, lorsque, flottant sur tes épaules, tu les abandonnes aux fraîches brises du lac ; mais il m'a vue si rarement sur le lac, et n'a-t-il pas oublié déjà qu'il m'a vue ?

Préoccupée de ces idées, Jeannie se livroit au sommeil bien plus tard que d'habitude, et ne goûtait pas le sommeil même, sans passer de l'agitation d'une veille inquiète à des inquiétudes nouvelles. Trilby ne se présentoit plus dans ses rêves sous la forme fantastique du nain gracieux du foyer. A cet enfant capricieux avoit succédé un adolescent aux cheveux blonds, dont la taille svelte et pleine d'élégance le disputoit en souplesse aux joncs élancés des rivages ; c'étoient les traits fins et doux du follet, mais développés dans les formes imposantes du chef de clan des Mac-Farlane, quand il gravit le Cobler en brandissant l'arc redoutable du chasseur, ou quand il s'égare dans les boulingrins d'Argail, en faisant retentir d'espace en espace les cordes de la harpe écossoise ; et tel devoit être le dernier de ces illustres seigneurs, lorsqu'il disparut tout à coup de son château après avoir subi l'anathème des saints religieux de Balva, pour s'être refusé au payement d'un ancien tribut envers le monastère. Seulement les regards de Trilby n'avoient plus l'expression franche, la confiance ingénue du bonheur. Le sourire d'une candeur étourdie ne voloit plus sur ses lèvres. Il considéroit Jeannie d'un œil attristé, soupiroit amèrement, et ramenoit sur son front les boucles de ses cheveux, ou l'enveloppoit des longs replis de son manteau ; puis se perdoit dans les vagues ombres de la nuit. Le cœur de Jeannie étoit pur, mais elle souffroit de l'idée qu'elle étoit la seule cause des malheurs d'une créature charmante qui ne l'avoit jamais offensée, et dont elle avoit trop vite redouté la naïve tendresse. Elle s'imaginait, dans l'erreur involontaire des songes, qu'elle crioit au follet de revenir, et que, pénétré de reconnoissance, il s'élançoit à ses pieds et les couvroit de baisers et de larmes. Puis, en le regardant sous sa nouvelle forme, elle comprenoit qu'elle ne pouvoit plus prendre à lui qu'un intérêt coupable, et déploroit son exil sans oser désirer son retour.

Ainsi se passoient les nuits de Jeannie, depuis le départ du lutin ; et son cœur, aigri par un juste repentir ou par un penchant involontaire, toujours repoussé, toujours vainqueur, ne s'entretenoit que de mornes soucis qui troubloient le repos de la chaumière. Dougal, lui-même, étoit devenu inquiet et rêveur. Il y a des privilèges attachés aux maisons qu'habitent les follets ! Elles sont préservées des accidents de l'orage et des ravages de l'incendie, car le lutin attentif n'oublie jamais, quand tout le monde est livré au repos, de faire sa ronde nocturne autour du domaine hospitalier qui lui donne un asile contre le froid des hivers. Il resserre les chaumes du toit à mesure qu'un vent obstiné les divise, ou bien il fait rentrer dans ses gonds ébranlés une porte agitée par la tempête. Obligé à nourrir pour lui la chaleur agréable du foyer, il détourne de temps en temps la cendre qui s'amoncelle ; il ranime d'un souffle léger une étincelle qui s'étend peu à peu sur un charbon prêt à s'éteindre, et finit par embraser toute sa noire surface. Il ne lui en faut pas davantage pour se réchauffer ; mais il paye généreusement le loyer de ce bienfait, en veillant à ce qu'une flamme furtive ne vienne pas à se développer pendant le sommeil insouciant de ses hôtes ; il interroge du regard tous les recoins du manoir, toutes les fentes de la cheminée antique ; il retourne le fourrage dans la crèche, la paille sur la litière ; et sa sollicitude ne se borne pas aux soins de l'étable ; il protège aussi les habitants pacifiques de la basse-cour et de la volière auxquels la Providence n'a donné que des cris pour se plaindre, et qu'elle a laissés sans armes pour se défendre. Souvent le chaptard, altéré de sang, qui étoit descendu des montagnes en amortissant sur les mousses discrètes son pas qui les foule à peine, en contenant son miaulement de tigre, en voilant ses yeux ardents qui brillent dans la nuit comme des lumières errantes ; souvent la martre voyageuse, qui tombe inattendue sur sa proie, qui la saisit sans la blesser, l'enveloppe comme une coquette d'embrassements gracieux, l'enivre de parfums enchanteurs et lui imprime sur le cou un baiser qui donne la mort ; souvent le renard même a été trouvé sans vie à côté du nid tranquille des oiseaux nouveau-nés, tandis qu'une mère immobile dormoit la tête cachée sous l'aile, en rêvant à l'heureuse histoire de sa couvée tout éclose, où il n'a pas manqué un seul œuf. Enfin l'aisance de Dougal avoit été fort augmentée par la pêche de ces jolis poissons bleus qui ne se laissoient prendre que dans ses filets ; et depuis le départ de Trilby, les poissons bleus avoient disparu. Aussi n'arrivoit-il plus au rivage sans être poursuivi des reproches de tous les enfants du clan de Mac-Farlane qui lui crioient : — C'est affreux, méchant Dougal ! c'est vous qui avez enlevé tous les jolis petits poissons du lac Long et du lac Beau ; nous ne les verrons plus sauter à la surface de l'eau, en faisant semblant de mordre à nos hameçons, ou s'arrêter immobiles, comme des fleurs couleur du temps, sur les herbes roses de la rade. Nous ne les verrons plus nager à côté de nous quand nous nous baignons, et nous diriger loin des courants dangereux, en détournant rapidement leur longue colonne bleue ; et Dougal poursuivoit sa route en murmurant ; il se disoit même quelquefois : — C'est peut-être, en effet, une chose bien ridicule que d'être jaloux d'un lutin ; mais le vieux moine de Balva en sait là-dessus plus que moi.

Dougal enfin ne pouvoit se dissimuler le changement qui s'étoit fait depuis quelque temps dans le caractère de Jeannie, naguère encore si serein et si enjoué ; et jamais il ne remontoit par la pensée au jour où il avoit vu sa mélancolie se développer, sans se rappeler au même instant les cérémonies de l'exorcisme et l'exil de Trilby. A force d'y réfléchir, il se persuada que les inquiétudes qui l'obsédoient dans son ménage, et la mauvaise fortune qui s'obstinoit à le poursuivre à la pêche, pourraient bien être l'effet d'un sort, et sans communiquer cette pensée à Jeannie dans des termes propres à augmenter l'amertume des soucis auxquels elle paraissoit livrée, il lui suggéra peu à peu le désir de recourir à une protection puissante contre la mauvaise destinée qui le persécutoit. C'étoit peu de jours après que devoit avoir lieu, au monastère de Balva, la fameuse vigile de saint Colombain, dont l'intercession étoit plus recherchée qu'aucune autre des jeunes femmes du pays, parce que, victime d'un amour secret et malheureux, il était sans doute plus propice qu'aucun des autres habitants du séjour céleste aux peines cachées du cœur. On en rapportoit des miracles de charité et de tendresse dont jamais Jeannie n'avoit entendu le récit sans émotion, et qui depuis quelque temps se présentoient fréquemment à son imagination parmi les rêves caressants de l'espérance. Elle se rendit d'autant plus volontiers aux propositions de Dougal, qu'elle n'avoit jamais visité le plateau du Calender, et que dans cette contrée nouvelle pour ses yeux, elle croyoit avoir moins de souvenirs à redouter qu'auprès du foyer de la chaumière, où tout l'entretenoit des grâces touchantes et de l'innocent amour de Trilby. Un seul chagrin se mêloit à l'idée de ce pélerinage : c'est que l'ancien du monastère, cet inflexible Ronald dont les exorcismes cruels avaient banni Trilby pour toujours de son obscure solitude, descendroit probablement lui-même de son ermitage des montagnes, pour prendre part à la solennité anniversaire de la fête du saint patron; mais Jeannie, qui craignoit avec trop de raison d'avoir beaucoup de pensées indiscrètes et peut-être jusqu'à des sentiments coupables à se reprocher, se résigna promptement à la mortification ou au châtiment de sa présence. Qu'alloit-elle, d'ailleurs, demander à Dieu, sinon d'oublier Trilby, ou plutôt la fausse image qu'elle s'en étoit faite ; et quelle haine pouvoit-elle conserver contre ce vieillard, qui n'avait fait que remplir ses vœux et que prévenir sa pénitence ?

— Au reste, reprit-elle à part soi, sans se rendre compte de ce retour involontaire de son esprit, Ronald avoit plus de cent ans à la dernière chute des feuilles, et peut-être est-il mort.

Dougal, moins préoccupé, parce qu'il étoit bien plus fixé sur l'objet de son voyage, calculoit ce que devoit lui rapporter à l'avenir la pêche mieux entendue de ces poissons bleus dont il avoit cru ne voir jamais finir l'espèce ; et comme s'il avoit pensé que le seul projet d'une pieuse visite au sépulcre du saint abbé pouvoit avoir ramené ce peuple vagabond dans les eaux basses du golfe, il les sondoit inutilement du regard, en parcourant le petit détour de l'extrémité du lac Long, vers les délicieux rivages de Tarbet, campagnes enchantées dont le voyageur même qui les a traversées, le cœur vide de ces illusions de l'amour qui embellissent tous les pays, n'a jamais perdu le souvenir. C'étoit un peu moins d'un an après le rigoureux bannissement du follet. L'hiver n'étoit point commencé, mais l'été finissoit. Les feuilles, saisies par le froid matinal, se rouloient à la pointe des branches inclinées, et leurs bouquets bizarres, frappés d'un rouge éclatant, ou jaspés d'un fauve doré, sembloient orner la tête des arbres de fleurs plus fraîches ou de fruits plus brillants que les fleurs et les fruits qu'ils ont reçus de la nature. On aurait cru qu'il y avoit des bouquets de grenades dans les bouleaux, et que des grappes mûres pendoient à la pâle verdure des frênes, surprises de briller entre les fines découpures de leur feuillage léger. Il y a dans ces jours de décadence de l'automne quelque chose d'inexplicable qui ajoute à la solennité de tous les sentiments. Chaque pas que fait le temps imprime alors sur les champs qui se dépouillent, ou au front des arbres qui jaunissent, un nouveau signe de caducité plus grave et plus imposant. On entend sortir du fond des bois une sorte de rumeur menaçante qui se compose du cri des branches sèches, du frôlement des feuilles qui tombent, de la plainte confuse des bêtes de proie que la prévoyance d'un hiver rigoureux alarme sur leurs petits, de rumeurs, de soupirs, de gémissements, quelquefois semblables à des voix humaines, qui étonnent l'oreille et saisissent le cœur. Le voyageur n'échappe pas même à l'abri des temples aux sensations qui le poursuivent. Les voûtes des vieilles églises rendent les mêmes bruits que les profondeurs des vieilles forêts, quand le pied du passant solitaire interroge les échos sonores de la nef, et que l'air extérieur qui se glisse entre les ais mal joints ou qui agite le plomb des vitraux rompus, marie des accords bizarres au sourd retentissement de sa marche. On diroit quelquefois le chant grêle d'une jeune vierge cloîtrée qui répond au mugissement majestueux de l'orgue; et ces impressions se confondent si naturellement en automne, que l'instinct même des animaux y est souvent trompé. On a vu des loups errer sans défiance, à travers les colonnes d'une chapelle abandonnée, comme entre les fûts blanchissants des hêtres ; une volée d'oiseaux étourdis descend indistinctement sur le faîte des grands arbres, ou sur le clocher pointu des églises gothiques. A l'aspect de ce mât élancé, dont la forme et la matière sont dérobées à la forêt natale, le milan resserre peu à peu les orbes de son vol circulaire, et s'abat sur sa pointe aiguë comme sur un plat d'armoiries. Cette idée auroit pu prémunir Jeannie contre l'erreur d'un pressentiment douloureux, quand elle arriva sur les pas de Dougal à la chapelle de Glenfallach, vers laquelle ils s'étoient dirigés d'abord, parce que c'est là qu'étoit marqué le rendez-vous des pèlerins. En effet, elle avoit vu de loin un corbeau à ailes démesurées s'abaisser sur la flèche antique, et s'y arrêter avec un cri prolongé qui exprimait tant d'inquiétude et de souffrance qu'elle ne put s'empêcher de le regarder comme un présage sinistre. Plus timide en s'approchant davantage, elle égaroit ses yeux autour d'elle avec un saisissement involontaire, et son oreille s'effrayoit au foible bruit des vagues sans vent qui viennent expirer au pied du monastère abandonné.

C'est ainsi que, de ruines en ruines, Dougal et Jeannie parvinrent aux rives étroites du lac Kattrinn ; car, dans ce temps reculé, les bateliers étoient plus rares, et les stations du pèlerin plus multipliées. Enfin, après trois jours de marche, ils découvrirent de loin les sapins de Balva, dont la verdure sombre se détachoit avec une hardiesse pittoresque entre les forêts desséchées ou sur le fond des mousses pâles de la montagne. Au-dessus de son revers aride, et comme penchées à la pointe d'un roc perpendiculaire d'où elles sembloient se précipiter vers l'abîme, on voyoit noircir les vieilles tours du monastère, et se développer, au loin, les ailes des bâtiments à demi écroulés. Aucune main humaine n'avoit été employée à y réparer les ravages du temps depuis que les saints avoient fondé cet édifice, et une tradition universellement répandue dans le peuple attestoit que lorsque ses restes solennels achèveroient de joncher la terre de leurs débris, l'ennemi de Dieu triompheroit pour plusieurs siècles en Écosse, et y obscurciroit de ténèbres impies les pures splendeurs de la foi. Aussi c'étoit un sujet de joie toujours nouveau pour la multitude chrétienne que de le voir encore imposant dans son aspect, et offrant pour l'avenir quelques promesses de durée. Alors des cris de joie, des clameurs d'enthousiasme, de doux murmures d'espoir et de reconnoissance venoient se confondre dans la prière commune. C'est là, c'est dans ce moment de pieuse et profonde émotion qu'excite l'attente ou la vue d'un miracle, que tous les pèlerins à genoux récapituloient pendant quelques minutes d'adoration les principaux objets de leur voyage : la femme et les filles de Coll Cameron, un des plus proches voisins de Dougal, de nouvelles parures qui éclipseroient dans les fêtes prochaines la beauté simple de Jeannie ; Dougal, un coup de filet miraculeux qui l'enrichiroit de quelque trésor, contenu dans une boîte précieuse que sa bonne fortune auroit amenée intacte à l'extrémité du lac ; et Jeannie, le besoin d'oublier Trilby, et de ne plus y rêver ; prière que son cœur ne pouvoit cependant avouer tout entière, et qu'elle se réservoit de méditer encore au pied des autels, avant de la confier sans réserve à la pensée attentive du saint protecteur.

Les pèlerins arrivèrent enfin au parvis de la vieille église, où un des plus anciens ermites de la contrée étoit ordinairement chargé d'attendre leurs offrandes et de leur présenter des rafraîchissements et un asile pour la nuit. De loin, la blancheur éblouissante du front de l'anachorète, l'élévation de sa taille majestueuse qui n'avoit pas fléchi sous le poids des ans, la gravité de son attitude immobile et presque menaçante, avoient frappé Jeannie d'une réminiscence mêlée de respect et de terreur. Cet ermite, c'étoit le sévère Ronald, le moine centenaire de Balvà. « J'étois préparé à vous voir, » dit-il à Jeannie avec une intention si pénétrante, que l'infortunée n'auroit pas éprouvé plus de trouble en s'entendant publiquement accuser d'un péché. Et vous aussi, bon Dougal, continua-t-il en le bénissant : vous venez chercher avec raison les grâces du ciel dans la maison du ciel, et nous demander contre les ennemis secrets qui vous tourmentent les secours d'une protection que les péchés du peuple ont fatiguée, et qui ne peut plus se racheter que par de grands sacrifices.

Pendant qu'il parloit de la sorte, il les avoit introduits

dans la longue salle du réfectoire ; le reste des pèlerins se reposoient sur les pierres du vestibule, ou se distribuoient, chacun suivant sa dévotion particulière, dans les nombreuses chapelles de l'église souterraine. Ronald se signa et s'assit. Dougal l'imita ; Jeannie, obsédée d'une inquiétude invincible, essayoit de tromper l'attention obstinée du saint prêtre en laissant errer la sienne sur les nouveaux objets de curiosité qui s'offroient à ses regards dans ce séjour inconnu. Elle observoit avec une curiosité vague le cintre immense des voûtes antiques, la majestueuse élévation des pilastres, le travail bizarre et recherché des ornements, et la multitude de portraits poudreux qui se suivoient dans des cadres délabrés sur les innombrables panneaux des boiseries. C'étoit la première fois que Jeannie entroit dans une galerie de peinture, et que ses yeux étoient surpris par cette imitation presque vivante de la figure de l'homme, animée au gré de l'artiste de toutes les passions de la vie. Elle contemploit, émerveillée, cette succession de héros écossois, différents d'expression et de caractère, et dont la prunelle mobile, toujours fixée sur ses mouvements, sembloit la poursuivre de tableaux en tableaux, les uns avec l'émotion d'un intérêt impuissant et d'un attendrissement inutile, les autres avec la sombre rigueur de la menace et le regard foudroyant de la malédiction. L'un d'eux, dont le pinceau d'un artiste plus hardi avoit pour ainsi dire devancé la résurrection, et qu'une combinaison, peu connue alors d'effets et de couleurs, paroissoit avoir jeté hors de la toile, effraya tellement Jeannie de l'idée de le voir se précipiter de sa bordure d'or et traverser la galerie comme un spectre, qu'elle se réfugia en tremblant vers Dougal, et tomba interdite sur la banquette que Ronald lui avoit préparée.

— Celui-là, dit Ronald qui n'avoit pas cessé de converser avec Dougal, est le pieux Magnus Mac-Farlane, le plus généreux de nos bienfaiteurs, et celui de tous qui a le plus de part à nos prières. Indigné du manque de foi de ses descendants dont la déloyauté a prolongé pour bien des siècles encore les épreuves de son âme, il poursuit leurs partisans et leurs complices jusque dans ce portrait miraculeux. J'ai entendu assurer que jamais les amis des derniers Mac-Farlane n'étoient entrés dans cette enceinte sans voir le pieux Magnus s'arracher de la toile où le peintre avoit cru le fixer, pour venger sur eux le crime et l'indignité de sa race. Les places vides qui suivent celle-ci, continua-t-il, indiquent celles qui étoient réservées aux portraits de nos oppresseurs, et dont ils ont été repoussés comme du ciel.

— Cependant, dit Jeannie, la dernière de ces places paroît occupée... Voilà un portrait au fond de cette galerie, et si ce n'étoit le voile qui le couvre...

— Je vous disois, Dougal, reprit le moine, sans prêter d'attention à l'observation de Jeannie, que ce portrait est celui de Magnus Mac-Farlane, et que tous ses descendants sont voués à la malédiction éternelle.

— Cependant, dit Jeannie, voilà un portrait au fond de cette galerie, un portrait voilé qui ne seroit pas admis dans ce lieu saint, si la personne qui doit y être représentée étoit aussi chargée d'une éternelle malédiction. N'appartiendroit-il pas par hasard à la famille des Mac-Farlane comme la disposition du reste de cette galerie semble l'annoncer, et comment un Mac-Farlane?...

— La vengeance de Dieu a ses bornes et ses conditions, interrompit Ronald; et il faut que ce jeune homme ait eu des amis parmi les saints...

— Il étoit jeune! s'écria Jeannie...

— Eh bien! dit durement Dougal, qu'importe l'âge d'un damné?...

— Les damnés n'ont point d'amis dans le ciel, répondit vivement Jeannie en se précipitant vers le tableau. Dougal la retint. Elle s'assit. Les pèlerins pénétroient lentement dans la salle et resserroient peu à peu leur cercle immense autour du siège du vénérable vieillard qui avoit repris avec eux son discours où il l'avoit laissé.

— Vrai, vrai, répétoit-il, les mains appuyées sur son front renversé! — De terribles sacrifices! nous ne pouvons appeler la protection du Seigneur par notre intercession que sur les âmes qui la demandent sincèrement et comme nous, sans mélange de ménagements et de foiblesse. Ce n'est pas tout que de craindre l'obsession d'un démon; et que de prier le ciel de nous en délivrer. Il faut encore le maudire! Savez-vous que la charité peut être un grand péché?

— Est-il possible? répondit Dougal. — Jeannie se retourna du côté de Ronald et le regarda d'un air plus assuré qu'auparavant.

— Infortunés que nous sommes! reprit Ronald. Comment résisterions-nous à l'ennemi acharné à notre perte si nous n'usions pas contre lui de toutes les ressources que la religion nous a réservées, de tout le pouvoir qu'elle a mis entre nos mains? A quoi nous serviroit de prier toujours pour ceux qui nous persécutent, s'ils ne cessent de renouveler contre nous leurs manœuvres et leurs maléfices? La haire sacrée et le cilice rigoureux des saintes épreuves ne nous défendent pas eux-mêmes contre les prestiges du mauvais esprit ; nous souffrons comme vous, mes enfants, et nous jugeons de la rigueur de vos combats par ceux que nous avons livrés. Croyez-vous que nos pauvres moines aient parcouru une si longue carrière sur cette terre si riche en plaisirs, dans une vie si recherchée, pour eux en austérités et en misères, sans lutter quelquefois contre le goût des voluptés et le désir de ce bien temporel que vous appelez le bonheur? Oh! que de rêves délicieux ont assailli notre jeunesse! que d'ambitions criminelles ont tourmenté notre âge mûr! que de regrets amers ont hâté la blancheur de nos cheveux, et de combien de remords nous arriverions chargés sous les yeux de notre maître, si nous avions hésité à nous armer de malédictions et de vengeances contre l'esprit du péché!

A ces mots, le vieux Ronald fit un signe, la foule s'aligna sur le banc étroit qui couroit comme une moulure sur toute la longueur des murailles, et il continua :

— Mesurez la grandeur de nos afflictions, dit Ronald,

par la profondeur de la solitude qui nous environne, par l'immense abandon auquel nous sommes condamnés! Les plus cruelles rigueurs de votre destinée ne sont du moins pas sans consolation et même sans plaisir. Vous avez tous une âme qui vous cherche, une pensée qui vous comprend, un autre *vous* qui est associé de souvenir ou d'intérêt ou d'espérance à votre passé, à votre présent ou à votre avenir. Il n'y a point de but interdit à votre pensée, point d'espace fermé à vos pas, point de créature refusée à votre affection ; tandis que toute la vie du moine, toute l'histoire de l'ermite sur la terre s'écoule entre le seuil solitaire de l'église et le seuil solitaire des catacombes. Il n'est question, dans le long développement de nos années invariablement semblables entre elles, que de changer de tombeau et de marcher du chœur des prêtres à celui des saints. Ne croiriez-vous pas devoir quelque retour à un dévouement si pénible et si persévérant pour votre salut? Eh bien! mes frères, apprenez à quel point le zèle qui nous attache à vos intérêts spirituels aggrave de jour en jour l'austérité de notre pénitence! — Apprenez que ce n'étoit pas assez pour nous d'être soumis comme le reste des hommes à ces démons du cœur, dont aucun des malheureux enfants d'Adam n'a pu défier les atteintes! Il n'y a pas jusqu'aux esprits les plus disgraciés, jusqu'aux lutins les plus obscurs qui ne se fassent un malin plaisir de troubler les rapides instants de notre repos et le calme si longtemps inviolable de nos cellules. Certains de ces follets désœuvrés surtout dont nous avons, avec tant de peine et au prix de tant de prières, débarrassé vos habitations, se vengent cruellement sur nous du pouvoir qu'un exorcisme indiscret nous a fait perdre. En les bannissant de la demeure secrète qu'ils avoient usurpée dans vos métairies, nous avons omis de leur indiquer un lieu d'exil déterminé, et les maisons dont nous les avons repoussés sont elles seules à l'abri de leurs insultes. Croiriez-vous que les lieux consacrés eux-mêmes n'ont plus rien de respectable pour eux, et que leur cohorte infernale n'attend,

au moment où je vous parle, que le retour des ténèbres
pour se répandre en épais tourbillons sous les lambris du
cloître ?

— L'autre jour, à l'instant où le cercueil d'un de nos
frères alloit toucher le sol du caveau mortuaire, la corde
se rompt tout à coup en sifflant comme avec un rire
aigu, et la châsse roule, grondant, de degrés en degrés
sous les voûtes. Les voix qui en sortoient ressembloient
à la voix des morts, indignés qu'on ait troublé leur
sépulture, qui gémissent, qui se révoltent, qui crient.
Les assistants les plus rapprochés du caveau, ceux qui
commençoient à plonger leurs regards dans sa profondeur, ont cru voir les tombes se soulever et flotter les
linceuls, et les squelettes agités par l'artifice des lutins
jaillir avec eux des soupiraux, s'égarer sous les nefs, se
grouper confusément dans les stalles ou se mêler comme
des figures bouffonnes dans les ombres du sanctuaire.
Au même moment, toutes les lumières de l'église... —
Écoutez !

On se pressoit pour écouter Ronald. Jeannie seule, les
doigts passés dans une boucle de ses cheveux, l'âme fixée
à une pensée, écoutoit et n'entendoit plus.

— Écoutez, mes frères, et dites quel péché secret,
quelle trahison, quel assassinat, quel adultère d'action
ou de pensée a pu attirer cette calamité sur nous ? Toutes
les lumières du temple avoient disparu. Les torches des
acolytes, dit Ronald, lançoient à peine quelques flammèches fugitives qui s'éloignoient, se rapprochoient,
dansoient en rayons bleus et grêles, comme les feux
magiques des sorcières, et puis montoient et se perdoient dans les recoins noirs des vestibules et des chapelles. Enfin, la lampe immortelle du Saint des Saints...
— Je la vis s'agiter, s'obscurcir et mourir. — Mourir !
La nuit profonde, la nuit tout entière, dans l'église,
dans le chœur, dans le tabernacle ! la nuit descendue
pour la première fois sur le sacrement du Seigneur !
La nuit si humide, si obscure, si redoutable partout ;
effrayante, horrible sous le dôme de nos basiliques où

est promis le jour éternel !... — Nos moines éperdus s'égaroient dans l'immensité du temple, agrandi encore par la profondeur de la nuit ; et trahis par les murailles qui leur refusoient de tous côtés l'issue étroite et oubliée, trompés par la confusion de leurs voix plaintives qui se heurtoient dans les échos et qui rapportoient à leurs oreilles des bruits de menace et de terreur, ils fuyoient épouvantés, prêtant des clameurs et des gémissements aux tristes images du tombeau qu'ils croyoient entendre pleurer sur leur lit de pierre. L'un d'eux sentit la main glacée de saint Duncan, qui s'ouvroit, s'épanouissoit, se fermoit sur la sienne et le lioit à son monument d'une étreinte éternelle. Il y fut retrouvé mort le lendemain. Le plus jeune de nos frères (il étoit arrivé depuis peu de temps, et nous ne connoissions encore ni son nom ni sa famille) saisit avec tant d'ardeur la statue d'une jeune sainte dont il espéroit le secours, qu'il l'entraîna sur lui et qu'elle l'écrasa de sa chute. C'étoit celle, vous le savez, qu'un habile sculpteur du pays avoit ciselée nouvellement, à la ressemblance de cette vierge du Lothian qui est morte de douleur, parce qu'on l'avoit séparée de son fiancé. Tant de malheurs, continua Ronald en cherchant à fixer le regard immobile de Jeannie, sont peut-être l'effet d'une pitié indiscrète, d'une intercession involontairement criminelle ; d'un péché, d'un seul péché d'intention...

— D'un seul péché d'intention ! s'écria Clady, la plus jeune des filles de Coll Cameron.

— D'un seul ! reprit Ronald avec impatience. — Jeannie tranquille et inattentive n'avoit pas même soupiré. Le mystère incompréhensible du portrait voilé préoccupoit toute son âme.

— Enfin, dit Ronald en se levant et en donnant à ses paroles une expression solennelle d'exaltation et d'autorité, nous avons marqué ce jour pour frapper d'une imprécation irrévocable les mauvais esprits de l'Écosse.

— Irrévocable ! murmura une voix gémissante qui s'éloignait peu à peu.

— Irrévocable, si elle est libre et universelle. Quand le cri de malédiction s'élèvera devant l'autel, si toutes les voix le répètent...

— Si toutes les voix répètent un cri de malédiction devant l'autel! reprit la voix. — Jeannie gagnoit l'extrémité de la galerie.

— Alors tout sera fini, et les démons retomberont pour jamais dans l'abîme.

— Que cela soit fait ainsi! dit le peuple. Et il suivit en foule le redoutable ennemi des lutins. Les autres moines, ou plus timides, ou moins sévères, s'étoient dérobés à l'appareil redoutable de cette cruelle cérémonie; car nous avons déjà dit que les follets de l'Écosse, dont la damnation éternelle n'étoit pas un point avéré de la croyance populaire, inspiroient plus d'inquiétude que de haine, et un bruit assez probable s'étoit répandu que certains d'entre eux bravoient les rigueurs de l'exorcisme et les menaces de l'anathème, dans la cellule d'un solitaire charitable ou dans la niche d'un apôtre. Quant aux pêcheurs et aux bergers, ils n'avoient qu'à se louer pour la plupart de ces intelligences familières, tout à coup si impitoyablement condamnées; mais, peu sensibles au souvenir des services passés, ils s'associoient volontiers à la colère de Ronald et n'hésitoient pas à proscrire cet ennemi inconnu qui ne s'étoit manifesté que par des bienfaits.

L'histoire de l'exil du pauvre Trilby étoit d'ailleurs parvenue aux voisins de Dougal, et les filles de Coll Cameron se disoient souvent dans leurs veillées que c'étoit probablement à quelqu'un de ses prestiges que Jeannie avoit été redevable de ses succès dans les fêtes du clan, et Dougal de ses avantages à la pêche sur leurs amants et sur leur père. Maineh Cameron n'avoit-elle pas vu Trilby lui-même, assis à la proue du bateau, jeter à pleines mains, dans les nasses vides du pêcheur endormi, des milliers de poissons bleus, le réveiller en frappant la barque du pied et rouler de vague en vague jusqu'au rivage, dans une écume d'argent?... — Malédiction! cria

Maineh... Malédiction! dit Feny... Ah! Jeannie seule a pour vous le charme de la beauté! pensa Clady; c'est pour elle que vous m'avez quittée, fantôme de mon sommeil que je n'ai que trop aimé, et si la malédiction prononcée contre vous ne s'accomplit pas, libre encore de choisir entre toutes les chaumières de l'Ecosse, vous vous fixerez pour toujours à la chaumière de Jeannie? Non! vraiment!

— Malédiction! répéta Ronald avec une voix terrible!
— Ce mot coûtoit à prononcer à Clady, mais Jeannie entra si belle d'émotion et d'amour qu'elle n'hésita plus.
— Malédiction! dit Clady...

Jeannie seule n'avoit pas été présente à la cérémonie, mais la rapidité de tant d'impressions vives et profondes avoit d'abord empêché qu'on remarquât son absence. Clady s'en étoit cependant aperçue, parce qu'elle ne croyoit pas avoir en beauté d'autre rivale digne d'elle. Nous nous rappelons qu'un vif intérêt de curiosité entraînoit Jeannie vers l'extrémité de la galerie des tableaux, au moment où le vieux moine disposoit l'esprit de ses auditeurs à remplir le devoir cruel qu'il imposoit à leur piété. A peine la foule se fût écoulée hors de la salle, que Jeannie, frémissant d'impatience, et peut-être aussi préoccupée malgré elle d'un autre sentiment, s'élança vers le tableau voilé, arracha le rideau qui le couvroit, et reconnut d'un regard tous les traits qu'elle avait rêvés. — C'étoit lui. — C'était la physionomie connue les vêtements, les armes, l'écusson, le nom même des Mac-Farlane. Le peintre gothique avoit tracé au-dessous du portrait, selon l'usage de son temps, le nom de l'homme qui y étoit représenté :

JOHN TRILBY MAC-FARLANE

— Trilby? s'écrie Jeannie éperdue, et, prompte comme l'éclair, elle parcourt les galeries, les salles, les degrés, les passages, les vestibules, et tombe au pied de l'autel de saint Colombain, au moment où Clady, tremblante de l'effort qu'elle venoit de faire sur elle-même, achevoit de proférer le cri de malédiction. — Charité, cria Jeannie en embrassant le saint tombeau, AMOUR ET CHARITÉ, répéta-t-elle à voix basse. Et si Jeannie avoit manqué du courage de la charité, l'image de saint Colombain auroit suffi pour le ranimer dans son cœur. Il faut avoir vu l'effigie sacrée du protecteur du monastère pour se faire une idée de l'expression divine dont les anges ont animé la toile miraculeuse, car tout le monde sait que cette peinture n'a pas été tracée d'une main d'homme, et que c'étoit un esprit qui descendoit du ciel pendant le sommeil involontaire de l'artiste pour embellir du sentiment d'une piété si tendre, d'une charité que la terre ne connoît pas, les traits angéliques du bienheureux. Parmi tous les élus du Seigneur, il n'y avoit que saint Colombain dont le regard fût triste et dont le sourire fût amer, soit qu'il eût laissé sur la terre quelque objet d'une affection si chère que les joies ineffables promises à une éternité de gloire et de bonheur n'aient pas pu la lui faire oublier, soit que, trop sensible aux peines de l'humanité, il n'ait conçu dans son nouvel état que l'indicible douleur de voir les infortunés qui lui survivent exposés à tant de périls et livrés à tant d'angoisses qu'il ne peut ni prévenir ni soulager. Telle doit être en effet la seule affliction des saints, à moins que les événements de leur vie ne les aient liés par hasard à la destinée d'une créature qui s'est perdue et qu'ils ne retrouveront plus. Les éclairs d'un feu doux qui s'échappoient des yeux de saint Colombain, la bienveillance universelle qui respiroit sur ses lèvres palpitantes de vie, les émanations d'amour et de charité qui descendoient de lui, et qui disposoient le cœur à une religieuse tendresse, affermirent la résolution déjà formée de Jeannie; elle répéta dans sa pensée avec plus de force : AMOUR ET CHARITÉ. — De quel droit, dit-elle, irois-je prononcer un arrêt de malédiction? Ah! ce n'est pas du droit d'une foible femme, et ce n'est pas à nous que le Seigneur a confié le soin de ses terribles vengeances. Peut-être même il ne se venge pas! et s'il a des ennemis à punir, lui qui n'a point d'ennemis à craindre, ce n'est pas aux passions aveugles de ses plus débiles créatures qu'il a dû remettre le ministère le plus terrible de sa justice. Comment celle dont il doit un jour juger toutes les pensées !... comment irois-je implorer sa pitié pour mes fautes, quand elles lui seront dévoilées par un témoignage, hélas ! que je ne pourrai pas contredire, si pour des fautes qui me sont inconnues... si pour des fautes qui n'ont peut-être pas été commises, je profère ce cri terrible de malédiction qu'on me demande contre quelque infortuné qui n'est déjà sans doute que trop sévèrement puni ? — Ici, Jeannie s'effraya de sa propre supposition, et ses regards ne se relevèrent qu'avec effroi vers le regard de saint Colombain; mais rassurée par la pureté de ses sentiments, car l'intérêt invincible qu'elle prenoit à Trilby ne lui avoit jamais fait oublier qu'elle étoit l'épouse de Dougal, elle chercha, elle fixa des yeux et de la pensée la pensée incertaine du saint des montagnes. Un faible rayon du soleil couchant brisé à travers les vitraux, et qui descendoit sur l'autel chargé des couleurs tendres et brillantes du pinceau animées par le crépuscule, prêtoit au bienheureux une auréole plus vive, un sourire plus calme, une sérénité plus reposée, une joie plus heureuse. Jeannie pensa que saint Colombain étoit content, et pénétrée de reconnoissance, elle pressa de ses lèvres les pavés de la chapelle et les degrés du tombeau, en répétant des vœux de charité. Il est possible même qu'elle se soit occupée alors d'une prière qui ne pouvoit pas être exaucée sur la terre. Qui pénétrera jamais dans tous les secrets d'une âme tendre, et qui pourroit apprécier le dévouement d'une femme qui aime ?

Le vieux moine qui observoit attentivement Jeannie, et qui, satisfait de son émotion, ne doutoit pas qu'elle n'eût répondu à son espérance, la releva du saint parvis et la rendit aux soins de Dougal qui se disposoit à partir, déjà riche en imagination de tous les biens qu'il fondoit sur le succès de son pèlerinage, et sur la protection des saints de Balva. « Malgré cela, dit-il à Jeannie en apercevant la

« chaumière, je ne puis pas cacher que cette malédiction
« m'a coûté, et que j'aurai besoin de m'en distraire à la
« pêche. » Quant à Jeannie, c'en étoit fait pour elle. Rien
ne pouvoit plus la distraire de ses souvenirs.

Le lendemain d'un jour où la batelière avoit conduit
jusque vers le golfe de Clyde la famille du laird de Roseneiss, elle retournoit vers l'extrémité du lac Long à la
merci de la marée qui faisoit siller son bateau à une
égale distance des syrtes d'Argail et de Lennox, sans
qu'elle eût besoin de recourir au jeu fatigant de ses rames;
debout sur la barge étroite et mobile, elle livroit aux vents
ses longs cheveux noirs dont elle étoit si fière, et son cou
d'une blancheur que le soleil avoit foiblement nuancée
sans la flétrir s'élevoit avec un éclat singulier au-dessus
de sa robe rouge des manufactures d'Ayr. Son pied nu,
imposé sur un des côtés du frêle bâtiment, lui imprimoit
à peine un balancement léger qui repoussoit et rappeloit
la vague agitée, et l'onde excitée par cette résistance
presque insensible revenoit bouillonnante, s'élevoit en
blanchissant jusqu'au pied de Jeannie, et rouloit autour
de lui son écume fugitive. La saison étoit encore rigoureuse, mais la température s'étoit sensiblement adoucie
depuis quelque temps, et la journée paroissoit à Jeannie
une des plus belles dont elle eût conservé le souvenir.
Les vapeurs qui s'élèvent ordinairement sur le lac, et
s'étendent au-devant des montagnes sous la forme d'un
rideau de crêpe, avoient peu à peu élargi les losanges flottantes de leurs réseaux de brouillards. Celles que le soleil
n'avoit pas encore tout à fait dissipées se berçoient sur
l'occident comme une trame d'or tissue par les fées du
lac pour l'ornement de leurs fêtes. D'autres étinceloient
de points isolés, mobiles, éblouissants comme des paillettes semées sur un fond transparent de couleurs merveilleuses. C'étoit de petits nuages humides où l'oranger,
la jonquille, le vert pâle, luttoient suivant les accidents
d'un rayon ou le caprice de l'air contre l'azur, le pourpre
et le violet. A l'évanouissement d'une brume errante, à la
disparition d'une côte abandonnée par le courant, et dont

l'abaissement subit laissoit un libre passage à quelque vent de travers, tout se confondoit dans une nuance indéfinissable et sans nom qui étonnoit l'esprit d'une sensation si nouvelle qu'on auroit pu s'imaginer qu'on venoit d'acquérir un sens; et pendant ce temps-là les décorations variées du rivage se succédoient sous les yeux de la voyageuse. Il y avoit des coupoles immenses qui couroient au-devant d'elle en brisant sur leurs flancs circulaires tous les traits du soleil couchant, les unes éclatantes comme le cristal, les autres d'un gris mat et presque effacé comme le fer, les plus éloignées à l'ouest cernées à leur sommet d'auréoles d'un rose vif qui descendoient en pâlissant peu à peu sur les flancs glacés de la montagne, et venoient expirer à sa base dans des ténèbres foiblement colorées qui participoient à peine du crépuscule. Il y avoit des caps d'un noir sombre qu'on auroit pris de loin pour des écueils inévitables, mais qui reculoient tout à coup devant la proue et découvroient de larges baies favorables aux nautoniers. L'écueil redouté fuyoit, et tout s'embellissoit après lui de la sécurité d'une heureuse navigation. Jeannie avoit vu de loin les barques errantes des pêcheurs renommés du lac Goyle. Elle avoit jeté un regard sur les fabriques fragiles de Portincaple. Elle contemploit encore avec une émotion qui se renouveloit tous les jours sans s'affoiblir cette foule de sommets qui se poursuivent, qui se pressent, qui se confondent, ou ne se détachent les uns des autres que par des effets inattendus de lumière, surtout dans la saison où disparoissent sous le voile monotone des neiges, et la soie argentée des sphaignes, et la marbrure foncée des granits, et les écailles nacrées des récifs. Elle avoit cru reconnoître à sa gauche, tant le ciel étoit transparent et pur, les dômes du Ben-More et du Ben-Neathan; à sa droite, la pointe âpre du Ben-Lomond se distinguoit par quelques saillies obscures que la neige n'avoit pas couvertes, et qui hérissoient de crêtes foncées la tête chauve du roi des montagnes. Le dernier plan de ce tableau rappeloit à Jeannie une tradition fort répandue dans ce pays, et que son esprit, plus disposé que jamais aux émotions vives et aux idées merveilleuses, se retraçoit alors sous un aspect nouveau. A la pointe même du lac, monte vers le ciel la masse énorme du Ben-Arthur, surmontée de deux noirs rochers de basalte dont l'un paroît penché sur l'autre comme l'ouvrier sur le socle où il a déposé les matériaux de son travail journalier. Ces pierres colossales furent apportées des cavernes de la montagne sur laquelle régnoit Arthur le Géant, quand des hommes audacieux vinrent élever aux bords du Forth les murailles d'Édimbourg. Arthur, banni de ses hautes solitudes par la science d'un peuple téméraire, fit un pas jusqu'à l'extrémité du lac Long, et imposa sur la plus haute montagne qui s'offrit devant lui les ruines de son palais sauvage. Assis sur un de ses rochers et la tête appuyée sur l'autre, il tournoit des regards furieux sur les remparts impies qui usurpoient ses domaines et qui le séparoient pour toujours du bonheur et même de l'espérance ; car on dit qu'il avoit aimé sans succès la reine mystérieuse de ces rivages, une de ces fées que les anciens appeloient des nymphes et qui habitaient des grottes enchantées où l'on marche sur des tapis de fleurs marines, à la clarté des perles et des escarboucles de l'Océan. Malheur au bateau aventureux qui effleuroit en courant la surface du lac immobile, quand la longue figure du géant, vague comme une vapeur du soir, s'élevoit tout à coup entre les deux rochers de la montagne, appuyoit ses pieds difformes sur leurs sommets inégaux, et se balançoit au gré des vents en étendant sur l'horizon des bras ténébreux et flottants qui finissoient par l'embrasser d'une large ceinture. A peine son manteau de nuages avoit mouillé ses derniers plis dans le lac, un éclair jaillissoit des yeux redoutables du fantôme, un mugissement pareil à la foudre grondoit dans sa voix terrible, et les eaux bondissantes alloient ravager leurs bords. Son apparition, redoutée des pêcheurs, avoit rendu déserte la rade si riche et si gracieuse d'Arroqhar, quand un pauvre ermite, dont le nom s'est perdu, arriva un jour des mers orageuses d'Irlande, seul, mais invisiblement escorté d'un esprit de foi et d'un esprit de charité, sur une barque poussée par une puissance irrésistible, et qui sillonnoit les vagues soulevées sans prendre part à leur agitation, quoique le saint prêtre eût dédaigné le secours de la rame et du gouvernail. A genoux sur le frêle esquif, il tenoit dans ses mains une croix et regardoit le ciel. Parvenu près du terme de sa navigation, il se leva avec dignité, laissa tomber quelques gouttes d'eau consacrée sur les vagues furieuses, et adressa au géant du lac des paroles tirées d'une langue inconnue. On croit qu'il ordonnoit, au nom des premiers compagnons du Sauveur, qui étoient des pêcheurs et des bateliers, de rendre aux pêcheurs et aux bateliers du lac Long l'empire paisible des eaux que la Providence leur avoit données. Au même instant du moins le spectre menaçant se dissipa en flocons légers comme ceux que le souffle du matin roule sur l'onde invisible, et qu'on prendroit de loin pour un nuage d'édredon enlevé au nid des grands oiseaux qui habitent ses rivages. Le golfe entier aplanit sa vaste surface; les flots mêmes qui s'élevoient en blanchissant contre la plage ne redescendirent point : ils perdirent leur fluidité sans perdre leur forme et leur aspect, et l'œil encore trompé aux contours arrondis, aux mouvements onduleux, au ton bleuâtre et frappé de reflets changeants des brisants écailleux qui hérissent la côte, les prend de loin pour des bancs d'écume dont il attend toujours le retour impossible. Puis le saint vieillard tira sa barque sur la grève, dans l'espérance peut-être qu'elle y seroit retrouvée par le pauvre montagnard, pressa de ses bras entrelacés le crucifix sur sa poitrine, et gravit d'un pas ferme le sentier du rocher jusqu'à la cellule que les anges lui avoient bâtie à côté de l'aire inaccessible de l'aigle blanc. Plusieurs anachorètes le suivirent dans ces solitudes, et se répandirent lentement en pieuses colonies dans les campagnes voisines. Telle fut l'origine du monastère de Balva, et sans doute celle du tribut que s'étoit longtemps imposé envers les religieux de ce couvent la reconnoissance trop vite oubliée des chefs du clan des Mac-Farlane. Il est facile de comprendre par quelle liaison secrète l'histoire de cet exorcisme ancien et de ses conséquences bien connues du peuple se rattachoit aux idées habituelles de Jeannie.

Cependant les ombres d'une nuit si précoce, dans une saison où tout le règne du jour s'accomplit en quelques heures, commençoient à remonter du lac, à gravir les hauteurs qui l'enveloppent, à voiler les sommets les plus élevés. La lassitude, le froid, l'exercice d'une longue contemplation ou d'une réflexion sérieuse, avoient abattu les forces de Jeannie, et, assise dans un épuisement inexplicable à la poupe de son bateau, elle le laissoit dériver du côté des boulingrins d'Argail vers la maison de Dougal, en dormant à demi, quand une voix partie de la rive opposée lui annonça un voyageur. La pitié seule qu'inspire un homme égaré sur une côte où n'habitent pas sa femme et ses enfants, et qui va leur laisser compter beaucoup d'heures d'attente et d'angoisses, dans l'espérance toujours déçue de son retour, si l'oreille du batelier se ferme par hasard à sa prière ; cet intérêt que les femmes surtout portent à un proscrit, à un infirme, à un enfant abandonné, pouvoit seul forcer Jeannie à lutter contre le sommeil dont elle étoit accablée, pour retourner sa proue, depuis si longtemps battue des eaux, vers les joncs marins qui bordent le long golfe des montagnes. Qui auroit pu le contraindre à traverser le lac à cette heure, disoit-elle, si ce n'étoit le besoin d'éviter un ennemi, ou de rejoindre un ami qui l'attend ? Oh ! que ceux qui attendent ce qu'ils aiment ne soient jamais trompés dans leur espérance ; qu'ils obtiennent ce qu'ils ont désiré !...

Et les lames si larges et si paisibles se multiplioient sous la rame de Jeannie, qui les frappoit comme un fléau. Les cris continuoient à se faire entendre, mais tellement grêles et cassés, qu'ils ressembloient plutôt à la plainte d'un fantôme qu'à la voix d'une créature humaine, et la paupière de Jeannie, soulevée avec effort du côté du rivage, ne lui dévoiloit qu'un horizon sombre dont rien de vivant n'animoit la profonde immobilité. Si elle avoit cru apercevoir d'abord une figure penchée sur le lac, et qui étendoit contre elle des bras suppliants, elle n'avoit pas tardé à reconnoître dans le prétendu étranger une souche morte qui balançoit sous le poids des frimas deux branches desséchées. S'il lui avoit semblé un instant qu'elle voyoit circuler une ombre à peu de distance de son bateau, parmi les brumes tout à fait descendues, c'était la sienne que la dernière lumière du crépuscule horizontal peignoit sur le rideau flottant, et qui se confondoit de plus en plus avec les immenses ténèbres de la nuit. Sa rame, enfin, frappoit déjà les fûts sifflants des roseaux du rivage, quand elle vit sortir un vieillard si courbé sous le poids des ans qu'on auroit dit que sa tête appesantie cherchoit un appui sur ses genoux, et qui ne maintenoit l'équilibre de son corps chancelant qu'en se confiant à un jonc fragile qui cependant le supportoit sans fléchir; car ce vieillard étoit nain, et le plus petit, selon toute apparence, qu'on eût jamais vu en Écosse. L'étonnement de Jeannie redoubla, lorsque, tout caduc qu'il paraissoit, il s'élança légèrement dans la barque, et prit place en face de la batelière, d'une manière qui ne manquoit ni de souplesse ni de grâce.

— Mon père, lui dit-elle, je ne vous demande point où vous vous proposez de vous rendre, car le but de votre voyage doit être trop éloigné pour que vous puissiez espérer d'y arriver cette nuit.

— Vous êtes dans l'erreur, ma fille, lui répondit-il : je n'en ai jamais été aussi près, et depuis que je suis dans cette barque, il me semble que je n'ai plus rien à désirer pour y parvenir, même quand une glace éternelle la saisiroit tout à coup au milieu du golfe.

— Cela est étonnant, reprit Jeannie. Un homme de votre taille et de votre âge seroit connu dans tout le pays s'il y faisoit son habitation, et à moins que vous ne soyez le petit homme de l'île de Man dont j'ai entendu souvent parler à ma mère, et qui a enseigné aux habitants de nos parages l'art de tresser avec des roseaux de longs paniers, dont les poissons (retenus par quelque pouvoir magique) ne peuvent jamais retrouver l'issue, je répondrois que vous n'avez point de toit sur les côtes de la mer d'Irlande.

— Oh! j'en avois un, ma chère enfant, qui étoit bien voisin de ce rivage, mais on m'en a cruellement dépossédé!

— Je comprends alors, bon vieillard, le motif qui vous ramène sur les côtes d'Argail. Il faut y avoir laissé de bien tendres souvenirs pour quitter dans cette saison et à cette heure avancée les riants rivages du lac Lomond, bordé d'habitations délicieuses, où abonde un poisson plus exquis que celui de nos eaux marines, et un wiskey plus salutaire pour votre âge que celui de nos pêcheurs et de nos matelots. Pour revenir parmi nous, il faut aimer quelqu'un dans cette région des tempêtes, que les serpents eux-mêmes désertent à l'approche des hivers. Ils se glissent vers le lac Lomond, le traversent en désordre comme un clan de maraudeurs qui vient de lever l'impôt noir, et cherchent à se réfugier sous quelques rochers exposés au midi. Les pères, les époux, les amants ne craignent pas cependant d'aborder des contrées rigoureuses quand ils s'attendent à y rencontrer les objets auxquels ils sont attachés; mais vous ne pourriez songer sans folie à vous éloigner cette nuit des bords du lac Long.

— Ce n'est pas là mon intention, dit l'inconnu. J'aimerois cent fois mieux y mourir!

— Quoique Dougal soit fort réservé sur la dépense, continua Jeannie, qui n'abandonnoit pas sa pensée, et qui n'avoit prêté qu'une légère attention aux interruptions du passager, quoiqu'il souffre, ajouta-t-elle avec un peu d'amertume, que la femme et les filles de Coll Cameron, qui est moins aisé que nous, me surpassent en toilette dans les fêtes du clan, il y a toujours dans sa chaumière du pain d'avoine et du lait pour les voyageurs; et j'aurois bien plus de plaisir à vous voir épuiser notre bon wiskey qu'à ce vieux moine de Balva qui n'est jamais venu chez nous que pour y faire du mal.

— Que m'apprenez-vous, mon enfant? reprit le vieillard

en effectant le plus grand étonnement; c'est précisément vers la chaumière de Dougal le pêcheur que mon voyage est dirigé; c'est là, s'écria-t-il en attendrissant encore sa voix tremblante, que je dois revoir tout ce que j'aime, si je n'ai pas été trompé par des renseignements infidèles. La fortune m'a bien servi de me faire trouver ce bateau!...

— Je comprends, dit Jeannie en souriant. Grâces soient rendues au petit homme de l'île de Man! Il a toujours aimé les pêcheurs.

— Hélas! je ne suis pas celui que vous pensez; un autre sentiment m'attire dans votre maison. Apprenez, ma jolie dame, car ces lumières boréales qui baignent le front des montagnes, ces étoiles qui tombent du ciel en se croisant et qui blanchissent tout l'horizon, ces sillons lumineux qui glissent sur le golfe et qui étincellent sous votre rame; la clarté qui s'avance, qui s'étend et vient trembler jusqu'à nous depuis ce bateau éloigné, tout cela m'a permis de remarquer que vous étiez fort jolie; apprenez, vous disois-je donc, que je suis le père d'un follet qui habite maintenant chez Dougal le pêcheur; et si j'en crois ce qu'on m'a raconté, si j'en crois surtout votre physionomie et votre langage, je comprendrois à peine à l'âge où je suis parvenu qu'il eût pu choisir une autre demeure. Il n'y a que peu de jours que j'en suis informé, et je ne l'ai pas vu, le pauvre enfant, depuis le règne de Fergus. Cela tient à une histoire que je n'ai pas eu le temps de vous raconter; mais jugez de mon impatience ou plutôt de mon malheur, car voilà le rivage.

Jeannie imprima au bateau un mouvement de retour et jeta sa tête en arrière en appuyant un main sur son front.

— Eh bien, dit le vieillard, nous n'abordons pas?
— Aborder? répondit Jeannie en sanglotant. Père infortuné! Trilby n'y est plus!...
— Il n'y est plus! Et qui l'en auroit chassé? Auriez-vous été capable, Jeannie, de l'abandonner à ces méchants moines de Balva, qui ont causé tous nos malheurs?...

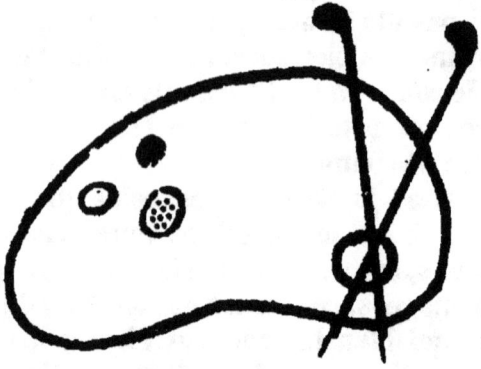

Couvertures supérieure et inférieure
en couleur

N° 63   10 centimes

32 PAGES

LES GRANDS ROMANCIERS FRANÇAIS

CHARLES NODIER : NOUVELLES

L. BOULANGER, éditeur, 90, Boulevard Montparnasse, PARIS

Ont paru dans :

LES GRANDS ROMANCIERS FRANÇAIS :

LE FILS DE FAMILLE
Par XAVIER DE MONTÉPIN
Livraisons 1 à 10

LE JEU DE LA MORT
Par PAUL FÉVAL
Livraisons 10 à 21

LA TONTINE INFERNALE
Livraisons 21 à 32

FLEURETTE
HISTOIRE D'UNE BOUQUETIÈRE
Par E. SCRIBE
Livraisons 32 à 44

REINE
Par JULES LERMINA
Livraisons 45 à 52

Paris.—Imp. Paul Dupont (Cl.)

— Oui, oui, dit Jeannie avec l'accent du désespoir en repoussant le bateau du côté d'Arrophar. Oui, c'est moi qui l'ai perdu pour toujours !

— Vous, Jeannie, vous si charmante et si bonne ! Le misérable enfant ! Combien il a dû être coupable pour mériter votre haine !...

— Ma haine ? reprit Jeannie en laissant tomber sa main sur sa rame et sa tête sur sa main ; Dieu seul peut savoir combien je l'aimois !...

— Tu l'aimois ! s'écria Trilby en couvrant ses bras de baisers (car ce voyageur mystérieux étoit Trilby lui-même, et je suis fâché d'avouer que si mon lecteur éprouve quelque plaisir à cette explication, ce n'est probablement pas celui de la surprise !) tu l'aimois ! ah ! répète que tu l'aimois ! Ose le dire à moi, le dire pour moi, car ta résolution décidera de ma perte ou de mon bonheur ! Accueille-moi, Jeannie, comme un ami, comme un amant, comme ton esclave, comme ton hôte, comme tu accueillois du moins ce passager inconnu. Ne refuse pas à Trilby un asile secret dans ta chaumière !...

Et, en parlant ainsi, le follet s'étoit dépouillé du travestissement bizarre qu'il avoit emprunté la veille aux Shoupeltins du Shetland. Il abandonnoit au cours de la marée ses cheveux de chanvre et sa barbe de mousse blanche, son collier varié d'algue et de criste marine qui se rattachoit d'espace en espace à des coquillages de toutes couleurs, et sa ceinture enlevée à l'écorce argentée du bouleau. Ce n'étoit plus que l'esprit vagabond du foyer ; mais l'obscurité prêtoit à son aspect quelque chose de vague qui ne rappeloit que trop à Jeannie les prestiges singuliers de ses derniers rêves, les séductions de cet amant dangereux du sommeil qui occupoit ses nuits d'illusions si charmantes et si redoutées, et le tableau mystérieux de la galerie du monastère.

— Oui, ma Jeannie, murmuroit-il d'une voix douce, mais faible comme celle de l'air caressant du matin quand il soupire sur le lac ; rends-moi le foyer d'où je pouvois t'entendre et te voir, le coin modeste de la cendre que tu agitois le soir pour réveiller une étincelle, le tissu aux mailles invisibles qui court sous les vieux lambris, et qui me prêtoit un hamac flottant dans les nuits tièdes de l'été. Ah! s'il le faut, Jeannie, je ne t'importunerai plus de mes caresses, je ne te dirai plus que je t'aime, je n'effleurerai plus ta robe, même quand elle cédera en volant vers moi au courant de la flamme et de l'air. Si je me permets de la toucher une seule fois, ce sera pour l'éloigner du feu près d'y atteindre, quand tu t'endormiras en filant. Et je te dirai plus, Jeannie, car je vois que mes prières ne peuvent te décider, accorde-moi pour le moins une petite place dans l'étable : je conçois encore un peu de bonheur dans cette pensée; je baiserai la laine de ton mouton, parce que je sais que tu aimes à la rouler autour de tes doigts; je tresserai les fleurs les plus parfumées de la crèche pour lui en faire des guirlandes, et lorsque tu rempliras l'aire d'une nouvelle litière de paille fraîche, je la presserai avec plus d'orgueil et de délices que les riches tapis des rois; je te nommerai tout bas : « Jeannie, Jeannie!... » et personne ne m'entendra, sois-en sûre, pas même l'insecte monotone qui frappe dans la muraille à intervalles mesurés, et dont l'horloge de mort interrompt seule le silence de la nuit. Tout ce que je veux, c'est d'être là, et de respirer un air qui touche à l'air que tu respires; un air où tu as passé, qui a participé de ton souffle, qui a circulé entre tes lèvres, qui a été pénétré par tes regards, qui t'auroit caressée avec tendresse si la nature inanimée jouissoit des priviléges de la nôtre, si elle avoit du sentiment et de l'amour!

Jeannie s'aperçut qu'elle s'étoit trop éloignée du rivage; mais Trilby comprit son inquiétude et se hâta de la rassurer en se réfugiant à la pointe du bateau.

— Va, Jeannie, lui dit-il, regagne sans moi les rives d'Argail où je ne puis pénétrer sans la permission que tu me refuses. Abandonne le pauvre Trilby sur une terre d'exil pour y vivre condamné à la douleur éternelle de ta perte; rien ne lui coûtera si tu laisses tomber sur lui un regard d'adieu! Malheureux! que la nuit est profonde!

Un feu follet brilla sur le lac.

— Le voilà, dit Trilby; mon Dieu, je vous remercie, j'aurois accepté votre malédiction à ce prix!

— Ce n'est pas ma faute, dit Jeannie, je ne m'attendois point, Trilby, à cette lumière étrange, et si mes yeux ont rencontré les vôtres... si vous avez cru y lire l'expression d'un consentement dont, en vérité, je ne prévoyois pas les conséquences, vous le savez, l'arrêt du redoutable Ronald porte une autre condition. Il faut que Dougal lui-même vous envoie à la chaumière. Et, d'ailleurs, votre bonheur même n'est-il pas intéressé à son refus et au mien? Vous êtes aimé, Trilby, vous êtes adoré des nobles dames d'Argail, et vous devez avoir trouvé dans leurs palais...

— Les palais des dames d'Argail? reprit vivement Trilby. Oh! depuis que j'ai quitté la chaumière de Dougal, quoique ce fût au commencement de la plus mauvaise saison de l'année, mon pied n'a pas foulé le seuil de la demeure de l'homme; je n'ai pas ranimé mes doigts engourdis à la flamme d'un foyer pétillant. J'ai eu froid, Jeannie, et combien de fois, las de grelotter au bord du lac, entre les branches des arbustes desséchées qui plient sous le poids des frimas, je me suis élevé en bondissant, pour réveiller un reste de chaleur dans mes membres transis, jusqu'au sommet des montagnes! combien de fois je me suis enveloppé dans les neiges nouvellement tombées, et roulé dans les avalanches, mais en les dirigeant de manière à ne pas nuire à une construction, à ne pas compromettre l'espérance d'une culture, à ne pas offenser un être animé! L'autre jour, je vis en courant une pierre sur laquelle un fils exilé avoit écrit le nom de sa mère; ému, je m'empressai de détourner l'horrible fléau, et je me précipitai avec lui dans un abîme de glace où n'a jamais respiré un insecte. — Seulement, si le cormoran, furieux de trouver le golfe emprisonné sous une muraille de glace qui lui refuse le tribut de sa pêche accoutumée, le traversoit en criant d'impatience pour aller ravir une proie plus facile au Firth de Clyde ou au Sand du Jura, je gagnois, tout joyeux, le nid escarpé de l'oiseau voyageur, et sans autre inquiétude que de le voir abréger la durée de son absence, je me réchauffois entre ses petits de l'année, trop jeunes encore pour prendre part à ses expéditions de mer, et qui, bientôt familiarisés avec leur hôte clandestin, car je n'ai jamais manqué de leur porter quelque présent, s'écartoient à mon approche pour me laisser une petite place parmi eux au milieu de leur lit de duvet. Ou bien, à l'imitation du mulot industrieux qui se creuse une habitation souterraine pour passer l'hiver, j'enlevois avec soin la glace et la neige amoncelées dans un petit coin de la montagne qui devoit être exposé le lendemain aux premiers rayons du soleil levant, je soulevois avec précaution le tapis des vieilles mousses qui avoient blanchi depuis bien des années sur le roc, et au moment d'arriver à la dernière couche, je me liois de leurs fils d'argent comme un enfant de ses langes, et je m'endormois protégé contre le vent de la nuit sous mes courtines de velours; heureux, surtout, quand je m'avisois que tu avois pu les fouler en allant payer la dîme du grain ou du poisson. Voilà, Jeannie, les superbes palais que j'ai habités, voilà le riche accueil que j'ai reçu depuis que je suis séparé de toi, celui de l'escarbot frileux que j'ai quelquefois, sans le savoir, dérangé au fond de sa retraite, ou de la mouette étourdie qu'un orage subit forçoit à se réfugier près de moi dans le creux d'un vieux saule miné par l'âge et le feu dont les noires cavités et l'âtre comblé de cendre marquent le rendez-vous habituel des contrebandiers. C'est là, cruelle, le bonheur que tu me reproches. Mais, que dis-je? Ah! ce temps de misère n'a pas été sans bonheur! Quoiqu'il me fût défendu de te parler, et même de m'approcher de toi sans ta permission, je suivois du moins ton beau bateau du regard, et des follets moins sévèrement traités, compatissants à mes chagrins, m'apportoient quelquefois ton souffle et tes soupirs! Si le vent du soir avoit chassé de tes cheveux les débris d'une fleur d'automne, l'aile d'un ami complaisant la soutenoit dans l'espace jusqu'à la cime du rocher solitaire, jusque dans la vapeur du nuage errant où j'étois relégué, et la laissoit tomber en passant sur mon cœur. Un jour même, t'en souvient-il? le nom de Trilby avoit expiré sur ta bouche; un lutin s'en saisit, et vint charmer mon oreille du bruit de cet appel involontaire. Je pleurois alors en pensant à toi, et les larmes de ma douleur se changèrent en larmes de joie : est-ce près de toi qu'il m'étoit réservé de regretter les consolations de mon exil?

— Expliquez-vous, Trilby, dit Jeannie qui cherchoit à se distraire de son émotion. — Il me semble que vous venez de me dire, ou de rappeler qu'il vous étoit défendu de me parler et de vous rapprocher de moi sans ma permission. (C'étoit en effet l'arrêt du moine de Balva.) Comment se fait-il donc que maintenant vous soyez dans mon bateau, près de moi, connu de moi, sans que je vous l'aie permis?...

— Jeannie, pardonnez-moi de vous le répéter, si cet aveu coûte à votre cœur!... Vous avez dit que vous m'aimiez!

— Séduction ou foiblesse, égarement ou pitié, je l'ai dit, reprit Jeannie, mais auparavant, mais jusque-là je croyois que le bateau devoit être inaccessible pour vous, comme la chaumière...

— Je ne le sais que trop! Combien de fois n'ai-je pas tenté inutilement de l'appeler près de moi! L'air emportoit mes plaintes, et vous ne m'entendiez pas!

— Alors, comment puis-je comprendre?...

— Je ne le comprends pas moi-même, répondit Trilby, à moins, continua-t-il d'un ton de voix plus humble et plus tremblant, que vous n'ayez confié le secret que je vous ai surpris par hasard à des cœurs favorables, à des amitiés tutélaires, qui, dans l'impossibilité de révoquer entièrement ma sentence, n'ont pas renoncé à l'adoucir...

— Personne, personne, s'écria Jeannie épouvantée; moi-même je ne savois pas, moi-même je n'étois pas sûre encore... et votre nom n'est parvenu de ma pensée à mes lèvres que dans le secret de mes prières...

— Dans le secret de vos prières, vous pouviez émouvoir un cœur qui m'aimât, et si devant mon frère Colombain, Colombain Mac-Farlane...

— Votre frère Colombain ! si devant lui... et c'est votre frère ! Dieu de bonté !... prenez pitié de moi ! Pardon !... pardon !...

— Oui, j'ai un frère, Jeannie, un frère bien aimé qui jouit de la contemplation de Dieu, et pour qui mon absence n'est que l'intervalle pénible d'un triste et périlleux voyage dont le retour est presque assuré. Mille ans ne sont qu'un moment sur la terre pour ceux qui ne doivent se quitter jamais.

— Mille ans, c'est le terme que Ronald vous avoit assigné, si vous rentriez à la chaumière...

— Et que sont mille ans de la plus sévère captivité ? que serait une éternité de mort, une éternité de douleur, pour l'âme que tu aurois aimée, pour la créature trop favorisée de la Providence qui auroit été associée pendant quelques minutes aux mystères de ton cœur, pour celui dont les yeux auroient trouvé dans tes yeux un regard d'abandon, sur ta bouche un sourire de tendresse ! Ah ! le néant, l'enfer même n'auroit que des tourments imparfaits pour l'heureux damné dont les lèvres auroient effleuré tes lèvres, caressé les noirs anneaux de tes cheveux, pressé tes cils humides d'amour, et qui pourroit penser toujours, au milieu des supplices sans fin, que Jeannie l'a aimé un moment ! Conçois-tu cette volupté immortelle ? Ce n'est pas ainsi que la colère de Dieu s'appesantit sur les coupables qu'elle veut punir ! — Mais tomber, brisé de sa puissante main, dans un abîme de désespoir et de regrets où tous les démons répètent pendant tous les siècles : « Non, non, Jeannie ne t'a pas aimé ! » Cela, Jeannie, c'est une horrible pensée, un inconcevable avenir ! — Vois, regarde, consulte ; mon enfer dépend de toi.

— Songez du moins, Trilby, que l'aveu de Dougal est nécessaire à l'accomplissement de vos désirs et que sans lui...

— Je me charge de tout, si votre cœur répond à mes

prières. — O Jeannie!... à mes prières et à mes espérances!...

— Vous oubliez!...

— Je n'oublie rien!...

— Dieu! cria Jeannie, tu ne vois pas!... tu ne vois pas!... tu es perdu!...

— Je suis sauvé, répondit Trilby en souriant.

— Voyez... voyez... Dougal est près de nous.

En effet, au détour d'un petit promontoire qui lui avoit caché un moment le reste du lac, la barque de Jeannie se trouva si près de la barque de Dougal que, malgré l'obscurité, il auroit infailliblement remarqué Trilby, si le lutin ne s'étoit précipité dans les flots à l'instant même où le pêcheur préoccupé y laissait tomber son filet. — En voici bien d'une autre, dit-il en le retirant, en dégageant de ses mailles une boîte d'une forme élégante et d'une matière précieuse qu'il crut reconnoître à sa blancheur si éclatante et à son poli si doux pour de l'ivoire incrusté de quelque métal brillant et enrichi de grosses escarboucles orientales, dont la nuit ne faisoit qu'augmenter la splendeur. — Imagine-toi, Jeannie, que depuis le matin je ne cesse de remplir mes filets des plus beaux poissons bleus que j'aie jamais pêchés dans le lac; et, pour surcroît de bonne fortune, je viens d'en tirer un trésor; car, si j'en juge par le poids de cette boîte et par la magnificence de ses ornements, elle ne contient rien moins que la couronne du roi des îles, ou les joyaux de Salomon. Empresse-toi donc de la porter à la chaumière, et reviens en hâte vider nos filets dans le réservoir de la rade, car il ne faut pas négliger les petits profits, et la fortune que saint Colombain m'envoie ne me fera jamais oublier que je suis un simple pêcheur.

La batelière fut longtemps sans pouvoir se rendre compte de ses idées. Il lui sembloit qu'un nuage flottoit devant ses yeux et obscurcissoit sa pensée, ou que, transportée d'illusion en illusion par un songe inquiet, elle subissoit le poids du sommeil et de l'accablement au point de ne pouvoir se réveiller. En arrivant à la chaumière, elle commença par déposer la boîte avec précaution, puis s'approcha du foyer, détourna la cendre encore ardente, et s'étonna de trouver des charbons enflammés comme à la veillée d'une fête. Le grillon chantoit de joie sur le bord de sa grotte domestique, et la flamme vola vers la lampe qui trembloit dans la main de Jeannie, avec tant de rapidité que la chambre en fut subitement éclairée. Jeannie pensa d'abord que sa paupière étoit frappée enfin à la suite d'un long rêve par la clarté du matin; mais ce n'étoit pas cela. Les charbons étinceloient comme auparavant; le grillon joyeux chantoit toujours, et la boîte mystérieuse se trouvoit toujours à l'endroit où elle venoit d'être placée, avec ses compartiments de vermeil, ses chaînes de perles et ses rosaces de rubis. — Je ne dormois pas! dit Jeannie... je ne dormois pas! — Fortune déplorable! continua-t-elle en s'asseyant près de la table et en laissant retomber sa tête sur le trésor de Dougal. Que m'importent les vaines richesses que renferme cette cassette d'ivoire? Les moines de Balva pensent-ils avoir payé à ce prix la perte du malheureux Trilby; car je ne puis douter qu'il ait disparu sous les flots, et qu'il faille renoncer à le revoir jamais! Trilby, Trilby! dit-elle en pleurant, et un soupir, un long soupir lui répondit. Elle regarda autour d'elle, elle prêta l'oreille pour s'assurer qu'elle s'étoit trompée. En effet, on ne soupiroit plus. — Trilby est mort! s'écria-t-elle, Trilby n'est pas ici! D'ailleurs, ajouta-t-elle avec une maligne joie, quel parti Dougal tirera-t-il de ce meuble qu'on ne peut ouvrir sans le briser? qui lui apprendra le secret de la serrure fée qui doit rouler sur ces émeraudes? Il faudroit savoir les mots magiques de l'enchanteur qui l'a construite, et vendre son âme à quelque démon pour en pénétrer le mystère. — Il ne faudroit qu'aimer Trilby et que lui dire qu'on l'aime, repartit une voix qui s'échappoit de l'écrin merveilleux. Condamné pour toujours si tu refuses, sauvé pour toujours si tu consens, voilà ma destinée, la destinée que ton amour m'a faite...

— Il faut dire?... reprit Jeannie.

— Il faut dire : Trilby, je t'aime!

— Le dire... et cette botte s'ouvriroit alors ?... et vous series libre ?

— Libre et heureux !

— Non, non, dit Jeannie éperdue, non, je ne le peux pas, je ne le dois pas !...

— Et que pourrais-tu redouter ?

— Tout ! répondit Jeannie, un parjure affreux — le désespoir — la mort !...

— Insensée ! qu'as-tu donc pensé de moi ?... t'imagines-tu, toi qui es tout pour l'infortuné Trilby, qu'il iroit tourmenter ton cœur d'un sentiment coupable, et le poursuivre d'une passion dangereuse qui détruiroit ton bonheur, qui t'empoisonneroit ta vie ?... Juge mieux de sa tendresse. Non, Jeannie, je t'aime pour le bonheur de t'aimer, de t'obéir, de dépendre de toi. — Ton aveu n'est qu'un droit de plus à ma soumission ; ce n'est pas un sacrifice. — En me disant que tu m'aimes, tu délivres un ami et tu gagnes un esclave ! Quel rapport oses-tu imaginer entre le retour que je te demande et la noble et touchante obligation qui te lie à Dougal ? L'amour que j'ai pour toi, ma Jeannie, n'est pas une affection de la terre : ah ! je voudrois pouvoir te dire, pouvoir te faire comprendre comment, dans un monde nouveau, un cœur passionné, un cœur qui a été trompé ici dans ses affections les plus chères, ou qui en a été dépossédé avant le temps, s'ouvre à des tendresses infinies, à d'éternelles félicités qui ne peuvent plus être coupables ! — Tes organes trop faibles encore n'ont pas compris l'amour ineffable d'une âme dégagée de tous les devoirs, et qui peut sans infidélité embrasser toutes les créatures de son choix d'une affection sans limites ! O Jeannie ! tu ne sais pas combien il y a d'amour hors de la vie, et combien il est calme et pur !

— Dis-moi, Jeannie, dis-moi seulement que tu m'aimes ! Cela n'est pas difficile à dire... Il n'y a que l'expression de la haine qui doive coûter quelque chose à ta bouche. — Moi, je t'aime, Jeannie, je n'aime que toi ! — Vois-tu, ma Jeannie, il n'y a pas une pensée de mon esprit qui ne t'appartienne ! — Il n'y a pas un battement de mon cœur qui ne soit pour le tien ! mon sein palpite si fort, quand l'air que je parcours est frappé de ton nom ! — mes lèvres mêmes frémissent et balbutient quand je veux le prononcer ! O Jeannie ! que je t'aime ! — et tu ne diras pas, tu n'oseras pas dire, toi : Je t'aime, Trilby ! pauvre Trilby, je t'aime un peu !...

— Non, non, dit Jeannie en s'échappant avec effroi de la chambre où étoit déposée la riche prison de Trilby ; non, je ne trahirai jamais les serments que j'ai faits à Dougal, que j'ai faits librement, et au pied des saints autels ; il est vrai que Dougal a quelquefois une humeur difficile et rigoureuse, mais je suis assurée qu'il m'aime. Il est vrai aussi qu'il ne sait pas exprimer les sentiments qu'il éprouve, comme ce fatal esprit déchaîné contre mon repos ; mais qui sait si ce don funeste n'est pas un effet particulier de la puissance du démon, et si ce n'est pas lui qui me séduit dans les discours artificieux du lutin ! Dougal est mon ami, mon mari, l'époux que je choisirois encore ; il a ma foi, et rien ne triomphera de ma résolution et de mes promesses ! rien ! pas même mon cœur, continua-t-elle en soupirant ! qu'il se brise plutôt que d'oublier le devoir que Dieu lui a imposé !...

Jeannie avoit à peine eu le temps de s'affermir dans la détermination qu'elle venoit de prendre, en se la répétant à elle-même avec une force de volonté d'autant plus énergique qu'elle avoit plus de résistance à vaincre ; elle murmuroit encore les dernières paroles de cet engagement secret, quand deux voix se firent entendre auprès d'elle, au-dessous du chemin de traverse qu'elle avoit pris pour arriver plus tôt au bord du lac, mais qu'on ne pouvoit parcourir avec un fardeau considérable, tandis que Dougal arrivoit ordinairement par l'autre, chargé des plus beaux de ses poissons, surtout lorsqu'il amenoit un hôte à la chaumière. Les voyageurs suivoient la route inférieure et marchoient lentement comme des hommes occupés d'une conversation sérieuse. C'étoient Dougal et le vieux moine de Balva que le hasard venoit de conduire sur le rivage opposé, et qui étoit arrivé à temps pour passer dans la barque du pêcheur, et pour lui demander l'hospitalité. On peut croire que Dougal n'étoit pas disposé à la refuser au saint commensal du monastère dont il avoit reçu ce jour-là même tant de bienfaits signalés, car il n'attribuoit pas à une autre protection le retour inespéré des trésors de la pêche, et la découverte de cette boîte, si souvent rêvée, qui devoit contenir des trésors bien plus réels et bien plus durables. Il accueillit donc le vieux moine avec plus d'empressement encore que le jour mémorable où il avoit à lui demander le bannissement de Trilby, et c'étoit des expressions réitérées de sa reconnoissance et des assurances solennelles de la continuation des bontés de Ronald, qu'avoit été frappée l'attention de Jeannie. Elle s'arrêta comme malgré elle pour écouter, car elle avoit craint d'abord, sans se l'avouer, que ce voyage n'eût un autre objet que la quête ordinaire d'Inverary, qui ne manquoit jamais de ramener, dans cette saison, un des émissaires du couvent; sa respiration étoit suspendue, son cœur battoit avec violence; elle attendoit un mot qui lui révélât un danger pour le captif de la chaumière, et quand elle entendit Ronald prononcer d'une voix forte : — Les montagnes sont délivrées, les méchants esprits sont vaincus : le dernier de tous a été condamné aux vigiles de Saint-Colombain, elle conçut un double motif de se rassurer, car elle ne doutoit point des paroles de Ronald. — Ou le moine ignore le sort de Trilby, dit-elle, ou Trilby est sauvé et pardonné de Dieu comme il paroissoit l'espérer. Plus tranquille, elle gagna la baie où les bateaux de Dougal étoient amarrés, vida les filets pleins dans le réservoir, étendit les filets vides sur la plage après en avoir exprimé l'eau avec soin pour les prémunir contre l'atteinte d'une gelée matinale, et reprit le sentier des montagnes avec ce calme qui résulte du sentiment d'un devoir accompli, mais dont l'accomplissement n'a rien coûté à personne. — Le dernier des méchants esprits a été condamné aux vigiles de Saint-Colombain, répéta Jeannie; ce ne peut pas être Trilby, puisqu'il m'a parlé ce soir, et qu'il est maintenant à la chaumière, à moins qu'un rêve n'ait abusé mes esprits. Trilby est donc sauvé, et la tentation qu'il vient d'exercer sur mon cœur n'étoit qu'une épreuve dont il ne se seroit pas chargé lui-même, mais qui lui a été probablement prescrite par les saints. Il est sauvé, et je le reverrai un jour ; un jour certainement ! s'écria-t-elle ; il vient lui-même de me le dire : mille ans ne sont qu'un moment sur la terre pour ceux qui ne doivent se quitter jamais !

La voix de Jeannie s'étoit élevée de manière à se faire entendre autour d'elle, car elle se croyoit seule alors. Elle suivoit les longues murailles du cimetière qui, à cette heure inaccoutumée, n'est fréquenté que par les bêtes de rapine, ou tout au plus par de pauvres enfants orphelins qui viennent pleurer leur père. Au bruit confus de ce gémissement qui ressembloit à une plainte du sommeil, une torche s'exhaussa de l'intérieur jusqu'à l'élévation des murs de l'enceinte funèbre et versa sur la longue tige des arbres les plus voisins des lumières effrayantes. L'aube du Nord, qui avoit commencé à blanchir l'horizon polaire depuis le coucher du soleil, déployait lentement son voile pâle à travers le ciel et sur toutes les montagnes, triste et terrible comme la clarté d'un incendie éloigné auquel on ne peut porter du secours. Les oiseaux de nuit, surpris dans leurs chasses insidieuses, resserroient leurs ailes pesantes et se laissoient rouler étourdis sur les pentes du Cobler, et l'aigle épouvanté crioit de terreur à la pointe de ses rochers, en contemplant cette aurore inaccoutumée qu'aucun astre ne suit et qui n'annonce pas le matin.

Jeannie avoit souvent ouï parler des mystères des sorcières et des fêtes qu'elles se donnoient dans la dernière demeure des morts, à certaines époques des lunes d'hiver. Quelquefois même, quand elle rentroit fatiguée sous le toit de Dougal, elle avoit cru remarquer cette lueur capricieuse qui s'élevoit et retomboit rapidement ; elle avoit cru saisir dans l'air des éclats de voix singuliers, des rires glapissants et féroces, des chants qui paroissoient appartenir à un autre monde, tant ils étoient grêles et fugitifs. Elle se souvenoit de les avoir vues, avec leurs tristes lambeaux souillés de cendre et de sang, se perdre dans les ruines de la clôture inégale, ou s'égarer comme la fumée blanche et bleue du soufre dévoré par la flamme, dans les ombres des bois et dans les vapeurs du ciel. Entraînée par une curiosité invincible, elle franchit le seuil redoutable qu'elle n'avoit jamais touché que de jour pour aller prier sur la tombe de sa mère. — Elle fit un pas et s'arrêta. — Vers l'extrémité du cimetière, qui n'étoit d'ailleurs ombragé que de cette espèce d'ifs dont les fruits, rouges comme des cerises tombées de la corbeille d'une fée, attirent de loin tous les oiseaux de la contrée; derrière l'endroit marqué pour une dernière fosse qui étoit déjà creusée et qui étoit encore vide, il y avoit un grand bouleau qu'on appeloit l'ARBRE DU SAINT, parce que l'on prétendoit que saint Colombain, jeune encore, et avant qu'il fût entièrement revenu des illusions du monde, y avoit passé toute une nuit dans les larmes, en luttant contre le souvenir de ses profanes amours. Ce bouleau étoit depuis un objet de vénération pour le peuple, et si j'avois été poète, j'aurois voulu que la postérité en conservât le souvenir.

Jeannie écouta, retint son souffle, baissa la tête pour entendre sans distraction, fit encore un pas, écouta encore. Elle entendit un faible bruit semblable à celui d'une boîte d'ivoire qui se brise ou d'un bouleau qui éclate, et au même instant elle vit la longue réverbération d'une clarté éloignée courir sur la terre, blanchir à ses pieds et s'éteindre sur ses vêtements. Elle suivit timidement jusqu'à son origine le rayon qui l'éclairoit; il aboutissoit à l'ARBRE DU SAINT, et devant l'ARBRE DU SAINT il y avoit un homme debout dans l'attitude de l'imprécation, un homme prosterné dans l'attitude de la prière. Le premier brandissoit un flambeau qui baignoit de lumière son front impitoyable, mais serein. L'autre étoit immobile. Elle reconnut Ronald et Dougal. Il y avoit encore une voix, une voix éteinte comme le dernier souffle de l'agonie, une voix qui sanglotoit foiblement le nom de Jeannie, et qui s'évanouit dans le bouleau. — Trilby ! cria Jeannie... et laissant derrière elle toutes les fosses, elle s'élança dans la fosse qui l'attendoit sans doute, car personne ne trompe sa destinée. — Jeannie, Jeannie ! dit le pauvre Dougal. — Dougal ! répondit Jeannie en étendant vers lui sa main tremblante, et en regardant tour à tour Dougal et l'ARBRE DU SAINT, Daniel, mon bon Daniel, mille ans ne sont rien sur la terre... rien, reprit-elle en soulevant péniblement sa tête; puis elle la laissa retomber et mourut. Ronald, un moment interrompu, reprit sa prière où il l'avoit laissée.

Il s'étoit passé bien des siècles depuis cet évènement quand la destinée des voyages, et peut-être aussi quelques soucis du cœur, me conduisirent au cimetière. Il est maintenant loin de tous les hameaux, et c'est à plus de quatre lieues qu'on voit flotter sur la même rive la fumée des hautes cheminées de Portincaple. Toutes les murailles de l'ancienne enceinte sont détruites; il n'en reste même que de rares vestiges, soit que les habitants du pays aient employé leurs matériaux à de nouvelles constructions, soit que les terres des boulingrins d'Argail, entraînées par des dégels subits, les aient peu à peu recouverts. Cependant la pierre qui surmontoit la fosse de Jeannie a été respectée par le temps, par les cataractes du ciel et même par les hommes. On y lit toujours ces mots tracés d'une main pieuse : *Mille ans ne sont qu'un moment sur la terre pour ceux qui ne doivent se quitter jamais.* L'ARBRE DU SAINT est mort, mais quelques arbustes pleins de vigueur couronnoient sa souche épuisée de leur riche feuillage, et quand un vent frais souffloit entre leurs scions verdoyants, et courboit, et relevoit leurs épaisses ramées, une imagination vive et tendre pouvoit y rêver encore les soupirs de Trilby sur la fosse de Jeannie. Mille ans sont si peu de temps pour posséder ce qu'on aime, si peu de temps pour le pleurer !...

FIN

LYDIE

LYDIE

ou

LA RÉSURRECTION

PAR

CHARLES NODIER

Chamfort écrit quelque part : « A vingt-cinq ans, il faut que le cœur se brise ou qu'il se bronze. »

A vingt-cinq ans mon cœur s'étoit brisé.

Du dégoût de la vie positive j'étois arrivé à la prendre en horreur. Toutes mes idées, toutes mes espérances se rattachoient à cette vie de l'avenir, qui ne sera point (les matérialistes le disent), ou qui reste du moins pour nous, tant que nous sommes, un incompréhensible mystère. Toutes ses ténèbres s'étoient éclaircies à mes yeux. J'y pénétrois comme dans la réalité. Je sentois, je comprenois profondément que Dieu, qui ne pourroit lui-même, selon les règles immuables auxquelles il a soumis la création, détruire le plus petit atome de la matière, ne s'étoit pas réservé dans sa toute-puissance la puissance d'anéantir ce feu céleste de l'intelligence et de l'amour, qui est la plus parfaite de ses œuvres; je croyois donc fortement à la nécessité des compensations éternelles, abstraction faite de la révélation qui nous les promet, car j'étois né dans un siècle de peu de foi, et cette conviction me soutenoit contre toutes les douleurs. Une fois que je fus parvenu à ce point de philosophie ou à ce degré d'illusion, les plaies de mon cœur se cicatrisèrent peu à peu; mais je tendis tous les efforts de ma prudence à lui en épargner de nouvelles, en m'isolant, autant que je le pouvois, de mes compagnons de misère. Il n'y a rien qui conduise plus facilement à l'égoïsme que la lassitude d'une sensibilité aigrie; j'avois été brisé si souvent dans mes affections les plus chères, que je fis consister la sagesse à ne plus rien aimer, dans la crainte de perdre encore ce que j'aimois; et il me sembla qu'on pouvoit vivre ainsi, comme si aimer et vivre n'étoient pas la même chose.

Ma fortune me permettoit encore les voyages, cette manière mobile et rapide d'exister, qui ne se compose que de sensations fugitives, et qui nous emporte à travers tous les attachements de la terre, sans nous laisser le temps d'en contracter un nulle part. La vie elle-même est un voyage, me disois-je, et ce n'est qu'à défaut de la varier par des transitions de tous les jours qu'on se prend à elle d'un lien si difficile à dissoudre. Quel regret troubleroit le dernier moment de l'insouciant pèlerin qui a changé tous les jours de famille et de patrie, qui n'a laissé à personne la mémoire de ses traits et de son nom, qui ne doit de larmes qu'aux souvenirs de son enfance, et qui ne coûtera point de larmes aux témoins de sa mort? Mourir ainsi, c'est passer d'une auberge à une autre; c'est tout au plus se dépayser un peu, et j'y serai bien accoutumé.

Ce que j'aurois dû me dire, c'est que mourir ainsi, c'est mourir sans avoir vécu; c'est que nous ne sommes sur la terre que pour nous aimer, nous servir réciproquement, nous aider les uns les autres à porter le poids de la vie; c'est que la résurrection seroit inutile à qui n'auroit pas accompli ce devoir, et que l'homme qui n'a pas aimé ressuscite à peine, s'il est permis de s'exprimer ainsi, car nous ne sommes appelés à jouir du bienfait de la résurrection que par la bienveillance et par la vertu. Ces nouvelles idées germèrent dans mon cœur à l'occasion d'un événement que je veux vous raconter.

Pour être conséquent avec mon système, je n'avois point de domestique attitré. Un domestique, cela aime quelquefois, et cela peut être aimé; j'en changeois comme de domicile, ou, pour mieux dire, comme de station, et mes stations étoient fort courtes. Si je perdois à cet arrangement les avantages d'un service assidu, régulier, affectueux peut-être, j'y gagnois des guides plus intelligents, plus familiers avec les contrées que je parcourois, plus instruits de ces particularités qui animent l'aspect des lieux ; je voyageois mieux et avec plus de fruit. Celui que je pris à Genève pour m'accompagner dans le pays de Vaud, et qui devoit me quitter à Martigny, sa résidence ordinaire, s'appeloit le petit Lugon, à cause de l'extrême exiguité de sa taille, d'ailleurs robuste et bien prise, que la nature avoit opposée, dans un de ces jeux qui l'amusent, comme une miniature capricieuse aux proportions gigantesques du monde alpin. Le petit Lugon réunissoit d'ailleurs toutes les qualités qui font du guide des Alpes une espèce à part, un type particulier. C'étoit une histoire vivante, une biographie, une statistique helvétienne, et je conviens qu'il n'auroit pas fallu lui demander davantage ; c'étoit mieux cependant que tout cela, car le petit Lugon n'étoit heureusement ni savant, ni sceptique. Tout l'agrément de sa conversation consistoit en une bonne foi naïve qui n'avoit en vue ni l'espérance d'apprendre, ni la prétention d'enseigner ; il savoit le nom des choses et la date des faits ; mais sa modeste intelligence ne s'étoit jamais efforcée de remonter à la cause de tous les effets et de pressentir les effets de toutes les causes ; il disoit ce qu'il savoit, et croyoit ce qu'il disoit : c'est ainsi que j'aime l'érudition. Quand une question inattendue venoit le surprendre au milieu de ses récits, et le transporter des réalités de la vie positive dans le monde conjectural de l'imagination et de la métaphysique, il sortoit ordinairement d'embarras par cette exclamation que le bienfait d'une organisation favorisée a enseignée aux peuples de l'Orient, mais qui appartient heureusement dans tous les pays à la langue des hommes sensés : « Dieu est grand », disoit Lugon ; et je mets tous les philosophes de la terre au défi de trouver une solution plus raisonnable à la plupart des difficultés que présentent les sciences. Je ne doute pas qu'on ne recommence un jour l'*Encyclopédie* sous cette inspiration, et il y aura moyen alors d'en faire un bon livre, c'est-à-dire tout autre chose que ce qu'elle est aujourd'hui ; mais Lugon ne pensait nullement à recommencer l'*Encyclopédie;* il n'en avoit jamais entendu parler.

Nous étions partis de Vevey dans l'après-midi d'une belle journée de printemps, pour aller visiter, à défaut des bosquets de Clarens qui n'ont pas existé, et dont je ne me soucie guère, le château de Chillon dont je ne me soucie pas du tout. Les voyageurs s'imaginent mal à propos qu'il est bon de voir ce que d'autres voyageurs sont venus voir avant eux, et c'est presque toujours ce qui ne mérite pas d'être vu.

Nous cheminions côte à côte sous les ombrages de la route, sans presser le pas de nos chevaux, quand Lugon rompit le silence pour se parler tout haut à lui-même :

— Voilà la maison de George, dit-il, mais Lydie n'y est plus. La pauvre créature a profité du beau temps pour aller composer à George un bouquet de fleurs sauvages, dans ce méchant coin de terre qu'elle appelle son jardin.

Nous passions en effet, au même instant, devant une jolie maison blanche, fermée par une porte et des volets verts, et dont tout l'aspect faisoit naître une idée agréable de calme, d'aisance et de propreté.

— La maison de George, repris-je aussitôt, et qu'est-ce donc que George ?

— Oh ! George ! répondit le petit Lugon, c'est le mari de Lydie.

— Fort bien, mais ne puis-je savoir ce que c'est que Lydie ?

— Lydie, répliqua froidement Lugon, soit qu'il ne prît pas garde à la monotonie de ce cercle vicieux, soit qu'il eût quelque secrète envie d'exciter ma curiosité, Lydie, monsieur, c'est la femme de George.

— A la bonne heure ! m'écriai-je en contraignant mon impatience ; mais Lydie et George, une fois pour toutes, n'apprendrai-je pas ce qu'ils sont, et sous quel rapport ils ont le bonheur de vous intéresser?

— Lydie et George, reprit-il en rapprochant sa monture de la mienne, et en appuyant familièrement sa main sur l'arçon de ma selle, c'est une histoire.

— Va pour une histoire, car je n'ai rien de mieux à faire que de l'entendre raconter. Et nous mîmes nos chevaux au pas.

Le petit Lugon se recueillit alors un moment; il passa lentement ses doigts sur son front comme pour rétablir l'ordre de ses souvenirs, releva ensuite sa tête avec assurance, et commença ainsi :

— George et Lydie étoient donc mari et femme, comme vous savez, et on n'avoit jamais vu de couple mieux assorti en toutes choses, car il n'y avoit rien de plus beau que George, si ce n'est Lydie, et il n'y avoit rien de meilleur que Lydie, si ce n'est George. On suppose qu'ils n'étoient pas bien munis d'argent quand ils arrivèrent dans le pays, il y a quatre ou cinq ans, car ils allèrent loger chez la mère Zurich, qui occupoit alors une pauvre chaumière de la côte, au-dessus de ces vignes; et je pourrois vous la montrer encore, si le petit verger qui la borde n'étoit pas devenu si touffu maintenant; mais cela seroit inutile, puisqu'elle l'a donnée à un de ses voisins qui étoit plus pauvre qu'elle. C'est une bien digne femme ! Peu de temps après, George descendit au rivage et se mit au service des bateliers et des pêcheurs. Comme il étoit vigoureux, adroit, sobre, cordial et avenant, il eut bientôt plus à faire à lui seul que tous les rameurs du lac; mais il n'abusa pas de ses avantages, et on a su depuis que lorsqu'un de ses compagnons avoit fait une mauvaise journée, George ne manquoit jamais de lui faire part de ses bénéfices, en sorte que tout le monde l'aimoit à cause de sa générosité; et, ce qui est bien rare, plus il augmentoit sa petite fortune, moins il avoit de jaloux. C'est peut-être même la seule fois que cela soit arrivé. Vous comprenez qu'il eut bientôt un bateau et des filets à lui, et c'est dans ce temps-là que, pour se mettre mieux à la portée du lac, il acheta la jolie petite maison que je vous ai montrée tout à l'heure. Il est vrai qu'elle n'étoit pas chère alors, et que c'est à force de soins et d'économies qu'il l'a embellie d'année en année. Ce qui le détermina surtout à quitter son méchant réduit, ce fut la mort d'un enfant qu'il avoit perdu là-haut, sa femme ne pouvant plus vivre dans un endroit qui lui rappeloit à chaque instant sa douleur; mais ils emmenèrent la mère Zurich avec eux. Elle avoit soigné l'enfant, la mère Zurich, elle l'avoit aimé; Lydie la regardoit souvent en pleurant, et elles pleuroient ensemble. Quant à Lydie, on ne la voyait guère que le dimanche, quand elle alloit entendre la messe à la chapelle catholique, ou les jours de bonne fête, qu'elle traversoit le lac pour aller faire ses dévotions à Saint-Gengoux. Voilà, monsieur, ce que c'étoit que George et que Lydie.

— Je vous remercie, Lugon, dis-je en faisant un mouvement pour pousser mon cheval au trot; la bénédiction de Dieu ne sauroit descendre sur une plus honnête maison. Mais ce n'est pas là une histoire.

— Dieu est grand, reprit Lugon. Ce n'est pas l'histoire entière.

Je serrai la bride, et j'attendis.

— Comme George n'étoit pas du pays, continua Lugon, on s'informoit volontiers du lieu d'où il pouvoit être venu, et on se racontoit les uns aux autres ce qu'on apprenoit des étrangers; car monsieur n'ignore pas qu'il n'y a aucune contrée au monde qui soit plus parcourue des voyageurs que le canton de Vaud. George étoit né d'une famille honnête, et cependant très riche, dans un port de mer de France. Je ne me rappelle pas si c'étoit Strasbourg ou Perpignan; mais je suis sûr que ce devoit être du côté de l'Angleterre. Son père étoit armateur de vaisseaux pour le commerce, et associé, dans ses entreprises, avec le père de Lydie, ce qui fait qu'ils étoient convenus depuis longtemps de marier les jeunes gens quand ils auroient l'âge. Les pauvres enfants s'aimoient tendrement, et leurs fortunes étoient si parfaitement égales, qu'il n'y avait pas un mot à redire sur la convenance. Mais l'homme propose et Dieu dispose. Une tempête, une banqueroute, un pirate enleva tout. Les deux amis moururent de chagrin à peu de jours l'un de l'autre, et les amants restèrent si tristes, si pauvres et si abandonnés, qu'il ne fut plus question de leurs fiançailles. George, qu'on avoit élevé pour un métier inutile, comme celui de député, d'auteur ou d'avocat, se sentit de l'âme et du courage. Il alla travailler sur le port, et il gagna bravement sa vie à porter des fardeaux comme un simple homme du peuple, parce qu'il étoit fort, ainsi que je vous l'ai déjà dit, et parce qu'il n'étoit pas fier. Ses anciens camarades le prirent en dédain ; mais il se soucioit bien d'eux !

Un jour qu'il s'occupoit du déchargement d'un vaisseau, et qu'il demandoit où l'on devoit porter les ballots, on lui donna l'ancienne adresse de son père. C'étoit le seul bâtiment de l'armateur qui eût échappé à l'accident où avoient péri tous les autres.

— C'est bon, dit George. Mon père avoit la confiance d'un grand nombre de négociants dont son malheur a ébranlé la fortune, et ceci les dédommage.

Il paya donc honorablement les dettes de son père, ne conservant pour lui que le peu qu'il plut aux créanciers de lui laisser ; après quoi il se remit à travailler comme auparavant. Sa conduite fut remarquée, quoiqu'elle fût naturelle, parce que les hommes estiment volontiers l'honnêteté, même quand ils ne la pratiquent pas.

Il faut vous dire, monsieur, que George avoit un oncle d'un grand âge, qui n'étoit pas marié et qui était fort opulent, car il avoit pris part aux affaires commerciales du père de George tant qu'elles étoient sûres, et il s'en étoit retiré à propos quand elles devinrent douteuses. L'oncle de George le manda par-devers lui, et les gens qui nous ont rapporté ces détails prétendent qu'il lui parla de la sorte :

— Parbleu, monsieur, j'en apprends de belles sur votre compte ! Quoique votre mère, qui étoit ma sœur, n'eût jamais engagé son bien dans les entreprises de son mari, parce que j'avois su l'en dissuader, et que vous eussiez beaucoup plus à réclamer que le hasard ne vous avoit rendu, vous avez eu l'orgueil de payer tous les créanciers, comme si cela vous regardoit, pour satisfaire à je ne sais quel sot devoir d'exactitude et de probité dont personne ne vous tiendra compte. Ce n'est pas avec de semblables petitesses qu'on fait une bonne maison. Cette faute ne concerne, au reste, que vous, et je m'en soucierois peu, si je n'entendois dire que vous êtes obligé de vivre du travail de vos mains pour remédier à vos prodigalités insensées. Vous n'avez pas même observé que votre pauvreté pouvoit me faire du tort dans une ville où je passe mal à propos pour être fort riche. Savez-vous, monsieur, que jamais aucun homme du sang dont vous sortez ne s'est avisé de travailler pour le public, et que l'outil d'un artisan ou les crochets d'un porteur seront une honte éternelle à votre famille ?

— Hélas ! monsieur, répondit George, il ne me sembloit pas que ma conduite pût avoir de pareilles conséquences. Je regardois le travail comme la seule ressource honnête de ceux qui n'ont rien, et vous me permettrez de suivre cette opinion dans l'emploi pratique de ma vie, rien ne me prouvant jusqu'ici qu'elle ne soit pas digne d'un homme de cœur et d'un chrétien. Je comprends plus aisément que mon indigence non méritée humilie cependant la juste fierté d'une honorable famille, et je lui épargnerai sans regrets la honte qu'elle en reçoit, en transportant loin d'ici l'exercice de mon obscure industrie. Il y a même longtemps que j'y avois pensé, et, si je n'ai pas exécuté plus tôt ce projet, c'est qu'il me falloit le temps de ramasser quelques économies qui aboutissent bien lentement à quelque chose dans le métier que j'ai embrassé. A compter d'aujourd'hui, puisque vous le voulez, vous pouvez être assuré que je ne vous affligerai plus de ma vue et du spectacle de ma misère. Je suis prêt à partir.

— Fort bien, dit le vieillard en fronçant le sourcil. On pourroit donc vous décider à quitter la ville, en vous fournissant quelque argent pour les dépenses du voyage ? Ce sera peu, je vous en préviens. Il est si rare, l'argent!...

— Non, non, monsieur! s'écria George avec une indignation qu'il s'empressa de contenir. La ville, je peux la quitter, et je la quitterai; les économies que je me proposois de faire, je les ai faites. On ne dépense guère quand on n'est pas assez riche pour donner. De l'argent, je n'en veux pas. Depuis que je travaille, je n'en ai jamais eu besoin.

A ces mots le front du vieux millionnaire s'éclaira un peu.

— Écoute, dit-il à George d'un ton radouci : tu es mon neveu, le sang de mon sang, le fils de ma sœur chérie... oui, chérie, je puis le dire! nous nous aimions beaucoup dans notre enfance. On a le cœur tendre quand on est jeune. C'est l'expérience qui nous apprend la réalité des choses, et qui élève notre esprit à la connoissance des vérités positives; mais je suis ton oncle enfin, ton bon oncle, et je ne demanderois pas mieux que de te faire du bien, si je le pouvois. Il est vrai que je passe pour riche, mais c'est qu'on ne connoît pas mes affaires. D'ailleurs, les impôts enlèvent tout. Que dirois-tu cependant si je voulois assurer ton bonheur, c'est-à-dire ta fortune? Ce n'est pas que je pense à me dessaisir de mes petites propriétés, Dieu m'en garde! la prudence me le défend, et, par les vicissitudes du temps qui court, les gens sages gardent ce qu'ils ont; mais tu es mon seul héritier naturel, et je peux, sans me réduire à l'indigence, te garantir une part honorable de ma succession, si tu te maries à mon gré; car je suis ton bon oncle, mon pauvre George, et je n'ai en vue que ton bien-être à venir. Il faut bien se résoudre à quelque sacrifice pour ses parents. La femme que je te destine est précisément la veuve d'un des créanciers de ton père, une femme d'ordre et d'esprit, très belle encore pour son âge, et qui a placé tout l'argent que tu lui as rendu au douze pour cent d'intérêt, sur des nantissements superbes qui valent le triple, et qui ne seront probablement pas retirés, parce qu'elle ne prête pas à long terme. Tu seras donc riche après ma mort, et tu pourras soutenir dignement le nom de notre famille, en vivant d'économie; mais je t'expliquerai cela plus tard. Va donc tout préparer pour te mettre en état de justifier mes bienfaits, et nous dînerons demain avec ta future... chez elle.

— Je vous remercie, mon cher oncle, repartit George, des projets que vous avez formés pour me rendre heureux et je vous prie de croire à la reconnaissance que vos bontés m'inspirent; mais il m'est impossible d'en recueillir le fruit. Vous n'ignorez pas qu'avant la mort de mon père, j'étois près d'épouser Lydie, la fille de son ami, et l'infortune qui nous a frappés tous les deux en même temps n'a fait que rendre cet engagement plus inviolable. Deux volontés sacrées pour nous s'accordoient à nous unir, et la pauvreté ne nous a pas séparés.

— Vous épouseriez Lydie, une fille de rien et qui n'a rien! s'écria l'oncle furieux.

— Je venois vous en prévenir, répliqua George.

Et il se retira respectueusement, car la colère du vieillard ne se manifestoit plus qu'en imprécations, et George craignit d'être maudit.

Huit jours après, ils se marièrent, en effet, et ils partirent aussitôt, George ayant promis de quitter la ville pour ne pas faire rougir de son abaissement les honnêtes gens qui portoient son nom.

L'oncle de George dont l'âge n'étoit pas extrêmement avancé, mais que l'amour de l'or rongeoit d'avarice et de souci, vint à mourir au bout de quelques semaines; et comme il étoit philanthrope (un nouveau métier qui rapporte beaucoup), il laissa toute sa fortune à l'enseignement mutuel, qui est la plus belle invention dont on ait jamais ouï parler; c'est la manière de tout savoir sans apprendre et d'étudier sans maîtres. Dieu est grand! Quant au pauvre George, il pria pour son oncle, comme s'il en avoit hérité, mais ne s'affligea pas autrement de son abandon, et travailla courageusement jusqu'à la mort.

— George est donc mort? interrompis-je en pressant vivement le bras de Lugon.

— Je croyais vous l'avoir déjà dit, continua-t-il. C'étoit

le 6 octobre du dernier automne. Il y aura justement huit mois à la Fête-Dieu. George revenoit gaiement sur son bateau, après avoir fini sa journée, quand ses yeux furent frappés tout à coup de l'aspect d'un nuage de feu et de fumée que le vent poussoit sur le lac. Il pressentit aussitôt un accident terrible, et fit force de rames pour atteindre à ce petit cap de la grève, qu'on appelle maintenant le Jardin de Lydie. Un incendie dévoroit, en effet, la maison qui occupe l'autre côté de la route, et dont je vais vous montrer les ruines tout à l'heure. Il prit à peine le temps d'amarrer sa barque, se saisit d'une échelle que traînoient péniblement quelques vieillards, car les ouvriers n'étoient pas encore rentrés, et l'appliqua sous une fenêtre d'où il entendoit partir des cris. Un instant après, il s'étoit élancé dans la flamme, et reparaissoit avec une femme évanouie que je reçus dans mes bras, car j'étois arrivé presque au même moment, et je m'efforçois de le suivre. — Elle est sauvée! cria le peuple. Mais la pauvre créature, qui avoit repris connoissance au grand air, se mit à pousser d'affreux gémissements en appelant ses enfants. — Je m'étois cependant rapproché de la fenêtre autant que je l'avois pu, mais je cherchois inutilement à m'y cramponner à quelque chose, parce que tout brûloit, quand je sentis que George me passoit un nouveau fardeau, puis un troisième; c'étoient les enfants que j'eus bien du plaisir à entendre crier, et qui furent passés à leur mère de main en main; mais la malheureuse femme se lamentoit toujours, et je ne comprenois plus ses plaintes, la flamme bruissant dans mes oreilles comme une tempête. — Le berceau! le berceau! répétèrent alors quelques voix qui se rapprochoient de moi de plus en plus, parce qu'il s'étoit établi une chaîne, du bord du lac jusqu'à l'échelle où j'étois monté. — Le berceau! le berceau! criai-je à mon tour d'une voix presque étouffée par la fumée qui me suffoquoit. George rentra encore, et je crus bien qu'il ne reviendroit plus. En cet instant, le feu avoit atteint le sommet des montants de l'échelle et les échelons supérieurs, de manière qu'ils cédèrent tous à la fois, sans en excepter celui qui me portoit. La foule qui me pressoit par derrière me retint sur l'échelon suivant, et l'échelle s'appuya de son propre poids contre la muraille ardente que déchiroient déjà des fissures assez profondes pour que je pusse m'y retenir; mais la distance qui me séparoit de la fenêtre s'étoit agrandie de six pieds. George la mesura d'un regard, détacha lestement sa ceinture de batelier, et la passa en un clin d'œil autour du corps du pauvre innocent qu'il avoit tiré de son berceau. — A toi, Lugon, s'écria-t-il, et prends bien garde! L'enfant est vivant! il est sauvé, mais George étoit perdu; il étoit mort. A peine la pauvre petite créature étoit sortie de mes bras, que le toit s'écroula sur le plafond, que le plafond s'écroula sur George, et que tout s'engloutit dans un brasier horrible, où les restes mêmes de George n'ont pas été retrouvés. Il faut qu'il ait été consumé tout entier, ou que les anges l'aient enlevé au ciel. Dieu est grand!

— Bien, dis-je à Lugon en liant tendrement ma main à sa main; bien! mon noble ami!... Mais après?

— Après? reprit Lugon. Oh! les enfants se portent à merveille, et vous les auriez déjà vus, s'ils ne jouoient pas sous la saussaye.

— Mais, Lydie, tu ne m'en dis rien? Lydie est-elle morte aussi?

— Pour vous parler sincèrement, monsieur, il y a des gens qui pensent qu'il vaudroit autant qu'elle fût morte. Elle devint folle peu de jours après, une étrange folie, allez! Ne s'imagine-t-elle pas qu'elle est à demi ressuscitée et qu'elle passe toutes les nuits avec George lui-même, dans je ne sais quel coin du ciel? Rien ne peut lui ôter cette idée de l'esprit...

Comme il parloit ainsi, Lugon s'arrêta tout à coup.

— Tenez, monsieur, me dit-il en me montrant sur sa gauche un amas de décombres noircis, voilà la maison.

— Tenez, ajouta-t-il en se rapprochant de la haie qui garnissoit le côté droit du chemin, voilà le jardin de Lydie; et cette jeune femme qui s'y promène, les yeux penchés vers la terre, en cherchant des fleurs, c'est Lydie, la femme du pauvre George !

Il détourna ensuite brusquement son cheval, passa le dos de sa main sur ses yeux, et parut se disposer à reprendre la route convenue.

J'avois mis pied à terre :

— Tu m'attendras là, mon bon ami, lui dis-je, et tu laisseras reposer tes chevaux à l'ombre de ce tilleul. Il faut que je voie Lydie et que je lui parle !

— Gardez-vous-en bien, monsieur, reprit Lugon en essayant de me retenir par le bras. Le médecin dit que la folie est quelquefois contagieuse, et que celle de Lydie est de cette espèce. Il faut que cela soit vrai, puisque la mère Zurich croit fermement tout ce que Lydie lui raconte.

— Un homme aussi sensé que toi, répliquai-je en riant, peut-il s'abandonner à de semblables chimères ? Les médecins n'exercent d'empire sur notre crédulité qu'en se distinguant à l'envi par des propositions extraordinaires et par de fausses découvertes. Sois tranquille sur mon compte ; je suis parfaitement à l'abri de la contagion des idées d'un fou, et si cette infortunée n'a point de consolation à recevoir de moi, je n'ai du moins rien à craindre d'elle.

En même temps je gagnois l'autre côté de la haie, pendant que Lugon, un peu rassuré, se rangeoit à l'ombre en sifflant. Lydie n'avoit pas pris garde à moi. Sa corbeille étoit pleine, et elle s'étoit assise pour assortir ses bouquets.

J'arrivai au bord du lac en recueillant çà et là quelques fleurettes du rivage, pour attirer l'attention de Lydie. — Ne vous affligez pas, dis-je en les lui présentant, si je me permets de glaner dans votre moisson. Quoique ces fleurs soient plus fraîches et plus jolies qu'aucune de celles que j'ai vues dans mes voyages, mon intention n'est pas de les emporter avec moi, et je ne les ai rassemblées que pour les joindre à votre bouquet.

— Ah ! ah ! dit-elle en me regardant avec un sourire,

et en les déposant une à une dans la corbeille où elle avoit amassé les autres... C'est pour George. Il en a qui sont beaucoup plus belles, et qui ont des parfums dont aucune fleur de la terre ne peut donner l'idée ; mais il aime à revoir encore les fleurs qui croissent au bord du lac, et que nous avons autrefois cueillies ensemble. — Il ne tardera donc pas à revenir? repris-je en m'asseyant à quelques pas. — Pas ici, répondit-elle ; il n'y vient plus. Il ne peut pas y venir, puisqu'il est mort. Ne saviez-vous pas qu'il est mort?... — Mon cœur se serra. — Pardon, répliquai-je, pauvre Lydie ; je croyois que vous l'attendiez. — Eh non! s'écria-t-elle ; c'est lui qui m'attend ; mais j'irai bientôt, tout à l'heure, quand le soleil sera couché. Oh! si l'on pouvoit dormir toujours! — Votre sommeil est doux, Lydie, puisque vous désirez l'heure qui le ramène. Pendant ce temps-là, du moins, vous ne souffrez pas? — Souffrir! dit-elle en se rapprochant de moi ; qui est-ce qui souffre? Je ne souffre jamais, jamais ; pendant le jour, j'espère et j'attends. Je trouve quelquefois les journées longues, mais je les abrège à prier, à cueillir des fleurs pour George, à m'occuper de lui, à former des projets pour notre long bonheur, que rien ne pourra plus troubler quand nous serons réunis tout à fait. — Et la nuit, Lydie, la nuit que vous préférez au jour? — Oh! la nuit, nous sommes ensemble! Je ne vous l'ai donc jamais dit? C'est qu'il me semble, en effet, que je ne vous ai pas vu depuis longtemps ; mais je vous le dirai bien, si vous voulez. — Ce récit m'intéresseroit beaucoup s'il ne vous fatiguoit pas ; mais... Elle prit ma main dans une de ses mains, et passa l'autre sur son front, comme pour y chercher un souvenir. Ensuite elle demeura un instant en silence, pendant que ses idées se succédoient et s'enchaînoient les unes aux autres ; sa physionomie prenoit en même temps une expression plus animée, et ses yeux s'enflammoient d'une inspiration surnaturelle.

— Vous n'avez sans doute pas oublié le jour de l'incendie? dit-elle; personne ne l'a oublié. Ce fut bien affreux, n'est-il pas vrai? Cependant l'incendie s'apaisa; les enfants étoient sauvés; leur mère se trouvoit heureuse. Tout le monde étoit réuni; il n'y eut que George qui ne revint pas. Je ne sais pas si on m'en dit la raison ou si je la devinai. George étoit mort, et, dans ce temps-là, je regardois la mort comme une chose sérieuse, comme une séparation éternelle. Je pensai qu'entre George et moi c'étoit fini pour l'éternité, et je regrettai que ma douleur ne pût pas m'anéantir tout de suite. Il me sembla que je ne l'avois pas assez aimé, puisque je lui survivois; mais je me rassurai en pensant que le désespoir étoit une maladie semblable aux autres; qu'il lui falloit des périodes et des crises comme à la fièvre; qu'il ne tuoit pas comme un poignard. Cela seroit trop doux, pensois-je en moi-même, de mourir d'une première atteinte, de mourir presque sans souffrir, pendant que George a tant souffert; mais cependant j'espérois, aux convulsions de mon cœur prêt à se rompre, que je ne souffrirois pas longtemps. Je vécus ainsi, je ne sais pas combien de temps, sans mouvement, sans parole, sans aliments, sans sommeil, mais agitée dans mon esprit par des illusions singulières. La préoccupation de l'incendie me poursuivoit. De temps en temps, je sentois sa vapeur ardente se rouler sur moi comme un torrent; elle étouffoit ma respiration, elle brûloit mes cheveux et mes paupières, et quand je cherchois à fixer autour de moi mes yeux desséchés, je voyois les flammes qui gagnoient toutes les issues, qui s'allongeoient, se replioient, s'arrondissoient, se retiroient pour revenir, comme des langues de feu qui lèchent un bûcher avant de le consumer, et je me disois : Voilà qui est bien, je meurs avec George. Pourquoi a-t-on voulu me faire croire qu'il étoit mort sans moi? — Quelquefois j'entendois de fortes voix qui crioient tout près de mon oreille : Courage, courage, il est sauvé! Voyez comme les solives se sont croisées miraculeusement sur sa tête et l'ont préservé comme une voûte!.., — Il est sauvé! répétoient les petites filles des villages voisins qui revenoient des vendanges, et elles sautoient. — Je cherchois, moi, à tirer un cri inarticulé du fond de ma poitrine, pour demander qui étoit sauvé. — C'est moi ! c'est moi ! reprenoit George ; ne m'entends-tu pas ? — Je l'entendois bien, et je ne pouvois pas suffire à mon bonheur, car son haleine avoit effleuré ma joue ; mais au moment où je croyois le saisir, je m'apercevois que ma main étoit tombée dans la main d'un homme pâle et triste qui me regardoit d'un œil sec et sévère. — Elle ne mourra peut-être pas, disoit-il, mais sa raison est aliénée ; elle est folle.

Ici, Lydie s'arrêta un moment pour se recueillir de nouveau, et puis elle reprit sa phrase au mot où elle l'avoit laissée, entraînée en apparence par un ordre imprévu d'idées, mais sans en perdre la raison. — Folle, dit-elle. Qu'est-ce donc que d'être folle ? La folie, c'est l'état d'un esprit qui s'abandonne sans suite et sans règles à toutes les chimères dont il est frappé... un état heureux vraiment, le plus heureux de tous, après la mort, et le seul qu'il soit permis aux misérables d'envier, puisque c'est un crime de vouloir mourir. Je n'étois pas folle, moi ! Je n'oubliois rien ! je n'imaginois rien qui ne fût véritable ! Je savois que George étoit mort, je savois que j'étois seule, je savois qu'il ne reviendroit plus. J'aurois bien voulu être folle, mais je ne pouvois pas. J'avois plus de raison qu'il n'en faut pour comprendre mon infortune, et je la comprenois trop bien pour m'en distraire. Je me disois : Cet horrible serrement de cœur que j'éprouve, il faut qu'il dure jusqu'à ce qu'il ait brisé mon cœur. Cette angoisse dans laquelle je meurs, il faut que je la subisse, tant que je n'aurai pas fini de mourir. Mais, mourir, c'est si aisé, ajoutois-je alors (pardonnez à mon désespoir comme Dieu m'a pardonné !) ; cette jeune femme que George retira dernièrement du lac, et qu'on eut tant de peine à rappeler à la vie, elle ne vivoit plus, elle ne sentoit plus, elle n'avoit plus d'amour, plus de regrets, plus de douleurs ! Une minute encore, et elle étoit

Couvertures supérieure et inférieure
en couleur

N° 64   10 centimes

32 PAGES

LES GRANDS ROMANCIERS FRANÇAIS

CHARLES NODIER : NOUVELLES

L. BOULANGER, éditeur, 90, Boulevard Montparnasse, PARIS

Ont paru dans :

LES GRANDS ROMANCIERS FRANÇAIS :

LE FILS DE FAMILLE
Par XAVIER DE MONTÉPIN
Livraisons 1 à 10

LE JEU DE LA MORT
Par PAUL FÉVAL
Livraisons 10 à 21

LA TONTINE INFERNALE
Livraisons 21 à 32

FLEURETTE
HISTOIRE D'UNE BOUQUETIÈRE
Par E. SCRIBE
Livraisons 32 à 44

REINE
Par JULES LERMINA
Livraisons 45 à 52

Paris—Imp. Paul Dupont (Cl.)

en repos, la pauvre créature, pour toute l'éternité. Le repos qu'elle avoit trouvé si vite, qui m'empêche de l'obtenir et de le goûter comme elle? Il y a si près d'ici un lac, et les eaux y sont si profondes!... Vous concevez bien, mon ami, que cette résolution m'étoit venue, parce que je ne pensois pas à Dieu... Hélas, je ne pensois qu'à George!... et cependant elle me calma. Je fus tranquille de l'espérance de l'être bientôt. J'ouvris les yeux pour savoir s'il était nuit, car mon projet ne pouvoit s'exécuter que dans l'obscurité. Le soleil n'étoit pas tout à fait couché, mais, en face de moi, ses derniers reflets s'éteignoient déjà sur les montagnes. Je prêtai l'oreille, et j'entendis le cornet des armaillers qui rappeloient les bêtes à l'étable. Les moucherons du crépuscule finissoient de bruire aux croisées. Ma tourterelle cachoit sa tête sous son aile. Je dis : « Tout à l'heure », et je me trouvai presque bien.

À cet endroit de son récit, Lydie s'interrompit encore un instant ; elle soupira doucement, comme un voyageur qui reprend haleine après un trajet pénible, et qui mesure avec sécurité, sur une pente facile, le reste de son chemin. Ensuite, elle continua :

— Il y avoit plus de cent heures, dit-elle, que je n'avois dormi, et quelque effort que je fisse pour rester attentive à l'arrivée des ténèbres, dont j'attendois ma délivrance, je ne pus empêcher mes paupières de se fermer. Tous les objets disparurent ensemble, toutes mes idées s'évanouirent dans je ne sais quel sentiment confus d'existence qui ne diffère presque en rien de la mort, car il est calme et presque insensible comme elle. Seulement, il y avoit encore autour de moi un bruit vague, mais mélodieux et doux, comme celui d'une petite brise du soir qui expire dans les roseaux, comme celui du dernier flot qui touche au rivage. La nuit dont je venois d'épier le commencement avec tant d'impatience, paroissoit se blanchir déjà des clartés du matin ; ou plutôt, une lumière qui n'étoit pas celle du jour, qui n'étoit pas celle du feu, pénétroit peu à peu l'obscurité transparente. Comme elle s'accroissoit graduellement, je fixois sur ce phénomène une attention d'instinct, complétement dégagée de toutes les préoccupations de mon esprit. Je n'avois que des yeux. La clarté devenoit toujours plus vive, et cependant elle inondoit mes paupières sans les fatiguer. Je me demandois vaguement comment des organes mortels pouvoient la supporter sans en être éblouis. Tout à coup, et comme si mes sens s'étoient réveillés l'un après l'autre, je crus entendre un frémissement d'ailes qui s'agitoient dans cette atmosphère merveilleuse, et il me sembla que ce bruit procédoit d'un point plus lumineux que le reste, qui se précipitoit vers moi de toute la hauteur du ciel, en s'agrandissant, en se développant dans sa chute, en revêtant à mesure qu'il s'approchoit des formes et des couleurs. C'étoient des ailes, en effet, des ailes aux plumes d'or, dont la vibration étoit plus charmante à l'oreille que toutes les harmonies de la terre, et l'ange ou le dieu qu'elles alloient rendre à mon amour, vous comprenez bien que c'étoit George! Mais, dans l'extase où tant de bonheur m'avoit plongée, je fus plus capable de le deviner que de le voir.

Déjà ses ailes s'arrondissoient sur moi, ses bras m'enveloppoient d'une douce étreinte, ses lèvres erroient de ma bouche à mon front et à mes yeux, les boucles de ses cheveux flottoient à côté des miennes : « Viens avec moi, disoit-il; confie-moi sans crainte à ton frère et à ton ami bien aimé. Cette terre n'est plus notre terre ; ce séjour n'est plus notre séjour. » Et nous nous élevions au même instant avec une rapidité si merveilleuse, que la limite des ténèbres nocturnes étoit déjà franchie quand je me demandois encore où nous allions. Nous plongions comme dans un océan sans fond et sans rivage, dans cet éternel éther qui n'a jamais de nuit, et que tous les astres de l'espace inondent de leurs clartés. Notre monde, que je cherchois de mes regards sans le regretter, n'étoit plus qu'une planète pâle qui blanchissoit à peine, d'une tache prête à s'effacer, les voiles noirs du firmament. Le soleil ne tarda pas à s'éteindre à son tour, pendant qu'un soleil nouveau

venoit poindre à l'horizon, sembloit se précipiter vers
nous en augmentant sans cesse de grandeur et d'éclat;
puis disparoissoit dans les profondeurs de cet infini où
sont cachés tant de soleils. Un moment après, tant notre
essor se hâtoit, sans doute, à mesure que nous approchions du but, ces astres innombrables passoient à mes
yeux avec la promptitude de l'éclair, semblables à ces
étoiles de feu qu'on voit courir et se croiser dans le ciel
pendant les nuits calmes d'un bel automne. Mes sens
étonnés ne pouvoient suffire au spectacle de ces tourbillons qui s'enfuyoient sur ma route, et dont je croyois
quelquefois saisir en passant la mystérieuse harmonie.
— Bientôt le mouvement des ailes de George se ralentit;
elles se déployèrent dans toute leur étendue, semblables
aux ailes d'un aigle qui plane, mais presque immobiles
en apparence, et frappant mollement l'air de leurs extrémités, à des intervalles égaux. Le dernier soleil qui
m'avoit éclairée ne couroit plus à la suite des autres,
comme un météore qui va s'évanouir. Il restoit fixe dans
le ciel, mais plus grand, plus radieux, et cependant plus
doux que le nôtre, car je supportois facilement sa splendeur, et mes regards affermis y puisoient une nouvelle force.
Un instant après, de fraîches brises, souffles caressants
d'une atmosphère inconnue, commencèrent à se jouer
dans mes cheveux; je crus entendre un bruit lointain où
se mêloient les bruits les plus gracieux de la terre, le murmure des rameaux qui frissonnent au souffle du vent, le
gazouillement des oiseaux de la dernière couvée qui, se
penchant sur le bord du nid, vont s'essayer à voler, le
soupir éternel du lac, faiblement agité, dont les petits flots
viennent mourir entre les roseaux. L'horizon, tout à
l'heure sans bornes, se rapprochoit et se formoit peu à
peu. Les montagnes, dont le sommet ne m'avoit apparu
d'abord que semblable à des îles flottantes qui se baignent
dans une mer immense, grandissoient à mes côtés sous
leurs robes d'ombrages de verdure et de fleurs, car elles
n'avoient rien de l'austérité de nos Alpes de glace et de
granit. Un instant encore, et les cimes des arbres géants

abaissèrent autour de nous leurs frondes flexibles ; puis les relevèrent avec souplesse pour nous couronner d'un dais émaillé de bouquets et de fruits, où brilloient des couleurs, et d'où s'exhaloient des parfums que nos organes mortels ne peuvent rêver. George me déposa enfin sur un lit de gazon embaumé, replia ses ailes, et se laissa tomber près de moi, comme un papillon d'or qui se pose. Ensuite, il passa son bras sous ma tête, imprima un baiser sur mon front, et les yeux attentifs sur les miens, il me regarda en souriant, parce qu'il attendoit ma première parole.

— Oh ! je suis heureuse, lui dis-je, puisque me voilà près de toi ! Mais ne m'apprendras-tu pas où nous sommes ?

— Dans le monde des ressuscités, répondit George. Dans le lieu où les âmes heureuses viennent prendre d'autres formes et subir de nouvelles épreuves, plus longues, mais moins rigoureuses que les premières, pour se rendre dignes de paroître un jour devant Dieu.

— Eh quoi ? m'écriai-je, ce n'est pas encore ici le jardin céleste du Seigneur, qui nous a été promis par la foi de nos pères, et dans lequel commence, pour ne pas finir, le bonheur inaltérable du juste ?

A ces mots, George prit une attitude plus grave, une expression de physionomie plus sérieuse, comme un homme qui a des choses solennelles à révéler, et je sentis que son regard me remplissoit d'un tendre respect, car, à travers la douce complaisance de l'amour, on y voyoit briller la majesté d'une nature supérieure.

— Penses-tu, me répondit-il, qu'il ait jamais existé, parmi les créatures les plus favorisées des grâces du Tout-Puissant, une âme assez chaste et assez pure pour se présenter avec sécurité devant son maître, au moment où elle abandonne notre vie d'opprobre et de péché ? Ton cœur est trop bien inspiré pour avoir conçu cette présomptueuse espérance ! Tu as souvent éprouvé toi-même, dans ta conscience naïve et modeste, que le sentiment de notre indignité s'augmentoit au contraire à chaque pas qu'il nous est permis de faire dans le chemin de la perfection, et tu n'ignores pas que cette idée est un sujet assidu d'alarmes pour ceux qui aiment Dieu, puisqu'elle effraie jusqu'à l'agonie des saints de l'incertitude du salut. L'orgueil des philosophes et des savants a reculé devant cet abîme ; ils ont mieux aimé laisser un vide sans bornes dans la création que d'admettre entre son auteur et l'homme des intermédiaires inconnus ; et c'est pour cela qu'ils ont inventé la plus impossible des hypothèses, la mort éternelle et le néant. Rien ne meurt, chère Lydie, et rien ne peut mourir ; mais tout change de forme en se modifiant toujours, jusqu'à ce que l'esprit retourne à l'esprit et la matière à la matière. Le monde où je viens de te conduire, quoiqu'il soit incomparablement meilleur que le nôtre, n'est qu'un des degrés de cette échelle immense qui nous rapproche incessamment du séjour éternel, dont la possession nous a été promise par les divines paroles du Christ. Ici doit s'accomplir, pour les âmes choisies qui ont pratiqué ses préceptes d'amour, ce *règne de mille ans* dont le mystère occupe depuis si longtemps en vain les théologiens de la terre, parce que l'explication en étoit cachée dans les mystères de la mort. Cette explication, je sais que tu ne me la demanderas pas, parce que tu as foi à mes paroles, et je ne pourrois pas te la donner, parce que les organes qui la transmettroient à ton intelligence n'appartiennent pas aux vivants.

— Grand Dieu ! repris-je avec effroi, ne suis-je pas morte et ressuscitée ? Faudra-t-il te quitter encore ?

— Calme-toi, ma bien-aimée, répondit George en souriant ; nous ne serons jamais séparés plus longtemps désormais que nous l'étions sur la terre, et cette séparation n'aura ni les ennuis ni les incertitudes de l'autre. Tous les matins alors, après le baiser de l'adieu, j'allois livrer ma barque aux doutes de la brume, aux bourrasques du lac, aux hasards d'une navigation qui n'étoit pas sans périls. Maintenant, c'est toi qui voyages, et je suis sûr de ton retour. Si nous étions heureux, quand nous avions quelques années à vivre ainsi, combien ne le sommes-nous pas maintenant, quand la bonté de Dieu nous mesure tant de siècles! Et ce n'est pas tout, s'il t'en souvient! Un sentiment si triste se mêloit à notre joie! Il ne falloit qu'un accident pour la troubler, il ne falloit que la mort pour la détruire. La mort, nous ne savions pas ce que c'étoit, et nous savons aujourd'hui que le seul bien qu'elle pût alors nous enlever, c'est elle seule qui le donne.

— C'est donc pour cela, m'écriai-je en le pressant sur mon cœur, que j'y aspirois avec une si vive impatience! Oh! si tu n'étois pas venu sitôt; c'étoit moi qui arrivois; et, plus soudain que moi, parce que ton âme vaut mieux que la mienne, tu n'as fait que devancer ma résolution!

— Arrête! interrompit George en me regardant d'un œil attendri; si tu avois accompli cette résolution fatale, c'en étoit fait pour jamais. Les siècles, dans leur succession éternelle, ne nous auroient peut-être jamais réunis! L'âme éclairée des lumières de la foi, qui désespère de Dieu pour embrasser le néant, devient indigne de toutes les grâces du Créateur; et si le néant étoit possible, c'est pour le suicide qu'il seroit fait. Le suicide a rompu son ban; il a violé la loi de misère et de résignation qui lui a été imposée; il végétera sans doute, solitaire et triste, dans les limbes obscurs d'un monde inconnu, jusqu'au jour où les expiations de son repentir auront satisfait à la justice divine. Heureusement pour nous, le projet criminel que tu avois embrassé n'étoit qu'une illusion du délire. A la faveur d'un sens merveilleux qui nous est donné et qui nous associe à toutes les impressions des êtres chéris que nous avons laissés sur la terre, je suivois avec terreur l'enchaînement de tes pensées, quand une révélation subite m'apprit que tu étois sauvée, parce que l'intelligence s'étoit retirée de toi. Tu m'étois rendue, même dans le temps, car tel est le privilège des âmes pures que Dieu s'est réservées, et dont quelque pieuse douleur a tout à coup troublé la raison. Tes jours semblent appartenir à des rêves qui t'égarent; ton sommeil t'élève à la possession de la vérité, qui échappe aux impuissants efforts des sages. Les souvenirs que tu vas emporter sur la terre, quand le moment du réveil t'arrachera de mes bras, feront de toi un objet de dérision ou de pitié pour les hommes; mais tu connoîtras seule la destinée à venir de l'humanité, que les hommes vivants ne connoîtront jamais. Ton corps est enchaîné, je ne sais pour combien de temps encore, aux liens grossiers de la vie; mais ton âme est appelée d'avance à goûter l'immortalité. Supporte donc avec résignation les ennuis de cette prison d'un moment, dont la porte s'ouvrira chaque soir sur les espaces immenses de la liberté éternelle.

— J'ai tout compris, répondis-je, et mon âme, humiliée devant la grandeur de Dieu, se soumet avec reconnoissance à toutes ses volontés; mais puisqu'il m'est permis de te revoir dans ces moments de mort apparente ou de réparation anticipée que Dieu nous a donnés pour soulagement à nos douleurs, ne verrai-je pas aussi ma fille! ma douce et jolie petite fille! Elle ne peut habiter un autre monde que celui où nous sommes, car à quoi serviroit la résurrection des mères, si elles ne retrouvoient pas leurs enfants? Le cœur innocent de ce pauvre ange n'étoit pas encore ouvert au péché, et Dieu n'a pu refuser à la plus aimable de ses créatures un bonheur auquel la vertu même a moins de droits que l'innocence. Mais pourquoi ne me réponds-tu pas, et pourquoi une larme vient-elle mouiller tes yeux, à l'instant même où tu cherches à me consoler d'un sourire? Dieu auroit-il voulu garder ma petite fille pour lui?

— Tous les êtres sont à lui, s'écria-t-il, et il les possède partout! Mais Dieu est incapable de tromper la tendresse qu'il a lui-même déposée dans ton cœur. Seulement, plus sage que tu ne l'es dans l'impatience de ton amour, il retarde la résurrection des enfants, jusqu'au moment où ils peuvent se réveiller, ainsi qu'à la suite d'un doux sommeil, suspendus au sein qui les a nourris. Notre petite fille ne t'est pas rendue encore, parce que tu n'es pas encore ressuscitée; mais le jour où tu renaîtras jeune dans mes bras, quel que soit le nombre des années qui t'est réservé, — car la vieillesse n'est pour cette nouvelle vie que le court crépuscule d'un beau jour qui aboutit au jour sans fin — à ce moment de gloire et de bonheur qui ne peut plus échapper à notre espérance, tu verras l'enfant chéri éclore du premier de nos embrassements, et nous partager ses innocentes caresses, comme si elle ne nous avoit jamais quittés. D'ici là, elle continue à dormir paisible dans son petit linceul, comme dans les langes de son berceau, à moins que Dieu n'admette quelquefois ces âmes ingénues à des visions célestes dont les ressuscités eux-mêmes n'ont pas le secret. La patience est un des plus grands efforts de notre nature, tant qu'elle n'est appuyée que sur la résignation; mais elle devient facile quand elle s'appuie sur la foi. Le jour où ta fille se réveillera est si près de nous dans la succession des jours, que tu te ferois scrupule de la réveiller toi-même et de la tirer de ses songes, si elle dormoit sur tes genoux. Et qu'importe combien de temps elle dort, puisqu'elle ne vieillit point? Cherche à triompher, ma Lydie, de ces vaines inquiétudes des vivants que je ne pourrois pas toutes dissiper, parce que la mort seule doit te donner les sens intelligents et purs qui te manquent pour me comprendre. Contente-toi de jouir de l'aspect des biens que Dieu nous prodigue et de l'espérance assurée des biens qu'il nous a promis. Pense que les heures s'écoulent, et que nous avons autant d'heures à être séparés que d'heures à être ensemble. Ne t'éloigne pas aujourd'hui sans avoir visité tes domaines et tes jardins.

En parlant ainsi, George me relevoit doucement du tapis de verdure où nous étions assis, et m'entraînoit de surprise en surprise à travers ces bocages délicieux dont la merveille se renouvelle à chaque pas, car ils ont cela d'étrange et de sublime, que la création, livrée à tout le luxe de ses divines fantaisies, ne s'y astreint nulle part à la reproduction uniforme des espèces. Chaque arbre, chaque tige, chaque brin d'herbe y a son port, sa figure et sa nuance; chaque fleur se distingue de toutes les autres par sa couleur et son parfum; et ceci n'exclut point cependant le privilège dont une âme sensible peut doter quelque fleur aimée, car les moindres soins suffisent pour la perpétuer par la culture; j'y ai même vu des ancolies, des pervenches, des violettes et des roses; si bien qu'on diroit que tout ce qui a inspiré un sentiment ou porté une consolation au cœur de l'homme est devenu capable de ressusciter avec lui. Cette magnificence féconde et variée que Dieu manifeste ici dans ses œuvres de prédilection, éclate là dans ses œuvres les plus obscures et les plus négligées, s'il est permis de penser et de dire qu'il a négligé quelque chose. Le grain de sable qui roule sous les pieds feroit honte aux rubis et aux saphirs de la couronne des rois. La poussière qui roule en atomes dans un rayon de soleil a toute la splendeur des étincelles du diamant. Les ruisseaux coulent sur un sable de nacre plus brillant, plus transparent, plus riche en reflets que l'opale, et il n'y a pas un de leurs petits flots qui ne berce toutes les couleurs de la lumière à sa surface comme un prisme ou un arc-en-ciel. Mais que pourroient vous apprendre, mon ami, ces vaines comparaisons? Qu'est-ce que le rubis et le saphir? Qu'est-ce que l'opale et le diamant? Qu'est-ce que l'arc-en-ciel lui-même dans le trésor inépuisable des créations du Seigneur? Éperdue d'étonnement et d'admiration, je n'aurois pu détourner mes yeux des miracles qui les frappoient de toutes parts, si les impressions que j'éprouvois ne s'étoient pas toutes réunies en George lui-même, George qui me paroissoit le roi de ces solitudes célestes, et en qui je remarquois, chose étrange, un caractère solennel de beauté qui m'avoit presque échappé sur la terre : « O mon bien-aimé, m'écriai-je en versant des larmes de bonheur, ce n'est pas toi qui voudrois tromper ta Lydie! Tu as ménagé mon extase par égard pour ces organes mortels dont je suis encore revêtue, et pour me prémunir contre des émotions qui en dissoudroient le lien avant le temps. Non, ce n'est pas ici un monde de transition entre le temps et l'éternité, le séjour passager d'une créature qui doit finir d'être encore une fois, avant de renaître pour vivre toujours. C'est le lieu où le Seigneur prodigue aux justes ses éternelles récompenses dans d'éternelles joies. Ce soleil mille fois plus radieux que le nôtre, et qui frappe cependant mes regards sans les blesser, cette nature splendide et calme dont il semble qu'aucun orage n'ait jamais troublé le repos, ces oiseaux parés d'éclatants plumages qu'on n'a jamais vus, même dans les rêves; qui effleurent mes cheveux dans leur vol, et qui ravissent mes oreilles de chants intelligibles à la pensée, plus harmonieux que la musique et plus expressifs que la parole; toute cette création qui vit, qui sent, qui aime, dont tous les mouvements, toutes les émanations, toutes les voix se confondent dans un adorable concert, c'est la plus haute et la plus parfaite des créations de Dieu. Toi-même, George, tu as des ailes! et tes ailes sont l'attribut des anges qui entourent le trône du souverain maître de toutes choses. Qu'est-ce donc que le paradis des élus, si le monde où nous sommes n'est pas le paradis? »

— Je comprends ton erreur, répondit George, et je la comprendrois encore si la mort t'avoit déjà douée des organes qui te manquent pour percevoir, dans ce monde passager, mille sensations qui t'échappent, et qui surpassent en douceur celles que tu éprouves maintenant. Tu t'en feras une foible idée en cherchant à te rendre compte des émotions qu'auroit éprouvées la matière, si elle eût joui de l'intelligence et de la pensée, à chacune des transformations qui la rapprochoient de l'état de perfectionnement. Imagine, si tu peux transporter ton esprit dans cette hypothèse impossible, la plénitude de joie qui eût comblé cette matière inerte, quand elle acquit la faculté de croître dans les métaux; les métaux, quand ils obtinrent, dans les plantes, la faculté de vivre et de se perpétuer à jamais; les plantes, quand elles passèrent de l'état sédentaire à l'état de mouvement, dans l'organisation des animaux, et quand elles échangèrent leur végétation captive et solitaire contre des instincts et des sentiments; les animaux, quand le plus privilégié de tous reçut du souffle divin une inspiration et une âme! A chacun de ces progrès semble attachée la conquête d'une création, et la volupté dont il auroit inondé, tout à la fois, la matière sensible, si elle avoit pu se rendre compte de ses métamorphoses, n'a cependant rien de comparable à celle qui pénètre le cœur de l'homme à l'instant où il prend possession d'une vie nouvelle qui le prépare à la possession assurée de l'éternité. C'est ce que tu sauras un jour, quand tu auras reçu de la mort le privilège de savoir, et tu me pardonneras alors de n'avoir pas satisfait plus clairement à tes doutes et à tes questions, parce que tu comprendras que j'étois obligé de me servir, pour m'expliquer, d'une langue appropriée à l'imperfection de tes sens débiles et incomplets. La connoissance des mystères d'une autre vie n'appartient qu'à une autre vie qu'il m'est permis de te faire pressentir, mais que Dieu lui seul peut te donner. Quant à ces ailes que tu as remarquées, continua-t-il en abaissant ses yeux vers la terre avec une grave modestie, je dois t'avouer qu'elles ne me sont pas communes avec tous les ressuscités, comme tu pourrois le croire. Dieu, qui a établi entre toutes ses créatures des différences nécessaires dont l'inégalité apparente ne s'effacera que devant le jour suprême de sa justice, a maintenu quelque hiérarchie dans le monde intermédiaire lui-même, où il appelle ses premiers élus. Comme tous les titres n'y sont pas égaux, il a voulu que les vertus qui lui sont le plus chères y fussent distinguées par des figures extérieures et par des avantages sensibles, propres à inspirer le respect et la soumission. Cette manifestation éclatante de sa faveur est chez nous le gage d'un ordre immuable, et le secret d'une politique dont rien ne peut altérer le principe; mais personne n'oseroit s'en enorgueillir, parce que le motif des volontés de Dieu est impénétrable. Ce qu'il est possible de conjecturer, c'est que Dieu a reconnu par cette distinction extraordinaire, le dévouement des hommes qui ont donné leur vie pour le salut de leurs semblables, et qui ont fait passer ainsi l'accomplissement du devoir le plus sacré de l'humanité avant l'intérêt de leur propre conservation. Il y auroit, sans doute, peu de mérite à soutenir un instinct si naturel, sans réfléchir à ses conséquences et à ses dangers, il y auroit peut-être quelque orgueil à lui obéir dans les occasions qui l'éveillent, qui le développent, qui le font crier au fond de notre âme comme une voix de la Providence, et ma mort auroit été plus digne d'envie que de pitié, si je n'avois eu qu'une vie à immoler en te quittant. Mais tu vivois, Lydie ; ce n'étoit pas toi que j'allois sauver ; c'étoit toi que j'allois perdre, et, n'en doute pas, ajouta George en portant ma main de son cœur à ses lèvres, Dieu a moins récompensé en moi mon action que mon sacrifice !

— Voilà qui est bien, lui dis-je, car mes idées s'éclaircissent de plus en plus à chaque parole que tu prononces ! Laisse-moi te dire le reste. Ainsi, mon George, tu es heureux parmi les heureux, parce que tu as été bon parmi les bons, et le privilège que tu partages avec quelques-uns n'a rien d'humiliant pour le grand nombre, parce qu'il est de la nature des belles âmes de reconnoître l'ascendant des âmes supérieures, et parce que Dieu a d'ailleurs imprimé à tes pareils le sceau manifeste de sa prédilection. Tu es heureux dans la vie glorieuse que la divine bonté t'a faite auprès de mon père et du tien, qui nous ont si tendrement aimés, et dans les bras desquels tu ne peux me conduire, tant que les liens de la vie qui m'enchaîne encore à la terre ne sont pas rompus. Si quelque chose manque à la félicité si pure dont tu jouis, c'est ta pauvre Lydie et ta petite Marceline, que tu attends toutefois avec sécurité, comme au retour d'un court voyage qui n'offre plus de périls ; et quoique mon épreuve doive me paroître plus longue, moi aussi, je suis heureuse, car je ne peux plus douter qu'elle finira. Oh ! que le sentiment de notre bonheur à venir ne soit plus obscurci dans ton âme par la moindre inquiétude, car ta Lydie le goûte avec toi, et les jours pénibles que j'ai encore à passer dans le monde où tu n'es plus, adoucis du moins par une ferme espérance, te rendront fier de mon calme et de mon courage. Il n'y a de malheureux que les méchants, qui doivent regretter, dans des souffrances éternelles, d'avoir en vain compté sur le néant ; et je ne peux te cacher que ce sentiment mêle pour moi quelque tristesse aux joies ineffables de la résurrection. Le Créateur les avoit faits nos frères, et nous avoit prescrit de les plaindre et de les aimer, quoique nous en fussions haïs et persécutés. Ces infortunés ne trouveront-ils jamais grâce devant la pitié du Très-Haut? L'enfer ne les rendra-t-il jamais?

— Je m'attendois à cette question, répliqua George avec un nouveau sourire, car tous les secrets de ton cœur me sont connus; mais tu sauras un jour qu'il m'est aussi impossible qu'à toi de la résoudre, car la mort n'a soulevé que le premier de tous les voiles qui nous séparent de Dieu; cela devoit être ainsi pour que notre âme ne s'abîmât pas d'étonnement et de respect dans la contemplation de ses mystères. Ce que je puis te dire, et ce que les sages nous enseignent dans notre vie nouvelle, c'est qu'il n'y a peut-être point de méchants absolus, et que, par conséquent, il n'y a peut-être point de peine sans rémission. D'autres clartés font sans doute rayonner un nouveau jour dans des intelligences rebelles. D'autres mondes plus rigoureux soumettent les insensés et les pervers à des épreuves plus longues et plus pénibles, mais qui auront aussi leurs mérites et leurs couronnes. L'obstination seule dans la haine de Dieu et de ses œuvres sera repoussée à l'instant solennel du jugement suprême; mais il faut pour cela que le souffle divin qui anime la créature s'anéantisse absolument en elle, et qu'il n'y reste plus rien d'humain. Il y a encore des chutes à craindre dans ce monde d'élection où je t'ai transportée, car ce n'est pas celui de la vie éternelle, et les bons sont exposés comme les mauvais à l'atteinte des passions; mais ces chutes seront fort rares. Il y a encore des réparations à espérer dans ce monde d'exil où les condamnés gémissent; et comme la cruelle espérance du néant ne les rassure plus, ces réhabilitations seront nombreuses. Rien n'est fini devant la souveraine bonté, parce qu'il n'y a qu'elle qui soit complète et universelle. Je t'ai parlé de nos théories et non pas de nos mystères. Chez les ressuscités comme chez les vivants, la sagesse consiste à s'humilier.

— Que la volonté du Seigneur soit faite en toutes choses, repris-je alors. Mais achève de rassurer ma foi.

blesse sur un doute que tes discours ont fait naître quelquefois dans mon esprit. La révélation est vraie ; il n'est pas permis d'en douter, et le langage des saintes Écritures est la divine expression des vérités que nous devons croire. Pourquoi ces vérités se sont-elles enveloppées de ténèbres impénétrables ? Pourquoi cette révélation émanée de Dieu, qui sait tout et qui peut tout dire, est-elle restée imparfaite ? En rendant sensibles à tous ces destinées de l'avenir qui deviennent si évidentes aux yeux dessillés des morts, la tendre miséricorde du Seigneur auroit abrégé nos épreuves ; car, dès le premier pèlerinage que nous accomplissons sur la terre, toutes les âmes se seroient élancées vers lui d'un commun accord. Pourquoi nous a-t-il laissés plongés dans l'ignorance et dans le doute, si voisin du désespoir, même quand il s'annonçoit par ses prophètes, et quand il se donnoit à nous par son fils ? La science de la foi doit-elle tenter de s'élever au-dessus des enseignements de la foi ?

— Jamais ! s'écria George, car la foi n'est pas une science, la foi est une vertu dont tout le mérite consiste dans son abandon et dans sa simplicité. Ceux qui croient parce qu'ils savent ne croient pas assez et ne croient pas bien. La conviction est l'effet de l'examen, et l'examen est une opération de l'esprit qui marque l'ingratitude et la défiance. Pour pénétrer dans l'abîme des volontés de Dieu, il manque à l'homme des organes que Dieu n'a pas daigné lui donner. Que diras-tu de l'aveugle-né qui porte un jugement sur les couleurs, ou du sourd-muet qui analyse les effets de la musique ? Faut-il te rappeler que ces mystères ont été dévoilés aux chrétiens dans la première page des Écritures ? Quiconque est parvenu à discerner le bien et le mal a déjà perdu son innocence, car le propre de l'innocence est de ne pas connaître le mal. Tous les êtres que le Seigneur a produits lui sont également chers, mais il a voulu les renfermer dans de justes bornes qu'ils ne peuvent franchir sans se perdre. Il n'est pas plus permis à l'homme de concevoir les mystères de la création qu'à la plante de changer volontairement de sol et d'horizon, qu'à l'animal de réfléchir sur son existence et de communiquer sa pensée. Les premiers habitants de la terre étoient réservés au bonheur le plus pur que puisse comporter leur espèce, quand un esprit d'orgueil et de démence leur ouvrit la fatale voie du savoir; ils ont acquis la faculté de savoir, et avec elle tous les doutes qui la suivent, tous les malheurs qui l'accompagnent, depuis l'incertitude où l'âme s'égare, jusqu'à la pensée du néant qui la tue. Ceci est le résultat d'une impatience qui est propre à tous les êtres créés, et qui les porte incessamment vers le degré de perfection qu'ils doivent un jour atteindre, instinct naturel et irrésistible auquel la pierre obéit en croissant et en aspirant à vivre, la plante en vivant et en aspirant à sentir, l'animal en sentant et en aspirant à penser, l'homme lui-même en pensant et en aspirant à comprendre; mais l'homme avoit reçu l'intelligence, il connoissoit la portée de son organisation, il en pressentoit avec assurance les fins promises, et il ne se contint point dans les limites qui lui furent imposées par la parole divine. Il entreprit de se rendre égal à Dieu, et Dieu le punit dans sa vanité en lui abandonnant le fruit de la science qui ne lui apprit que la mort. Voilà, chère Lydie, l'histoire de l'humanité. Ces maux seroient trop grands si Dieu ne nous avoit pas laissé pour compensation la foi qui se confie en ses promesses, l'espérance qui attend, et la charité qui aime, trois vertus que la sagesse des saints appelle *théologales*, dans la langue des Grecs, parce qu'elles renferment en elles toute la *science de Dieu*. Croire, espérer, aimer, c'est la véritable loi du chrétien, et, quand il a rempli ces conditions dans sa première vie d'épreuve, il s'est rendu digne de l'autre. Si tu me demandes encore maintenant pourquoi la révélation, qui est l'expression même de l'éternelle vérité, n'a pas éclairci ces ténèbres, il me sera facile de te satisfaire. La révélation n'a été donnée ni à des êtres d'une nature supérieure à l'homme, ni aux hommes obstinés dans le péché de la science, qui persistent à chercher la raison des choses, malgré la défense expresse de Dieu, et qui renouvellent ainsi en eux la tache originelle de leur race. Elle a été donnée aux simples d'esprit et de cœur qui croient parce qu'ils sentent, et non pas parce qu'ils savent. La vie seroit une épreuve aisée, si le témoignage de nos sens nous démontroit que la vie n'est qu'une épreuve, et l'avenir nous dédommageroit assez du présent, si le présent n'étoit pas fermé ; mais la révélation nous est arrivée sous une forme humaine et n'a pu être communiquée à l'homme que dans les conditions de sa nature. La vérité qu'elle nous donne est la vérité générale que saisissent nos organes et qu'embrassent nos facultés ; mais elle suffit ainsi aux besoins de notre nature et aux espérances légitimes dont elle est la source. La vérité des savants, au contraire, est un abîme sans fond dont les formidables échos répètent à jamais cette menace prophétique du Seigneur : *Vous êtes poussière et vous retournerez en poussière !* Le péché du paradis terrestre, Lydie, c'est la science, fille déplorable de la curiosité ! Crois donc sans efforts ce qui t'a été enseigné par Dieu et par son Église, même quand ces enseignements te paroissent imparfaits, car tu sais que l'espèce entière à laquelle tu appartiens est imparfaite, et qu'elle ne peut en recevoir d'autres tant qu'elle n'a pas été éclairée par la mort. C'est la mort qui est la lumière. Écoute-moi bien encore une fois, douce amie, pour que mes paroles ne soient pas tracées sur le sable, mais qu'elles s'impriment fortement dans ton cœur. Savoir, c'est se tromper peut-être ; croire, c'est la sagesse et le bonheur ; espérer, c'est le remède et la consolation de tous les maux ; aimer, c'est toute la vertu. Je ne sais pas si le souverain juge tiendra beaucoup de compte un jour de la science que tu viens d'ambitionner un moment, mais je te réponds que les plus précieux trésors de sa grâce appartiennent à la candeur, à la pitié et à la charité.

Je me penchai sur le sein de George, en y répandant quelques larmes de joie, et notre promenade se poursuivit en silence, car je n'étois plus curieuse. Je jouissois de délices plus pures que celles qui avoient comblé le cœur des premiers êtres vivants dans le paradis terrestre, et je ne voulois pas renouveler le péché d'Ève dans le paradis des morts. Je savois d'ailleurs que les doutes qui me tourmentoient encore étoient l'effet de mon ignorance et de mon imperfection, et qu'ils ne pouvoient qu'affliger mon ami, en le ramenant trop longtemps du sentiment serein de sa condition à la tendre pitié que lui inspiroit la mienne. Et puis tout continuoit à me distraire par des sensations que les hommes ne sont pas même capables de nommer, parce qu'il n'y a rien qui leur ressemble dans nos sensations ordinaires. Mes yeux, inondés des lumières flatteuses qui les étonnoient sans les éblouir, mes oreilles abreuvées par un fleuve d'harmonie qui ne tarissoit jamais, tous mes sens, accablés d'un bonheur pour lequel ils ne sont pas formés, commençoient à s'assoupir dans une langueur délicieuse dont aucune de nos voluptés terrestres ne donneroit l'idée, si l'on ne parvenoit à se figurer l'inexprimable extase d'une âme qui vient d'être ravie en Dieu. Je sentis mes membres défaillir, mais le bras de George me soutint.

— Voilà le moment venu, dit-il. Tu t'endors à la vie des ressuscités pour retourner à la vie des mourants, et pour la traîner péniblement pendant quelques heures qui nous sépareront à peine, car ma pensée ne cessera de te suivre et de veiller sur toi. Souviens-toi de croire, d'espérer et d'aimer, et ne crains pas de souffrir, car les souffrances de la vie sont passagères, et les joies de la résurrection sont éternelles.

Au même instant, continua Lydie, je me réveillai en effet sur le lit de douleur où j'avois subi la veille de si mortelles angoisses, et je sentis ma main pressée encore dans la main du médecin, qui interrogeoit de nouveau le mouvement de mon sang. « Où est-il? m'écriai-je. Que sont devenus ces brillants oiseaux au plumage d'or, qui nous saluoient de leurs concerts? Qu'a-t-on fait de ces fleurs qui penchoient à l'envi vers nous leurs calices odorants pour nous embaumer de leurs parfums? Le Seigneur a-t-il éteint son soleil? » Mais je me rappelois aussitôt les paroles de George, car elles avoient à peine cessé de retentir à mon oreille et de vibrer dans mon âme; je compris avec résignation que ma captivité n'étoit pas finie, et je souris.

— Voilà qui est bien, remarqua le docteur du ton de l'orgueil satisfait. Ce que j'avois prévu est arrivé. Cette jeune femme est en démence; il n'y a pas un moment à perdre pour la transporter dans l'hospice des aliénés de Lausanne où je pourrai observer de plus près les développements et les crises de sa maladie.

— Pourquoi faire? dit la mère Zurich, une bonne vieille femme de notre voisinage, qui m'avoit assistée les jours précédents, et qui ne m'a pas quittée depuis; pourquoi faire, s'il vous plaît?

— Pour la guérir, répondit le médecin en puisant une prise de tabac dans sa tabatière d'or.

— Hélas! reprit la mère Zurich en soupirant, Dieu garde qu'elle guérisse, puisqu'elle se trouve contente ainsi, et que son front a repris cette sérénité d'ange qui la rendoit si belle au temps de son bonheur. Pouvez-vous ressusciter George et le ramener ici avec elle, quand elle sera guérie? Si votre savoir ne va pas jusque-là, laissez-nous Lydie comme elle est. La pauvre enfant sera notre fille à tous, et je vous réponds que nous ne l'abandonnerons pas!

En parlant ainsi, elle m'entoura de ses bras comme pour me retenir, et je répondis à sa tendresse par des larmes de reconnoissance, car je me serois trouvée bien à plaindre de quitter la maison de George et les gens qui l'avoient aimé. Le médecin étoit pourtant fort affligé, selon toute apparence, de perdre un sujet d'étude qui commençoit à lui faire honneur, et je ne l'ai pas revu depuis. Mon histoire finit là, maintenant j'espère et j'attends.

Depuis longtemps Lydie ne parloit plus, que je l'écoutois toujours. Quant à Lydie, elle étoit retournée à ses fleurs, sans prendre garde à moi, et je pense qu'elle m'avoit tout à fait oublié, quand je me replaçai sur son passage.

— Un mot encore, Lydie, un mot et rien de plus, m'écriai-je en saisissant sa main avec une respectueuse tendresse! Depuis cette nuit solennelle où George vous transporta dans le paradis des ressuscités, vous est-il arrivé de faire encore une fois, une seule fois, le même rêve?

— Le même rêve? reprit-elle d'un air soucieux. Appelez-vous cela un rêve, comme le font les autres? Oh! ne vous alarmez point! je ne vous en saurois pas mauvais gré. Les vivants ne peuvent juger que d'après leurs sens, et leurs sens sont voilés d'épaisses ténèbres. Depuis cette nuit où le paradis des ressuscités me fut ouvert, j'y pense toutes les heures de mon sommeil, et j'y ai pénétré des mystères plus doux encore que ceux dont je vous ai entretenu. Si cela n'étoit pas ainsi, croyez-vous que je vivrois encore?

Une femme que je n'avois pas aperçue jusque-là, et qui étoit arrivée pendant les derniers moments de notre entretien, vint se placer alors au-devant de Lydie qui s'empara de son bras. Je reconnus la mère Zurich, et, en effet, le soleil près de se coucher marquoit déjà depuis quelque temps l'heure de quitter l'esplanade. — Pauvre innocente! dis-je en moi-même en suivant Lydie des yeux à travers les détours du chemin et en la voyant disparoître pour la dernière fois derrière un massif de verdure qui ne devoit plus me la rendre; pauvre Lydie! repris-je après un instant de réflexion, ou plutôt, femme heureuse et privilégiée entre toutes les femmes! tu vas t'endormir aux tristes réalités de la terre et rêver, sur le sein de ton ami, la félicité qui t'est promise! Dors longtemps, Lydie, et puisse le ciel hâter pour toi le jour fortuné où tu ne te réveilleras plus! Grâces te soient rendues cependant pour les douces et précieuses consolations que j'ai retirées de ton entretien! Là où n'étoit pour moi qu'une énigme dont je croyois pouvoir obtenir le mot sans recherches et sans sacrifices, tu m'as appris que la solution de cet imposant mystère n'appartient qu'à ceux qui savent aimer et souffrir; la crainte de souffrir me faisoit craindre d'aimer, et je ne savois pas qu'en me dérobant aux rigoureuses épreuves du cœur par une défiance pusillanime de mes forces, j'alterois en moi le principe le plus vivace de mon immortalité, celui-là seul qui doit nous acquérir des droits à une éternelle récompense, et nous faire participer à des joies éternelles. Tes paroles ont rallumé ce flambeau d'active charité que je m'efforçois d'étouffer dans mon sein. Je retourne parmi les hommes pour les aider dans leurs peines, et pour pleurer du moins avec eux quand il ne m'est pas permis de les secourir. Je vais reprendre ma part des calamités qui sont attachées à notre existence passagère; je vais accumuler sur ma tête résignée tout ce qu'il me sera possible d'en épargner aux autres, et si j'éprouve quelque regret, c'est que ce devoir, aveuglément dédaigné si longtemps par une fausse philosophie, soit trop facile aux âmes à convictions qui veulent se rendre dignes de leur destinée. Il n'y a point en effet de malheur réel pour l'amour, quand il s'appuie sur l'espérance et sur la foi, et si cette prescience de l'infaillible vérité étoit donnée à tous comme à Lydie et à moi, ô mon Dieu! qui oseroit dire que notre paradis terrestre fût fermé?

— Dieu est grand, dit Lugon, car j'avois proféré tout haut ces dernières paroles en m'acheminant vers l'endroit où il m'attendoit, une main passée dans la bride de mon cheval. Monsieur a sans doute remarqué, ajouta-t-il pendant que je me jetois en selle, qu'il étoit trop tard ce soir pour aller voir le château de Chillon?

— Eh! que m'importe, mon ami, le château de Chillon, et tous les restes du moyen âge, et tous les souvenirs de la poésie, et jusqu'à ces merveilles de la nature que j'allois admirer dans les Alpes! Mes amis s'attristent de mon absence, ma mère est vieille et infirme, j'ai laissé un domestique malade, le plus pauvre de nos voisins a perdu sa vache, l'argent que je dissipe en distractions solitaires fait faute dans vingt maisons du village, et je reprendrai demain la route du Jura.

Cette réponse, qui ne présentoit à l'esprit de Lugon qu'un bizarre enchaînement de phrases sans ordre, lui inspira sans doute quelque inquiétude sur l'état de ma raison, car il ne me répliqua que par un hochement de tête accompagné d'un soupir. Le pauvre garçon n'avoit pas oublié que la folie de Lydie passoit pour contagieuse. « Dieu est grand ! » murmura-t-il tout bas en s'élançant à son tour sur sa mule et nous gagnâmes Vevey d'un temps de galop.

Je suis resté dès lors fidèle à toutes mes résolutions. J'ai accepté avec soumission et avec reconnoissance la part que le Seigneur m'a faite dans les douleurs et dans les tribulations de l'humanité : je ne me suis jamais plaint que la coupe fût trop pleine, quoiqu'elle ait débordé souvent, et je dois répéter encore qu'il y a eu peu de mérite dans mon courage, car le courage ne coûte rien à la foi. Il n'est point d'homme qui n'en puisât autant que moi dans les mêmes convictions, et qui ne se défendît soigneusement de soumettre sa croyance instinctive aux misérables arguties de l'examen philosophique, une fois qu'il a compris que toutes nos vertus consistent à aimer, et que tout notre bonheur consiste à croire. Ces paroles de George me ramènent à une histoire dont j'ai promis la fin.

Dans le cours du printemps qui suivit ma rencontre avec Lydie, un souci profond dont je n'étois pas le maître me pressoit de la revoir et de m'informer de son sort. La science des médecins m'effrayoit, quand je pensois qu'ils pouvoient l'avoir guérie, qu'elle étoit rendue au sentiment affreux de son infortune et qu'elle ne rêvoit plus. Ma constance même, encore chancelante, avoit besoin de s'assurer dans sa force contre les railleries des beaux esprits et le superbe dédain des sages. Pour mettre fin à ces incertitudes, je retournai à Vevey, mais je ne m'y arrêtai point. Je passai devant la maison de George, qui étoit fermée comme la première fois, et je pensai que Lydie devoit être à l'esplanade, car l'heure n'étoit pas encore avancée, et le jour étoit tiède et pur. Au moment d'arriver, je rencontrai un cavalier qui menoit à la main un cheval de retour. Comme je connoissois cet homme et que j'en étois connu, nous mîmes pied à terre tous deux à la fois. C'étoit le petit Lugon.

— Où va donc monsieur, sans guide et sans domestique ? dit Lugon en répondant cordialement à mon serrement de main.

— Au jardin de Lydie... As-tu remarqué si elle y étoit ?

— Elle y est, monsieur, reprit Lugon d'un ton de voix grave et concentré en abaissant ses regards vers la terre. Mᵐᵉ Lydie est dans son jardin et n'en sortira plus, jusqu'à ce que la trompette de l'ange l'appelle au jugement dernier. Elle est morte.

— Morte ! m'écriai-je.

Et le cœur de l'homme est un abîme de contradictions inexplicables. Je ne sais ce qui l'emportoit alors en moi du regret de sa perte ou de la joie de sa délivrance.

— Elle mourut, continua Lugon, un mois à peine après le jour où monsieur conversa si longtemps avec elle. Elle étoit dans son jardin, comme elle appeloit ce coin de la grève, tout entourée de fleurs qu'elle avoit cueillies et dont la pauvre femme avait coutume de composer le bouquet de George. La mère Zurich étoit venue deux fois pour la chercher, et deux fois elle s'étoit retirée à l'écart parce qu'elle avoit pensé que Lydie dormoit. La troisième fois, comme la nuit se faisoit déjà sombre et que tout le monde revenoit de son travail, elle résolut de l'éveiller, mais elle ne put y réussir, parce qu'il se trouva que Lydie étoit morte. Alors la mère Zurich poussa un cri qui appela tous les passants : « Voyez, voyez ! dit la mère Zurich, elle est morte ! et je croyois qu'elle dormoit ! » Ce qu'il y a d'étrange, monsieur, c'est que, lorsqu'on vint pour enlever le corps de Lydie que la mère Zurich avoit enveloppé de ses bras sans proférer une parole de plus, on s'aperçut que la mère Zurich étoit morte aussi. On leur creusa là les deux fosses que vous voyez, parce qu'elles étoient catholiques et qu'elles ne pouvoient avoir part aux prières des huguenots.

— Tu es catholique, Lugon ? repris-je involontairement, car ma pensée étoit distraite par d'autres idées.

— Certainement, monsieur, répliqua froidement Lugon, puisque je suis du Valais.

— Et que pensa-t-on dans le pays de ces deux morts si soudaines que rien n'avait fait prévoir?

— Le docteur n'en parut pas étonné. Il dit que la jeune étoit morte d'une congestion cérébrale, je crois que c'est cela, et la vieille d'apoplexie. Oh! c'est un homme très savant.

— La jeune étoit morte parce que le temps de ses épreuves étoit achevé, et la vieille parce qu'elle n'avoit plus personne à consoler sur la terre. Le Ciel ne devoit pas une moindre récompense à sa piété.

Ici, Lugon me regarda fixement avec un mélange d'étonnement et de tristesse, car il n'avoit pas oublié tout à fait ses anciennes préventions, et il venoit de se les remettre en mémoire.

— La vieille, reprit-il, avoit fait son temps; mais Lydie, si jeune encore et si belle!...

— Ne la pleurez pas, mon ami! Lydie est affranchie maintenant de toutes ses douleurs! Lydie possède à jamais, sans trouble et sans réveil, la félicité qu'elle ne faisoit que rêver.

Lugon me regarda de nouveau.

— Dieu est grand! dit-il.

FIN

TABLE DES MATIÈRES

	Pages.
Reine.	1
Mademoiselle de Marsan.	251
Inès de Las Sierras.	349
Thérèse Aubert.	417
Thérèse.	479
L'Amour et le Grimoire.	505
Trilby.	541
Lydie.	591

Paris. — Soc. d'Imp. Paul Dupont, 4, rue du Bouloi (Cl.) 10.97.

www.ingramcontent.com/pod-product-compliance
Lightning Source LLC
Chambersburg PA
CBHW060610170426
43201CB00009B/965